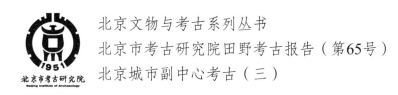

北京文物与考古系列丛书

北京市考古研究院田野考古报告（第65号）

北京城市副中心考古（三）

路县故城城址考古勘探报告

北京市考古研究院　编著

科学出版社

北京

内 容 简 介

路县故城遗址位于北京市通州区潞城镇的西北部、北京城市副中心行政办公区的北部，是一处以路县城址为核心、由城址本体（城墙基址、城壕及其围合区域）、城郊遗址区和外围墓葬区等构成的大遗址。路县故城遗址的考古工作始于2016年北京城市副中心建设，截至2023年12月，北京市考古研究院（原北京市文物研究所）已在其城郊遗址区发掘约51000平方米，在外围墓葬区清理各时期墓葬近万座。路县故城遗址现为北京市重点文物保护单位。为了解和掌握城址本体的地下文物埋藏状况和遗迹构成等，从而推断城址内的布局、功能分区和历史发展演变等情况，从2018年至2021年，北京市考古研究院对城址内进行了全面勘探。实际完成勘探面积约27.5万平方米。发现各类遗迹共683处，其中道路10条、踩踏面1处、建筑遗址区104处、单独建筑遗迹143处、砖瓦堆积111处、水井69口、窑址12座、灰坑208座，其他遗迹25处（包括烧灶5处、沟渠2条、水池2处等）。本书对探明的遗迹资料进行了全面公布。

本书可供考古学、古建筑、历史学等领域的从业者、研究者，以及高等院校相关专业师生阅读、参考。

审图号：京S（2024）060 号

图书在版编目（CIP）数据

路县故城城址考古勘探报告 / 北京市考古研究院编著. -- 北京：科学出版社，2025. 2. --（北京文物与考古系列丛书）（北京市考古研究院田野考古报告）（北京城市副中心考古）. -- ISBN 978-7-03-079769-8

Ⅰ. K878.35

中国国家版本馆CIP数据核字第20246PE919号

责任编辑：周　赒 / 责任校对：张亚丹

责任印制：张　伟 / 封面设计：北京美光设计制版有限公司

科学出版社 出版

北京东黄城根北街16号

邮政编码：100717

http://www.sciencep.com

北京汇瑞嘉合文化发展有限公司印刷

科学出版社发行　各地新华书店经销

*

2025年2月第　一　版　开本：889×1194　1/16

2025年2月第一次印刷　印张：24 1/2　插页：19

字数：1 008 000

定价：468.00元

（如有印装质量问题，我社负责调换）

目　　录

插图目录

彩版目录

附 图 目 录

第一章　绪　论

第一节　地 理 概 况

通州区位于北京市的东南部，地处华北平原腹地，地理坐标为东经116°32′~116°56′，北纬39°36′~40°02′。南北长48千米，东西宽36.5千米，总面积907平方千米。通州区东隔潮白河，与河北省三河市、大厂回族自治县、香河县相望，西邻北京市朝阳区、大兴区，南和天津市武清区、河北省廊坊市交界，北接北京市顺义区（图1-1）。

通州区处于永定河与潮白河洪积冲积平原区，地质状况为燕山运动后的下降地带，地势西北高东南低。西北部存在明显阶地地貌特征，东部形成顺河床延伸的条形洼地，西部和南部为永定河作用地域，在马驹桥至北运河间呈现出东高西低或西南高、东北低之势。海拔8.2~27.6米，局部地势略有起伏，南北相对高差近20米。全境覆盖深厚的第三纪与第四纪松散沉积物，构成现代冲积扇形平原。

根据2015年《京津冀协同发展规划纲要》，通州区正式成为北京市城市副中心，首都的东大门。截至2023年6月，通州区辖11个街道、10个镇和1个民族乡：中仓街道、新华街道、北苑街道、玉桥街道、潞源街道、通运街道、文景街道、九棵树街道、临河里街道、杨庄街道、潞邑街道、永顺镇、梨园镇、宋庄镇、张家湾镇、漷县镇、马驹桥镇、西集镇、台湖镇、永乐店镇、潞城镇、于家务回族乡。

路县故城遗址位于北京市通州区潞城镇的西北部、北京城市副中心行政办公区的北部，1959年7月被列为通州区文物保护单位[1]，2021年8月被列为北京市第九批市级文物保护单位[2]。作为城址的路县故城遗址从大遗址空间上看，可分为城内遗址区（城垣、壕沟及其合围区域），距城垣700米以内的城郊遗址区（城圈外周围附近区域），以及距城垣700米至3千米左右的城外墓葬区。路县故城的城址主体范围（即城内遗址区，后文多以此称）位于古城村，东临前北营村，南毗辛安屯村，西北连京秦铁路，北依召里村。中心地理坐标为东经116°42′47.77″，北纬39°54′55.50″，海拔21.08米（彩版一）。

---

[1] 北京市通州区文化委员会、北京市通州区文学艺术界联合会编：《通州文物志》，文化艺术出版社，2006年，第16页。

[2] 李瑞：《第九批北京市文物保护单位正式公布》，《中国文物报》2021年8月31日第2版。

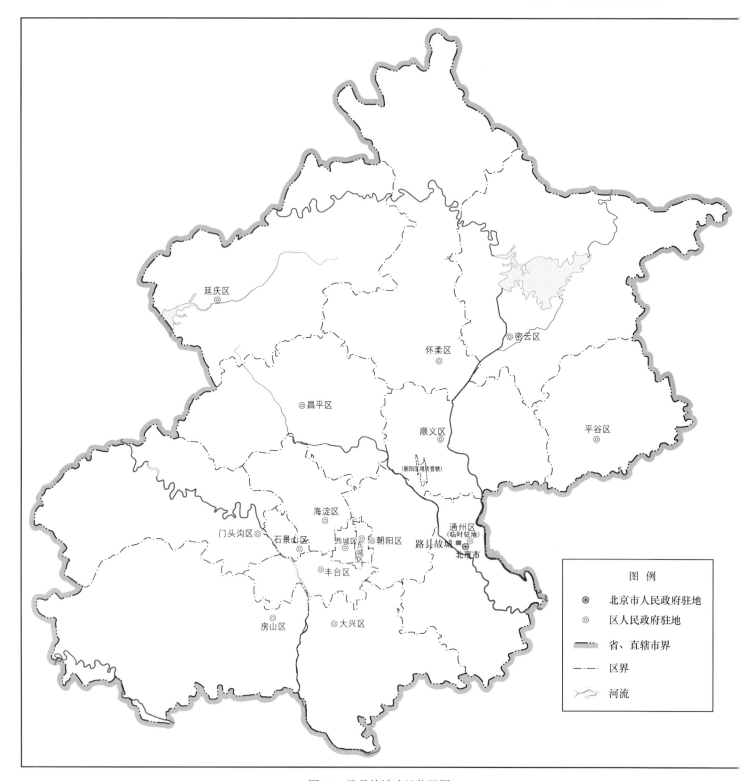

图1-1　路县故城遗址位置图

第二节 水系与交通

通州区境内主要河流为海河水系的北运河与潮白河。路县故城城址西南部约4千米有北运河，自西北向东南流经；城址东部约6千米有潮白河，自北向东南流过；紧邻城址北部，有20世纪60年代初开挖的运潮减河自西向东汇入潮白河。

通州区自古水陆交通发达，区内多河富水，多舟楫与灌溉之利，素有"一京（北京）、二卫（天津）、三通州"之说。秦汉时即为交通要冲，秦时经白河向北部边关输运粮草，开通州水运之先河。东汉开温水（温榆河）漕运。北齐开高梁河，经温榆河入潞水。隋朝开永济渠达杭州。辽朝时，曾利用永定河故道，疏浚、整理了一条"萧太后运粮河"，通向辽南京（今北京）城。萧太后河上承蓟水，中连辽南京护城河、古高梁河（今又称"三海大河"）河道，经张家湾附近连接今北运河（时称潞水），再往东连接潮白、箭杆等河跨香河、宝坻而入海，经海上通往辽东。这在当时是一条重要的运粮通道，为辽朝进军中原和经略南京提供了基本物资保障[1]。金开闸河连接潞河水运。元代疏治京杭大运河，挖通惠河，建闸筑坝，取梯航之法，南粮经张家湾水运大都（今北京）积水潭。明永乐年间整治运河水道，嘉靖时通惠河下游河道改由州城北入运河，沿河修建五闸二坝，漕粮盘运入京，相沿至清末，享数百年之利。

通州区地处京津唐经济区核心地带，为水陆要津，是北京通往沿海和东北地区的交通枢纽。现代陆路交通在新中国成立后迅猛发展，境内建成京哈高速、京唐公路（103国道）、京津唐高速及京通快速路等。京秦铁路及京承铁路的过境，则进一步强化了通州区的交通枢纽地位（图1-2）。

第三节 历史沿革与故城简史

一、通州历史沿革

早在新石器时代，通州地区就已经有人类生活、生产的遗存[2]。

夏商时期，为古蓟国地。西周中，燕灭蓟，此属之。

春秋战国时期，属燕国。燕昭王（前311～前279年在位）时开拓北疆，置上谷、渔阳、右

---

[1] 吴文涛：《北京运河的历史变迁及其文化意义》，《北京史学》2018年第1期。

[2] 北京市通州区文化委员会、北京市通州区文学艺术界联合会编：《通州文物志》，文化艺术出版社，2006年，第12页。

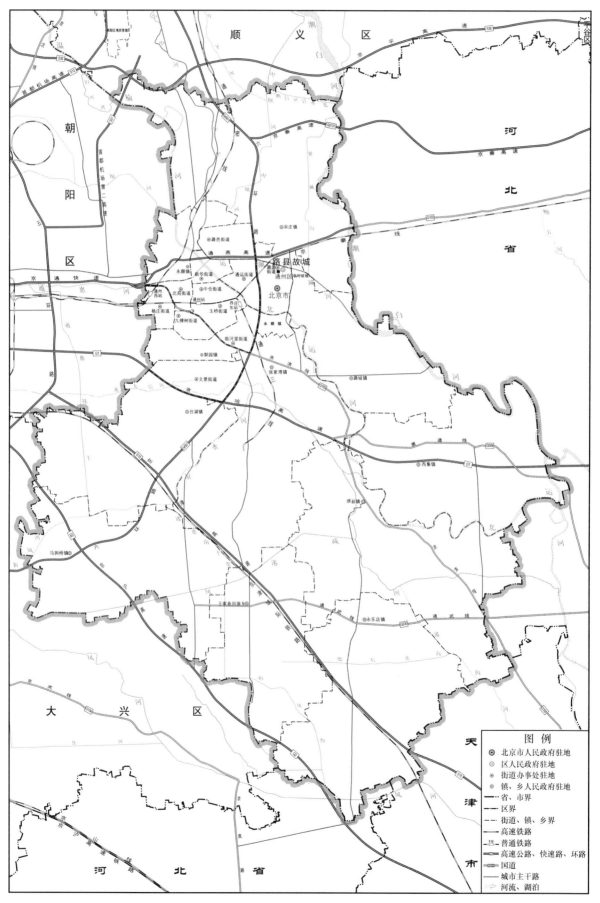

图1-2　北京市通州区交通与水系图

北平、辽西、辽东五郡[1]，时渔阳郡当辖及今通州地。

公元前 225 年，秦灭燕后，沿袭燕地旧制，仍设渔阳郡，是为秦三十六郡[2]之一，亦即陈胜、吴广谪戍之地。

西汉高祖十二年（前195年），析渔阳郡域南部地区，于燕国王城——蓟城（今北京市广安门一带）东郊驿路（秦蓟襄驰道）南侧设置路县[3]，且修筑土城（即今潞城镇古城村）。其西有沽水（今北运河）汩汩南流，成为北方政治、军事重镇，遥控辽东首县，此乃今通州区历史上行政区划建置开端。随后，沽水渐以在路县城池之侧而易称潞水。

新莽初始元年（8年），路县改名通路亭[4]，渔阳郡变曰通路郡，治署辖域及隶属关系未动。更始元年（23年）恢复郡县原名。

东汉建武元年（25年），以潞水而改路县为潞县[5]，并将渔阳郡治迁至潞县城内。次年，太守彭宠起兵叛汉，郡治迁还（今密云县境），县署东移至鲍丘水侧（今三河市城子村），上谷太守王霸议开温水（今温榆河）漕而济边关，潞水漕运胜前朝。建安十八年（213年）后，废渔阳郡，潞县改属广阳郡。后恢复渔阳郡，潞仍属之。延康元年（220年），曹丕建魏，废渔阳郡，于幽州蓟城设置诸侯王国——燕国，潞改隶之。西晋十六国因之，先后属后赵渔阳郡与前燕、前秦、后燕燕郡。前燕元年（349年），慕容儁占据幽州，设燕郡，潞属之。前秦建元六年（370年），苻坚灭前燕，潞仍旧属。后燕燕元二年（385年），慕容垂占据幽州，潞仍旧属。

北魏天兴二年（399年），复设渔阳郡，郡治改在雍奴（今天津市武清区），潞上属之。太平真君七年（446年）、十年（449年），平谷县、安乐县先后废，入潞县，此乃历史上潞县辖域最广时期。继而东魏另立，北齐天保元年（550年），渔阳郡治迁至潞县，潞仍属之。北周，潞仍属渔阳郡。郡县治仍旧。约在天保八年（557年），于温潞二水畔新筑土城，将渔阳郡治自雍奴北迁至今通州旧城北部区域，同时潞县衙署随迁于此，此便是今通州城建设之始。

郡、县治同域至隋开皇三年（583年），渔阳郡撤销，潞县直属幽州。隋炀帝大业三年（607年），幽州改称涿郡，潞属之。次年，为东征高句丽，巩固统一，炀帝开凿永济渠，以运兵输粮，该渠斜穿今区境南部。

唐武德二年（619年），在水陆交冲之地潞县城中，设置玄州，以幽玄通达而名，且析出其东部区域建置临沟县。贞观元年（627年），中原一统，废除玄州，临沟还潞，上隶幽州。开元四年（716年），复析出潞县东部置三河县。

五代十国时期，潞先后上隶后梁、后唐、后晋的幽州，于后晋高祖天福三年（938年），随燕云十六州划入契丹国土，成为南京道幽都府辖县。开泰元年（1012年），南京道幽都府易

［1］［汉］司马迁：《史记》卷一百十《匈奴列传》，中华书局，1963年，第2886页。

［2］［汉］司马迁：《史记》卷六《秦始皇本纪》，中华书局，1963年，第239页。

［3］［汉］班固：《汉书》卷二八下《地理志》第八下，中华书局，1964年，第1623、1624页。

［4］［汉］班固：《汉书》卷二八下《地理志》第八下，中华书局，1964年，第1624页。

［5］［宋］范晔：《后汉书》志第二十三《郡国志五》，中华书局，1973年，第3528页。

名南京路析津府，又于辽太平年间（1021~1031年），析武清县北部与潞县南部合为一域，置潞阴县，与潞县并隶于析津府。宋宣和四年（1122年）宋金联兵灭辽，夺回燕云十六州，宋朝分得长城内六州，并在燕京设燕山府，潞、潞二县改属之。

宋宣和七年（1125年），金国败盟毁约，派兵攻陷燕山府，夺走六州，且在燕京置永安路析津府，潞、潞改隶之。金天德三年（1151年），海陵王颁布诏书决定自上京迁都燕京，营建新都，同时修治潞水以通漕运，升潞县为通州，领潞、三河二县[1]。金贞元元年（1153年），正式迁都，改燕京为中都，此乃古传"先有通州，后有北京"之由来，遂将永安路析津府易称中都路大兴府，潞、潞俱隶之，并于通州制造战船以侵宋。大定、明昌间，曾开金口河、闸河沿高梁河东流于州城北侧入潞，剥运通州国仓储粮入中都。自此，通州成为"九重肘腋之上流，六国咽喉之雄镇"。

金贞祐三年（1215年），蒙古大可汗成吉思汗占据中都，既而忽必烈于燕京东北兴建大都，且定都于此，曾依次设置燕京路、中都路、大都路大兴府，通州领潞、三河二县，与潞阴一并改属之。元至元十三年（1276年），将潞阴县升置潞州，领武清、香河二县，出现"一区二郡"罕况。遂修坝河、凿通惠河、开金口新河，克服大都与通州间剥运困境，以保京杭大运河运到通州之粮及其他各种物资源源不断转运至大都。

元至正二十八年即明洪武元年（1368年），明军攻占大都，于此设置北平府，潞县省入通州，通州领一县、潞州领二县并改属之，燕山侯孙兴祖受命重筑通州城。明洪武十年（1377年），宝坻县脱离北平府直辖，改隶通州。洪武十二年（1379年），武清县易属通州，香河县易属北平府。洪武十四年（1381年）潞州降称潞县，上隶通州，通州领4县上属北平府，继而于明永乐元年（1403年）属顺天府。永乐四年（1406年），诏建都北京，江淮流域所产木、砖、石材及其他不可胜计之粮物，连檣而至通州，大运河上下万舟骈集，通州城内外千廒縻立。京通间日夜"车毂织络，相望于道"。为加强战备，保卫北京，明正统十四年（1449年）抢筑通州新城，用保天庚。明嘉靖四十三年（1564年）急修张家湾城，以卫漕运，运河与通州成为都城命脉之所系，国家安全之所关，漕运所涉衙署俱设通州。

明崇祯十七年（1644年），清帝入主中原，定都北京，仍设顺天府，且在清顺治七年（1650年）、十四年（1657年）先后于通州城中设置通州、通密、通蓟道，通州领4县先后改属之。清顺治十六年（1659年），潞县废入通州。清康熙八年（1669年），通蓟道扩改为通永道。康熙二十七年（1688年），顺天府于通州城中设置东路厅署。清雍正六年（1728年），三河、宝坻、武清脱离通州辖领，通州成为顺天府直辖州，被朝廷视为京门，战略地位高超以往。

民国元年（1912年），沿袭明清设顺天府之制，通州直属之。1914年，将全国所有不领县之州降级称县，通州改为通县，同时，顺天府易名京兆特别区，通县属之。1928年，首都迁往南京，京兆特别区改名北平市，直隶省易称河北省，通县改属河北省。1948年12月14日，通县

[1]［元］脱脱等：《金史》卷二十四《地理志上》，中华书局，1975年，第574页。

全境解放[1]。

1958年4月通州市、县同时划归北京市领导，随之县、市合并改名通州区，通县专署同时撤销。1960年2月通州区又改称通县。

1997年4月29日，国务院批复同意北京市撤销通县，设立通州区[2]。

2012年6月，在北京市第十一次代表大会的报告《全力推动首都科学发展　为建设中国特色世界城市而努力奋斗》中明确提出，落实聚焦通州战略，分类推进重点新城建设，打造功能完备的城市副中心[3]。

二、路县故城简史

路县故城在正史、杂史、史钞、史评等中均有记载提及。文献资料关于不同时期路县故城沿用名称存在以"潞县"[4]、"通路亭"、"通潞亭"[5]等为多，尤以"潞县"为最甚；部分文献资料散见"路县"[6]一词，论著多引用前人成说，亦有学者个人分析可供我们进行参考。

路县故城最早的相关文献见于《汉书·王莽传》："郡县以亭为名者三百六十，以应符命文也。"[7]此处虽未直接提及路县名称，但据《汉书·地理志》载"路，莽曰通路亭"[8]，王莽新朝按照《周官》《王制》更改全国郡县地名，其中即涉及此地名称的更替信息。历代古籍文献所记路县故城，总体而言较为丰富，对于其沿革与变化情况比较清晰，为我们梳理路县

[1] 北京市通州区文化委员会、北京市通州区文学艺术界联合会编：《通州文物志》，文化艺术出版社，2006年，第3页。

[2]《国务院关于同意北京市撤销通县设立通州区的批复》（国函〔1997〕30号），《中华人民共和国国务院公报》1997年第17期。

[3] 刘琪：《全力推动首都科学发展　为建设中国特色世界城市而努力奋斗——在中国共产党北京市第十一次代表大会上的报告（2012年6月29日）》，《前线》2012年Z1期。

[4] 与"潞县"相关的古籍主要有《后汉书》《后汉纪》《旧唐书》《辽史》《金史》《元史》《明史》《水经注》《通典》《资治通鉴》《唐会要》《册府元龟》《记纂渊海》《三朝北盟会编》《钦定重订大金国志》《松漠纪闻》《太平寰宇记》《舆地广记》《析津志辑佚》《大事记续编》《宋会要辑稿》《明一统志》《大清一统志》《钦定热河志》《钦定日下旧闻考》《畿辅通志》《历代帝王宅京记》《行水金鉴》《钦定续文献通考》《钦定续通典》《陈检讨四六》《辽史拾遗》《元朝典故编年考》《读史方舆纪要》《京东考古录》等。值得注意的是，历代文献中所载"潞县"词频颇多，有上党郡的"潞县"和渔阳郡的"潞县"之别，此处为渔阳郡"潞县"，需要加以甄别。

[5] 与"通路亭""通潞亭"相关的古籍主要有《汉书》《水经注》《水经注集释订讹》《水经注释》《太平御览》《析津志辑佚》《北河纪》《明一统志》《大清一统志》《钦定日下旧闻考》《辽史拾遗》《通雅》等。

[6] 与"路县"相关的古籍主要有《汉书》《资治通鉴释文》《册府元龟》《大清一统志》《钦定日下旧闻考》《水经注集释订讹》《水经注释》《日知录》《全唐文》等。

[7] [汉] 班固：《汉书》卷九十九中《王莽传》，中华书局，1964年，第4136页。

[8] [汉] 班固：《汉书》卷二十八下《地理志》第八下，中华书局，1964年，第1624页。

故城的兴衰变迁提供了较为完整的史料信息。

　　除此之外，截至目前共出土了2块涉及"路县"县名的北魏时期墓志砖、8合涉及"潞县"县名及路县故城城址具体方位的唐代墓志铭，为我们留下了弥足珍贵的考古实物资料。发掘出土的北魏时期墓志砖有张车墓志砖、张道顺墓志砖[1]，这2块墓志砖是目前所知考古出土的最早的明确使用"路县"二字的文物，是路县故城城址定名的有力佐证。发掘出土的唐代墓志有高行晖墓志[2]、孙如玉墓志[3]、孙封墓志[4]、吕元悦及夫人合祔墓志[5]、艾演墓志[6]、张公墓志[7]、李丕墓志[8]、彭沇墓志[9]（残），这8合墓志志文都涉及"潞县"或者所辖村落的方位，为路县故城城址的寻找和研究提供了较为准确的参考。

　　值得一提的是，清代乾隆年间，通州当地学者刘锡信曾对路县故城城址进行过实地调查，结合传世文献撰写了《通州潞县故城考》，收录在其《潞城考古录》一书中，是已知最早的、较为完备的关于路县故城城址的研究著作。书中记有："通州潞河东八里有古城，周围四里许，遗址约高五尺。东西北三面俱存，惟南面近官道，已成陆地。西北隅废堞独高丈余，疑当日角楼瞭望台之类。考之州志，曰相传为前朝驻兵处，或云古潞县，疑不能明也。"[10] 又言："后读《水经注》云：鲍丘水（今潮河），南经潞县故城西，王莽之通潞亭也。"其对旧治、州城等考证翔实，综合文献记载做出了明确的判断，影响深远（彩版二）。

　　[1] 2块墓志砖均于2017年7月北京市通州区潞城镇胡各庄村北京城市副中心A-05地块出土，现藏于北京市考古研究院。

　　[2] 1965年北京市通县大庞村出土，现藏于首都博物馆。收录于北京市文物研究所编《北京市文物研究所藏墓志拓片》，北京燕山出版社，2003年。

　　[3] 1983年6月北京市通县梨园乡小街村东南土桥砖瓦厂出土，现藏于北京市通州区博物馆。收录于中国文物研究所、陕西省古籍整理办公室编《新中国出土墓志·北京〔壹〕》（下册），文物出版社，2008年。

　　[4] 1983年6月北京市通县梨园乡小街村东南土桥砖瓦厂出土。盖、底合一，形制特殊，背则覆斗形，素面无文。现藏于北京市通州区博物馆。收录于中国文物研究所、陕西省古籍整理办公室编《新中国出土墓志·北京〔壹〕》（下册），文物出版社，2008年。

　　[5] 2016年7月北京市通州区潞城镇后北营村北京城市副中心A-07地块出土，现藏于北京市考古研究院。

　　[6] 2017年初北京市通州区潞城镇辛安屯村北京城市副中心A-11地块出土，现藏于北京市考古研究院。

　　[7] 2017年北京市通州区潞城镇留庄村北京城市副中心B-03地块出土，现藏于北京市考古研究院。

　　[8] 清乾隆年间通州城南一里许出土，已佚失。收录于〔清〕陆耀遹《金石续编》，同治十三年（1874年）双白燕堂刻本影印本，上海古籍出版社，2020年。

　　[9] 清乾隆二十七年（1762年）通州古城北出土，已佚失。收录于罗振玉校录《京畿冢墓遗文》，西泠印社出版社，2005年。

　　[10] 〔清〕刘锡信：《潞城考古录》，北京联合出版公司，2017年。

第二章 路县故城城址考古勘探

第一节 工作缘起和勘探方法

为配合北京城市副中心建设，同时为确保地下文物和遗址的安全，在查阅大量文献史料和文物档案的基础上，初步认为路县故城城址位于北京市通州区潞城镇古城村一带。2016年5月～7月，北京市文物研究所对古城村及其周边进行了全面考古调查、初步勘探和试掘，发现并确认了路县故城城址的位置、范围、形制和结构等。此后，又根据现场情况，在路县故城遗址东城垣北段、南壕沟东段及遗址外的南部、西南部等区域进行了一些考古发掘工作（彩版三）。

一、工作缘起

路县故城遗址位于北京城市副中心行政办公区范围内。路县故城城址经考古调查发现后，受到了北京市委、市政府的高度重视。在这里，古代城址的文物保护与现代城市的建设同步进行，交相辉映，成为北京城市和谐发展的重要例证。

为深入了解路县故城遗址，2016年5月～7月，北京市文物研究所组织河北省文物研究所、山西省考古研究所、天津市文化遗产保护中心、内蒙古自治区文物考古研究所、甘肃省文物考古研究所、洛阳市文物考古研究院、宁波市文物考古研究所、山西大学、西北大学、郑州大学等具有考古团体领队资质、熟悉北方地区考古学文化特点的全国一流考古团队，协同开展了城市副中心与路县故城遗址周边的考古工作，取得了很好的成果。

2017年1月9日，北京市政府正式批准对路县故城城址进行整体保护。北京市文物局还针对路县故城遗址制定了考古工作规划，提出了"全面钻探，重点发掘，细致整理，综合研究"的工作方针，着手编制路县故城遗址的保护规划和考古遗址公园规划，并配套设立博物馆。

路县故城遗址内涵丰富，遗址上分布着不同时代的多种遗迹，这些遗迹深埋地下，关系错综复杂。而对于大遗址开展局部的考古发掘仅能了解某个点或局部遗迹现象，这对于大遗址的整体把握而言就如繁星一点，所以在路县故城遗址面积较大、遗存情况不明、考古发掘工作无从入手的情况下，必须对其进行全面的调查、勘探，才能把控路县故城遗址内的各种迹象，从宏观上了解可能存在的各种遗存，再根据各种线索分析、推测遗存的基本面貌，为遗址的保护规划与展示提供必要、准确的基础资料。综上，全面、科学地进行考古勘探，成为路县故城遗址开展大遗址保护工作的必备前提。

在初步掌握汉代路县故城城址的位置、范围、形制后，进一步了解城址内部的功能布局与整体面貌，掌握各种遗存的属性、特征以及保存状况，弄清路县故城的文化内涵、堆积状态、分布范围，为考古发掘工作和文物保护规划方案编制、考古遗址国家公园的建设提供全面、系统、翔实、准确的勘探资料，成为最为迫切的工作，故对路县故城的城址本体即城内遗址区开展全方位考古勘探势在必行。

（一）工作目标

在已有考古调查、勘探、发掘资料和多学科综合研究成果的基础上，对路县故城城址进行全面勘探，了解并初步掌握城址及邻近区域的地下文物埋藏情况。基于考古勘探测绘资料数据库和数字地形高程模型，运用ArcGIS地理信息系统软件和计算机技术，形成较为完备的文字、影像和测绘成果，编写《路县故城城址考古勘探报告》。

（二）具体要求

（1）普探与重点勘探相结合。在路县故城城内遗址区范围内采取4米×4米、中间加一孔呈梅花状的布孔方法进行全面普探。对于在普探过程中发现的遗迹等，及时采取1米×1米或0.5米×0.5米的加密布孔方法进行重点勘探。

（2）在每个勘探单元内选择5处探点，即西南、西北、中部、东南、东北5个位置点，钻探标准孔，提取土样摆放，以便充分了解该区域的地层堆积情况。

（3）使用统一的钻探记录表记录每个探孔的地层堆积信息，包括堆积距现地表深度、土质、土色、包含物、致密度、堆积性质等。

（4）在普探中发现有疑似古代遗迹现象的探孔位置，由技师进行确认是否为古代文化遗迹，一旦确认，立刻进行卡探，现场完成测绘，填写记录。

（5）对确认的遗迹现象，在尽量减少对遗迹产生破坏的情况下适当加密探孔，进行卡边定位，探明其深度、位置、规格、形制、结构、保存现状等，并及时将钻探出的遗迹绘制在遗迹总图图纸上，利用图纸从整体上进行分析标记。

（6）为全面把握地下遗存分布概况，尽量减少对遗迹的破坏，钻探深度一般触及遗迹面即可，局部钻探至生土，以了解遗迹的保存厚度及是否有分期等情况。

（7）对勘探过程中发现的地表和探孔中的遗物及时做好采集及记录。

（8）勘探过程中的所有记录资料（包括文字、图纸和影像）及时录入并上传至武汉数文科技有限公司提供的路县故城地理信息系统管理平台，进行统一的数字化管理。

二、勘探方法

（一）分区与编号

针对大遗址勘探的分区问题，在路县故城城内遗址区实施全面考古勘探时充分考虑到与前期实施的考古调查、勘探、发掘工作相衔接，也考虑到便于此次及后续其他遗址区考古工作的开展，而划定考古勘探大分区，与已有的测绘控制点保持一致，大分区编号系统相同。

1. 勘探大分区与编号

在路县故城城内遗址区中设置总基点（坐标0点，即分区图测绘桩G17位置），东西正方向为横轴，南北正方向为纵轴，将整个路县故城遗址分为四个象限，四个象限的设定使得可控范围无限延伸，以便将路县故城内外各类遗址区皆纳入此大分区编号体系中。大分区编号用罗马数字表示，从东北部开始，依逆时针旋转排列顺序分Ⅰ、Ⅱ、Ⅲ、Ⅳ四个大区，东北部为第一象限（Ⅰ区）、西北部为第二象限（Ⅱ区）、西南部为第三象限（Ⅲ区）、东南部为第四象限（Ⅳ区）（图2-1）。

2. 勘探探区与编号

根据前期考古调查、勘探及试掘的成果，将当时初步测定的路县故城城址数据，即北城垣长约606米，东城垣长约589米，南城垣长约575米，西城垣长约555米，作为此次路县故城城内遗址区全面考古勘探分区的参考数据。在城内遗址区所在的勘探大分区内，以200米×200米范围划分出相对独立的勘探探区，以东（East）、西（West）、南（South）、北（North）四个方向英文首字母+阿拉伯数字组合进行编号。从中心原点（坐标0点）起进行编号，第一象限（Ⅰ区）有ⅠN01E01、ⅠN01E02、ⅠN02E01、ⅠN02E02、ⅠN02E03、ⅠN03E01、ⅠN03E02、ⅠN03E03等8个勘探探区；第二象限（Ⅱ区）分为ⅡN01W01、ⅡN01W02、ⅡN02W01、ⅡN02W02、ⅡN03W01、ⅡN03W02等6个勘探探区；第三象限（Ⅲ区）有ⅢS01W01、ⅢS01W02、ⅢS01W03、ⅢS02W01等4个勘探探区；第四象限（Ⅳ区）有ⅣS01E01、ⅣS01E02、ⅣS02E01、ⅣS02E02等4个勘探探区。路县故城城内遗址区范围内共设置了22个勘探探区。

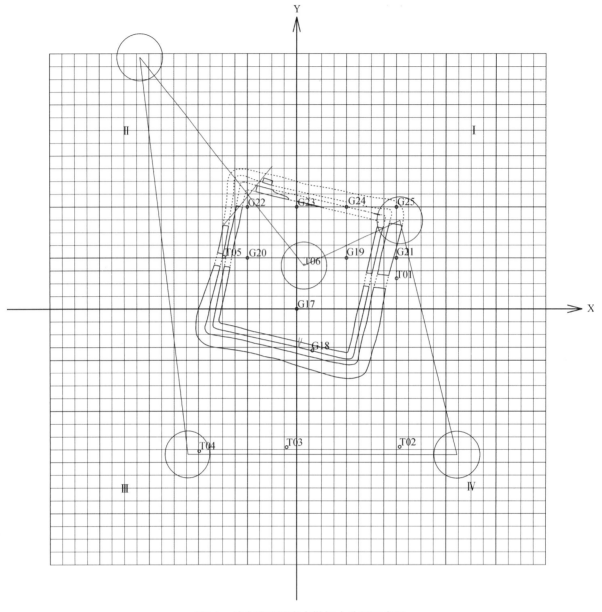

图2-1　城内遗址区考古勘探大分区示意图

3. 勘探单元与编号

为便于考古勘探和记录，在每个200米×200米勘探探区内，再以50米×50米等距离划分出16个勘探单元。以"数字-数字"组合方式，从每个勘探探区的西南角起对勘探单元进行编号，分别为1-1、1-2、1-3、1-4、2-1、2-2、2-3、2-4、3-1、3-2、3-3、3-4、4-1、4-2、4-3、4-4（图2-2、附图三）。

4-1	4-2	4-3	4-4
3-1	3-2	3-3	3-4
2-1	2-2	2-3	2-4
1-1	1-2	1-3	1-4

图2-2 探区内勘探单元布设示意图

（二）布孔和编号

1. 探孔布设

国家文物局《田野考古工作规程》《考古勘探工作规程（试行）》中指出，采用钻探手段时，探孔应该按照"错列"方式布设，不宜过密。在路县故城城内遗址区勘探单元内布设探孔前，先在每个勘探单元的四角以木桩标记界定，西南角木桩为记录该勘探单元编号的记号桩，然后采用梅花点式布设探孔法，均以每个勘探单元西南角的记号桩为基点向北、向东布设正孔，再在每4个正孔中间布设1个加孔。

我们在对路县故城城内遗址区开展考古勘探工作时，选择4米×4米间距布设正孔，即以4米等距正方向布设正孔，在每个正孔中心布设加孔，探孔行/列的间距仅2.83米。探孔编号的次序，由南往北的正孔依次为第1、3、5、7……25行，加孔依次为2、4、6、8……24行；自西向东的正孔依次为第1、3、5、7……25列，加孔依次为第2、4、6、8……24列（图2-3）。

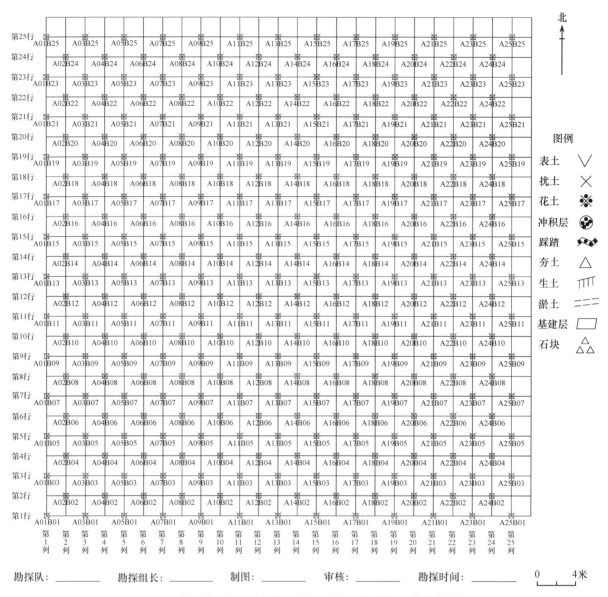

图2-3 勘探单元内探孔布设示意图（用于现场勘探工作的模板）

2. 探孔编号

探孔的编号，以每一个勘探单元的西南角为基准点开始，向北、向东实施编号。采用"英文字母A+阿拉伯数字（即横轴坐标A01……）+英文字母B+阿拉伯数字（即纵轴坐标B01……）"组合的方式对探孔进行编号，如路县故城城内遗址区某一勘探单元西南角第一个探孔编号为"A01B01"。

在具体进行考古勘探时，由于勘探工作条件有限，勘探工作时有间断，记录时需加上勘探年度。因此，一个完整的探孔编号，表示方式为"勘探年度+大区编号（Ⅰ～Ⅳ）+勘探探区号（东西南北四个方向英文首字母+阿拉伯数字）+勘探单元号（数字-数字）+横轴坐标（A01……）+纵轴坐标（B01……）"。如编号2018ⅡN01W01-1-1A01B01表示：2018年在路县故城城内遗址区第二大分区的N01W01勘探探区内的1-1勘探单元西南角第一个探孔。

（三）记录、测绘及地理信息系统

为完整、准确、科学记录本次路县故城城内遗址区的考古勘探成果，我们设计了专门的记录表格，对照片资料也做了相应要求，同时随工做好测绘与数字化，及时进行资料整理。

1. 记录表格

记录表格包括探孔登记表、遗迹单位记录表、遗物采集登记表、土样采集登记表、考古勘探探区/勘探单元登记表、绘图登记表、钻探记录归档登记表、测绘图登记表、影像资料登记表等。

2. 拍照要求

照片资料包括勘探前局部现场场景即地形、地貌照，布孔及排列标识照，勘探工作照，勘探遗迹照，标准孔土样照，特殊土样局部照，采集标本、出土遗物照，其他工作照片等。同时要求对勘探出的遗迹进行航拍。

（1）所有照片均用数码相机拍摄，具体技术要求：照片为彩色，内容清晰，记录拍照时间、拍摄人及拍摄方向等。

（2）标准孔土样拍摄要求

标准孔土样是获取遗址地层堆积、遗迹情况的重要资料，我们对它的拍摄制定了严格的样式。拍摄标准孔土样照片时规定：由南向北拍摄，保证照片画面中探孔在北，土样在南，探孔编号和比例尺摆放在土样南侧，指北针摆放在土样东侧；摆放土样时从贴近探孔的一侧开始摆放（即由探孔向外辐射），从一个方向摆放（即由西向东摆放），使土样从照片画面看起来每排一致，每一排摆放长度始终为1米（图2-4）。

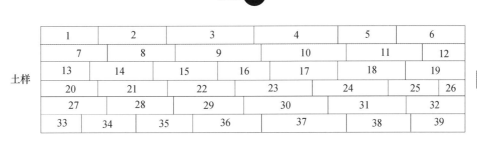

图2-4 标准孔土样摆放示意图

3. 测绘与数字化

利用埋入路县故城城址内外的多个测量控制点，建立测绘坐标系统，在大比例尺地图上标明勘探区域控制点位置，同时对勘探探区界桩（或校测点）做出明确标识，并标记在实测地图上。勘探工作开始后，绘制分片区地图，图上标明勘探探区号、勘探单元号、探孔编号，同时将上述信息准确填入"探孔记录表"，以备查阅。

（1）测量仪器设备和测绘人员投入

作业投入测绘人员1人、测量技术员1人、测量仪器海星达IRTK2plus 1套、联想笔记本2台、数据备份硬盘1个，测绘仪器经专业机构鉴定，各项精度指标符合《工程测量标准》（GB 50026-2020）要求。

（2）数据处理与图像编辑

将测量仪器采集的记录数据传输至计算机，对数据进行核查，确认无误后将数据格式转换为DXF、CSV、DAT格式。利用展绘计算机软件上的点号（或编码）进行平面图编辑，根据相应图式和规范要求对各项遗迹进行勾绘。

4. 资料整理

记录人员对探孔的地层堆积信息进行逐一记录，填写所需各类表格，确认无误后及时录入数据库，并上传至数据库备份服务器。对勘探过程中的各类工作、遗迹现象、遗物、探区环境等信息进行拍照，对整个探区进行航拍、录制视频，充实考古勘探资料，全部影像整理录入数据库。

第二节　考古勘探经过

一、队伍组建

路县故城城内遗址区的考古勘探工作得到北京市委、市政府的高度重视，在项目实施前，北京市文物研究所组织了专家遴选会，充分听取考古专家们的意见，确定由西安弘道文化遗产保护工程有限公司具体负责该项目的考古勘探工作，同时制定了工作目标，提出了工作要求。北京市文物研究所项目负责人与西安弘道文化遗产保护工程有限公司沟通对接，共同编制了"北京通州路县故城考古勘探实施方案"，并组建了以专业技术人员为主的考古勘探技术团队，根据项目用地实际，分时段、分组陆续投入路县故城城内遗址区的考古勘探工作当中。

（一）勘探组

勘探组分为普探组和卡探组。

普探组人员由测绘员、技师、探工、技术员和资料员组成。主要工作是探工负责在测绘员使用测绘仪器标定好的探孔位置进行钻探，技术员、技师负责研判土样，对探孔土样中反映出的地层堆积情况和发现的疑似问题等进行判断，资料员跟随对其进行记录，并对发现的疑似遗迹或问题探孔反映给卡探组进行卡探。

卡探组人员由技术人员组成，包括技师、技术员和资料员。主要工作是对普探组已勘探过的探孔进行抽查、对疑似遗迹或问题探孔进行核查、卡探，并且对卡探出的遗迹现象进行复核、审定、记录。

（二）测绘与数字化平台组

测绘与数字化平台组由测绘员和技术员组成。主要工作是根据路县故城考古勘探数字化平台生成的探孔点坐标进行实地放点，并做好标记；布设、规范勘探单元及勘探探孔；将勘探出的遗迹及时测绘成图；将每个探孔、遗迹的三维坐标上传至数字化平台。

（三）资料组

资料组由资料员和技术员组成。主要工作是跟随普探组人员及时记录探孔内土样变化与地层堆积情况；记录探孔信息并将问题探孔信息及时反映给卡探组工作人员，对各种不同的遗迹进行卡探定边；将整理完成的探孔资料上传至数字化平台；在完成第一手资料收集与归档后及时整理、编写考古勘探报告。

（四）质检与验收组

质检与验收组由北京市文物研究所项目负责人、考古人员以及西安弘道文化遗产保护工程有限公司的技师和技术员组成。主要工作是对田野勘探工作进行监督，对勘探成果进行研判，对勘探工作所形成的纸质、电子原始资料进行核验、查收，检验资料的准确性和完备性，并进行准确归档。最后，由北京市文物研究所聘请的专家进行验收。

二、工作时间

　　路县故城城内遗址区考古勘探工作，历经田野勘探和资料整理两个阶段，自2018年4月至2022年1月历时近四年。在进行勘探工作过程中，同时安排专人随时进行资料录入归档，保证了资料的准确性与实效性（彩版四、彩版五）。

（一）田野勘探

　　阶段一：2018年4月25日～2019年1月15日

　　项目负责人布置具体工作任务，落实勘探单元布设规划。完成整个城内遗址区勘探单元的虚拟布设，完成潞源北街以北区域即城内遗址区北部47个勘探单元的现场实地布设，并全部勘探完毕；完成需现场采集的照片、记录、表格等基础资料初步整理归档。

　　阶段二：2019年3月12日～2020年1月8日

　　完成潞源北街以南东部区域即城内遗址区东南部35个勘探单元的现场布设，并全部勘探完毕；完成城垣、壕沟的重新勘定；完成需现场采集的照片、记录、表格等基础资料归档。

　　阶段三：2020年12月1日～31日

　　完成潞源北街以南西部区域即城内遗址区西南部4个勘探单元的现场布设，并全部勘探完毕；完成需现场采集的照片、记录、表格等基础资料归档。

　　阶段四：2021年3月15日～6月25日

　　完成潞源北街以南西部区域即城内遗址区西南部24个勘探单元的现场布设，并全部勘探完毕；完成需现场采集的照片、记录、表格等基础资料归档。

（二）资料整理

　　阶段一：2021年6月15日～7月15日

　　收集路县故城相关考古发现与发掘资料，收集涉及路县的文献史料及研究资料。整合田野勘探资料，包括文字、照片、图纸、表格等基础资料档案归集到位。

　　阶段二：2021年7月16日～8月31日

　　编写报告大纲，并按报告大纲整理田野资料，绘制路县故城位置图、地形图、遗迹分布图、勘探范围图、勘探探区与勘探单元图、周邻地区遗址位置关系图等；按遗迹类型整理遗迹描述、表格、照片等资料。

　　阶段三：2021年9月1日～12月31日

　　汇总勘探单元记录资料、探区探孔记录资料，整理地层堆积、城垣、壕沟等，绘制剖面图；核对遗迹描述和相关表格；挑选调查采集的器物标本，绘制线图、撰写描述。

阶段四：2022年1月1日~20日

校核所有文字资料、表格，确定报告用图、照片，形成文稿。

三、报告编写体例说明

（一）勘探遗迹编号

本次路县故城城内遗址区考古勘探的遗迹编号，考虑到考古勘探自身的局限性，因只能通过钻探提取少量土样做粗略分析，所获地层堆积及遗迹等信息与实际情况必然存在一定偏差；对于通过勘探发现的遗迹现象，仅能掌握其大致的平面结构，初步了解其立体形制，而对其性质、文化内涵等无法精准研判和释读。

当经考古勘探判断为某种遗迹或遗迹现象时，其性质大多还需要通过考古发掘进行验证，故本次勘探在遗迹单位的编号前均加上勘探（exploration）的英文首字母"E"来进行标识。对各类勘探遗迹的编号，原则上使用"E+遗迹类别汉语拼音的第一个字的大写声母+阿拉伯数字顺序号"的方法，这也是依据国家文物局《田野考古工作规程》的相关规定。当不同遗迹类别汉语拼音的第一个字的大写声母出现重复的情况下，采用"E+遗迹类别汉语拼音的第一个字和第二个字的大写声母+阿拉伯数字顺序号"的方式，若仍有重复的情况，则采用"E+遗迹类别汉语拼音的第一个字和第三个字的大写声母+阿拉伯数字顺序号"的方式。

路县故城城内遗址区考古勘探遗迹编号：EL—道路、EC—踩踏面、EF—房址、EZ—灶、EJ—水井、EG—沟渠、EY—窑址、EM—墓葬、EW—瓮棺、EH—灰坑、EK—晚期坑、ESC—水池、EHT—夯土、EJZ—单独建筑、EZW—砖瓦堆积区、EHK—城垣上的豁口、EHG—壕沟、EJQ—建筑遗址区[1]。

（二）报告编写体例

本报告内容反映的是以路县故城本体即路县故城城内遗址区为核心区域，从汉代至清代这一时空范围的考古勘探结果。收录了2018~2021年北京市文物研究所对路县故城城内遗址区考古勘探的全部资料成果。为尽可能完整地展现路县故城城内遗址区的文化面貌，还收录了考古调查及部分针对性试掘的资料。

第一章绪论。主要内容为地理概况、水系与交通、通州区历史沿革与路县故城简史等。

第二章路县故城考古勘探。主要内容为工作缘起、勘探方法以及勘探经过。从工作目标和

---

[1] 由于勘探成果中建筑遗迹数量庞大，因此将部分相邻且距现地表深度相近的建筑归类为建筑遗址区。

要求出发，严格按照国家文物局颁布的《考古勘探工作规程（试行）》，对路县故城城内遗址区勘探工作提出了科学细致的规划，进行大遗址的分区作业，并严格组织实施。

第三章地层堆积。主要内容为城址内地层堆积、城垣及壕沟的地层堆积，以及地层堆积小结。此次调查勘探从路县故城城址的结构上对城址内、城垣、壕沟的地层堆积进行了考古勘探，地层堆积反映出五个时期：西汉中晚至东汉早期、东汉晚至魏晋北朝时期、辽金时期、明清时期、近现代时期。

第四章考古勘探成果。主要内容分为两个部分：一是路县故城城址本体的考古勘探，包括城垣、城门等，介绍了其保存状况及结构；二是城址内遗迹的考古勘探，介绍了城址内发现道路、建筑遗址区、单独建筑遗迹、砖瓦堆积、水井、窑址、灰坑、水沟、水池、烧灶等诸多遗存宏观上的分布和保存状况，其中砖瓦堆积、灰坑进行了选介，详细资料可在附表中查询。

第五章采集遗物。主要介绍了在调查、勘探工作中采集的典型遗物标本。

第六章结语。主要内容为路县故城城内遗址区地层堆积分析，城址内发现的遗迹及其年代蠡测，路县故城城址形制、性质与年代分析，以及路县故城与周邻遗存之间的关系论析，并对路县故城的价值与保护利用提出来一些浅见。

报告最后是附录、附表和附图。附录为路县故城遗址考古工作大事记；附表为此次考古勘探的地层堆积、发现的各类遗迹统计表；附图为路县故城遗迹分布图、北京地区汉代古城分布图等。

第三章 地层堆积

第一节 城址内地层堆积

在每个勘探单元内选择西南、西北、东北、东南与中部5个位置点，通过钻探标准孔分段摆放土样进行拍照和记录。从各勘探单元标准孔中选取正东西向和正南北向构成的"十字交叉"探孔数据，绘制城内遗址区勘探区域的地层纵横剖面图，以充分反映该勘探单元的地层堆积情况，为后续全面普探奠定基础。标准孔和普探孔结合构成整个城内遗址区的探孔信息记录网，汇集了整个可勘探区的钻探探孔信息。考古勘探结果表明，城内遗址区地层堆积内涵丰富、层次分明、较为连续。

需要说明的是，城内遗址区所在区域原有大量村舍建筑，且勘探时棚户区改造工作正在进行中，地表残存大量建筑垃圾。因此，在每块探区开展考古勘探工作前，使用了机械配合进行清理，清理表土的深度控制在以不破坏遗址地层堆积为准。由于考古勘探涉及的面积较大，各区域的地层堆积也不尽一致，因此，大致分为城内遗址区内部、城垣、城壕等部分。

一、标准孔地层

遍布整个城内遗址区162个勘探单元（城垣及其合围区域内）的408个标准孔，为了解城址内地层堆积情况提供了丰富的信息。兹在其内部勘探范围的西南、西北、东北、东南以及中部区域各选取一个标准孔土样，以窥整个城内遗址区的地层堆积情况（图3-1）。

（一）西南标准孔地层

西南标准孔位于Ⅲ区，探孔编号S01W01-4-1A01B01，地层堆积情况如下（彩版六，1）。

第1层：沙土层，厚1.1米，浅黄褐色，土质较疏松，内含少量砖块、植物根系等，为表土层。

第2层：黏土层，厚0.9米，黄褐色，土质较致密，内含砖块、红陶片、灰陶片、黑灰点等，为文化层。

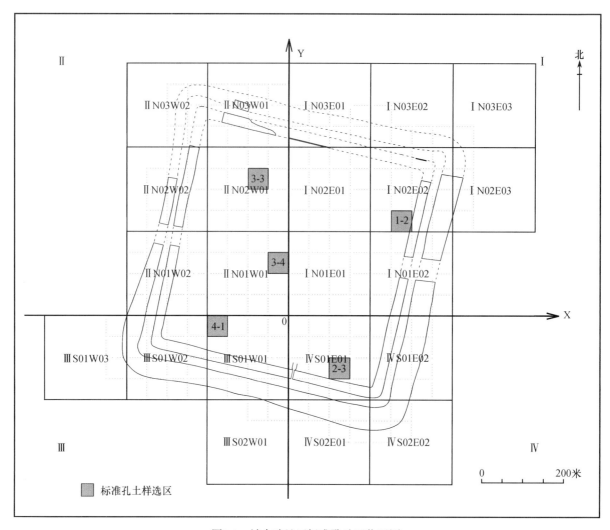

图3-1　城内遗址区标准孔选区位置图

　　第3层：黏土层，厚3.2米，深灰褐色，土质较致密，内含砖块、灰陶片、黑灰点等，为文化层。

　　第4层：黏土层，厚1米，灰褐色，土质较致密，无包含物，为沉积土层。

　　第5层：沙土层，厚0.2米，黄褐色，土质较疏松，无包含物，该层未至底，为原生土层。

（二）西北标准孔地层

　　西北标准孔位于Ⅱ区，探孔编号N02W01-3-3A01B01，地层堆积情况如下（彩版六，2）。

　　第1层：沙土层，厚0.2米，灰褐夹黄褐色，土质较疏松，内含少量砖块、植物根系等，为表土层。

　　第2层：黏土层，厚1.6米，黄褐色，土质较致密，内含砖块、红陶片、灰陶片等，为文化层。

　　第3层：黏土层，厚2.4米，深灰褐色，土质较致密，内含砖块、红陶片、黑灰点等，为文化层。

第4层：黏土层，厚1.4米，灰褐色，土质较致密，无包含物，为沉积土层。

第5层：沙土层，厚0.2米，浅黄褐色，土质疏松，无包含物，该层未至底，为原生土层。

（三）东北标准孔地层

东北标准孔位于Ⅰ区，探孔编号N02E02-1-2A02B20，地层堆积情况如下（彩版七，1）。

第1层：沙土层，厚0.5米，黄褐色夹灰褐，土质较疏松，内含少量砖块、植物根系等，为表土层。

第2层：黏土层，厚1米，灰褐色，土质较致密，内含少量砖块、陶片等，为文化层。

第3层：黏土层，厚0.8米，浅黄褐色，土质较疏松，内含少量陶片、黑灰点等，为文化层。

第4层：黏土层，厚2.8米，深灰褐色，土质较致密，内含砖块、红陶片、黑灰点等，为文化层。

第5层：黏土层，厚2.1米，浅灰褐色，土质较致密，无包含物，为沉积土层。

第6层：沙土层，厚0.8米，浅黄褐色，土质疏松，无包含物，该层未至底，为原生土层。

（四）东南标准孔地层

东南标准孔位于Ⅳ区，探孔编号S01E01-2-3A21B09，地层堆积情况如下（彩版七，2）。

第1层：沙土层，厚0.5米，浅灰褐色，土质较致密，内含少量砖块、植物根系等，为表土层。

第2层：黏土层，厚1.1米，黄褐色，土质较致密，内含少量黑灰点，为文化层。

第3层：黏土层，厚1.1米，灰褐色，土质较疏松，内含少量砖块、陶片等，为文化层。

第4层：黏土层，厚2.4米，深灰褐色，土质较致密，内含砖块、红陶片等，为文化层。

第5层：黏土层，厚0.7米，灰褐色，土质较疏松，无包含物，为沉积土层。

第6层：沙土层，厚0.9米，黄褐色，土质疏松，无包含物，该层未至底，为原生土层。

（五）中部标准孔地层

中部标准孔位于Ⅱ区，探孔编号N01W01-3-4A25B01，地层堆积情况如下（彩版八，1）。

第1层：沙土层，厚0.7米，浅灰褐色，土质较致密，内含少量砖块、植物根系等，为表土层。

第2层：黏土层，厚1.2米，黄褐色，土质较疏松，内含少量砖块、黑灰点等，为文化层。

第3层：黏土层，厚0.9米，灰褐色，土质较疏松，内含少量陶片，为文化层。

第4层：黏土层，厚2.3米，深灰褐色，土质较致密，内含砖块、红陶片等，为文化层。

第5层：黏土层，厚0.8米，灰褐色，土质较疏松，无包含物，为沉积土层。

第6层：沙土层，厚0.6米，黄褐色，土质疏松，无包含物，该层未至底，为原生土层。

第二节 城垣地层堆积

在城内遗址区可考古勘探范围内，通过在四周城垣处钻探标准孔等获取土样信息，结合东城垣北段的试掘资料，探知四周城垣地层堆积情况（图3-5）。分东、南、西、北四面城垣地层堆积介绍如下。

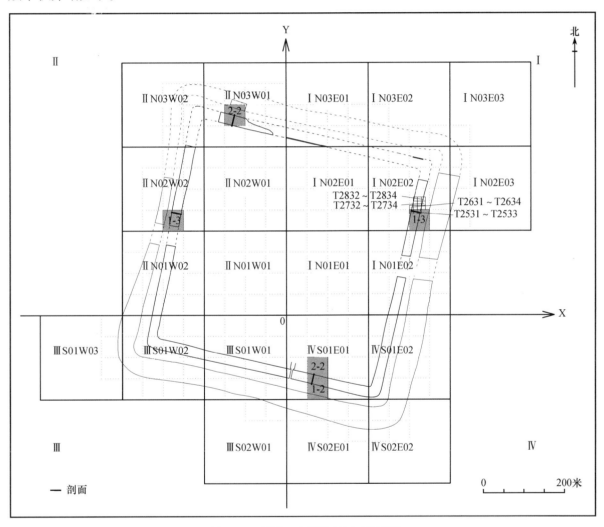

图3-5 四周城垣地层堆积剖面位置图

一、东城垣地层堆积

东城垣地层堆积情况为考古发掘所获。2016年7月，以钻探城垣夯土（东城垣北段）时的探沟为基础，布设一条东西长20米，南北宽5米的探沟，进行小范围试掘。清除地面厚0.6～0.7米的垃圾和渣土后，再下挖0.1～0.2米见城垣夯土，可知东城垣顶部以上地层堆积仅为一层表土。

2017年11月～2018年8月，对东城垣北段进行了考古发掘，实际发掘面积1100平方米。在原试掘探沟位置布设10米×10米探方13个，由南向北、自西向东分别编号为T2531、T2532、T2533、T2631、T2632、T2633、T2634、T2732、T2733、T2734、T2832、T2833、T2834。清理出东城垣北段夯土遗迹，发现东城垣处地层堆积可分为6层（彩版八，2；彩版九，1）。以东城垣解剖沟所在的2018A-01T2531地层堆积为例，该解剖沟剖面位于ⅠN02E02-1-3勘探单元内，介绍如下（图3-6、图3-7）。

第1层：现代堆积，渣土层，厚0.3～0.5米，灰褐色，土质较硬，内含大量水泥块、残砖块、现代建筑及生活垃圾和植物根系等。

第2层：明清时期堆积，沙土层，厚0.4～0.7米，黄褐色，土质较松，内含少量砖渣、植物根系等。

第3层：辽金时期堆积，黏土层，厚0.4～0.7米，浅灰褐色，土质略硬，内含少量的陶片、

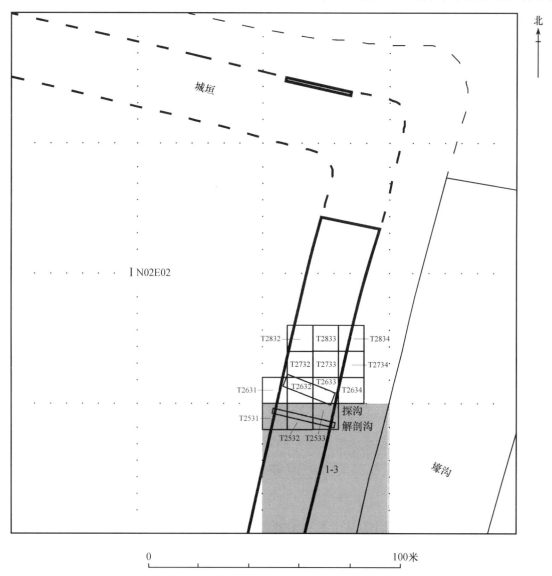

图3-6 东城垣北段发掘位置图

二、纵横剖线探孔地层

贯穿城内遗址区内部南北向和东西向构成的"十字交叉"布设的探孔记录信息（图3-2），基本上能够反映其勘探范围的地层堆积情况，根据这些信息绘制的纵横剖面图反映的地层堆积情况如下。

（一）东西向剖线探孔地层

第1层：渣土层，厚0.3～0.8米，灰褐色，土质较疏松，内含较多现代建筑垃圾、植物根系等，为表土层。

第2层：沙土层，厚1～1.9米，黄褐色，土质较疏松，内含少量砖块、瓷片等，为文化层。

第3层：黏土层，厚1.1～1.5米，浅灰褐色，土质较致密，内含较多砖块、陶片、黑灰点等，为文化层。

第4层：黏土层，厚1.3～2.1米，浅褐色，土质较致密，内含大量砖块、陶片、瓦片、黑灰点等，为文化层。

第5层：黏土层，厚0.9～1.5米，深灰褐色，土质较致密，内含少量砖块、陶片、瓦片等，为文化层。

第6层：沙土层，厚度不详，黄色或浅黄褐色，土质疏松，纯净，该层未至底，为原生土层（图3-3）。

（二）南北向剖线探孔地层

第1层：渣土层，厚0.4～0.8米，灰褐色，土质较疏松，内含较多建筑垃圾、植物根系等，为表土层。

第2层：沙土层，厚1.2～1.8米，黄褐色，土质较疏松，内含少量砖块、瓷片等，为文化层。

第3层：黏土层，厚1～1.6米，浅灰褐色，土质较致密，内含较多砖块、陶片、黑灰点等，为文化层。

第4层：黏土层，厚1.1～2.3米，浅褐色，土质较致密，内含大量砖块、陶片、瓦片、黑灰点等，为文化层。

第5层：黏土层，厚1～1.5米，灰褐色，土质较致密，内含少量砖块、陶片、瓦片等，为文化层。

第6层：沙土层，厚度不详，黄色或浅黄褐色，土质疏松，纯净，该层未至底，为原生土层（图3-4）。

红烧土块及少许草木灰等。

第4层：魏晋北朝时期堆积，黏土层，厚0.4～0.6米，浅褐色，土质较软，内含较多陶片、残砖块等。

第5层：东汉时期堆积，黏土层，厚1.1～1.2米，灰褐色，土质较硬，内含少量灰褐色陶片。

第5层以下为城垣夯土，厚1.6～3.4米，黄褐色，土质坚硬，有明显夯层，夯窝清晰，夯层厚0.1～0.2米，内含植物杆茎、红陶片、灰陶片、料姜石等。底部有基槽，城垣基址建筑在黄色原生土之上。

二、南城垣地层堆积

南城垣地层堆积情况通过勘探获知，可分为6层（彩版九，2）。以位于ⅣS01E01-1-2、ⅣS01E01-2-2勘探单元内的南城垣东段剖面为例，介绍如下（图3-8）。

第1层：现代堆积，渣土层，厚0.3～0.5米，灰褐色，土质较硬，内含大量水泥块、残砖块、现代建筑及生活垃圾和植物根系等。

第2层：明清时期堆积，沙土层，厚0.4～0.6米，黄褐色，土质较松，内含少量砖块、植物根系等。

第3层：辽金时期堆积，黏土层，厚0.4～0.7米，浅灰褐色，土质略硬，内含少量的陶片、红烧土块及少许草木灰等。

第4层：魏晋北朝时期堆积，黏土层，厚0.4～0.6米，浅褐色，土质较软，内含较多陶片、残砖块等。

第5层：东汉时期堆积，黏土层，厚0.9～1.2米，灰褐色，土质较硬，内含少量灰陶片。

第5层以下为城垣夯土，厚1.1～3.8米，黄褐色，土质坚硬，有明显的夯层，夯窝清晰，夯层厚0.1～0.2米，内含植物杆茎、红陶片、料姜石等。底部应有基槽，城垣基址建筑在黄色原生土之上。

三、西城垣地层堆积

西城垣地层堆积情况为勘探获知，可分为6层，以位于ⅡN02W02-1-3勘探单元内的西城垣北段剖面为例，介绍如下（图3-9；彩版一〇，1）。

第1层：现代堆积，渣土层，厚0.6～1.4米，灰褐色，土质较硬，内含大量水泥块、残砖块、现代建筑及生活垃圾和植物根系等。

第2层：明清时期堆积，沙土层，厚0.2～0.4米，黄褐色，土质较松，内含少量砖渣、植物根系等。

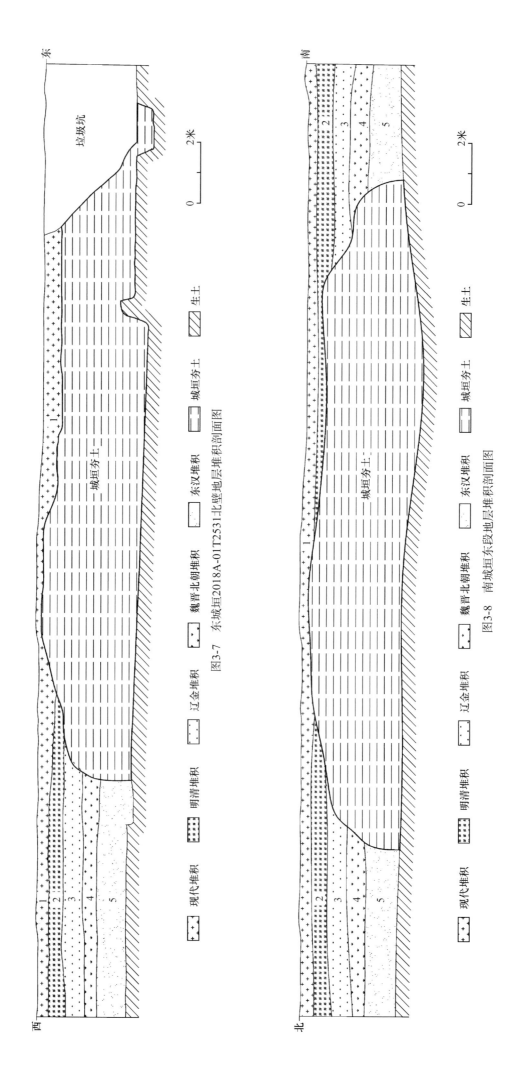

图3-7 东城垣2018A-01T2531北壁地层堆积剖面图

图3-8 南城垣东段地层堆积剖面图

　　第3层：辽金时期堆积，黏土层，厚0.3~0.5米，浅灰褐色，土质略硬，内含少量的陶片、红烧土块及少许草木灰等。

　　第4层：魏晋北朝时期堆积，黏土层，厚0.3~0.5米，浅褐色，土质较软，内含较多陶片、残砖块等。

　　第5层：东汉时期堆积，黏土层，厚0.7~1.2米，灰褐色，土质较硬，内含少量灰陶片。

　　第5层以下为城垣夯土，厚1.4~3.1米，黄褐色，土质坚硬，有明显的夯层，夯窝清晰，夯层厚0.1~0.2米，内含植物杆茎、灰陶片、料姜石等。底部应有基槽，城垣建筑在黄色原生土之上。

四、北城垣地层堆积

　　北城垣地层堆积情况为勘探得知，可分为6层，以位于ⅡN03W01-2-2勘探单元内的北城垣西段剖面为例，介绍如下（图3-10；彩版一〇，2）。

　　第1层：现代堆积，渣土层，厚0.9~1.5米，灰褐色，土质较硬，内含大量水泥块、残砖块、现代建筑及生活垃圾和植物根系等。

　　第2层：明清时期堆积，沙土层，厚0.4~0.6米，黄褐色，土质较松，内含少量砖块、植物根系等。

　　第3层：辽金时期堆积，黏土层，厚0.4~0.5米，浅灰褐色，土质略硬，内含少量的陶片、红烧土块及少许草木灰等。

　　第4层：魏晋北朝时期堆积，黏土层，厚0.4~0.6米，浅褐色，土质较软，内含较多陶片、残砖块等。

　　第5层：东汉时期堆积，黏土层，厚0.5~1.2米，灰褐色，土质较硬，内含少量灰陶片。

　　第5层以下为城垣夯土，厚1.8~3.2米，黄褐色，土质坚硬，有明显的夯层，夯窝清晰，夯层厚0.1~0.2米，内含植物杆茎、灰陶片、料姜石等。底部应有基槽，城垣建筑在黄色原生土之上。

第三节　城垣外壕沟地层堆积

　　在城内遗址区可勘探范围内，通过在四周城垣外壕沟处钻探标准孔等获取土样信息，结合南城垣外壕沟东段的试掘资料，探知到部分壕沟地层堆积情况。需要说明的是，由于壕沟内淤土的特殊性，勘探发现的沟内堆积信息提取不足，仅能根据土质、土色、包含物等将其归纳。分南、东、西、北四面城垣外壕沟地层堆积介绍如下（图3-11）。

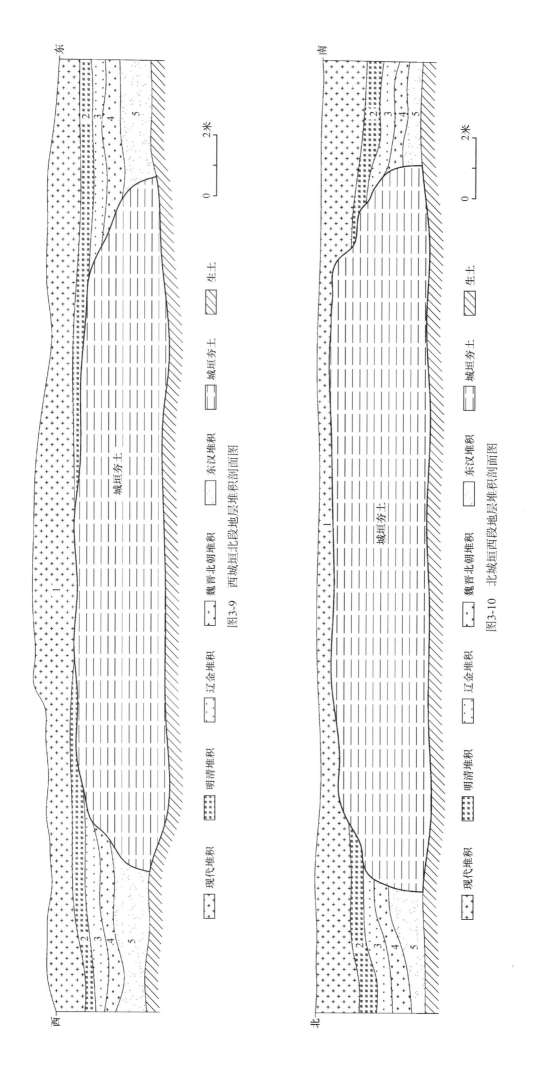

城垣夯土

图3-9 西城垣北段地层堆积剖面图

图例：
现代堆积　明清堆积　魏晋北朝堆积　东汉堆积　城垣夯土
辽金堆积　生土

0　　2米

城垣夯土

图3-10 北城垣西段地层堆积剖面图

图例：
现代堆积　明清堆积　魏晋北朝堆积　东汉堆积　城垣夯土
辽金堆积　生土

0　　2米

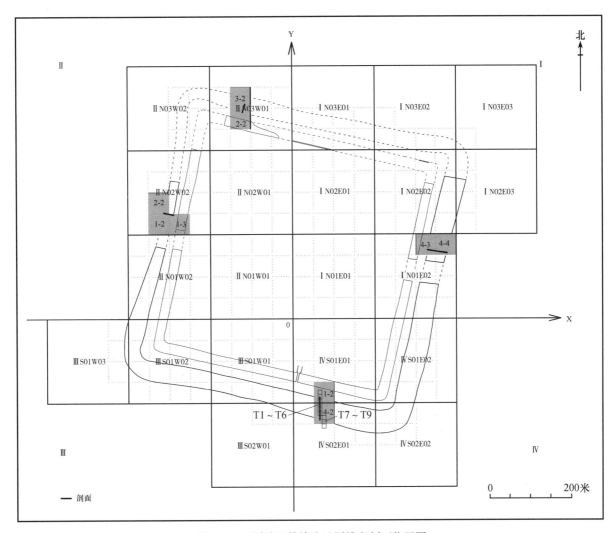

图3-11 四周城垣外壕沟地层堆积剖面位置图

一、南城垣外壕沟地层堆积

南城垣外壕沟地层堆积情况为考古发掘所获。2016年7月～2017年4月，对南城垣外壕沟东段进行了考古发掘，布设10米×10米探方9个，发掘面积900平方米，由北向南编号2016TLGT1～2016TLGT9。清理出南城垣外壕沟东段的一段壕沟淤土遗迹，壕沟地层堆积分为10层，以壕沟中心所在的探方2016TLGT3～T5西壁剖面为例，该壕沟剖面位于ⅣS01E01-1-2、ⅣS02E01-4-2勘探单元内，介绍如下（图3-12；彩版——～彩版一三）。

第1层：现代堆积层，渣土层，厚0.4～0.6米，灰褐色，土质松散，内含大量水泥块、残砖块、现代建筑及生活垃圾和植物根系等。

第2层：近现代堆积，沙土层，厚0.3～0.8米，黄褐色，土质松软，内含少量碎砖块、植物根系等。

第3层：现代堆积，黏土层，厚0.1～0.4米，灰褐色，土质较硬，内含少量砖块、陶片等。

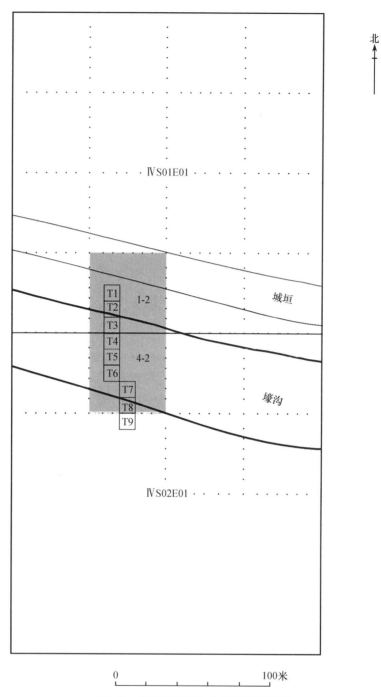

图3-12 南城垣外壕沟东段发掘位置图

第4层：明清时期堆积，沙土层，厚0.4～0.7米，黄褐色，土质松软，内含少量砖块、黑灰点等。

第5层：辽金时期堆积，黏土层，厚0.2～0.6米，褐色，土质略硬，内含少量陶片、红烧土块等。

第6层：辽金时期堆积，黏土层，厚0.4～0.5米，灰褐色，土质较硬，内含少量陶片。

第7层：东汉晚期至魏晋北朝时期堆积，黏土层，厚0.4～0.5米，深褐色，土质松软，内含较多灰陶片和夹砂红陶片。

第8层：东汉时期堆积，黏土层，厚0.2～0.4米，深褐色，土质松软，内含少量灰陶片，为壕沟淤土。

第9层：西汉中期至东汉早期堆积，黏土层，厚1.3～1.5米，浅褐色，土质松软，内含少量灰陶片和夹砂红陶片，为壕沟淤土。

第10层：壕沟底部淤土堆积，黏土层，厚1.5～2.2米，灰褐色偏黄，土质松软，内含少量灰陶片和夹砂红陶片，为壕沟淤土。其下是纯净的白沙土，为原生土（图3-13）。

二、东城垣外壕沟地层堆积

东城垣外壕沟地层堆积情况通过勘探获知，可分为4层，以位于ⅠN01E02-4-3、ⅠN01E02-4-4勘探单元内的东城垣外壕沟北段剖面为例，介绍如下（图3-14；彩版一四，1）。

第1层：现代堆积，渣土层，厚0.6～1.5米，灰褐色，土质松散，内含大量水泥块、残砖块、现代建筑及生活垃圾和植物根系等。

第2层：明清时期堆积，沙土层，厚0.4～0.7米，黄褐色，土质松软，内含少量碎砖块、瓷片、黑灰点等。

第3层：辽金时期堆积，黏土层，厚0.2～0.5米，褐色，土质略硬，内含少量的陶片、红烧土点、黑灰点等。

第4层：淤泥层，厚1.7～3.6米，深褐色，土质松软，似胶泥状，内含较多灰陶片和夹砂红陶片等，为壕沟淤土。

三、西城垣外壕沟地层堆积

西城垣外壕沟地层堆积情况为勘探获知，可分为4层，以位于ⅡN02W02-1-2、ⅡN02W02-1-3、ⅡN02W02-2-2勘探单元内的西城垣外壕沟北段剖面为例，介绍如下（图3-15；彩版一四，2）。

第1层：现代堆积，渣土层，厚0.8～1.2米，灰褐色，土质松散，内含大量水泥块、残砖块、现代建筑及生活垃圾和植物根系等。

第2层：明清时期堆积，沙土层，厚0.4～0.6米，黄褐色，土质松软，内含少量碎砖块、黑灰点等。

第3层：辽金时期堆积，黏土层，厚0.2～0.5米，褐色，土质略硬，内含少量的陶片、红烧土块、黑灰点等。

第4层：淤泥层，厚0.7～2.6米，深褐色，土质较硬，带黄胶泥，含水量小，内含少量灰陶片和夹砂红陶片等，为壕沟淤土。

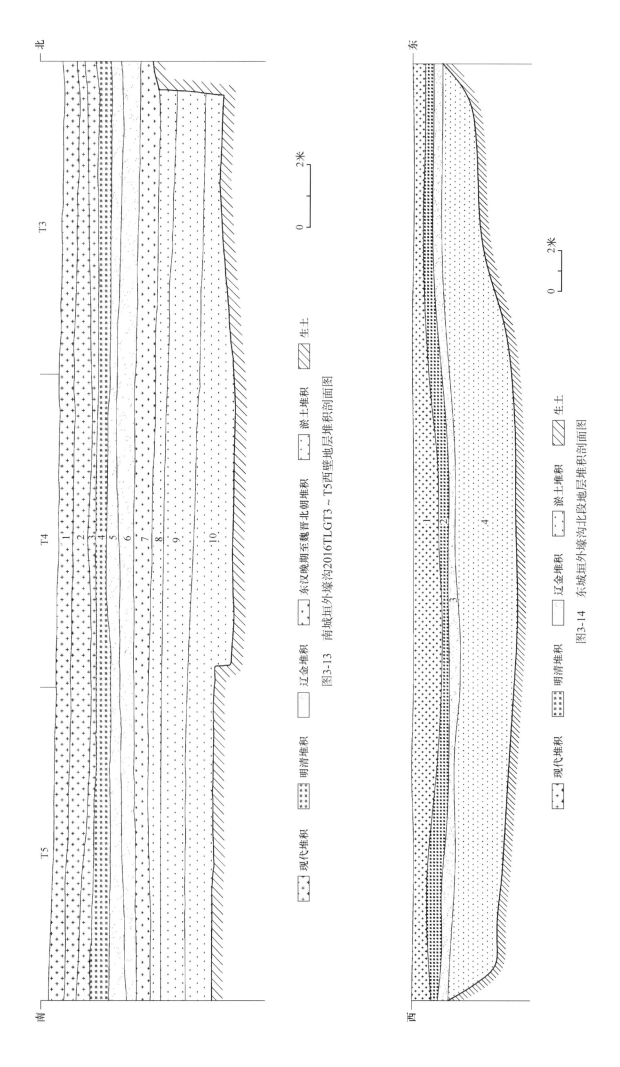

南 T5 T4 T3 北

1
2
3
4
5
6
7
8
9
10

0 2米

现代堆积 明清堆积 辽金堆积 淤土堆积

东汉晚期至魏晋北朝堆积 生土

图3-13 南城垣外壕沟2016TLGT3～T5西壁地层堆积剖面图

西 东

1
2
3
4

0 2米

现代堆积 明清堆积 辽金堆积 淤土堆积 生土

图3-14 东城垣外壕沟北段地层堆积剖面图

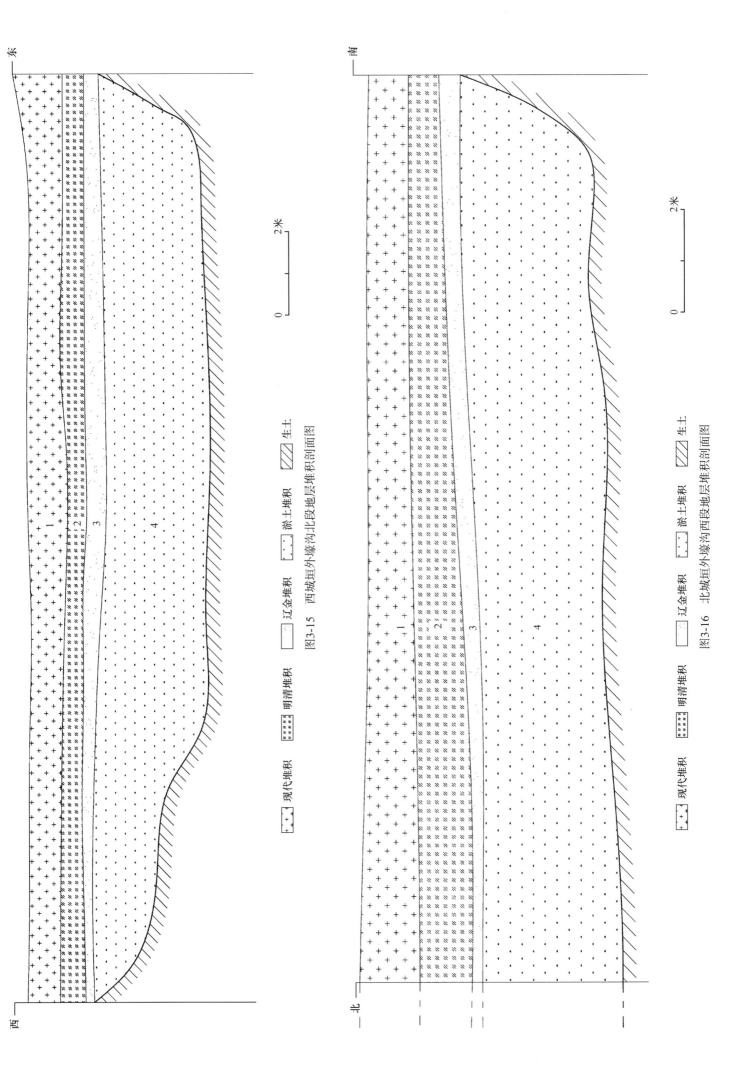

东

西

1
2
3
4

现代堆积　　明清堆积　　辽金堆积　　淤土堆积　　生土

0　　　　　　2米

图3-15　西城垣外壕沟北段地层堆积剖面图

南

北

1
2
3
4

现代堆积　　明清堆积　　辽金堆积　　淤土堆积　　生土

0　　　　　　2米

图3-16　北城垣外壕沟西段地层堆积剖面图

四、北城垣外壕沟地层堆积

北城垣外壕沟地层堆积情况为勘探获知，可分为4层，以位于ⅡN03W01-2-2、ⅡN03W01-3-2勘探单元内的北城垣外壕沟西段剖面为例，该段壕沟因北部已是硬化道路，所以只探清了南部边界，北部边界未探明（图3-16；彩版一五，1）。

第1层：现代堆积，渣土层，厚0.8～1.2米，灰褐色，土质松散，内含较多残砖块、现代建筑及生活垃圾和植物根系等。

第2层：明清时期堆积，沙土层，厚0.6～1.1米，黄褐色，土质松软，内含少量碎砖块、红烧土颗粒、黑灰点等。

第3层：辽金时期堆积，黏土层，厚0.2～0.4米，褐色，土质略硬，内含少量的陶片、黑灰点等。

第4层：淤泥层，厚1.5～2.8米，深褐色，土质略硬，带胶泥，含水量较小，内含较多灰陶片和夹砂红陶片等，为壕沟淤土。

第四节　　地层堆积小结

通过对路县故城城内遗址区的考古勘探，综合探孔土质、土色、包含物等反映的信息来看，发现整个城址内地层堆积丰富，层次分明，局部区域地层内夹有细沙土、黑胶泥等，但总体上较为连续。勘探结果表明，城址内地层堆积大致可以分为6层。

第1层：现代堆积，厚2.1～3.5米，以灰褐色为主，夹浅灰褐色、黄褐色，土质松散，内含大量水泥块、残砖块等现代建筑及塑料等生活垃圾、植物根系等。该层为渣土，勘探区内皆有，现代人类活动堆积形成，考古勘探时进行了清表工作，残留0.1～0.5米。

第2层：明清时期堆积，厚0.5～1.1米，以黄褐色为主，夹灰褐色，主要为沙土，局部区域夹有细沙土，土质较松散，内含少量碎砖块、陶片、瓷片等。

第3层：辽金时期堆积，厚0.3～0.7米，以浅灰褐色为主，夹黄褐色或褐色，主要为黏土，局部区域分布有细沙土或有较薄的黑胶泥，土质较紧密，内含少量碎砖块、陶片、瓷片、黑灰点等。

第4层：东汉晚期至魏晋北朝时期堆积，厚0.8～1.3米，以灰褐色为主，夹褐色泛黑或浅灰褐色，主要为黏土，局部区域夹有细沙土，土质较紧密，内含大量碎砖块、灰陶片、瓦片、红烧土颗粒、炭灰颗粒等。

第5层：西汉中晚期至东汉早期堆积，厚0.8～1.6米，浅灰褐色，主要为黏土，土质紧密，内含大量碎砖块、灰陶片、夹砂红陶片、瓦片、草木灰、炭灰颗粒、红烧土颗粒、兽骨等。

第6层：自然堆积，原生土层，厚度不详，黄色或浅黄色，主要为沙土，土质较紧密、细腻，无包含物。

目前，城址内发现最早的堆积是西汉时期文化层，叠压在黄色原生土上。

由此，我们对路县故城遗址文化性质有了较为清晰的认识。城内遗址区的主体文化堆积为两汉至北朝时期，辽金、明清时期仍有较多存留，可以初步判断路县故城在两汉至北朝时期的人类活动十分活跃，辽金、明清时期人类活动稍有减少但也不曾间断，是一座延续千年的古代城址。

第四章　考古勘探成果

　　本次考古勘探的重点对象为城址本体的合围区域，并对城垣、壕沟进行了再次勘定，故而考古调查、勘探探区覆盖了城垣及壕沟所在区域。城址总面积约34.2万平方米（含城垣），因勘探范围内有潞源北街和堡龙路的硬化道路、京秦铁路及其保护带、减河公园用地、渣土堆等不可进行考古勘探的区域，未能将整个城内遗址区实施全面普探，且已勘探区域受诸如地表渣土、树林等影响，故实际完成勘探面积约27.5万平方米（图4-1）。

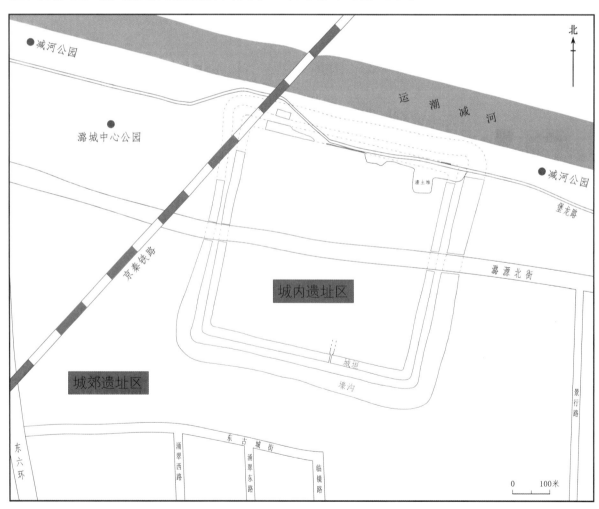

图4-1　城内遗址区工作范围图

本次考古勘探，通过科学、系统的勘探和数据采集、分析整理，获取并整合了较为完整的疑似遗迹现象、分布情况、相关数据等，基本摸清了路县故城城址四周城垣、壕沟，以及城内道路、建筑遗址区、单独建筑遗迹、砖瓦堆积、水井、窑址、灰坑、水沟、水池、烧灶等诸多遗存宏观上的分布和保存状况，下文将发现的主要遗迹分类进行介绍。

第一节　城址勘探

一、城　　垣

今从地表观察，路县故城城址四周城垣已无迹可寻，但通过考古调查、勘探与对东城垣北段的小范围试掘等，基本确定了四周城垣的位置、范围、形制。

勘探结果表明，路县故城城址平面略呈不规则的方形，整体北偏东13°。东城垣中心线长约579米，南城垣中心线长约577米，西城垣中心线长约582米，北城垣中心线长约599米，城垣中心线周长2337米。在距现地表深0.4～4.5米处可见城垣夯土，城垣基址的残存高度为0.4～3.8米，纵剖面近梯形，下宽上窄，底宽20.1～25.4米，顶部残宽8.6～15.2米。城垣为黄褐色土夯筑而成，夯层厚0.1～0.2米，城垣墙体中心夯土内常夹杂有较多植物杆茎和料姜石。

路县故城城垣四个拐角破坏较为严重，上部基本已无存。东南拐角位于东南角城垣之上，西南拐角位于西南角城垣之上，西北拐角位于西北角城垣之上，东北拐角位于东北角城垣之上，勘探发现，城垣东南角、西南角均残存弧形夯土台。西北角被京秦铁路线占压，可在西北侧护坡立面上观察到城垣夯土面，夯层清晰，每层厚0.08～0.2米，清代学者刘锡信所记"西北隅废堞独高丈余，疑当日角楼瞭望台之类"应已压于京秦铁路之下了。东北角则在减河公园及堡龙路硬化路面下，无法进行勘探，参照其他三角，推测也应残存为弧形夯土台（图4-2）。

（一）东城垣

东城垣为东北—西南走向，由北向南横跨Ⅰ N02E02东部、IN01E02中部、Ⅳ S01E02西部等3个勘探探区。总体保存情况不好，地表无存，墙体内壁长526米，外壁长584米。南端起于古城村东南部，北端止于运潮减河南部的堡龙路，东北角被减河公园及堡龙路硬化路面占压，具体位置由北城垣与东城垣勘探出的城垣夯土段延伸推导复原而来（图4-3）。

潞源北街自西向东从东城垣中部贯穿而过，将城垣分为南、北两段。其中南段中心线长293米，宽21.4～24.5米；北段中心线长184米，宽21.2～23.3米。城垣南、北两段整体落差不大，顶部有大量杂草、小灌木等，残留少量渣土。以东城垣北段在勘探基础上加上试掘剖面为例介绍如下。

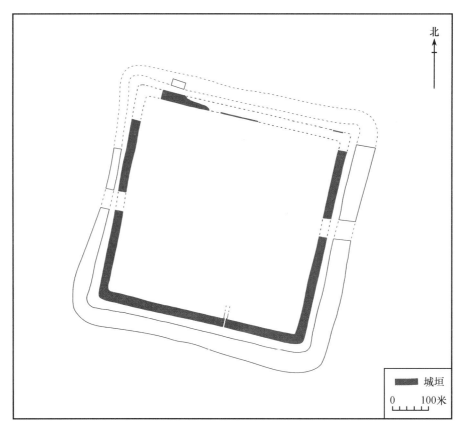

图4-2　路县故城城垣平面图

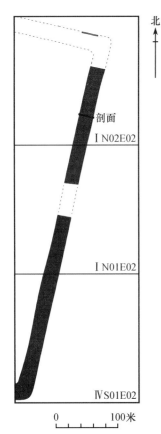

图4-3　东城垣平面位置图

东城垣北段剖面位于ⅠN02E02勘探探区南部，经考古发掘，该段城垣横截面呈梯形，顶宽15.9~18米，底宽20.9~22.6米，城垣最高处残存高度3~3.4米，外坡斜长3.6米，内坡斜长1.4米。解剖发现，该段墙体由东向西分4段夯筑而成，其中中间2段夯层表面及夯窝周壁上均有一层较薄的植物腐朽物，底部有2个基槽（图4-4；彩版一五，2；彩版一六；彩版一七，1）。

1. 墙体

该段城垣墙体基址由东向西分4段夯土连续夯筑而成，分段叙述如下。

（1）夯土第1段

夯土第1段位于剖面东部，于底下外基槽夯实至与原生黄土持平后，开始夯筑墙体，该段横剖面呈梯形。由于东侧破坏，顶部残宽3米，底部残宽5.2米，残高2.2~2.4米，夯层共可划分20层（彩版一七，2）。

第1层：浅黄褐色，含细沙，厚4～7厘米，夯层较明显，素夯而成，夯层坚硬，未发现夯窝。

第2层：浅黄褐色，含细沙、料姜石，厚8～10厘米，夯层较明显，素夯而成，夯层较硬。局部有夯窝，平面呈近似圆形，圜底，直径4～10厘米，深3～5厘米。

第3层：浅黄褐色，含细沙、料姜石，厚10～12厘米，夯层较明显，素夯而成，夯层坚硬。局部有夯窝，平面呈近似圆形，圜底，直径4～10厘米，深3～5厘米。出土少量夹砂陶片。

第4层：浅黄褐色，含细沙、料姜石，厚8～10厘米，夯层较明显，素夯而成，夯层坚硬。局部有夯窝，平面呈近似圆形，圜底，直径4～10厘米，深3～5厘米。

第5层：浅黄褐色，含细沙、料姜石，厚10～12厘米，夯层较明显，素夯而成，上部较硬，下部较松。有较密的夯窝，平面呈近似圆形，圜底，直径4～10厘米，深3～5厘米。

第6层：浅黄褐色，含细沙、料姜石，厚14～18厘米，夯层较明显，素夯而成，夯层较硬，下部较软。有较密的夯窝，无规律性，平面呈近似圆形，圜底，直径4～10厘米，深3～5厘米。

第7层：浅黄褐色，含细沙、料姜石，厚8～12厘米，夯层较明显，素夯而成，夯层坚硬。有较密的夯窝，无规律性，平面呈近似圆形，圜底，直径4～10厘米，深3～5厘米。

第8层：浅黄褐色，含细沙、料姜石，厚6～8厘米，夯层较明显，素夯而成，夯层坚硬。有较密的夯窝，无规律性，平面呈近似圆形，圜底，直径4～10厘米，深3～5厘米。

第9层：浅黄褐色，含细沙、料姜石，厚6～12厘米，夯层较明显，素夯而成，夯层坚硬。有较密的夯窝，较规律，平面呈近似圆形，圜底，直径4～10厘米，深3～5厘米。在此层中部，有较小的夹砂红褐陶片。

第10层：浅黄褐色，含细沙、料姜石，厚8～10厘米，夯层较明显，素夯而成，夯层坚硬。有较密的夯窝，无规律性，平面呈近似圆形，圜底，直径4～10厘米，深3～5厘米。

第11层：浅黄褐色，含细沙、料姜石，厚8～10厘米，夯层较明显，素夯而成，夯层坚硬。有较密的夯窝，无规律性，平面呈近似圆形，圜底，直径4～10厘米，深2～5厘米。

第12层：浅黄褐色，含细沙、料姜石，厚8～14厘米，夯层较明显，素夯而成，夯层坚硬。有较密的夯窝，无规律性，平面呈近似圆形，圜底，直径4～10厘米，深3～5厘米。

第13层：浅黄褐色，含细沙、料姜石，厚6～12厘米，夯层较明显，素夯而成，夯层坚硬。有较密的夯窝，无规律性，平面呈近似圆形，圜底，直径4～10厘米，深3～5厘米。

第14层：浅黄褐色，含细沙、料姜石，厚6～10厘米，夯层较明显，素夯而成，夯层坚硬，西部两层合并一层。有较密的夯窝，无规律性，平面呈近似圆形，圜底，直径4～10厘米，深3～5厘米。

第15层：浅黄褐色，含细沙、料姜石，厚12～14厘米，夯层较明显，素夯而成，夯层坚硬。有较密的夯窝，无规律性，平面呈近似圆形，圜底，直径4～10厘米，深3～5厘米。

第16层：浅黄褐色，含细沙、料姜石，厚12～14厘米，夯层较明显，素夯而成，夯层坚硬。有较密的夯窝，无规律性，平面呈近似圆形，圜底，直径4～10厘米，深3～5厘米。

第17层：浅黄褐色，含细沙、料姜石，厚12～14厘米，夯层较明显，素夯而成，夯层坚硬。有较密的夯窝，无规律性，平面呈近似圆形，圜底，直径4～10厘米，深3～5厘米。

第18层：浅黄褐色，含细沙、料姜石，厚20～22厘米，夯层较明显，素夯而成，夯层坚硬。有较密的夯窝，无规律性，平面呈近似圆形，圜底，直径4～10厘米，深3～5厘米。

第19层：浅黄褐色，含细沙、料姜石，厚12～20厘米，夯层较明显，素夯而成，夯层坚硬。夯层表面有较密的夯窝，无规律性，平面呈近似圆形，圜底，直径4～10厘米，深3～5厘米。

第20层：深褐色，土质较纯净，此层为原生土层，位于西部，东部为黄褐色土夯层，厚30～32厘米。东部局部有夯窝，直径4～10厘米，深3～5厘米，此层下为黄土。

（2）夯土第2段

夯土第2段，位于剖面中部偏东，于底下内基槽夯实至与原生黄土持平后，开始夯筑墙体，该段横剖面呈梯形。顶部宽3.7米，底部宽3.9米，残高1.8～2米，夯土共可划分14层（彩版一八，1）。

第1层：浅黑褐色，含细沙，厚4～12厘米，夯层较明显，素夯而成，夯层坚硬。未见夯窝。

第2层：浅黄褐色，含黑褐色颗粒，厚6～14厘米，夯层较明显，素夯而成，夯层略硬。局部有零星的夯窝，平面呈近似圆形，圜底，直径4～6厘米，深3～5厘米。其下有一层为人工处理过的土层，浅黑黄色，上宽2.66米，下宽2.54米，深0.82～0.93米。

第3层：浅黑褐色，含料姜石，厚18～22厘米，夯层较明显，素夯而成，夯层较软。未见夯窝。

第4层：浅黄褐色，含黑褐色颗粒，厚12～18厘米，夯层较明显，素夯而成，夯层较松。未见夯窝。

第5层：浅褐色，含黑褐色颗粒、料姜石、细沙土，厚12～16厘米，夯层较明显，素夯而成，夯层较松。未见夯窝。

第6层：浅褐色，含黑褐色颗粒、料姜石、细沙土，厚20～22厘米，夯层较明显，素夯而成，夯层较松。未见夯窝。

第7层：浅褐色，含黑褐色颗粒、料姜石、细沙土，厚12～14厘米，夯层较明显，素夯而成，夯层较松。未见夯窝。

第8层：浅黄褐色，含黑褐色颗粒、料姜石、细沙土，厚10～16厘米，夯层较明显，素夯而成，夯层较松。未见夯窝。

第9层：浅黑黄褐色，含细沙，厚12～16厘米，夯层较明显，素夯而成，夯层较硬。有较密的夯窝，呈南北排列有序，夯窝平面呈近似圆形，圜底，直径4～10厘米，深3～7厘米。

第10层：浅黑黄褐色，含细沙，厚10～14厘米，夯层较明显，夹有植被，夯层较硬。有较密的夯窝，呈南北排列有序，夯窝平面呈近似圆形，圜底，直径4～10厘米，深5～7厘米。夯层表面及夯窝周壁上均有一层较薄的植物腐朽物。

第11层：灰褐色，含细沙，厚10～14厘米，夯层较明显，夹有植被，夯层较硬。有较密的夯窝，呈南北排列有序，夯窝平面呈近似圆形，圜底，直径4～10厘米，深5～7厘米。夯层表面及夯窝周壁上均有一层较薄的植物腐朽物。

第12层：浅灰褐色，含细沙，厚16～20厘米，夯层较明显，夹有植被，夯层较硬。有较密的夯窝，呈南北排列有序，夯窝平面呈近似圆形，圜底，直径4～10厘米，深5～7厘米。夯层表面及夯窝周壁上均有一层较薄的植物腐朽物。

第13层：浅灰褐色，含细沙，厚12～20厘米，夯层较明显，夹有植被，夯层较硬。有较密的夯窝，呈南北排列有序，夯窝平面呈近似圆形，圜底，直径4～10厘米，深5～7厘米。夯层表面及夯窝周壁上均有一层较薄的植物腐朽物。

第14层：深黑褐色，较纯净，厚14～20厘米，夯层较明显，夹有植被，夯层较硬。有较密的夯窝，呈南北排列有序，夯窝平面呈近似圆形，圜底，直径4～10厘米，深5～7厘米。夯层表面及夯窝周壁上均有一层较薄的植物腐朽物。

（3）夯土第3段

夯土第3段，位于剖面中部偏西，于底下内基槽夯实至与原生黄土持平后，开始夯筑墙体，该段横剖面呈梯形。顶部宽8.7米，底部宽9.3米，残高1.2～2.3米，夯土共可划分19层（彩版一八，2）。

第1层：浅灰褐色，含细沙，厚6～14厘米，夯层较明显，夹有植被，夯层坚硬。未见夯窝。

第2层：浅灰褐色，含细沙，厚8～16厘米，夯层较明显，夹有植被，夯层较硬。有较密的夯窝，呈南北排列有序，夯窝平面呈近似圆形，圜底，直径4～10厘米，深5～7厘米。夯层表面及夯窝周壁上均有一层较薄的植物腐朽物。

第3层：浅灰褐色，含细沙，厚6～16厘米，夯层较明显，夹有植被，夯层较硬。有较密的夯窝，呈南北排列有序，夯窝平面呈近似圆形，圜底，直径4～10厘米，深5～7厘米。夯层表面及夯窝周壁上均有一层较薄的植物腐朽物。

第4层：浅褐色，含细沙，厚8～22厘米，夯层较明显，夹有植被，夯层较硬。夯层东西高，中部低，略呈缓坡状。有较密的夯窝，呈南北排列有序，夯窝平面呈近似圆形，圜底，直径4～10厘米，深5～7厘米。夯层表面及夯窝周壁上均有一层较薄的植物腐朽物。

第5层：浅灰褐色，含细沙，厚4～20厘米，夯层较明显，夹有植被，夯层较硬。夯层东西高，中部低，略呈缓坡状。有较密的夯窝，呈南北排列有序，夯窝平面呈近似圆形，圜底，直径4～10厘米，深5～7厘米。夯层表面及夯窝周壁上均有一层较薄的植物腐朽物。

第6层：灰黄褐色，含细沙，厚10～14厘米，夯层较明显，夹有植被，夯层较硬。夯层东西高，中部低，略呈缓坡状。有较密的夯窝，呈南北排列有序，夯窝平面呈近似圆形，圜底，直径4～10厘米，深5～7厘米。夯层表面及夯窝周壁上均有一层较薄的植物腐朽物。

第7层：浅灰褐色，含细沙，厚10～14厘米，夯层较明显，夹有植被，夯层较硬。夯层东西高，中部低，略呈缓坡状。有较密的夯窝，呈南北排列有序，夯窝平面呈近似圆形，圜底，直径4～10厘米，深5～7厘米。夯层表面及夯窝周壁上均有一层较薄的植物腐朽物。

第8层：浅灰褐色，含细沙，厚10～16厘米，夯层较明显，夹有植被，夯层较硬。夯层东西高，中部低，略呈缓坡状。有较密的夯窝，呈南北排列有序，夯窝平面呈近似圆形，圜底，直径4～10厘米，深5～7厘米。夯层表面及夯窝周壁上均有一层较薄的植物腐朽物。

第9层：深黄褐色，含细沙，厚10～22厘米，夯层较明显，夹有植被，夯层较硬。夯层东西高，中部低，略呈缓坡状。有较密的夯窝，呈南北排列有序，夯窝平面呈近似圆形，圜底，直径4～10厘米，深5～7厘米。夯层表面及夯窝周壁上均有一层较薄的植物腐朽物。

第10层：深褐色，含细沙，厚10～22厘米，夯层较明显，夹有植被，夯层较硬。夯层东西高，中部低，略呈缓坡状。有较密的夯窝，呈南北排列有序，夯窝平面呈近似圆形，圜底，直径4～10厘米，深5～7厘米。夯层表面及夯窝周壁上均有一层较薄的植物腐朽物。

第11层：浅灰褐色，含细沙，厚8～16厘米，夯层较明显，夹有植被，夯层较硬。夯层东西高，中部低，略呈缓坡状。有较密的夯窝，夯窝平面呈近似圆形，圜底，直径4～10厘米，深5～7厘米。夯层表面及夯窝周壁上均有一层较薄的植物腐朽物。

第12层：深褐色，含细沙，厚8～16厘米，夯层较明显，夹有植被，夯层较硬。夯层东西高，中部低，略呈缓坡状。有较密的夯窝，呈南北排列，夯窝平面呈近似圆形，圜底，直径4～10厘米，深10～12厘米。夯层表面及夯窝周壁上均有一层较薄的植物腐朽物。

第13层：浅灰褐色，含细沙，厚10～16厘米，夯层较明显，夹有植被，夯层较硬。有较密的夯窝，呈南北排列，夯窝平面呈近似圆形，圜底，直径4～10厘米，深5～7厘米。夯层表面及夯窝周壁上均有一层较薄的植物腐朽物。

第14层：浅灰黄褐色，含细沙，厚8～14厘米，夯层较明显，夹有植被，夯层较硬。夯层东西高，中部低，略呈缓坡状。有较密的夯窝，呈南北排列，夯窝平面呈近似圆形，圜底，直径4～10厘米，深5～7厘米。夯层表面及夯窝周壁上均有一层较薄的植物腐朽物。

第15层：浅灰黄褐色，含黑褐颗粒，厚10～16厘米，夯层较明显，夹有植被，夯层较硬。夯层东西高，中部低，略呈缓坡状。有较密的夯窝，呈南北排列，夯窝平面呈近似圆形，圜底，直径4～10厘米，深5～7厘米。夯层表面及夯窝周壁上均有一层较薄的植物腐朽物。

第16层：黄褐色偏黑，含细沙，厚12～16厘米，夯层较明显，夹有植被，夯层较硬。夯层东西高，中部低，略呈缓坡状。有较密的夯窝，呈南北排列，夯窝平面呈近似圆形，圜底，直径4～10厘米，深5～7厘米。夯层表面及夯窝周壁上均有一层较薄的植物腐朽物。

第17层：黄褐色偏黑，含细沙，厚6～10厘米，夯层较明显，夹有植被，夯层较硬。夯层东西高，中部低，略呈缓坡状。有较密的夯窝，呈南北排列，夯窝平面呈近似圆形，圜底，直径4～10厘米，深5～7厘米。夯层表面及夯窝周壁上均有一层较薄的植物腐朽物。

第18层：浅黄褐色，含细沙，厚10～16厘米，夯层较明显，夹有植被，夯层较硬。夯层东西高，中部低，略呈缓坡状。有较密的夯窝，呈南北排列，夯窝平面呈近似圆形，直径

4～10厘米，深5～7厘米。夯层表面及夯窝周壁上均有一层较薄的植物腐朽物。

第19层：浅黄褐色，含细沙，厚4～10厘米，夯层较明显，夹有植被，夯层较硬。夯层东西高，中部低，略呈缓坡状。有较密的夯窝，呈南北排列，夯窝平面呈近似圆形，圜底，直径4～10厘米，深5～7厘米。夯层表面及夯窝周壁上均有一层较薄的植物腐朽物。此层向下为基槽。

（4）夯土第4段

夯土第4段，位于剖面西部，于第3段墙体上补筑，该段横剖面呈梯形。顶部宽2.5米，底部宽2.4米，残高0.5～1米，夯层共可划分8层。

第1层：浅黄褐色，含细沙，厚10～14厘米，夯层较明显，素夯而成，夯层坚硬，未发现夯窝。

第2层：浅黄褐色，含细沙、料姜石，厚14～16厘米，夯层较明显，素夯而成，夯层较硬。局部有夯窝，平面呈近似圆形，圜底，直径4～10厘米，深3～5厘米。

第3层：浅黄褐色，含细沙、料姜石，厚14～17厘米，夯层较明显，素夯而成，夯层坚硬。局部有夯窝，平面呈近似圆形，圜底，直径4～10厘米，深3～5厘米。

第4层：浅黄褐色，含细沙、料姜石，厚9～14厘米，夯层较明显，素夯而成，夯层坚硬。局部有夯窝，平面呈近似圆形，圜底，直径4～10厘米，深3～5厘米。

第5层：浅黄褐色，含细沙、料姜石，厚10～14厘米，夯层较明显，素夯而成，夯层坚硬。有较密的夯窝，平面呈近似圆形，圜底，直径4～10厘米，深3～5厘米。

第6层：浅黄褐色，含细沙、料姜石，厚12～21厘米，夯层较明显，素夯而成，夯层坚硬。有较密的夯窝，无规律性，平面呈近似圆形，圜底，直径4～10厘米，深3～5厘米。

第7层：浅黄褐色，含细沙、料姜石，厚8～12厘米，夯层较明显，素夯而成，夯层坚硬。有较密的夯窝，无规律性，平面呈近似圆形，圜底，直径4～10厘米，深3～5厘米。

第8层：浅黄褐色，含细沙、料姜石，厚5～10厘米，夯层较明显，素夯而成，夯层坚硬。有较密的夯窝，无规律性，平面呈近似圆形，圜底，直径4～10厘米，深3～5厘米。

2. 基槽

该段城垣有2个基槽，外基槽位于夯土第1段的下部，内基槽位于夯土第2段、夯土第3段的下部，两者间隔5.1米。

外基槽位于剖面东侧，上宽下窄，剖面呈倒梯形，上口宽1.8米，底部宽1.2米，深0.6～0.7米。基槽内采用黄褐色花土，内含料姜石素夯而成，夯实方法边回填土，一边夯实，夯土厚薄不均，夯层不明显，但有明显的夯窝，夯窝平面呈近似圆形，圜底，直径4～6厘米，深3～5厘米。

内基槽位于剖面西侧，上宽下窄，剖面呈倒梯形，上口宽15.2米，底部宽14.8米，深0.7～1米。基槽东壁有明显的工具加工痕迹。明显夯层，共划分8层，下面逐层叙述。

第1层：黄褐色偏黑，含细沙，厚8～10厘米，夯层较明显，夹有植被，夯层较硬。夯层东西高，中部低，略呈缓坡状。有较密的夯窝，呈南北排列，夯窝平面呈近似圆形，圜底，直径4～10厘米，深5～7厘米。夯层表面及夯窝周壁上均有一层较薄的植物腐朽物。

第2层：黄褐色偏黑，含细沙，厚8～12厘米，夯层较明显，夹有植被，夯层较硬。夯层东西高，中部低，略呈缓坡状。有较密的夯窝，呈南北排列，夯窝平面呈近似圆形，圜底，直径4～10厘米，深5～7厘米。夯层表面及夯窝周壁上均有一层较薄的植物腐朽物。

第3层：黄褐色偏灰，含细沙，厚7～10厘米，夯层较明显，夹有植被，夯层较硬。夯层东西高，中部低，略呈缓坡状。有较密的夯窝，呈南北排列，夯窝平面呈近似圆形，圜底，直径4～10厘米，深5～7厘米。夯层表面及夯窝周壁上均有一层较薄的植物腐朽物。

第4层：浅灰褐色，含细沙，厚8～12厘米，夯层较明显，夹有植被，夯层较硬。夯层东西高，中部低，略呈缓坡状。有较密的夯窝，呈南北排列，夯窝平面呈近似圆形，圜底，直径4～10厘米，深5～7厘米。夯层表面及夯窝周壁上均有一层较薄的植物腐朽物。

第5层：黄褐色偏灰，含细沙，厚8～12厘米，夯层较明显，夹有植被，夯层较硬。夯层东西高，中部低，略呈缓坡状。有较密的夯窝，呈南北排列，夯窝平面呈近似圆形，圜底，直径4～10厘米，深5～7厘米。夯层表面及夯窝周壁上均有一层较薄的植物腐朽物。

第6层：黄褐色偏灰，含细沙，厚10～12厘米，夯层较明显，夹有植被，夯层较硬。有较密的夯窝，呈南北排列，夯窝平面呈近似圆形，圜底，直径4～10厘米，深5～7厘米。夯层表面及夯窝周壁上均有一层较薄的植物腐朽物。

第7层：黄褐色偏灰，含细沙，厚10～12厘米，为人工处理过的土层，基槽内垫土，土质略硬。未见夯窝。

第8层：深黑褐色，较纯净，厚16～20厘米，为基槽内垫土，土质略硬。未见夯窝。该层下为黄土，即生土层。

（二）南城垣

南城垣为西北—东南走向，由西向东横跨ⅢS01W02东北部、ⅢS01W01中部、ⅣS01E01南部、ⅣS01E02西南部等4个勘探探区。总体保存情况一般，地表不存，墙体内壁长529米，外壁长586米。西端起于古城村西南部，东端止于古城村东南部（图4-5）。

勘探出的城门通道自北向南从南城垣中部偏东处穿过，将城垣分为东、西两段。其中东段中心线长217米，宽21.6～25.1米；西段中心线长356米，宽21.3～25.4米。城垣东、西两段整体落差不大，顶部有丛生的大量杂草、小灌木等，残留少量渣土。以南城垣东段勘探剖面为例介绍如下（图4-6）。

南城垣东段剖面位于ⅣS01E01勘探探区西南部，勘探发现本段城垣横截面呈梯形，顶宽13.7～17.6米，底宽21.6～25.1米，城垣最高处残存2.2～3.8米，外坡斜长4.2米，内坡斜长2.3米。

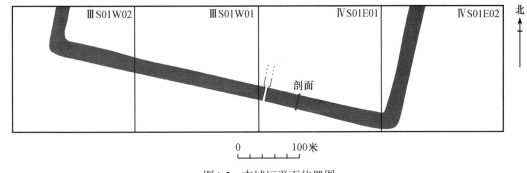

图4-5 南城垣平面位置图

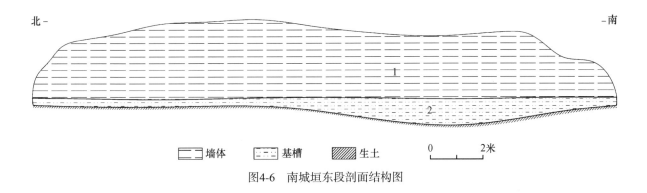

□ 墙体　　□ 基槽　　▨ 生土

图4-6 南城垣东段剖面结构图

南城垣夯土按土质、土色、包含物划分，可分为两大层（彩版一九，1）。

第1层：城垣墙体，厚1.8～2.7米，黏土，浅黄褐色，土质较致密，内含少量植物根茎、料姜石。

第2层：城垣基槽，厚0.7～1米，黏土，黄褐色偏灰，土质较致密，内含少量植物根茎、料姜石。

（三）西城垣

西城垣为西南—东北走向，由北向南横跨ⅡN03W02东南部、ⅡN02W02东部、ⅡN01W02中部、ⅢS01W02西北部等4个勘探探区。总体保存情况一般，地表不存，墙体内壁长527米，外壁长587米。南端起于古城村西南部，北端止于运潮减河南部的京秦铁路。西北角压于京秦铁路及其保护带下，无法勘探，为北城垣与东城垣勘探出的城垣夯土段延伸推导复原而来（图4-7）。

潞源北街自西向东从西城垣中部贯穿而过，将城垣分为南、北两段。其中南段中心线长245米，宽20.6～23.1米；北段中心线长194米，宽22.5～24.3米。城垣南、北两段整体落差不大，顶部杂草、小灌木丛生，残留少量渣土，以西城垣北段勘探剖面为例介绍如下（图4-8）。

西城垣北段剖面位于ⅡN02W02勘探探区南部，勘探发现本段城垣横截面呈梯形，顶宽12.6～15.2米，底宽20.6～24.3米，城垣最高处残存1.4～3.1米，外坡斜长2.6米，内坡斜长3.8米。

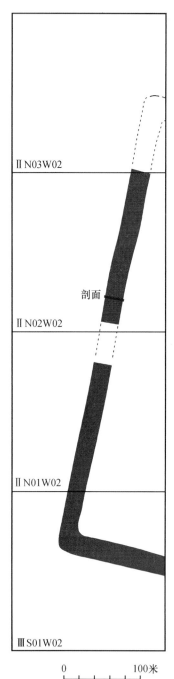

图4-7　西城垣平面位置图

西城垣夯土层按土质、土色、包含物划分，可分为两大层（彩版一九，2）。

第1层：城垣墙体，厚1.7～2.3米，黏土，黄褐色，土质较致密，内含少量植物根茎、料姜石。

第2层：城垣基槽，厚0.7～0.9米，黏土，灰褐色，土质较致密，内含少量料姜石。

（四）北城垣

北城垣为西北—东南走向，由西向东横跨ⅡN03W02东南部、ⅡN03W01南部、ⅠN03E01南部、ⅠN02E01东北部、ⅠN02E02北部等5个勘探探区。总体保存情况较差，地表不存，墙体内壁长541米，外壁长601米。西端起于运潮减河南部的京秦铁路边，东端止于运潮减河南部的堡龙路（图4-9）。

由于被减河公园及堡龙路占压，北城垣在可实施勘探范围内发现东、中、西三段夯土。其中西段稍完整，残长63～136米，残宽2.9～23.8米；中、东两段仅有少量夯土遗迹，中段长103米，宽1.8米，东段长26米，宽1.6米。城垣东、中、西三段整体落差不大，顶部有少量杂草、小灌木、高大树林等，另有硬化路面等叠压。现以北城垣西段勘探剖面为例介绍如下（图4-10）。

北城垣西段剖面位于ⅡN03W01勘探探区西南部，勘探发现本段城垣横截面呈梯形，顶宽12.8～15.5米，底宽20.2～23.8米，城垣最高处残存2.7～3.2米，外坡斜长3.9米，内坡斜长4.4米。

北城垣夯土层按土质、土色、包含物划分，可分为两大层（彩版一九，3）。

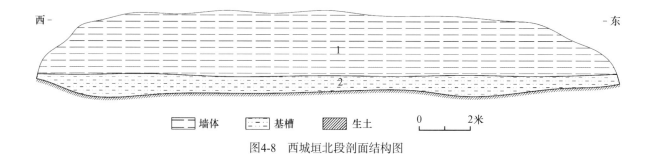

西　　　　　　　　　　　　　　　　　　　　　　　　　　　　东

墙体　　　基槽　　　生土　　　0　　　2米

图4-8　西城垣北段剖面结构图

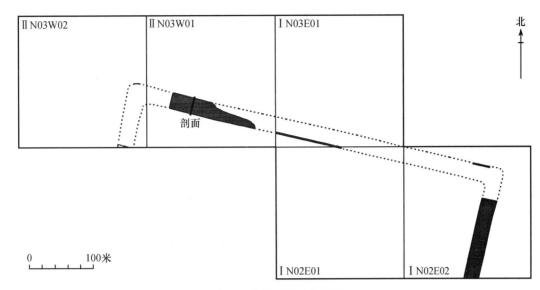

图4-9　北城垣平面位置图

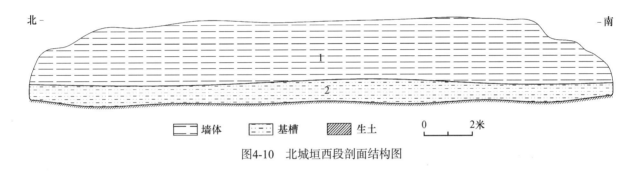

图4-10　北城垣西段剖面结构图

第1层：城垣墙体，厚1.8～2.2米，黏土，浅黄褐色，土质较致密，内含少量植物根茎、料姜石。

第2层：城垣基槽，厚0.8～1米，黏土，黄褐色偏灰，土质较致密，内含少量植物根茎、料姜石。

二、城门及通道

路县故城地面基本不存，北城垣被堡龙路占压，东、西城垣被潞源北街从中部横贯而过，考古调查、勘探仅在南城垣中部偏东发现一处豁口（勘探原编号EHK1），推测是与城门相关的遗迹。

南城门位于ⅣS01E01勘探探区西部，南城垣中部偏东，距城垣东南拐角约218米，平面为北宽南窄的倒"凸"字形，内口宽6.8～10.1米，外口宽约4.1米，进深21.5米，豁口底部低于两端城垣顶部3.9～4.3米（图4-11、图4-12）。

考古勘探资料显示，南城门处地层堆积分为5层（彩版二〇，1）。

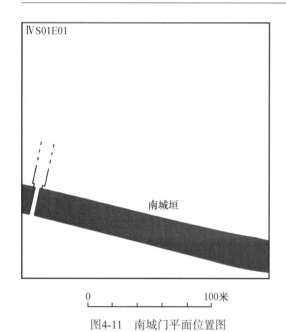

图4-11 南城门平面位置图

第1层：现代堆积，渣土层，厚0.3~1.7米，深灰褐色，土质较硬，内含植物根茎，砖块、瓦渣等现代杂物。

第2层：明清时期堆积，沙土层，厚0.6~0.7米，浅黄褐色，土质较松，内含少量植物根系，碎砖渣。

第3层：辽金时期堆积，黏土层，厚0.6~1.4米，黄褐色偏灰，土质略硬，内含少量瓷片、碎陶片。

第4层：魏晋北朝时期堆积，黏土层，厚0.3~0.7米，浅灰褐色，土质略硬，带有黏性，内含少量残砖块、瓦片。

第5层：东汉时期堆积，黏土层，厚0.7~0.9米，浅黄褐色，土质略硬，带有黏性，内含少量残砖块、瓦片、碎陶片。该层下发现明显路土。

此城垣豁口底部发现路土，与沟通南北的城内道路EL5相连，未发现城垣夯土，城垣夯土在此中断。门道宽约4.1米，路土深灰褐，土质坚硬，厚0.5~0.15米。判断该处是城址使用时期的城门遗迹，为主要交通出入口。

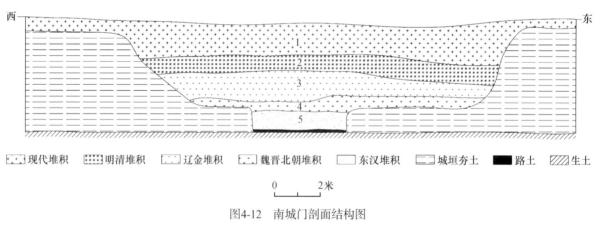

图4-12 南城门剖面结构图

三、城垣外壕沟

路县故城四周城垣外有十分明显的壕沟，壕沟内壁距城垣外壁较近。从现在地面观察，壕沟亦无踪迹。但是，通过考古调查、勘探及与对南城垣外壕沟东段小范围试掘，基本确定了壕沟位置、范围、形制等。

勘探结果表明，路县故城的壕沟走向与城垣基本一致，壕沟内侧距城垣外墙基11.1~25.8

米。壕沟宽窄不等，最宽处约55.4米、最窄处约21.3米，残深1.2～4.4米。其中，东城垣外壕沟中心线长约691米，南城垣外壕沟中心线长约676米，西城垣外壕沟中心线长约666米，北城垣外壕沟中心线长约702米，城垣外壕沟中心线周长2735米。在距现地表深1.8～4.2米处见到壕沟内淤土，壕沟残存深0.6～4.7米，纵剖面为梯形，上宽下窄，底宽13.2～36.3米，顶部残宽21.7～55.6米。壕沟内为褐色泛黑的淤土，黏性较大，包含较多灰陶片、夹砂红陶片及少量石器、铁器等（图4-13）。

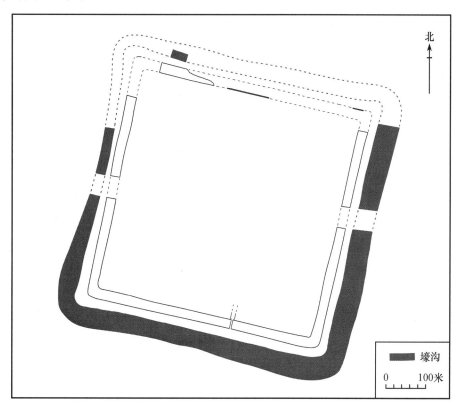

图4-13 路县故城城垣外壕沟平面图

（一）南城垣外壕沟

南城垣外壕沟为西北—东南走向，由西向东横跨ⅢS01W03东北部、ⅢS01W02南部、ⅢS01W01南部、ⅢS02W01东北部、ⅣS01E01西南部、ⅣS02E01北部、ⅣS02E02西北部等7个勘探探区。总体保存情况较好，地表虽被填平而无法直接看到，但是考古勘探的河道淤土清晰可见，勘探发现壕沟较为完整，内壁长619米，外壁长724米，顶宽32.4～55.4米，深1.5～4.2米，壕沟内侧距南城垣外墙基20.7～24.5米（图4-14）。

壕沟东端在东南拐角与东城垣外壕沟相通，西端在西南拐角与西城垣外壕沟相通。壕沟地表有大量杂草、小灌木等，残留少量渣土。现以南城垣外壕沟东段在勘探基础上结合2016年试掘资料（图3-13）介绍如下（图4-15）。

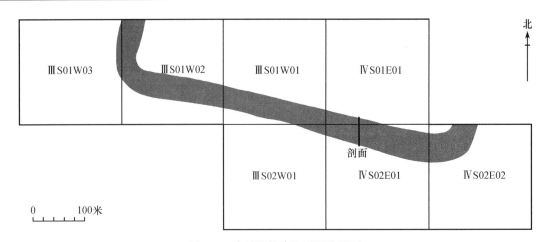

图4-14　南城垣外壕沟平面位置图

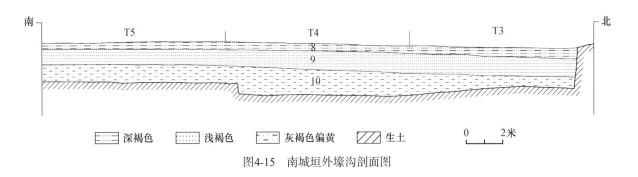

图4-15　南城垣外壕沟剖面图

南城垣外壕沟东段剖面位于ⅣS02E01勘探探区内，发掘发现本段壕沟横截面呈近倒梯形，发掘的一段顶宽26.9米，底宽18.2米，壕沟底部距开口深3.2～4.1米，壕沟的内坡较陡，外坡较平缓。

南城垣外壕沟淤土层按土质、土色、包含物划分，可分为三大层。

第8层：厚0.2～0.4米，黏土，深褐色，土质松软，内含少量灰陶片。

第9层：厚1.3～1.5米，黏土，浅褐色，土质松软，内含少量灰陶片和夹云母红陶片。

第10层：厚1.5～2.2米，黏土，灰褐色偏黄，土质松软，内含少量灰陶片和夹云母红陶片。

（二）东城垣外壕沟

东城垣外壕沟为东北—西南走向，由北向南横跨ⅠN02E03西北部、ⅠN02E02东部、IN01E02东部、ⅣS01E02中部、ⅣS02E02西北部等5个勘探探区。总体保存情况较好，地表被填平而无法见到，但考古勘探的河道淤土清晰可见。勘探发现壕沟较为完整，内壁长621米，外壁长719米，现宽44.9～54.3米，深2.7～4.4米，内侧距东城垣外墙基19.3～22.3米（图4-16）。

潞源北街自西向东从东城垣外壕沟中部穿过，将壕沟分为南、北两段。其中南段中心线长357米，宽46.7～54.3米；北段中心线长205米，宽44.9～52.5米。东北角被减河公园及堡龙路硬化路面占压，无法勘探，为北城垣外壕沟与东城垣外壕沟勘探出的壕沟淤土段延伸推导复原而来。壕沟南端在东南拐角与南城垣外壕沟相通，北端在东北拐角与北城垣外壕沟相通，地表有大量杂草、小灌木等，残留少量渣土。现以东城垣外壕沟北段勘探剖面为例介绍如下（图4-17）。

东城垣外壕沟北段剖面位于ⅠN02E02勘探探区内，本段壕沟横截面呈近倒梯形，顶宽46.1米、底宽31.4米，壕沟底部距开口残深2.8～3.6米，壕沟内坡较陡，外坡较平缓。

东城垣外壕沟淤土层按土质、土色、包含物划分，可分为三大层。

第1层：厚0.4～0.8米，黏土，深褐色，土质松软，内含少量灰陶片。

第2层：厚0.9～1.4米，黏土，浅褐色，土质松软，内含少量砖渣、灰陶片和夹云母红陶片。

第3层：厚0.9～1.7米，黏土，灰褐色偏黄，土质松软，内含少量灰陶片和夹云母红陶片。

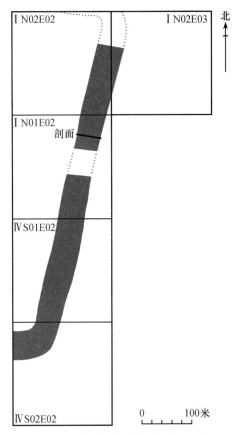

图4-16 东城垣外壕沟平面位置图

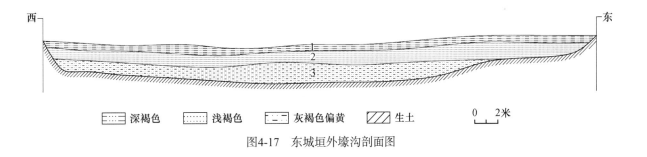

图4-17 东城垣外壕沟剖面图

（三）西城垣外壕沟

西城垣外壕沟为西南—东北走向，由北向南横跨ⅡN03W02东部、ⅡN02W02中部、ⅡN01W02西部、ⅢS01W02西北部、ⅢS01W03东北部等5个勘探探区。总体保存较好，地表被填平而无法观察到，但考古勘探的河道淤土清晰可见。勘探发现壕沟较为完整，内壁长618米，外壁长710米，现宽20.7～46.5米，深2.2～3米，内侧距西城垣外墙基11.1～25.8米（图4-18）。

潞源北街自西向东从西城垣外壕沟中部穿过，将壕沟分为南、北两段。其中南段中心线长290米，宽24.3～46.5米；北段中心线长111米，宽20.7～22.4米。西北角及部分壕沟北段被京秦铁路及其保护带占压，无法勘探，为北城垣外壕沟与西城垣外壕沟勘探出的壕沟淤土段延伸推

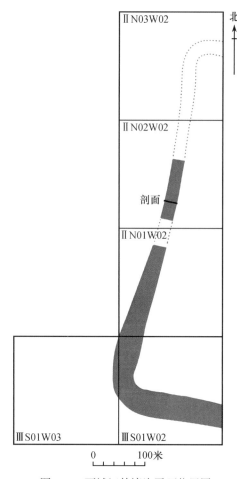

图4-18 西城垣外壕沟平面位置图

导复原而来。壕沟南端在西南拐角与南城垣外壕沟相通，北端在西北拐角与北城垣外壕沟相通。壕沟地表有大量杂草、小灌木等，残留少量渣土，上有铁路及其保护带。现以西城垣外壕沟北段勘探的剖面为例介绍如下（图4-19）。

西城垣外壕沟北段剖面位于ⅡN02W02勘探探区内，勘探发现本段壕沟横截面呈近倒梯形，顶宽22.3米，底宽14.6米，壕沟底部距开口残深2.1～2.6米，壕沟的内坡较陡，外坡较平缓。

西城垣外壕沟淤土层按土质、土色、包含物划分，可分为三大层。

第1层：厚0.2～0.3米，黏土，深褐色，土质松软，内含少量灰陶片。

第2层：厚0.8～1.2米，黏土，浅褐色，土质松软，内含少量灰陶片、砖渣。

第3层：厚0.4～1.3米，黏土，灰褐色偏黄，土质松软，内含少量夹云母红陶片。

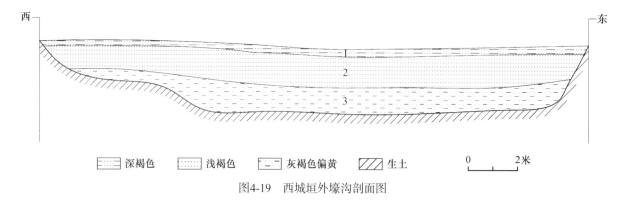

▦ 深褐色　　▦ 浅褐色　　▦ 灰褐色偏黄　　◪ 生土

图4-19 西城垣外壕沟剖面图

（四）北城垣外壕沟

北城垣外壕沟为西北—东南走向，由西向东横跨ⅡN03W02东北部、ⅡN03W01中部、ⅠN03E01中部、ⅠN03E02南部、ⅠN02E02东北部、ⅠN02E03西北部、ⅠN03E03西南部等7个勘探探区。总体保存情况较差，由于减河公园用地及堡龙路的占压，地表被填平而无法看到，可工作范围小，仅在可实施勘探范围内发现北城垣外壕沟西部一段，复原内壁长628米，外壁长

725米，宽27.2～40.8米，残深2.5～2.8米，内侧距北城垣外墙基15.5～23.6米（图4-20）。

勘探发现的壕沟残长37.6米，残宽17.8～18.6米，深2.5～2.8米，内侧距北城垣外墙基16.1～17.8米，未勘探到壕沟外边缘。通过综合东、南、西三面城垣外壕沟宽度与北城垣走向，大致复原北城垣外壕沟。壕沟西端在西北拐角与西城垣外壕沟相通，东端在东北拐角与东城垣外壕沟相通。地表大部分为减河公园用地及堡龙路硬化路面。现以北城垣外壕沟西段勘探剖面为例介绍如下（图4-21）。

北城垣外壕沟西段剖面位于ⅡN03W01勘探探区内，勘探发现本段壕沟横截面呈近倒梯形，顶残宽17.8米，底残宽16.1米，壕沟底部距开口残深2.4～2.8米，内、外坡情况不明。

北城垣外壕沟淤土层按土质、土色、包含物划分，可分为三大层。

第1层：厚0.3～0.6米，黏土，深褐色，土质松软，内含少量灰陶片。

第2层：厚0.9～1.1米，黏土，浅褐色，土质松软，内含少量灰陶片。

第3层：厚0.8～1.2米，黏土，灰褐色偏黄，土质松软，内含少量黑灰点。

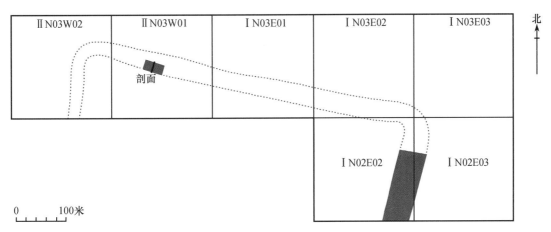

图4-20　北城垣外壕沟平面位置图

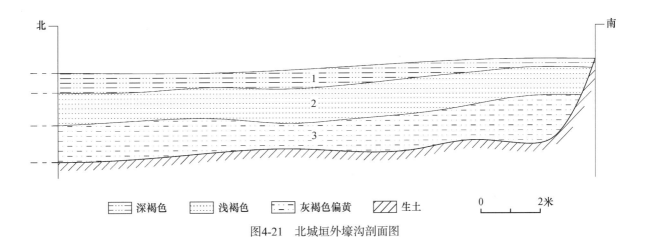

图4-21　北城垣外壕沟剖面图

第二节　城内遗迹

本次考古勘探，在路县故城城内遗址区可勘探范围内发现各类遗迹共683处，其中道路10条，踩踏面1处，建筑遗址区104处，单独建筑143处，砖瓦堆积111处，水井69口，窑址12座，灰坑208座，其他遗迹25处（包括烧灶5处、沟渠2条、水池2处、晚期坑16处）。在此强调"勘探发现"的遗迹，是由于勘探发现的遗迹尚需考古发掘验证才能定性。现以遗迹类型分述如下（附图一、附图二）。

一、道路及踩踏面

在城内遗址区可勘探范围发现道路10条，踩踏面1处（附图四）。有一个现象值得注意，在四周城垣内、外两侧与城垣底部平面高度相差无几时，通常发现有断断续续且较为凌乱的踩踏面迹象，无法描述。

（一）道路

EL1

为一条东西走向的道路遗迹，平面呈带状，由西向东横跨ⅡN02W02东南部、ⅡN02W01南部、ⅠN02E01南部和ⅠN02E02西南部等4个勘探探区。向东西两端延伸，西起西城垣东侧，东到城址东北部。总体保存情况一般，开口距现地表深2.8米，底距现地表深3米，厚0.08～0.2米，勘探直线长约475米，宽5.5～8.2米，踩踏遗迹现象较明显，包含有少量砖渣、灰点和瓷片等（图4-22）。

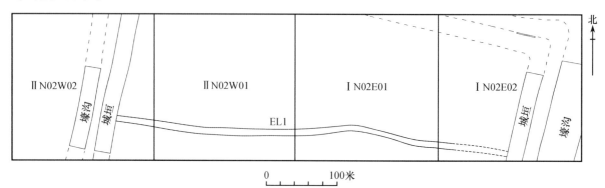

图4-22　EL1平面位置图

EL2

为一条南北走向的道路遗迹，平面呈带状，由北向南横跨ⅡN02W01中部、ⅡN01W01西部、ⅢS01W01西北部等3个勘探探区。向南北两端延伸，北起城址西北部，南到城址西南部。总体保存情况一般，开口距现地表深1.8米，底距现地表深2米，厚0.1～0.2米，勘探直线长约434米，宽5.3～6.6米。被潞源北街从中部分为南北两段，其中北段直线长约203米，南段直线长约189米。踩踏遗迹现象较明显，包含有少量砖渣、灰点和瓷片等（图4-23）。

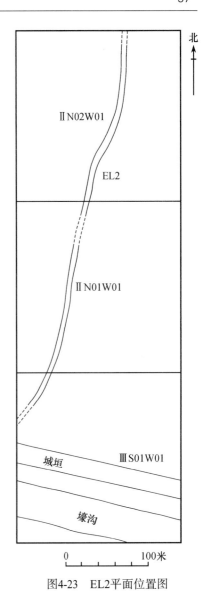

图4-23　EL2平面位置图

EL3

为一条南北走向的道路遗迹，平面呈带状，由北向南横跨ⅠN02E01西部、ⅠN01E01西部、ⅣS01E01西部等3个勘探探区。向南北两端延伸，北起城址北部，南到城址南部。与EL4、EL5有叠压关系，EL3位于EL4、EL5之上，基本与EL4重合，总体保存情况一般，开口距现地表深1.8米，底距现地表深2米，厚0.05～0.2米，勘探直线长约448米，宽8.2～11.1米。被潞源北街从中部分为南北两段，其中北段直线长约162米，南段直线长约234米。踩踏遗迹现象较明显，包含有少量砖渣、灰点和瓷片等（图4-24）。

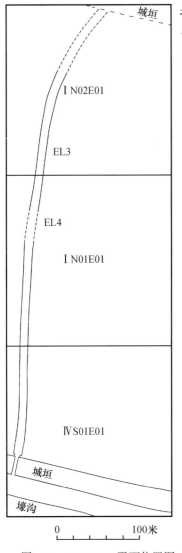

图4-24　EL3、EL4平面位置图

EL4

为一条南北走向的道路遗迹，平面呈带状，由北向南横跨ⅠN02E01西部、ⅠN01E01西部、ⅣS01E01西部等3个勘探探区。向南北两端延伸，北起城址北部，南到城址南部。与EL3、EL5有叠压关系，EL4位于EL5之上、位于EL3之下，基本与EL3重合，开口距现地表深2.5米，底距现地表深3米，厚0.08～0.5米，勘探直线长约448米，宽8.2～11.1米。被潞源北街从中部分为南北两段，其中北段直线长约162米，南段直线长约234米。踩踏遗迹现象较明显，包含有大量砖渣、陶片和灰土等（图4-24）。

EL5

为一条南北走向的道路遗迹，平面呈带状，由北向南横跨ⅠN02E01西部、ⅠN01E01西部、ⅣS01E01西部等3个勘探探区。向南北两端延伸，北起城址北部，南到城址南部。与EL3、EL4有叠压关系，EL5位于EL3、EL4之下，基本与EL3、EL4重合，开口距现地表深3.5米，底距现地表深3.8米，厚0.2～0.3米，勘探直线长约487米，宽8.5～11.4米。被潞源北街从中部分为南北两段，其中北段直线长约200米，南段直线长约234米。踩踏遗迹明显，包含有大量砖渣、陶片和灰土等。此外，经勘探发现，道路两侧疑似有排水沟迹象（图4-25）。

EL6

为一条南北走向的道路遗迹，平面呈带状，由北向南横跨ⅠN02E02西北部、ⅠN02E01东南部、ⅠN01E01东部、ⅣS01E01东部等4个勘探探区。向南北两端延伸，北起城址东北部，南到城址东南部。总体保存情况一般，开口距现地表深2.2米，底距现地表深3米，厚0.05～0.1米，勘探直线长约376米，宽6.2～9.8米。被潞源北街从中部分为南北两段，其中北段直线长约179米，南段直线长约213米。踩踏遗迹现象较明显，包含有少量砖块和灰点等（图4-26）。

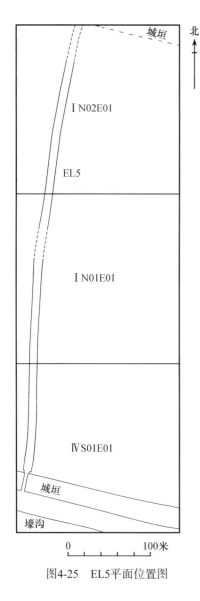

图4-25　EL5平面位置图

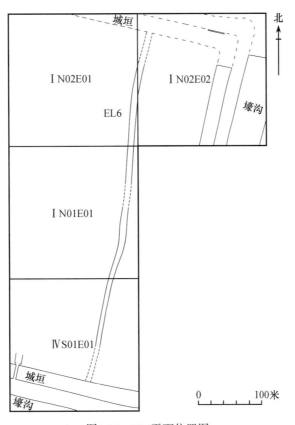

图4-26　EL6平面位置图

EL7

为一条南北走向的道路遗迹，平面呈带状，由北向南横跨ⅠN01E01东南部、ⅣS01E01东北部等2个勘探探区。向南北两端延伸，北起城址中部，南到城址南部。总体保存情况一般，开口距现地表深3.8米，底距现地表深4米，厚0.05～0.2米，勘探直线长约143米，宽4.9～7.2米，踩踏遗迹现象较明显，包含有少量的砖块和灰点等（图4-27）。

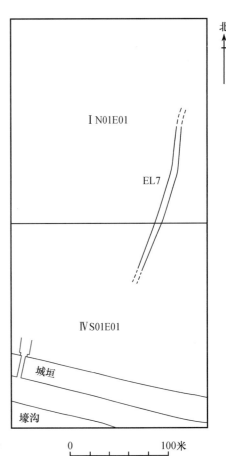

图4-27　EL7平面位置图

EL8

为一条东西走向的道路遗迹，平面呈带状，由西向东横跨ⅡN01W02东部、ⅡN01W01南部、ⅠN01E01南部、ⅠN01E02西南部等4个勘探探区。向东西两端延伸，西起城址西南部，东到城址东南部。总体保存情况一般，开口距现地表深1.8米，底距现地表深2米，厚0.05～0.2米，勘探直线长约458米，宽4.5～8.5米，踩踏遗迹现象较明显，包含有少量的砖块和灰点等（图4-28）。

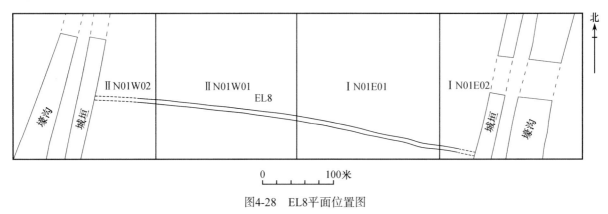

图4-28　EL8平面位置图

EL9

为一条南北走向的道路遗迹，平面呈带状，位于勘探探区ⅣS01E01东北部。向南北两端延伸，主要分布于城址东南部。总体保存情况一般，开口距现地表深2.5米，底距现地表深3.2米，厚0.05～0.7米，勘探直线长约68米，宽4.8～5.4米，踩踏遗迹现象较明显，包含有少量的砖块和灰点等（图4-29）。

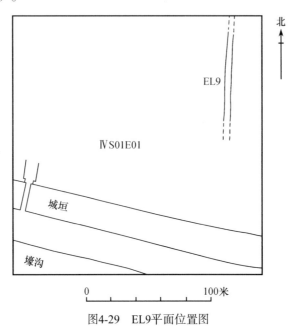

图4-29　EL9平面位置图

EL10

为一条东西向道路，平面呈带状，由西向东横跨ⅢS01W02东北部、ⅢS01W01北部、
ⅣS01E01中部、ⅣS01E02西部等4个勘探探区。向东西两端延伸，西起城址西南部，东到城址东
南部。总体保存情况一般，开口距现地表3米，底距现地表深3.8米，厚0.05～0.2米，勘探直线长
约384米，宽5.6～8.9米，踩踏遗迹现象较明显，包含有少量的砖块和灰点等（图4-30）。

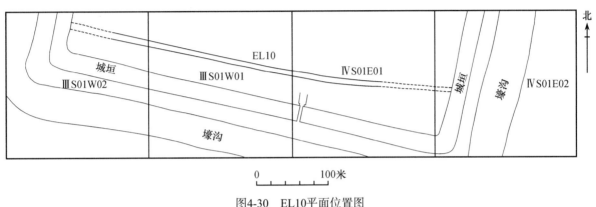

图4-30 EL10平面位置图

（二）踩踏面

EC1

为一条东西走向的踩踏面，平面呈不规则形，位于勘探探区ⅠN02E01东部。总体保存
情况一般，开口距现地表深2.6米，底距现地表深2.8米，厚0.15～0.2米，勘探长约13.8米，宽
3.8～6.8米，包含有少量的瓦片、灰点和砖块等（图4-31）。

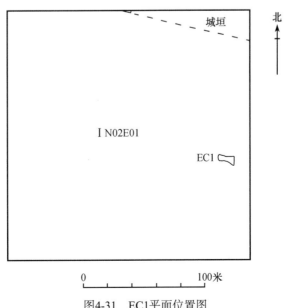

图4-31 EC1平面位置图

二、建　筑

　　通过考古勘探在城内遗址区发现大量建筑遗迹，包含大量砖块、瓦片等，可能为房屋基址或房屋倒塌所形成。区别于砖瓦堆积，建筑遗迹平面较为规整，纵深较为集中，上下起伏较小，由于探铲无法穿透砖瓦堆积层，对其无法准确定性，因此暂且统称之为建筑遗迹。因为这类建筑遗迹通常在同一深度范围有成片区分布的趋势，故将部分建筑遗迹直接划定为建筑遗址区，这样划定的建筑遗址区有104处，未划为建筑遗址区的单独建筑143处（附图七）。

（一）建筑遗址区

　　在城内遗址区发现建筑遗址区104处，分述如下。

EJQ1

　　位于ⅡN02W01-2-1勘探单元东部，部分遗迹位于ⅡN02W01-2-2勘探单元内。主要由EJZ2、EJZ3两部分构成，平面呈长方形，东西向，距现地表深2～3.7米[1]发现，东西长22米，南北宽14.7米，探至砖无法下探。包含物有青砖、灰点等（图4-32）[2]。

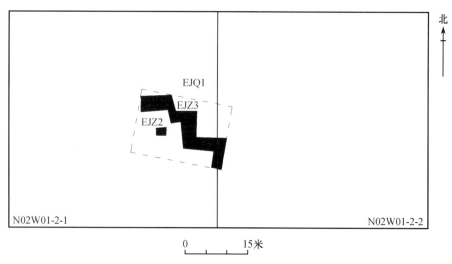

图4-32　EJQ1平面位置图

　　[1]当该描述为数值范围时，前一个数据为开口距现地表深度，后一个数据为底距现地表深度或探至砖无法下探的深度，由于建筑遗址区内包含多个单独建筑，故取值范围为前一个数据的最小值和后一个数据的最大值；当该描述为单个数值时，则是开口直接探到砖等无法下探的情况。关于建筑遗址区此类描述皆同，特此说明。

　　[2]因建筑遗址区、单独建筑、砖瓦堆积、水井、窑址、灰坑等遗迹面积小，基本不跨大分区，故单个遗迹平面图上不再标记罗数分区。

EJQ2

位于ⅡN02W01-3-2勘探单元西南部，部分位于ⅡN02W01-3-1勘探单元、ⅡN02W01-2-1勘探单元、ⅡN02W01-2-2勘探单元内。主要由EJZ4、EJZ5、EJZ9和EJZ10四部分构成，平面呈"凸"字形，南北向，距现地表深2～3米发现，南北长6.1～25.8米，东西宽6.1～17米，探至砖无法下探。包含物有青砖、灰点等（图4-33）。

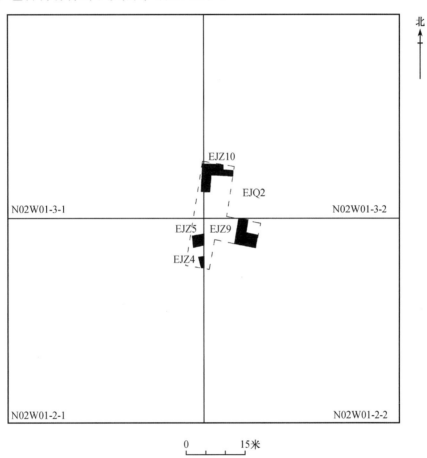

图4-33　EJQ2平面位置图

EJQ3

位于ⅡN02W01-2-2勘探单元的中北部，部分遗迹位于ⅡN02W01-3-2勘探单元内。主要由EJZ6、EJZ7、EJZ8和EJZ11四部分构成，平面呈曲尺形，南北向，距现地表深2.8～4米发现，南北长5.4～33.1米，东西宽7.7～19.4米，探至砖无法下探。包含物有青砖、灰点等（图4-34）。

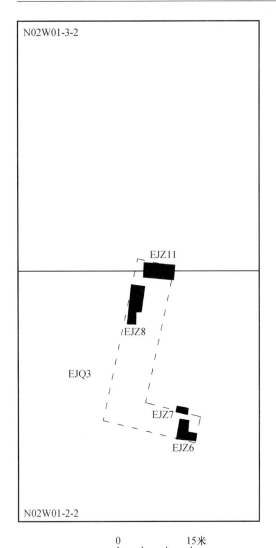

图4-34　EJQ3平面位置图

EJQ4

位于ⅡN02W01-2-3勘探单元的东北部。主要由EJZ13、EJZ882两部分构成，平面呈曲尺形，东西向，距现地表深5～6米发现，东西长1.9～25.6米，南北宽2.9～4.2米，探至砖无法下探。包含物有青砖、灰点、瓦片等（图4-35）。

EJQ5

位于ⅡN02W01-2-4勘探单元的东部。主要由EJZ878、EJZ879和EJZ880三部分构成，平面呈曲尺形，东西向，距现地表深2.7～3.7米发现，东西长3～16.4米，南北宽3.2～6.4米，探至砖无法下探。包含物有青砖、灰点等（图4-36）。

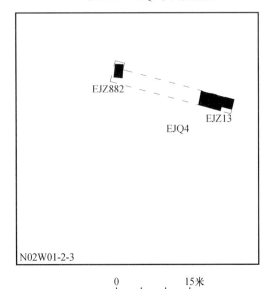

图4-35　EJQ4平面位置图

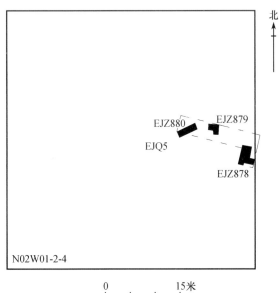

图4-36　EJQ5平面位置图

EJQ6

位于ⅡN02W01-4-3勘探单元的中部。主要由EJZ16、EJZ19两部分构成，平面呈曲尺形，东西向，距现地表深2～3米发现，东西长2.5～6.7米，南北宽2.7～5.4米，探至砖无法下探。包含物有青砖、灰点等（图4-37）。

EJQ7

位于ⅡN03W01-1-4勘探单元的西南部，部分遗迹位于ⅡN02W01-4-4勘探单元内。主要由EJZ25、EJZ26、EJZ27、EJZ28、EJZ29、EJZ30、EJZ31、EJZ32和EJZ33九部分构成，平面呈不规则形，南北向，距现地表深1.7～3.5米发现，南北长11.6～21.4米，东西宽8.9～21.1米，探至砖无法下探。包含物有青砖、石头、铁渣等（图4-38）。

EJQ8

位于ⅡN02W01-4-4勘探单元的西部，部分遗迹位于ⅡN02W01-4-3勘探单元内。主要由EJZ17、EJZ18、EJZ20和EJZ21四部分构成，平面呈"凹"字形，东西向，距现地表深1.8～3.5米发现，东西长5.9～31.7米，南北宽5.7～23.7米，探至砖无法下探。包含物有青砖、灰点等（图4-39）。

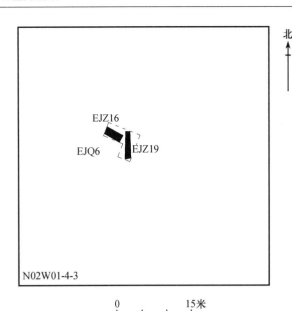

图4-37 EJQ6平面位置图

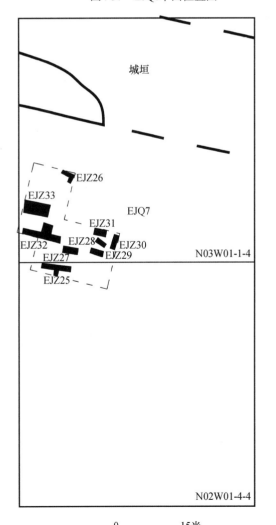

图4-38 EJQ7平面位置图

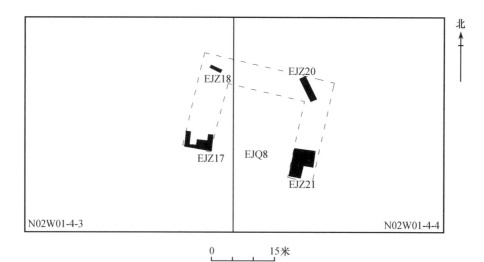

图4-39　EJQ8平面位置图

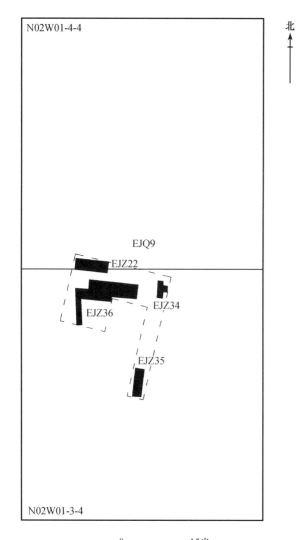

图4-40　EJQ9平面位置图

EJQ9

　　位于ⅡN02W01-3-4勘探单元的北部，部分遗迹位于ⅡN02W01-4-4勘探单元内。主要由EJZ22、EJZ34、EJZ35和EJZ36四部分构成，平面呈"凹"字形，南北向，距现地表深2～3.5米发现，南北长6.9～25.1米，东西宽3.3～20.1米，探至砖无法下探。包含物有青砖、灰点、夹砂红陶片等（图4-40）。

EJQ10

　　位于ⅠN02E01-4-1勘探单元的南部，部分遗迹位于ⅠN02E01-3-1勘探单元内。主要由EJZ37、EJZ38、EJZ235和EJZ236四部分构成，平面呈曲尺形，南北向，距现地表深2.5～4米发现，南北长4.2～43米，东西宽4.5～34.6米，探至砖无法下探。包含物有青砖、瓦片、夹砂红陶片等（图4-41）。

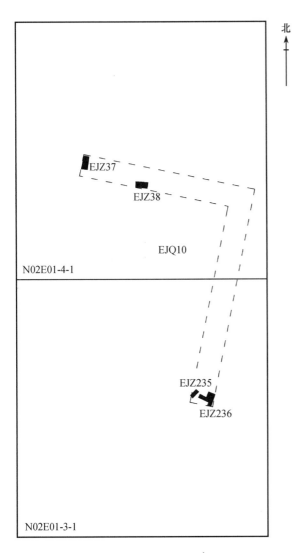

图4-41 EJQ10平面位置图

EJQ12

位于ⅠN02E01-3-3勘探单元的北部。主要由EJZ49、EJZ50、EJZ51、EJZ52和EJZ53五部分构成，平面呈"凹"字形，东西向，距现地表深2～3.5米发现，东西长5～29.3米，南北宽4.5～24.8米，探至砖无法下探。包含物有青砖、灰点等（图4-43）。

EJQ11

位于ⅠN02E01-3-2勘探单元的东南部。主要由EJZ43、EJZ44和EJZ45三部分构成，平面呈曲尺形，南北向，距现地表深2～3米发现，南北长7～15.8米，东西宽2.7～13米，探至砖无法下探。包含物有青砖（图4-42）。

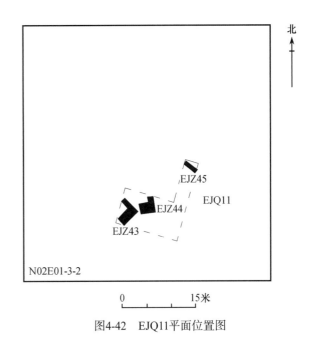

图4-42 EJQ11平面位置图

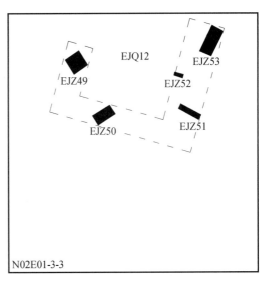

图4-43 EJQ12平面位置图

EJQ13

位于ⅠN02E01-3-4勘探单元的西部，部分遗迹位于ⅠN02E01-4-3勘探单元、ⅠN02E01-4-4勘探单元内。主要由EJZ55、EJZ56、EJZ57、EJZ58、EJZ59、EJZ60、EJZ61、EJZ62、EJZ63、EJZ884、EJZ886和EJZ887十二部分构成，平面呈不规则形，南北向，距现地表深2～3.8米发现，南北长7～45.4米，东西宽14.8～30.2米，探至砖无法下探。包含物有青砖、灰点等（图4-44）。

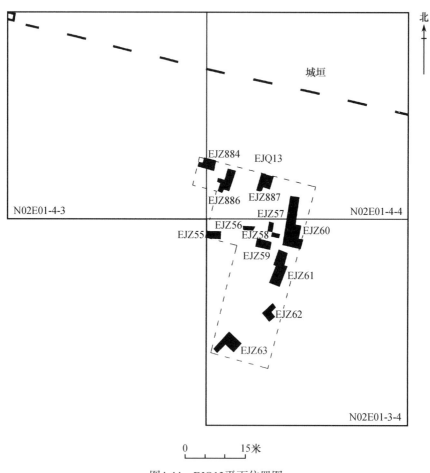

图4-44　EJQ13平面位置图

EJQ14

位于ⅠN02E02-3-1勘探单元的西部，部分遗迹位于ⅠN02E02-2-1勘探单元内。主要由EJZ130、EJZ136、EJZ137、EJZ138、EJZ140、EJZ141、EJZ142、EJZ144、EJZ145、EJZ146、EJZ147、EJZ150、EJZ151和EJZ152十四部分构成，平面呈不规则形，南北向，距现地表深2～4米发现，南北长19.5～46.9米，东西宽11.6～28.8米，探至砖无法下探。包含物有青砖、瓦片、夹砂红陶片、灰陶片等（图4-45）。

EJQ15

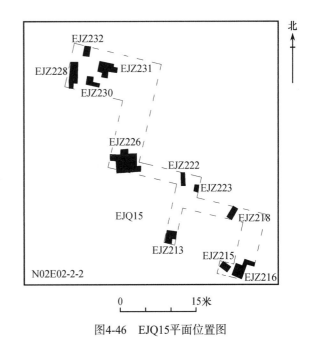

位于ⅠN02E02-2-2勘探单元的中部。主要由EJZ213、EJZ215、EJZ216、EJZ218、EJZ222、EJZ223、EJZ226、EJZ228、EJZ230、EJZ231和EJZ232十一部分构成，平面呈不规则形，东西向，距现地表2~4米发现，东西长48.6米，南北宽36.1米，探至砖无法下探。包含物有青砖、瓦片、夹砂红陶片、灰陶片等（图4-46）。

图4-45　EJQ14平面位置图

图4-46　EJQ15平面位置图

EJQ16

位于ⅠN02E02-2-1勘探单元的东南部，部分遗迹位于ⅠN02E02-1-1勘探单元、ⅠN02E02-1-2勘探单元、ⅠN02E02-2-2勘探单元内。主要由EJZ107、EJZ108、EJZ109、EJZ111、EJZ112、EJZ116、EJZ117、EJZ120、EJZ121、EJZ122、EJZ124、EJZ200、EJZ201、EJZ204、EJZ206、EJZ207、EJZ208、EJZ210、EJZ212和EJZ219二十部分构成，平面呈"凸"字形，东西向，距现地表深3~5米发现，东西长19.4~53.5米，南北宽8.9~32米，探至砖无法下探。包含物有青砖、瓦片、夹砂红陶片、灰陶片等（图4-47）。

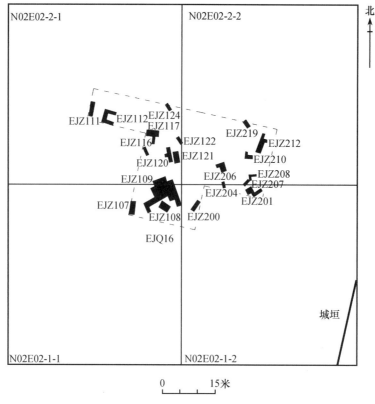

图4-47　EJQ16平面位置图

EJQ17

位于 I N02E02-1-2勘探单元的东北部。主要由EJZ195、EJZ198、EJZ202和EJZ203四部分构成，平面呈"凹"字形，东西向，距现地表深2～3米发现，东西长3.1～23米，南北宽4.2～13.2米，探至砖无法下探。包含物有青砖、夹砂红陶片、炭灰、瓦片等（图4-48）。

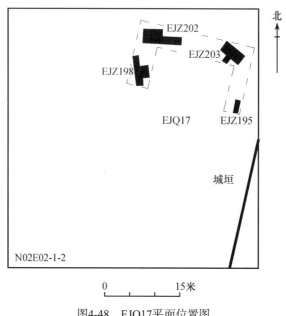

图4-48　EJQ17平面位置图

EJQ18

位于ⅠN02E02-1-2勘探单元的南部，部分遗迹位于ⅠN02E02-1-1勘探单元、ⅠN01E02-4-2勘探单元内。主要由EJZ160、EJZ161、EJZ163、EJZ170、EJZ171、EJZ172、EJZ179、EJZ180、EJZ182、EJZ183、EJZ184、EJZ188、EJZ189、EJZ190、EJZ193、EJZ101、EJZ104和EJZ105十八部分构成，平面呈不规则形，南北向，距现地表深2～4米发现，南北长7.5～64.4米，东西宽17.3～53.6米，探至砖无法下探。包含物有青砖、夹砂红陶片、炭灰、瓦片等（图4-49）。

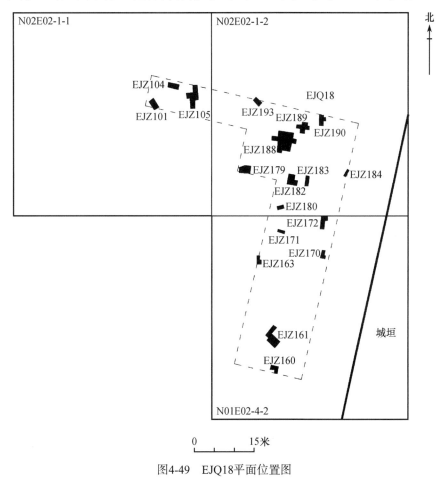

图4-49　EJQ18平面位置图

EJQ19

位于ⅠN02E01-1-4勘探单元的中部，部分遗迹位于ⅠN02E01-1-3勘探单元、ⅠN02E02-1-1勘探单元、ⅠN01E01-4-4勘探单元内。主要由EJZ83、EJZ84、EJZ86、EJZ87、EJZ88、EJZ89、EJZ90、EJZ94、EJZ97和EJZ99十部分构成，平面呈不规则形，东西向，距现地表深2.5～4米发现，东西长2.9～84.2米，南北宽1.7～38米，探至砖无法下探。包含物有青砖、炭灰、瓦片、夹砂红陶片等（图4-50）。

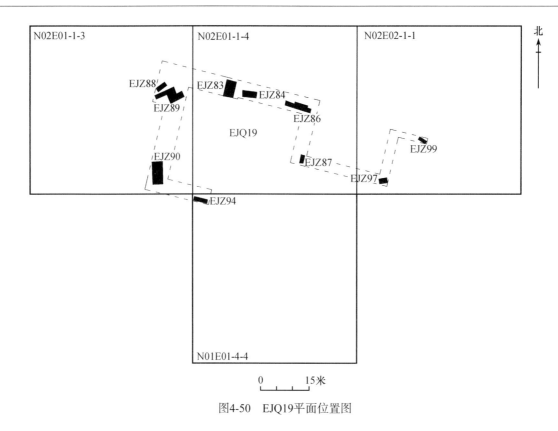

图4-50　EJQ19平面位置图

EJQ20

位于 I N02E01-2-4勘探单元的西南部。主要由EJZ77、EJZ78、EJZ79、EJZ80和EJZ81五部分构成，平面呈"凹"字形，南北向，距现地表深2.5～3.5米发现，南北长2.9～23.6米，东西宽6～18.8米，探至砖无法下探。包含物有青砖、炭灰、瓦片等（图4-51）。

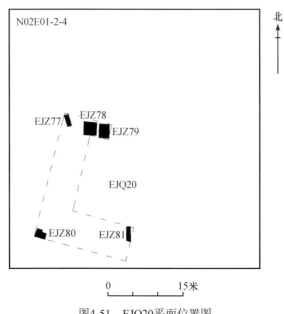

图4-51　EJQ20平面位置图

EJQ21

位于ⅠN02E01-2-3勘探单元的东部，部分遗迹位于ⅠN02E01-2-4勘探单元内。主要由EJZ69、EJZ75和EJZ76三部分构成，平面呈长方形，南北向，距现地表深2～4米发现，南北长37.7米，东西宽13.9米，探至砖无法下探。包含物有青砖、灰、瓦片、陶片等（图4-52）。

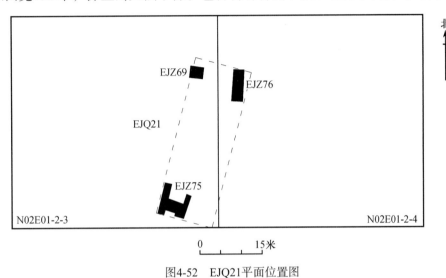

图4-52　EJQ21平面位置图

EJQ22

位于ⅠN02E01-2-3勘探单元的西南部。主要由EJZ71、EJZ72和EJZ73三部分构成，平面呈曲尺形，东西向，距现地表深2～3.8米发现，东西长3.8～12.6米，南北宽5.4～11米，探至砖无法下探。包含物有青砖、炭灰、瓦片等（图4-53）。

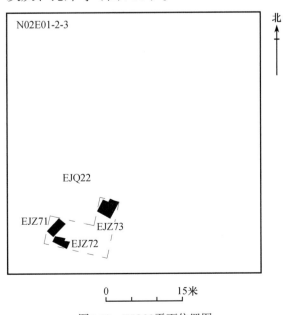

图4-53　EJQ22平面位置图

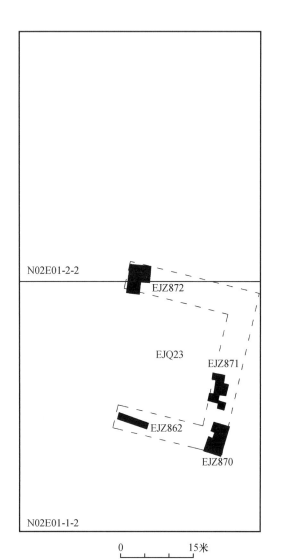

图4-54　EJQ23平面位置图

EJQ23

　　位于ⅠN02E01-1-2勘探单元的东部,部分遗迹位于ⅠN02E01-2-2勘探单元内。主要由EJZ862、EJZ870、EJZ871和EJZ872四部分构成,平面呈"凹"字形,南北向,距现地表深2～4.8米发现,南北长4.6～33.1米,东西宽5.3～27.4米,探至砖无法下探。包含物有青砖、灰点等(图4-54)。

EJQ24

　　位于ⅠN02E01-1-2勘探单元的西南部,部分遗迹位于ⅠN02E01-1-1勘探单元内。主要由EJZ861、EJZ873和EJZ874三部分构成,平面呈曲尺形,东西向,距现地表深2.5～3.6米发现,东西长2.6～18.2米,南北宽4～13米,探至砖无法下探。包含物有青砖、灰点等(图4-55)。

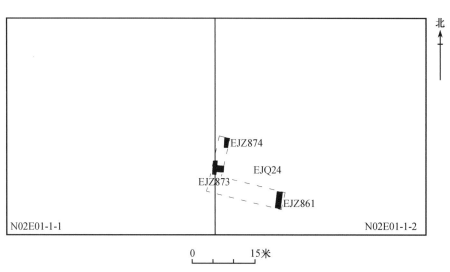

图4-55　EJQ24平面位置图

EJQ25

位于Ⅰ N01E01-4-2勘探单元的北部，部分遗迹位于Ⅰ N02E01-1-2勘探单元内。主要由EJZ857、EJZ866和EJZ869三部分构成，平面呈曲尺形，南北向，距现地表深1.4～4.2米发现，南北长5.6～24.5米，东西宽9.29～19.9米，探至砖无法下探。包含物有青砖、灰点等（图4-56）。

EJQ26

位于Ⅱ N01W02-2-4勘探单元的北部，部分遗迹位于Ⅱ N01W02-3-4勘探单元内。主要由EJZ668、EJZ669和EJZ672三部分构成，平面呈曲尺形，南北向，距现地表深3.8～4.8米发现，南北长4.5～25.3米，东西宽1.6～12.1米，探至砖无法下探。包含物有青砖、灰点等（图4-57）。

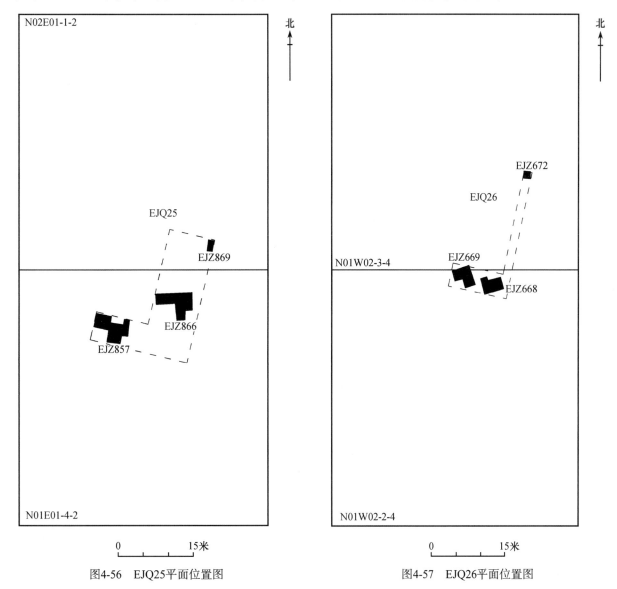

图4-56　EJQ25平面位置图　　　　　　　　图4-57　EJQ26平面位置图

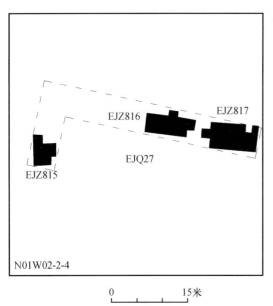

EJQ27

位于ⅡN01W02-2-4勘探单元的中部。主要由EJZ815、EJZ816和EJZ817三部分构成，平面呈曲尺形，东西向，距现地表深3.2～6.5米发现，东西长5.4～43.6米，南北宽5.9～16.4米，探至砖无法下探。包含物有青砖、灰点等（图4-58）。

图4-58　EJQ27平面位置图

EJQ28

位于ⅡN01W01-3-2勘探单元的西部，部分遗迹位于ⅡN01W01-3-1勘探单元内。主要由EJZ673、EJZ674和EJZ676三部分构成，平面呈曲尺形，东西向，距现地表深3～4.3米发现，东西长3.28～28.8米，南北宽2.1～5.7米，探至砖无法下探。包含物有青砖、灰点等（图4-59）。

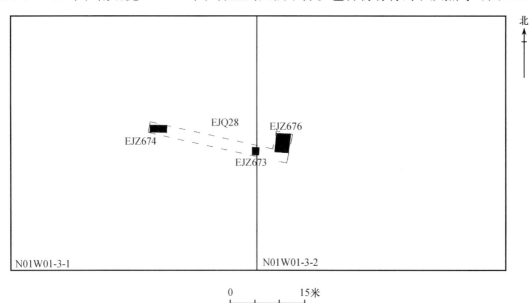

图4-59　EJQ28平面位置图

EJQ29

位于ⅡN01W01-2-2勘探单元的西北部，部分遗迹位于ⅡN01W01-2-1勘探单元、ⅡN01W01-3-2勘探单元内。主要由EJZ664、EJZ665、EJZ666和EJZ667四部分构成，平面呈"凹"字形，东西向，距现地表深1.8～4米发现，东西长5.2～17.3米，南北宽3.4～16.1米，探至砖无法下探。包含物有青砖、灰点等（图4-60）。

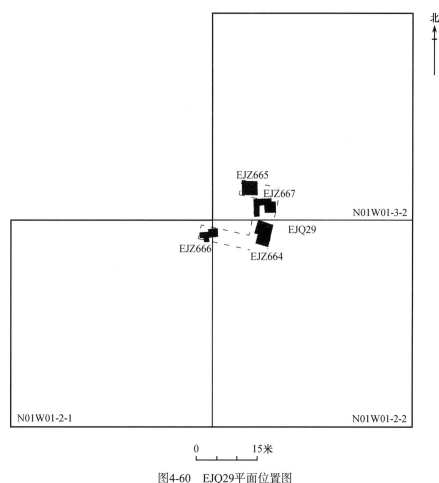

图4-60　EJQ29平面位置图

EJQ30

位于ⅡN01W01-3-2勘探单元的东部，部分遗迹位于ⅡN01W01-3-3勘探单元内。主要由EJZ616、EJZ617、EJZ675、EJZ677和EJZ678五部分构成，平面呈曲尺形，东西向，距现地表深3.8～4.5米发现，东西长7.4～21.9米，南北宽2.1～14.6米，探至砖无法下探。包含物有青砖、瓦片等（图4-61）。

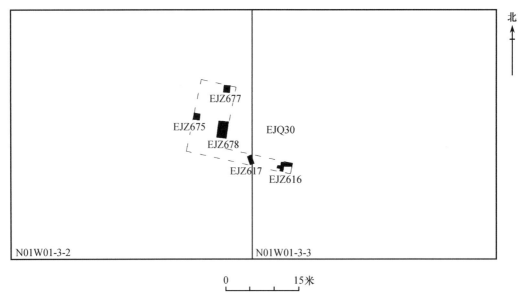

图4-61　EJQ30平面位置图

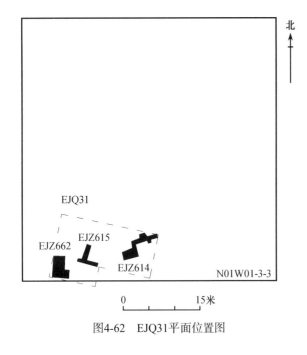

图4-62　EJQ31平面位置图

EJQ31

位于ⅡN01W01-3-3勘探单元的西南部。主要由EJZ614、EJZ615和EJZ662三部分构成，平面呈曲尺形，东西向，距现地表深4~6米发现，东西长9.1~19.3米，南北宽6.7~12.1米，探至砖无法下探。包含物有青砖、瓦片等（图4-62）。

EJQ32

位于ⅡN01W01-2-4勘探单元的西北部，部分遗迹位于ⅡN01W01-3-3勘探单元、ⅡN01W01-3-4勘探单元内。主要由EJZ605、EJZ606、EJZ607、EJZ608、EJZ610和EJZ611六部分构成，平面呈曲尺形，东西向，距现地表深3~3.5米发现，东西长14.2~25.6米，南北宽3.7~9.5米，探至砖无法下探。包含物有青砖、瓦片等（图4-63）。

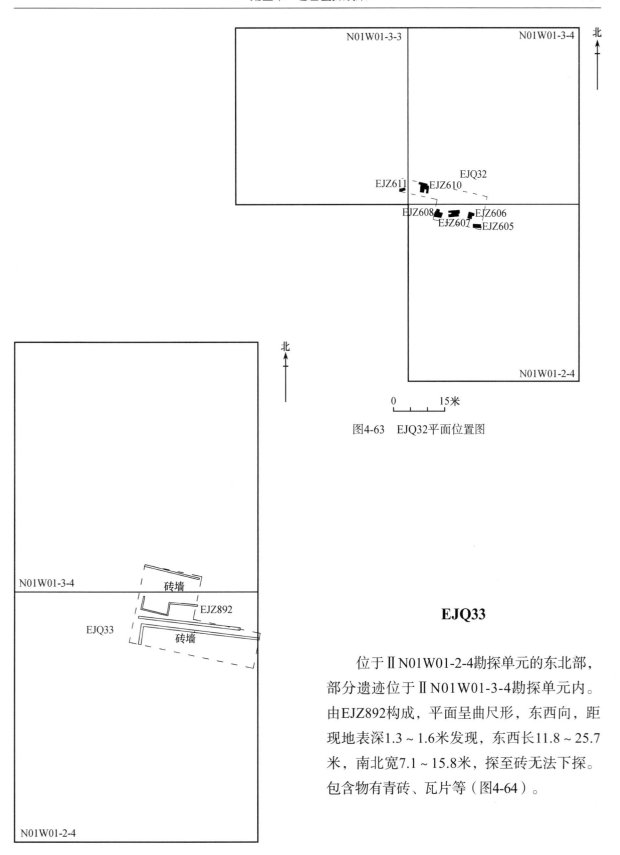

图4-63　EJQ32平面位置图

图4-64　EJQ33平面位置图

EJQ33

位于ⅡN01W01-2-4勘探单元的东北部，部分遗迹位于ⅡN01W01-3-4勘探单元内。由EJZ892构成，平面呈曲尺形，东西向，距现地表深1.3～1.6米发现，东西长11.8～25.7米，南北宽7.1～15.8米，探至砖无法下探。包含物有青砖、瓦片等（图4-64）。

EJQ34

位于ⅡN01W01-2-3勘探单元的东南部。主要由EJZ624、EJZ625和EJZ626三部分构成，平面呈长方形，东西向，距现地表深3.5～4.7米发现，东西长9.6米，南北宽6.3米，探至砖无法下探。包含物有青砖、瓦片等（图4-65）。

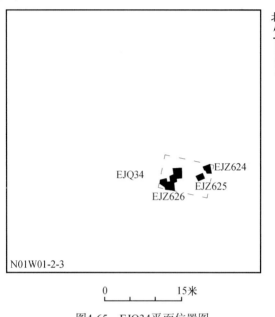

图4-65　EJQ34平面位置图

EJQ35

位于ⅡN01W01-2-4勘探单元的西南部，部分遗迹位于ⅡN01W01-2-3勘探单元内。主要由EJZ622、EJZ623两部分构成，平面呈曲尺形，东西向，距现地表深3～3.5米发现，长2.2～11.5米，宽2.4～6.9米，探至砖无法下探。包含物有青砖、瓦片等（图4-66）。

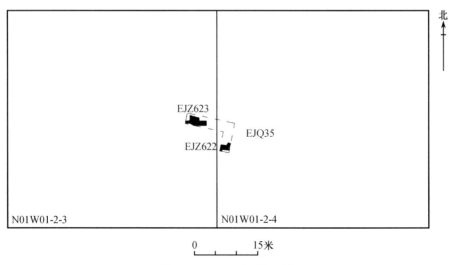

图4-66　EJQ35平面位置图

EJQ36

位于ⅡN01W01-1-2勘探单元的西北部，部分遗迹位于ⅡN01W01-1-1勘探单元内。主要由EJZ819、EJZ820和EJZ823三部分构成，平面呈曲尺形，东西向，距现地表深3～6.5米发现，东西长3.5～40.1米，南北宽7.4～9.7米，探至砖无法下探。包含物有青砖、灰点等（图4-67）。

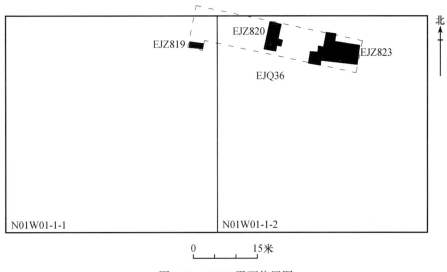

图4-67　EJQ36平面位置图

EJQ37

位于ⅡN01W02-1-3勘探单元的东北部，部分遗迹位于ⅡN01W02-1-4勘探单元内。主要由EJZ809、EJZ810、EJZ811、EJZ812和EJZ813五部分构成，平面呈"凹"字形，东西向，距现地表深3.1～5米发现，东西长5.7～22.3米，南北宽5.1～15.1米，探至砖无法下探。包含物有青砖、灰点等（图4-68）。

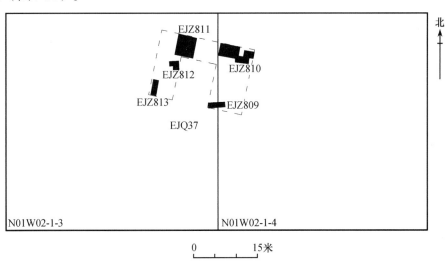

图4-68　EJQ37平面位置图

EJQ38

位于ⅡN01W02-1-4勘探单元的东部，部分遗迹位于ⅡN01W01-1-1勘探单元、ⅢS01W01-4-1勘探单元、ⅢS01W02-4-4勘探单元内。主要由EJZ799、EJZ800、EJZ801、EJZ802、EJZ804、EJZ805、EJZ806、EJZ808和EJZ856九部分构成，平面呈不规则形，东西向，距现地表深3.2～5米发现，东西长2.9～41米，南北宽7.9～36.2米，探至砖无法下探。包含物有青砖、灰点等（图4-69）。

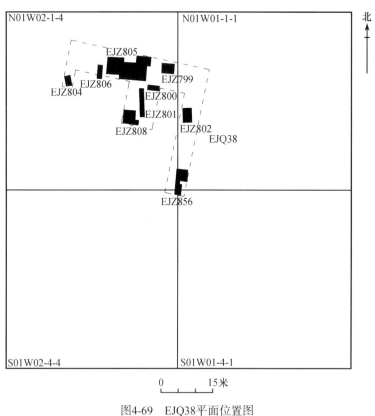

图4-69　EJQ38平面位置图

EJQ39

位于ⅡN01W02-1-3勘探单元的南部，部分遗迹位于ⅢS01W02-4-3勘探单元内。主要由EJZ774、EJZ775、EJZ776和EJZ777四部分构成，平面呈曲尺形，东西向，距现地表深2～4.8米发现，东西长6.6～16米，南北宽5.1～13.8米，探至砖无法下探。包含物有青砖、灰点等（图4-70）。

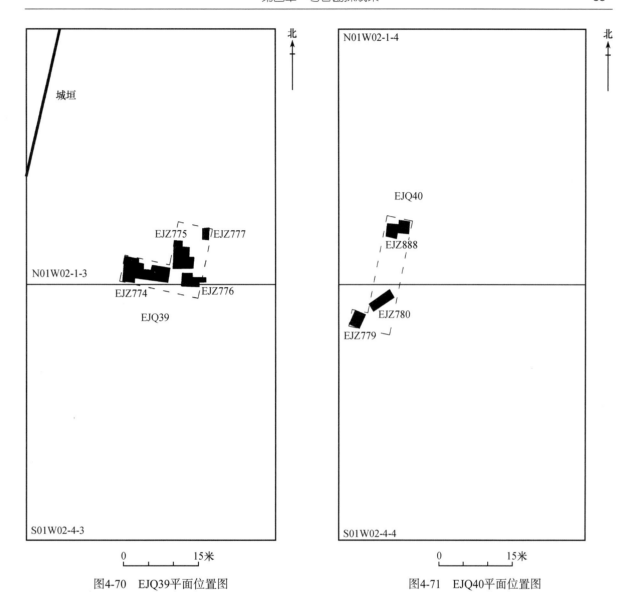

图4-70 EJQ39平面位置图 图4-71 EJQ40平面位置图

EJQ40

位于Ⅲ S01W02-4-4勘探单元的西北部，部分遗迹位于Ⅱ N01W02-1-4勘探单元内。主要由EJZ779、EJZ780和EJZ888三部分构成，平面呈曲尺形，南北向，距现地表深3～5米发现，南北长3.3～22.7米，东西宽5.2～8.4米，探至砖无法下探。包含物有青砖、灰点等（图4-71）。

EJQ41

位于ⅢS01W02-4-4勘探单元的南部，部分遗迹位于ⅢS01W02-4-3勘探单元、ⅢS01W02-3-4勘探单元内。主要由EJZ762、EJZ764、EJZ765、EJZ767、EJZ770、EJZ771、EJZ773、EJZ849、EJZ850、EJZ851、EJZ852、EJZ853和EJZ854十三部分构成，平面呈不规则形，东西向，距现地表深2～5.8米发现，东西长5～77.6米，南北宽4.3～22.3米，探至砖无法下探。包含物有青砖、灰点等（图4-72）。

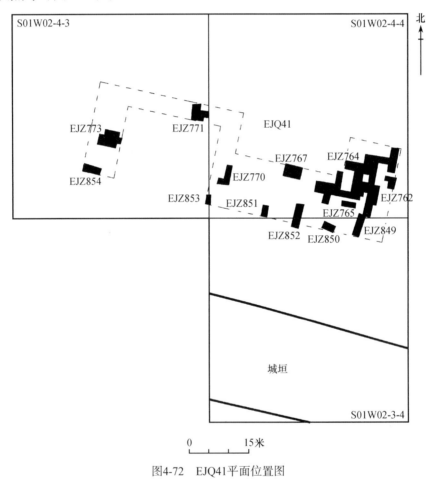

图4-72　EJQ41平面位置图

EJQ42

位于ⅢS01W02-4-4勘探单元的东南部，部分遗迹位于ⅢS01W01-4-1勘探单元内。主要由EJZ761、EJZ763、EJZ766和EJZ768四部分构成，平面呈"凹"字形，东西向，距现地表深3.8～5.8米发现，东西长5.1～36米，南北宽1.8～9.4米，探至砖无法下探。包含物有青砖、灰点等（图4-73）。

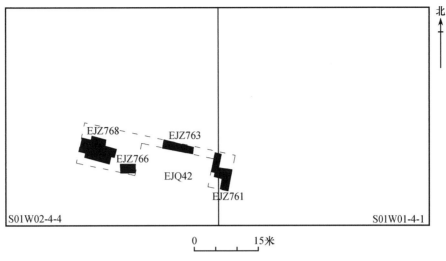

图4-73　EJQ42平面位置图

EJQ43

　　位于Ⅲ S01W01-4-1勘探单元的西南部。主要由EJZ759、EJZ760两部分构成，平面呈长方形，东西向，距现地表深2~5米发现，东西长10.6米，南北宽8.4米，探至砖无法下探。包含物有青砖、灰点等（图4-74）。

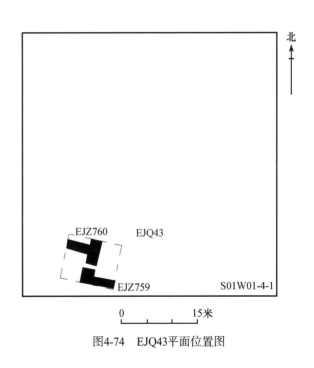

图4-74　EJQ43平面位置图

EJQ44

　　位于Ⅲ S01W01-4-2勘探单元的西北部，部分遗迹位于Ⅲ S01W01-4-1勘探单元、Ⅱ N01W01-1-1勘探单元、Ⅱ N01W01-1-2勘探单元内。主要由EJZ637、EJZ638、EJZ639、EJZ640、EJZ641、EJZ642、EJZ643、EJZ791、EJZ792、EJZ793、EJZ794、EJZ795、EJZ796、EJZ797、EJZ834、EJZ835、EJZ836、EJZ837、EJZ838、EJZ839和EJZ841二十一部分构成，平面呈长方形，东西向，距现地表深3~5米发现，东西长47米，南北宽44米，探至砖无法下探。包含物有青砖、灰点、瓦片等（图4-75）。

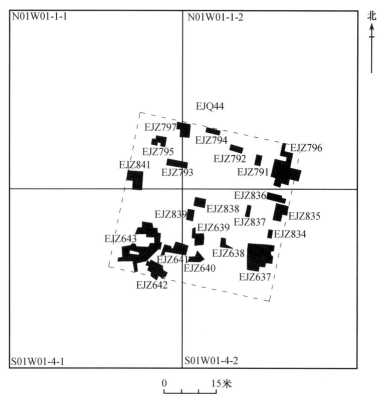

图4-75　EJQ44平面位置图

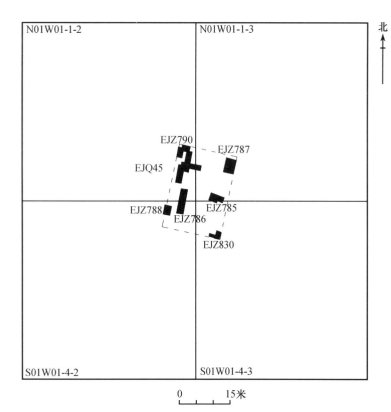

图4-76　EJQ45平面位置图

EJQ45

位于ⅡN01W01-1-3勘探单元的西南部，部分遗迹位于ⅡN01W01-1-2勘探单元、ⅢS01W01-4-2勘探单元、ⅢS01W01-4-3勘探单元内。主要由EJZ785、EJZ786、EJZ787、EJZ788、EJZ790和EJZ830六部分构成，平面呈长方形，南北向，距现地表深3~6米发现，南北长23.7米，东西宽17.3米，探至砖无法下探。包含物有青砖、灰点等（图4-76）。

EJQ46

位于ⅡN01W01-1-3勘探单元的南部，部分遗迹位于ⅢS01W01-4-3勘探单元内。主要由EJZ782、EJZ784和EJZ831三部分构成，平面呈曲尺形，南北向，距现地表深3～3.8米发现，南北长4.4～31.1米，东西宽3.3～12.9米，探至砖无法下探。包含物有青砖、灰点等（图4-77）。

EJQ47

位于ⅢS01W01-4-3勘探单元的东部。主要由EJZ828、EJZ832两部分构成，平面呈曲尺形，南北向，距现地表深4米发现，南北长3.7～11.1米，东西宽3.3～5.8米，探至砖无法下探。包含物有青砖、灰点等（图4-78）。

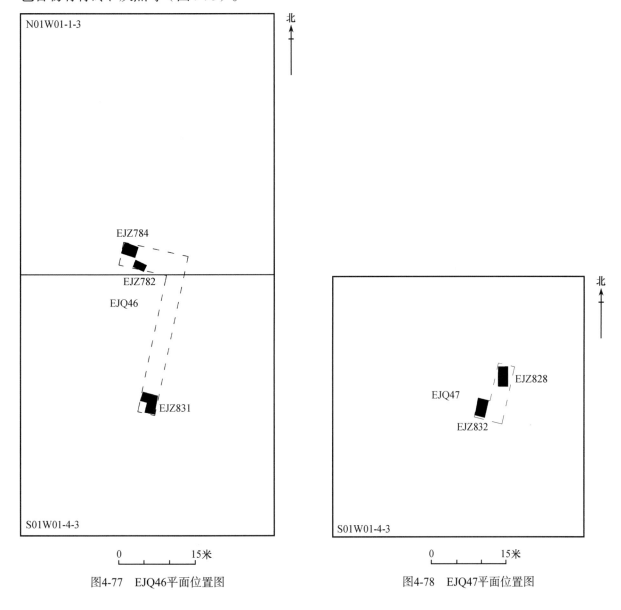

图4-77　EJQ46平面位置图　　　　　　　　　　　图4-78　EJQ47平面位置图

EJQ48

位于ⅢS01W01-4-3勘探单元的南部，部分遗迹位于ⅢS01W01-4-2勘探单元、ⅢS01W01-3-3勘探单元内。主要由EJZ627、EJZ628、EJZ629、EJZ630、EJZ631、EJZ632、EJZ633、EJZ634、EJZ635和EJZ842十部分构成，平面呈曲尺形，东西向，距现地表深3.4～4.5米发现，东西长13～53.7米，南北宽11～18米，探至砖无法下探。包含物有青砖、灰点、瓦片等（图4-79）。

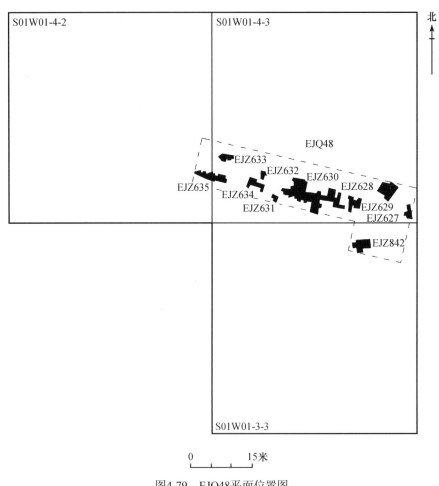

图4-79　EJQ48平面位置图

EJQ49

位于ⅢS01W01-3-2勘探单元的北部，部分遗迹位于ⅢS01W01-3-1勘探单元、ⅢS01W01-3-3勘探单元、ⅢS01W01-4-1勘探单元、ⅢS01W01-4-2勘探单元内。主要由EJZ750、EJZ751、EJZ752、EJZ753、EJZ754、EJZ755、EJZ756、EJZ757、EJZ758、EJZ846和EJZ847十一部分构成，平面呈不规则形，东西向，距现地表深3～7米发现，东西长4.3～82.3米，南北宽15.8～36.3米，探至砖无法下探。包含物有青砖、灰点等（图4-80）。

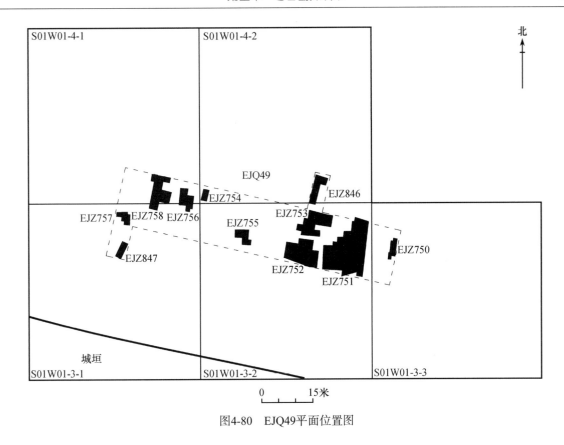

图4-80 EJQ49平面位置图

EJQ50

位于Ⅲ S01W01-3-3勘探单元的东南部。主要由EJZ745、EJZ746和EJZ749三部分构成，平面呈曲尺形，东西向，距现地表深3~6米发现，东西长16.5米，南北宽15.8米，探至砖无法下探。包含物有青砖、灰点等（图4-81）。

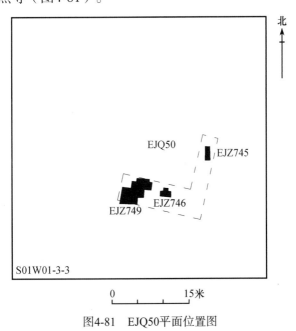

图4-81 EJQ50平面位置图

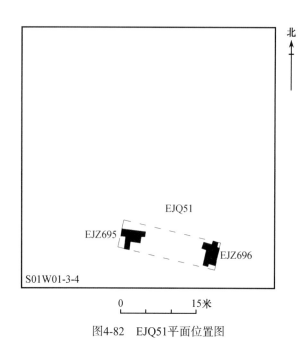

图4-82　EJQ51平面位置图

EJQ51

位于Ⅲ S01W01-3-4勘探单元的南部。主要由EJZ695、EJZ696两部分构成，平面呈长方形，东西向，距现地表深3.1～3.8米发现，东西长19.6米，南北宽5.3米，探至砖无法下探。包含物有青砖、灰点等（图4-82）。

EJQ52

位于Ⅳ S01E01-3-1勘探单元的西南部，部分遗迹位于Ⅲ S01W01-3-4勘探单元内。主要由EJZ689、EJZ694和EJZ698三部分构成，平面呈长方形，南北向，距现地表深3～5米发现，南北长14.4米，东西宽7.3米，探至砖无法下探。包含物有青砖、灰点等（图4-83）。

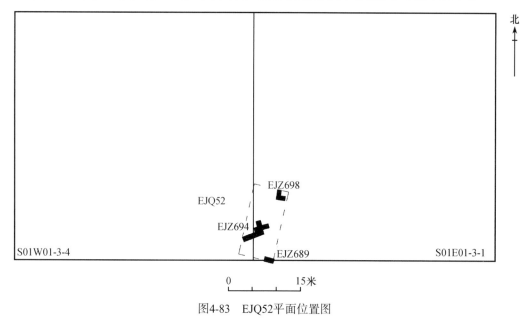

图4-83　EJQ52平面位置图

EJQ53

位于ⅣS01E01-3-1勘探单元的东南部,部分遗迹位于ⅣS01E01-3-2勘探单元、ⅣS01E01-2-1勘探单元内。主要由EJZ647、EJZ648、EJZ650、EJZ660、EJZ683和EJZ687六部分构成,平面呈不规则形,东西向,距现地表深3.1~5米发现,东西长3.2~29.7米,南北宽3.7~15.7米,探至砖无法下探。包含物有青砖、灰点、瓦片、夹砂红陶片等(图4-84)。

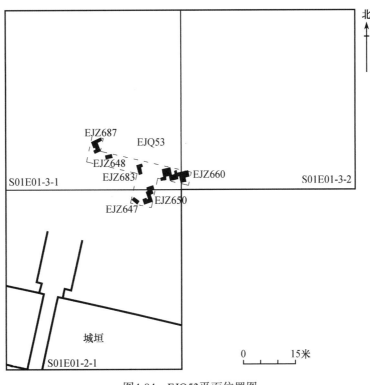

图4-84　EJQ53平面位置图

EJQ54

位于ⅣS01E01-3-1勘探单元的东部,部分遗迹位于ⅣS01E01-3-2勘探单元内。主要由EJZ685、EJZ688两部分构成,平面呈曲尺形,东西向,距现地表深3~4.1米发现,东西长4~25.3米,南北宽1.8~6米,探至砖无法下探。包含物有青砖、灰点等(图4-85)。

EJQ55

位于ⅣS01E01-3-1勘探单元的西北部,部分遗迹位于ⅢS01W01-3-4勘探单元内。主要由EJZ700、EJZ741两部分构成,平面呈曲尺形,东西向,距现地表深3.5~4.2米发现,东西长5.4~11.3米,南北宽2.4~8.9米,探至砖无法下探。包含物有青砖、灰点等(图4-86)。

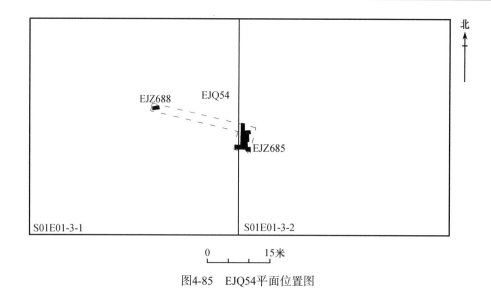

图4-85　EJQ54平面位置图

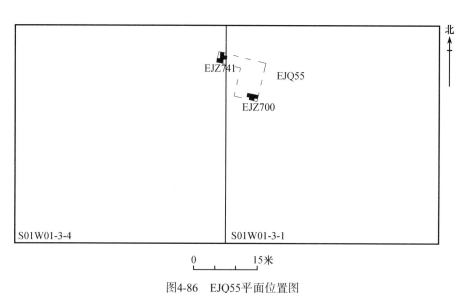

图4-86　EJQ55平面位置图

EJQ56

位于ⅢS01W01-3-4勘探单元的西部。主要由EJZ697、EJZ702、EJZ705、EJZ706、EJZ708和EJZ709六部分构成，平面呈长方形，南北向，距现地表深3.5~5.8米发现，南北长38.3米，东西宽11.6米，探至砖无法下探。包含物有青砖、灰点等（图4-87）。

EJQ57

位于ⅢS01W01-4-4勘探单元的中部。主要由EJZ710、EJZ717、EJZ721和EJZ725四部分构成，平面呈曲尺形，南北向，距现地表深3~5米发现，南北长20.5米，东西宽19.9米，探至砖无法下探。包含物有青砖、灰点等（图4-88）。

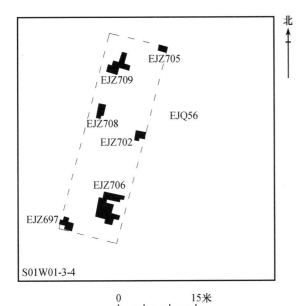

图4-87　EJQ56平面位置图

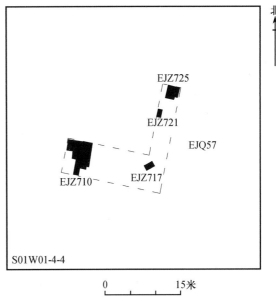

图4-88　EJQ57平面位置图

EJQ58

位于ⅣS01E01-4-2勘探单元的西北部，部分遗迹位于ⅠN01E01-1-2勘探单元内。主要由EJZ403、EJZ405两部分构成，平面呈长方形，南北向，距现地表深3.5～4.5米发现，南北长9.7米，东西宽4.5米，探至砖无法下探。包含物有青砖、瓦片等（图4-89）。

EJQ59

位于ⅣS01E01-4-2勘探单元的东部。主要由EJZ412、EJZ416和EJZ417三部分构成，平面呈曲尺形，南北向，距现地表深3～3.4米发现，南北长12.8～20米，东西宽3.8～9.1米，探至砖无法下探。包含物有青砖、瓦片等（图4-90）。

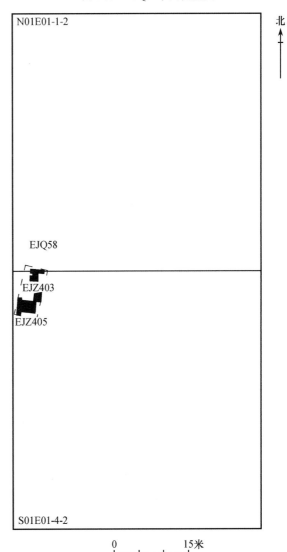

图4-89　EJQ58平面位置图

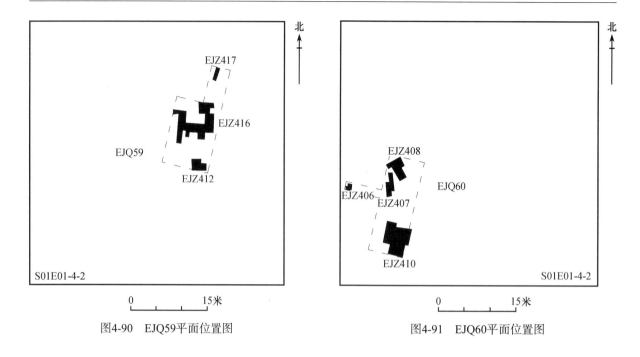

图4-90　EJQ59平面位置图　　　　　　图4-91　EJQ60平面位置图

EJQ60

位于ⅣS01E01-4-2勘探单元的西南部。主要由EJZ406、EJZ407、EJZ408和EJZ410四部分构成，平面呈"凸"字形，南北向，距现地表深3.4～3.8米发现，南北长1.5～18.4米，东西宽6.8～13.8米，探至砖无法下探。包含物有青砖、瓦片等（图4-91）。

EJQ61

位于ⅣS01E01-2-2勘探单元的东北部，部分遗迹位于ⅣS01E01-2-3勘探单元内。主要由EJZ562、EJZ563、EJZ564、EJZ565、EJZ566、EJZ567、EJZ568、EJZ573、EJZ574、EJZ575、EJZ578和EJZ579十二部分构成，平面呈不规则形，东西向，距现地表深3～4.3米发现，东西长4.5～44.2米，南北宽4～26.1米，探至砖无法下探。包含物有青砖、瓦片等（图4-92）。

EJQ62

位于ⅣS01E01-2-3勘探单元的西北部。主要由EJZ572、EJZ576、EJZ577和EJZ581四部分构成，平面呈"凹"字形，南北向，距现地表深2.8～4米发现，南北长2.7～18.5米，东西宽2.4～10.9米，探至砖无法下探。包含物有青砖、瓦片等（图4-93）。

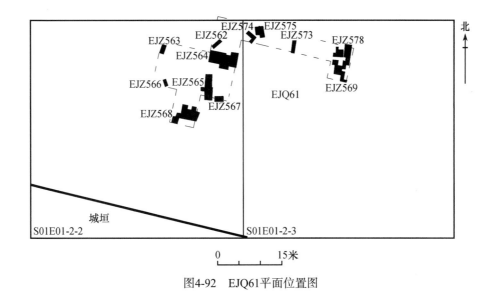

图4-92　EJQ61平面位置图

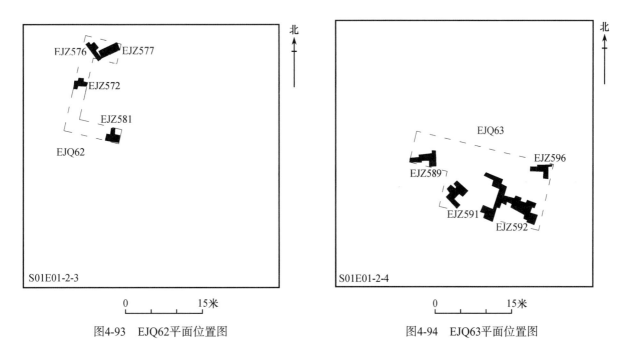

图4-93　EJQ62平面位置图　　　　　　　　　图4-94　EJQ63平面位置图

EJQ63

　　位于Ⅳ S01E01-2-4勘探单元的南部。主要由EJZ589、EJZ591、EJZ592和EJZ596四部分构成，平面呈曲尺形，东西向，距现地表深3.5～4.8米发现，东西长19.9～27.4米，南北宽5.9～12.6米，探至砖无法下探。包含物有青砖、瓦片等（图4-94）。

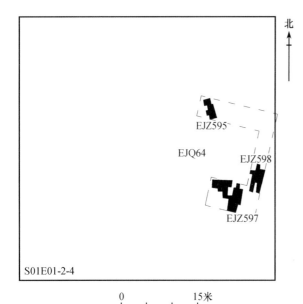

图4-95　EJQ64平面位置图

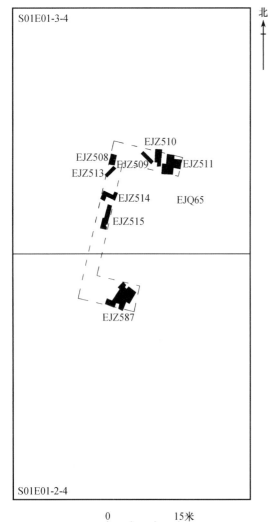

图4-96　EJQ65平面位置图

EJQ64

位于ⅣS01E01-2-4勘探单元的东南部。主要由EJZ595、EJZ597和EJZ598三部分构成，平面呈"凹"字形，南北向，距现地表深2～4.1米发现，南北长3.9～20米，东西宽2.8～15.4米，探至砖无法下探。包含物有青砖、瓦片等（图4-95）。

EJQ65

位于ⅣS01E01-3-4勘探单元的南部，部分遗迹位于ⅣS01E01-2-4勘探单元内。主要由EJZ508、EJZ509、EJZ510、EJZ511、EJZ513、EJZ514、EJZ515和EJZ587八部分构成，平面呈"凹"字形，南北向，距现地表深2.8～3.8米发现，南北长3.9～32.8米，东西宽2.7～14.8米，探至砖无法下探。包含物有青砖、瓦片等（图4-96）。

EJQ66

位于ⅣS01E01-3-4勘探单元的西南部，部分遗迹位于ⅣS01E01-3-3勘探单元、ⅣS01E01-2-4勘探单元内。主要由EJZ516、EJZ517、EJZ518、EJZ521、EJZ524、EJZ526、EJZ527和EJZ530八部分构成，平面呈"凸"字形，东西向，距现地表深1.6～4米发现，东西长9.3～25.2米，南北宽4.4～22.9米，探至砖无法下探。包含物有青砖、瓦片等（图4-97）。

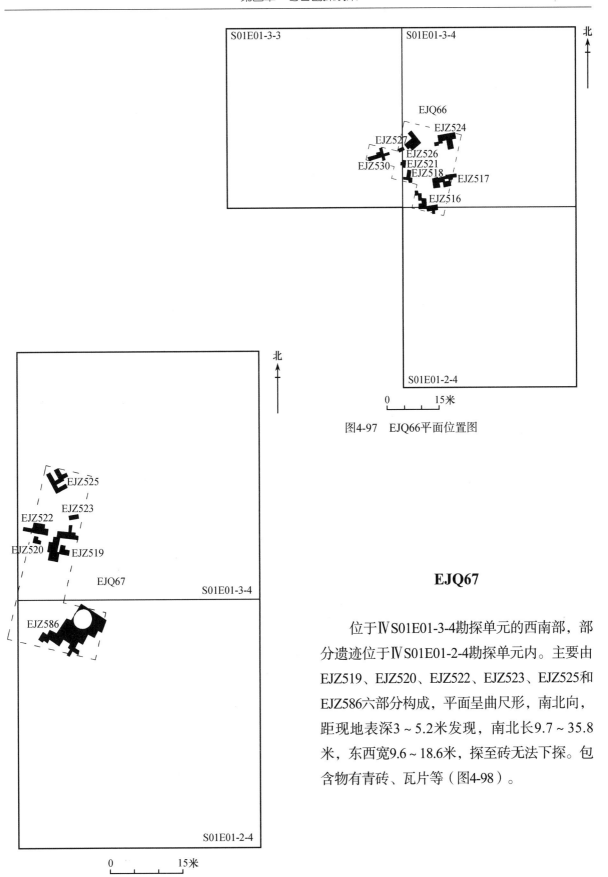

图4-97　EJQ66平面位置图

图4-98　EJQ67平面位置图

EJQ67

位于ⅣS01E01-3-4勘探单元的西南部，部分遗迹位于ⅣS01E01-2-4勘探单元内。主要由EJZ519、EJZ520、EJZ522、EJZ523、EJZ525和EJZ586六部分构成，平面呈曲尺形，南北向，距现地表深3~5.2米发现，南北长9.7~35.8米，东西宽9.6~18.6米，探至砖无法下探。包含物有青砖、瓦片等（图4-98）。

EJQ68

位于ⅣS01E02-3-1勘探单元的西南部，部分遗迹位于ⅣS01E01-3-4勘探单元内。主要由EJZ490、EJZ492和EJZ493三部分构成，平面呈曲尺形，南北向，距现地表深3～3.9米发现，南北长6.3～16.5米，东西宽5.9～16.3米，探至砖无法下探。包含物有青砖、瓦片等（图4-99）。

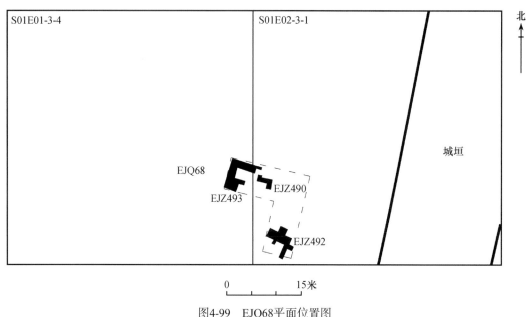

图4-99　EJQ68平面位置图

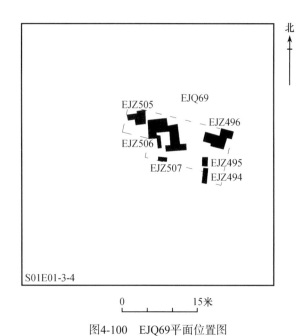

图4-100　EJQ69平面位置图

EJQ69

位于ⅣS01E01-3-4勘探单元的中部。主要由EJZ494、EJZ495、EJZ496、EJZ505、EJZ506和EJZ507六部分构成，平面呈不规则形，东西向，距现地表深3.5～4.8米发现，东西长3.9～21.3米，南北宽5～10.5米，探至砖无法下探。包含物有青砖、瓦片等（图4-100）。

EJQ70

位于ⅣS01E01-3-4勘探单元的东部，部分遗迹位于ⅣS01E02-3-1勘探单元内。主要由EJZ488、EJZ498、EJZ499和EJZ500四部分构成，平面呈不规则形，东西向，距现地表深3.5～5.5米发现，东西长13.6～27.4米，南北宽3.4～8米，探至砖无法下探。包含物有青砖、瓦片等（图4-101）。

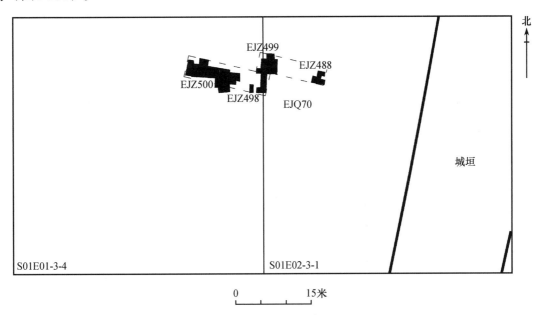

图4-101　EJQ70平面位置图

EJQ71

位于ⅣS01E01-3-4勘探单元的西北部。主要由EJZ502、EJZ504两部分构成，平面呈曲尺形，东西向，距现地表深3.3～3.8米发现，东西长6～12米，南北宽3.1～9米，探至砖无法下探。包含物有青砖、瓦片等（图4-102）。

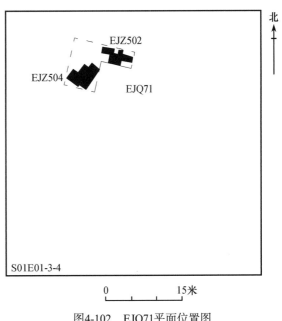

图4-102　EJQ71平面位置图

EJQ72

位于ⅣS01E01-3-2勘探单元的东南部，部分遗迹位于ⅣS01E01-3-3勘探单元内。主要由EJZ548、EJZ557和EJZ558三部分构成，平面呈曲尺形，东西向，距现地表深3.5～4米发现，东西长2.6～16.9米，南北宽2.5～12.1米，探至砖无法下探。包含物有青砖、瓦片等（图4-103）。

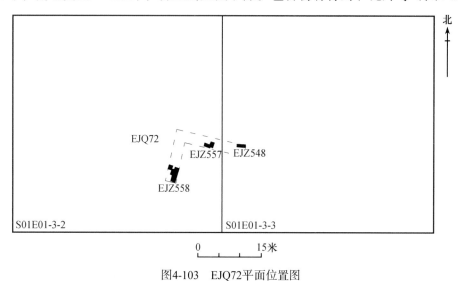

图4-103　EJQ72平面位置图

EJQ73

位于ⅣS01E01-3-3勘探单元的南部。主要由EJZ531、EJZ535、EJZ539、EJZ541和EJZ542五部分构成，平面呈不规则形，东西向，距现地表深2.8～4米发现，东西长12.2～36.4米，南北宽7～15米，探至砖无法下探。包含物有青砖、瓦片等（图4-104）。

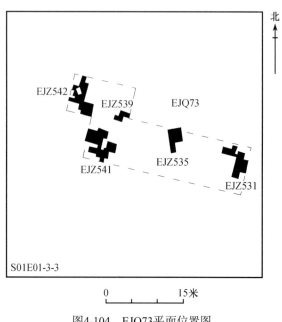

图4-104　EJQ73平面位置图

EJQ74

位于ⅣS01E01-4-3勘探单元的西南部，部分遗迹位于ⅣS01E01-4-2勘探单元、ⅣS01E01-3-2勘探单元、ⅣS01E01-3-3勘探单元内。主要由EJZ419、EJZ420、EJZ423、EJZ424、EJZ425、EJZ549、EJZ550、EJZ551、EJZ552和EJZ554十部分构成，平面呈不规则形，南北向，距现地表深3.2～4.8米发现，南北长3.5～36.6米，东西宽3.1～19.2米，探至砖无法下探。包含物有青砖、瓦片等（图4-105）。

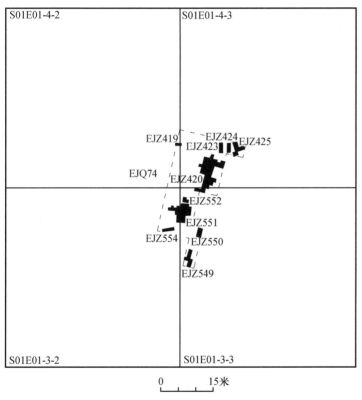

图4-105　EJQ74平面位置图

EJQ75

位于ⅣS01E01-4-3勘探单元的南部，部分遗迹位于ⅣS01E01-3-3勘探单元内。主要由EJZ438、EJZ439、EJZ440、EJZ441、EJZ442、EJZ443、EJZ444、EJZ445和EJZ537九部分构成，平面呈不规则形，南北向，距现地表深2～3.5米发现，南北长6.4～26.6米，东西宽3.3～19.8米，探至砖无法下探。包含物有青砖、瓦片等（图4-106）。

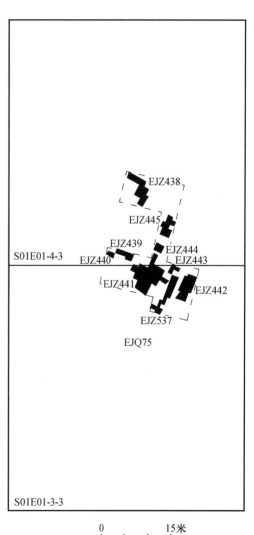

图4-106　EJQ75平面位置图

EJQ76

位于Ⅳ S01E01-4-3勘探单元的西部，部分遗迹位于Ⅳ S01E01-4-2勘探单元内。主要由EJZ414、EJZ426、EJZ427、EJZ428、EJZ429和EJZ430六部分构成，平面呈"凹"字形，东西向，距现地表深3.2～4.5米发现，东西长1.9～22米，南北宽2.2～12.5米，探至砖无法下探。包含物有青砖、瓦片等（图4-107）。

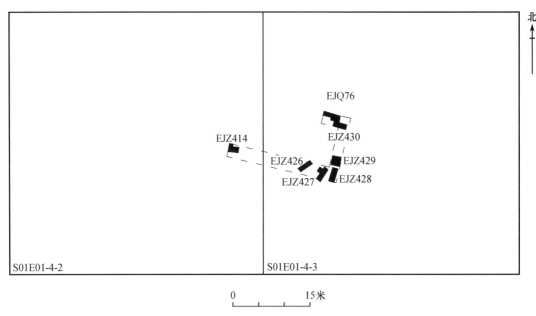

图4-107　EJQ76平面位置图

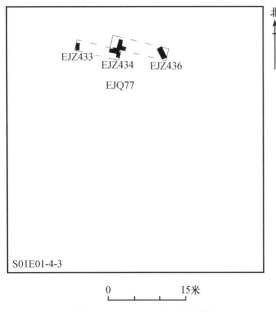

图4-108　EJQ77平面位置图

EJQ77

位于Ⅳ S01E01-4-3勘探单元的北部。主要由EJZ433、EJZ434和EJZ436三部分构成，平面呈"Z"形，东西向，距现地表深4～4.5米发现，东西长8.6～17.6米，南北宽2～4.3米，探至砖无法下探。包含物有青砖、瓦片等（图4-108）。

EJQ78

位于ⅠN01E01-1-3勘探单元的南部，部分遗迹位于ⅣS01E01-4-3勘探单元内。主要由EJZ395、EJZ398、EJZ399、EJZ400和EJZ401五部分构成，平面呈"凸"字形，东西向，距现地表深3.2～3.8米发现，东西长2.2～22.8米，南北宽3.7～10.7米，探至砖无法下探。包含物有青砖、瓦片等（图4-109）。

EJQ79

位于ⅠN01E01-1-2勘探单元的西北部。主要由EJZ601、EJZ603和EJZ604三部分构成，平面呈曲尺形，东西向，距现地表深3～3.5米发现，东西长3.9～20.7米，南北宽4～7.3米，探至砖无法下探。包含物有青砖、瓦片等（图4-110）。

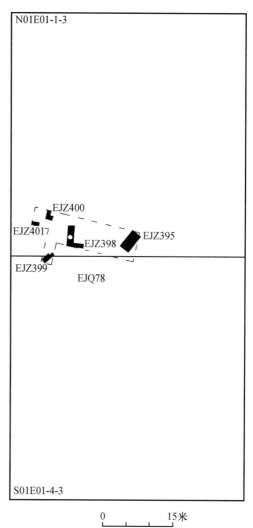

图4-109　EJQ78平面位置图

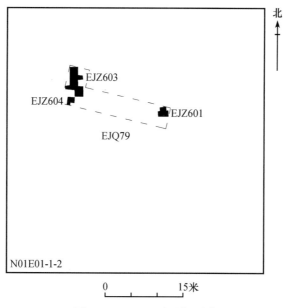

图4-110　EJQ79平面位置图

EJQ80

位于Ⅳ S01E01-4-3勘探单元的东北部，部分遗迹位于Ⅳ S01E01-4-4勘探单元内。主要由EJZ449、EJZ450、EJZ451、EJZ452和EJZ453五部分构成，平面呈长方形，南北向，距现地表深3～3.5米发现，南北长10.3米，东西宽9米，探至砖无法下探。包含物有青砖、瓦片等（图4-111）。

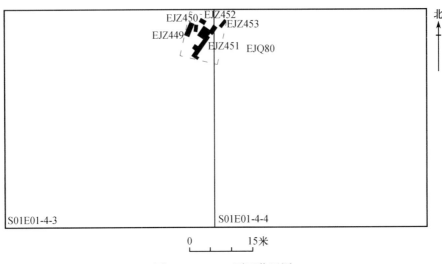

图4-111　EJQ80平面位置图

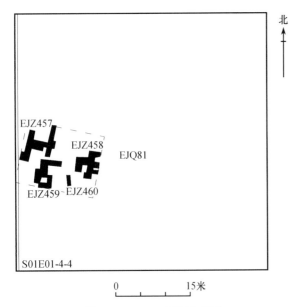

图4-112　EJQ81平面位置图

EJQ81

位于Ⅳ S01E01-4-4勘探单元的西南部。主要由EJZ457、EJZ458、EJZ459和EJZ460四部分构成，平面呈长方形，东西向，距现地表深2～2.6米发现，东西长15.6米，南北宽12.1米，探至砖无法下探。包含物有青砖、瓦片等（图4-112）。

EJQ82

位于ⅣS01E01-4-4勘探单元的南部。主要由EJZ462、EJZ463、EJZ465和EJZ466四部分构成，平面呈"Z"形，南北向，距现地表深3～4.2米发现，南北长13.1～23.3米，东西宽5.8～15.4米，探至砖无法下探。包含物有青砖、瓦片等（图4-113）。

EJQ83

位于ⅣS01E02-4-1勘探单元的西南部。主要由EJZ482、EJZ484和EJZ486三部分构成，平面呈曲尺形，东西向，距现地表深3.8～5.2米发现，东西长3.4～12.1米，南北宽3～7.1米，探至砖无法下探。包含物有青砖、瓦片等（图4-114）。

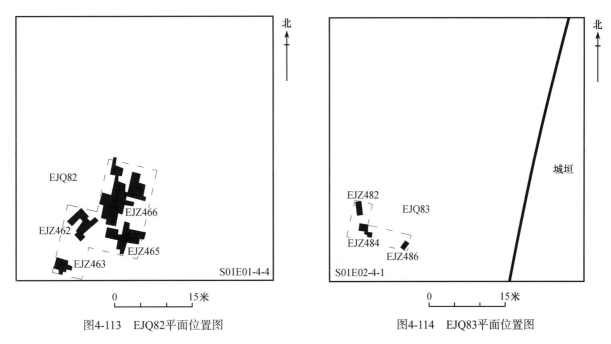

图4-113　EJQ82平面位置图　　　　　图4-114　EJQ83平面位置图

EJQ84

位于ⅣS01E02-4-1勘探单元的西北部，部分遗迹位于ⅣS01E01-4-4勘探单元内。主要由EJZ475、EJZ479和EJZ481三部分构成，平面呈"Z"形，东西向，距现地表深3.8～4.5米发现，东西长3.7～22.1米，南北宽3.8～13.6米，探至砖无法下探。包含物有青砖、瓦片等（图4-115）。

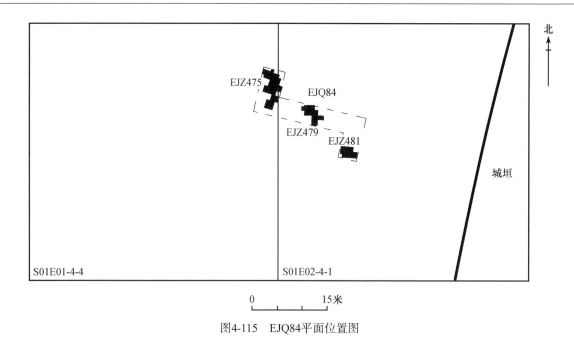

图4-115　EJQ84平面位置图

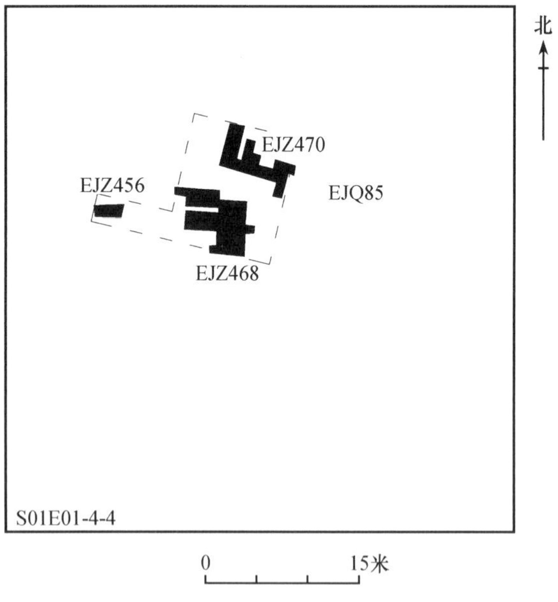

EJQ85

位于Ⅳ S01E01-4-4勘探单元的北部。主要由EJZ456、EJZ468和EJZ470三部分构成，平面呈曲尺形，东西向，距现地表深3.4~4.4米发现，东西长10.4~17.8米，南北宽2.6~12.2米，探至砖无法下探。包含物有青砖、瓦片等（图4-116）。

图4-116　EJQ85平面位置图

EJQ86

位于Ⅳ S01E01-4-4勘探单元的西北部，部分遗迹位于Ⅰ N01E01-1-4勘探单元内。主要由EJZ382、EJZ455、EJZ469和EJZ472四部分构成，平面呈不规则形，南北向，距现地表深2.6~4米发现，南北长4.2~20.1米，东西宽4.9~18.6米，探至砖无法下探。包含物有青砖、瓦片等（图4-117）。

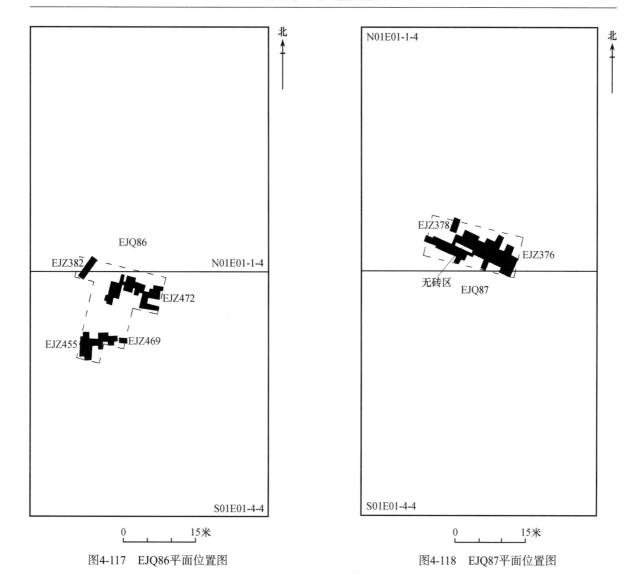

图4-117 EJQ86平面位置图　　　　　　　图4-118 EJQ87平面位置图

EJQ87

位于ⅠN01E01-1-4勘探单元的南部，部分遗迹位于ⅣS01E01-4-4勘探单元内。主要由EJZ376、EJZ378两部分构成，平面呈长方形，东西向，距现地表深1.8~5.6米发现，东西长20米，南北宽8.5米，探至砖无法下探。包含物有青砖、瓦片、夹砂红陶片等（图4-118）。

EJQ88

位于ⅠN01E01-1-4勘探单元的西南部，部分遗迹位于ⅠN01E01-1-3勘探单元内。主要由EJZ379、EJZ380、EJZ385、EJZ386、EJZ393和EJZ394六部分构成，平面呈曲尺形，东西向，距现地表深3~5米发现，东西长2.1~26.3米，南北宽8.2~15.9米，探至砖无法下探。包含物有青砖、瓦片等（图4-119）。

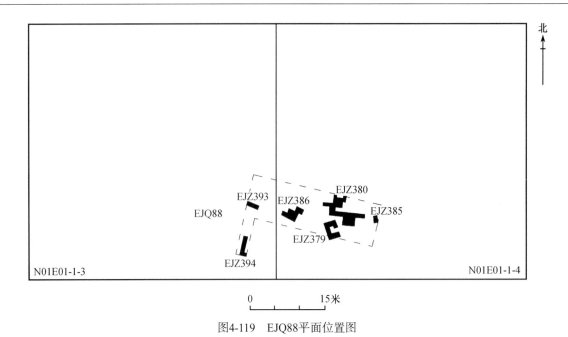

图4-119　EJQ88平面位置图

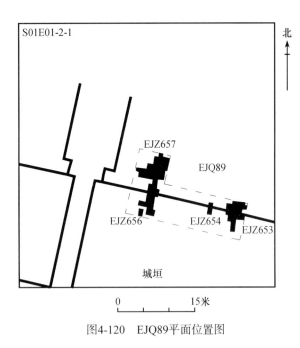

图4-120　EJQ89平面位置图

EJQ89

位于Ⅳ S01E01-2-1勘探单元的东南部。主要由EJZ653、EJZ654、EJZ656和EJZ657四部分构成，平面呈曲尺形，东西向，距现地表深2.6～4米发现，东西长6.1～22.9米，南北宽7～12.4米，探至砖无法下探。包含物有青砖、瓦片等（图4-120）。

EJQ90

位于Ⅰ N01E02-1-1勘探单元的西南部，部分遗迹位于Ⅰ N01E01-1-4勘探单元内。主要由EJZ354、EJZ356、EJZ357、EJZ358、EJZ359、EJZ360、EJZ361、EJZ364和EJZ365九部分构成，平面呈曲尺形，南北向，距现地表深3～5.1米发现，南北长13.7～24.2米，东西宽12.8～20.1米，探至砖无法下探。包含物有青砖、瓦片、石头、木头等（图4-121）。

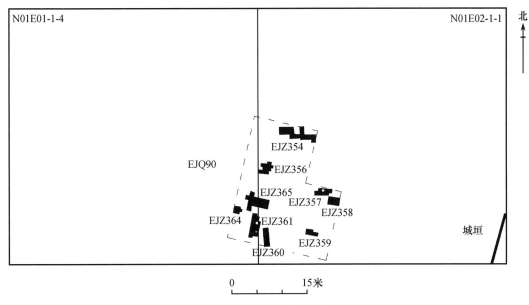

图4-121　EJQ90平面位置图

EJQ91

位于ⅠN01E01-1-4勘探单元的东北部，部分遗迹位于ⅠN01E02-1-1勘探单元内。主要由 EJZ349、EJZ350、EJZ351、EJZ352、EJZ353、EJZ369、EJZ370、EJZ371、EJZ387、EJZ389 和EJZ409十一部分构成，平面呈不规则形，东西向，距现地表深2.5～4米发现，东西长 13.2～42.8米，南北宽6.5～21.1米，探至砖无法下探。包含物有青砖、瓦片、夹砂红陶片等 （图4-122）。

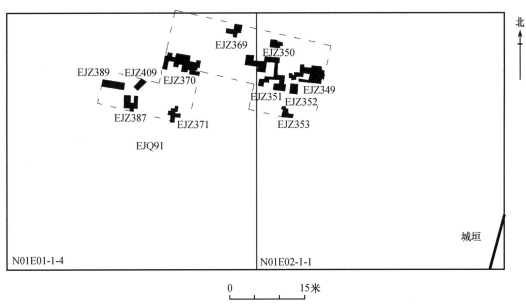

图4-122　EJQ91平面位置图

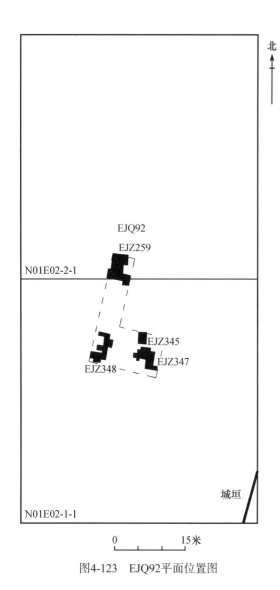

图4-123　EJQ92平面位置图

EJQ92

位于ⅠN01E02-1-1勘探单元的北部，部分遗迹位于ⅠN01E02-2-1勘探单元内。主要由EJZ259、EJZ345、EJZ347和EJZ348四部分构成，平面呈曲尺形，南北向，距现地表深2～4米发现，南北长22.6米，东西宽8.3米，探至砖无法下探。包含物有青砖、瓦片等（图4-123）。

EJQ93

位于ⅠN01E02-2-1勘探单元的东南部，部分遗迹位于ⅠN01E02-1-1勘探单元、ⅠN01E02-1-2勘探单元、ⅠN01E02-2-2勘探单元内。主要由EJZ241、EJZ256、EJZ257、EJZ260、EJZ261、EJZ338、EJZ339、EJZ340、EJZ343和EJZ344十部分构成，平面呈曲尺形，东西向，距现地表深2.2～5.3米发现，东西长7.5～37.2米，南北宽9.1～22米，探至砖无法下探。包含物有青砖、瓦片等（图4-124）。

EJQ94

位于ⅠN01E02-2-1勘探单元的西南部，部分遗迹位于ⅠN01E02-1-1勘探单元内。主要由EJZ258、EJZ262、EJZ266、EJZ336和EJZ342五部分构成，平面呈曲尺形，东西向，距现地表深3～4.5米发现，东西长12.5～24.5米，南北宽8.5～17.9米，探至砖无法下探。包含物有青砖（图4-125）。

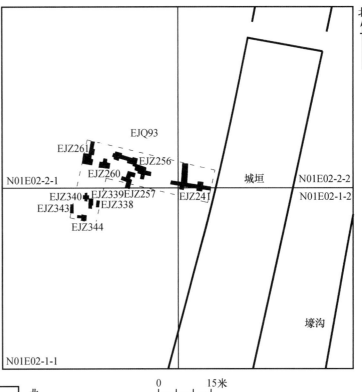

图4-124　EJQ93平面位置图

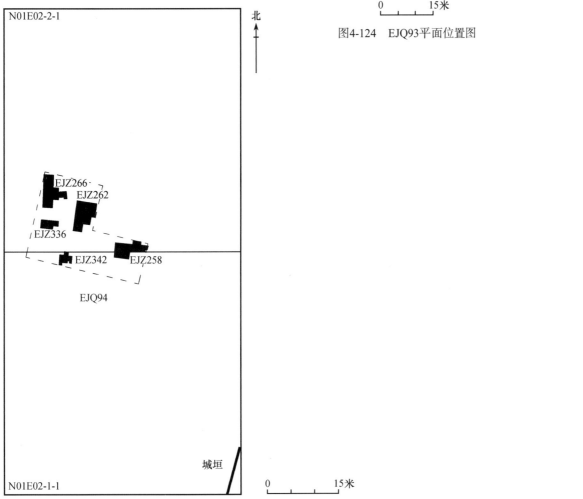

图4-125　EJQ94平面位置图

EJQ95

位于ⅠN01E02-2-1勘探单元的西部，部分遗迹位于ⅠN01E01-2-4勘探单元内。主要由EJZ263、EJZ265、EJZ267、EJZ268、EJZ269、EJZ270、EJZ271、EJZ273、EJZ274、EJZ279和EJZ337十一部分构成，平面呈"凸"字形，南北向，距现地表深2 ~ 4.5米发现，南北长12.7 ~ 31.3米，东西宽8.1 ~ 30.8米，探至砖无法下探。包含物有青砖、灰点、瓦片等（图4-126）。

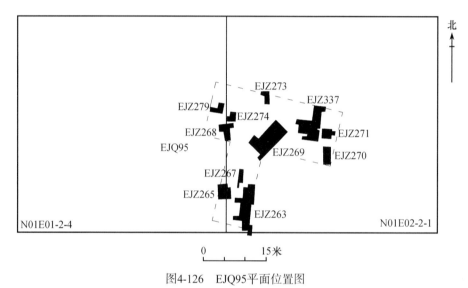

图4-126　EJQ95平面位置图

EJQ96

位于ⅠN01E02-2-1勘探单元的东部，部分遗迹位于ⅠN01E02-2-2勘探单元内。主要由EJZ245、EJZ246、EJZ247、EJZ248、EJZ251和EJZ252六部分构成，平面呈"凸"字形，东西向，距现地表深1.6 ~ 2.8米发现，东西长6.4 ~ 20.2米，南北宽5.6 ~ 15.2米，探至砖无法下探。包含物有青砖、少量红砖块、瓦片等（图4-127）。

EJQ97

位于ⅠN01E02-2-1勘探单元的东南部，部分遗迹位于ⅠN01E02-2-2勘探单元内。主要由EJZ242、EJZ249、EJZ250、EJZ253和EJZ254五部分构成，平面呈曲尺形，东西向，距现地表深2.1 ~ 3.1米发现，东西长4.1 ~ 26.6米，南北宽9.6 ~ 19.9米，探至砖无法下探。包含物有青砖、瓦片等（图4-128）。

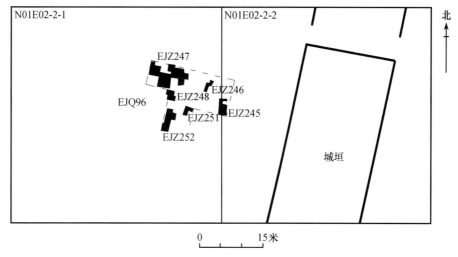

图4-127　EJQ96平面位置图

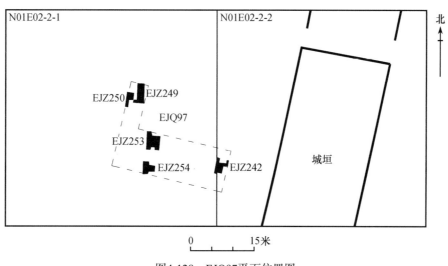

图4-128　EJQ97平面位置图

EJQ98

位于ⅠN01E01-2-4勘探单元的东南部。主要由EJZ283、EJZ286和EJZ287三部分构成，平面呈曲尺形，南北向，距现地表深1.6～4米发现，南北长7.8～13.3米，东西宽6.7～8.6米，探至砖无法下探。包含物有青砖、瓦片等（图4-129）。

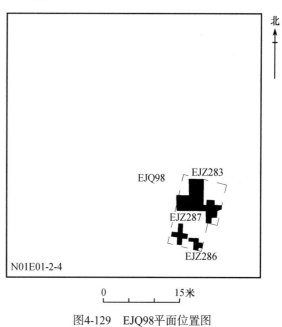

图4-129　EJQ98平面位置图

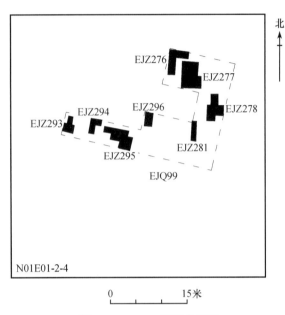

北

0　　　　15米

图4-130　EJQ99平面位置图

EJQ99

位于ⅠN01E01-2-4勘探单元的北部。主要由EJZ276、EJZ277、EJZ278、EJZ281、EJZ293、EJZ294、EJZ295和EJZ296八部分构成，平面呈不规则形，东西向，距现地表深1.8～4米发现，东西长5.7～30.3米，南北宽6.9～20.7米，探至砖无法下探。包含物有青砖、瓦片等（图4-130）。

EJQ100

位于ⅠN01E01-2-4勘探单元的中西部，部分遗迹位于ⅠN01E01-2-3勘探单元内。主要由EJZ282、EJZ288、EJZ289、EJZ290、EJZ291、EJZ292、EJZ298、EJZ300、EJZ301、EJZ302和EJZ381十一部分构成，平面呈"凹"字形，东西向，距现地表深2.7～4.5米发现，东西长10.9～42.2米，南北宽9.4～34.1米，探至砖无法下探。包含物有青砖、瓦片等（图4-131）。

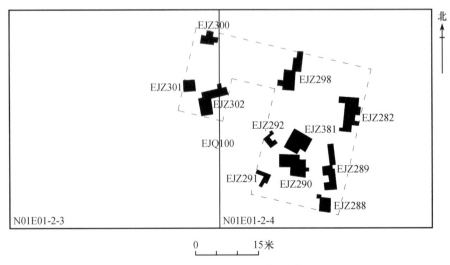

0　　　　15米

图4-131　EJQ100平面位置图

EJQ101

位于 I N01E01-2-3勘探单元的南部，部分遗迹位于 I N01E01-1-3勘探单元内。主要由EJZ306、EJZ307、EJZ308、EJZ309、EJZ310、EJZ330和EJZ331七部分构成，平面呈"凹"字形，东西向，距现地表深2.5～4.8米发现，东西长4.2～32米，南北宽8.6～15.6米，探至砖无法下探。包含物有青砖、瓦片、灰点、石头等（图4-132）。

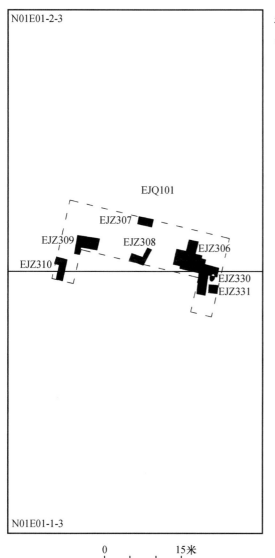

图4-132　EJQ101平面位置图

EJQ102

位于 I N01E01-2-3勘探单元的北部。主要由EJZ303、EJZ304和EJZ305三部分构成，平面呈曲尺形，东西向，距现地表深3.8～4.9米发现，东西长4.5～10.9米，南北宽2.8～8.5米，探至砖无法下探。包含物有青砖、瓦片等（图4-133）。

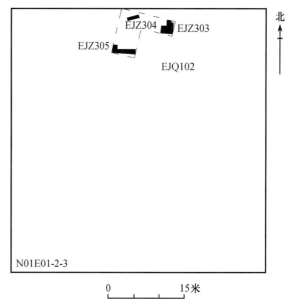

图4-133　EJQ102平面位置图

EJQ103

位于ⅠN01E01-2-2勘探单元的北部，部分遗迹位于ⅠN01E01-3-2勘探单元内。主要由EJZ313、EJZ317、EJZ318和EJZ319四部分构成，平面呈曲尺形，东西向，距现地表深3～4米发现，东西长4.8～33.4米，南北宽2.5～13.9米，探至砖无法下探。包含物有青砖（图4-134）。

EJQ104

位于ⅠN01E01-3-2勘探单元的南部，部分遗迹位于ⅠN01E01-2-2勘探单元内。主要由EJZ316、EJZ328和EJZ329三部分构成，平面呈曲尺形，东西向，距现地表深3.8～5米发现，东西长3.2～27.8米，南北宽4.1～18米，探至砖无法下探。包含物有青砖（图4-135）。

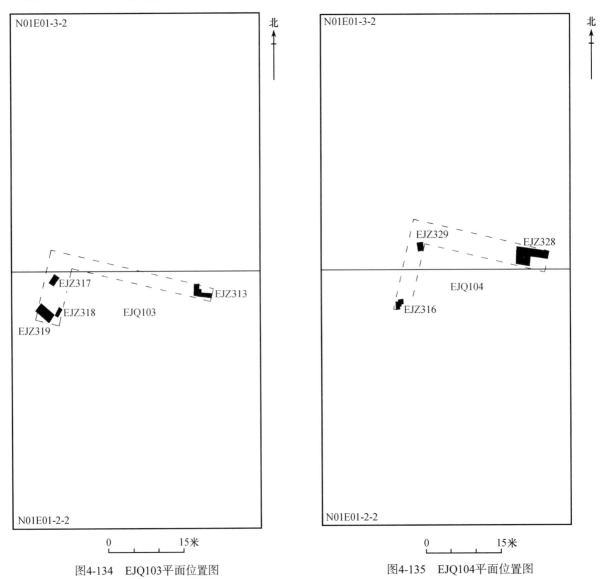

图4-134　EJQ103平面位置图　　　　　　图4-135　EJQ104平面位置图

（二）单独建筑

在城内遗址区发现单独建筑143处，分述如下。

EJZ1

位于ⅡN02W01-2-1勘探单元的东南部。平面呈"凸"字形，南北方向，距现地表深1～3.5米[1]发现，南北长8.7米，东西宽2.2米，探至砖无法下探。包含物有青砖、灰点等（图4-136）。

EJZ12

位于ⅡN02W01-3-2勘探单元的东南部。平面呈长方形，南北方向，距现地表深4～5米发现，南北长5.5米，东西宽3.7米，探至砖无法下探。包含物有青砖、灰点、瓦片等（图4-137）。

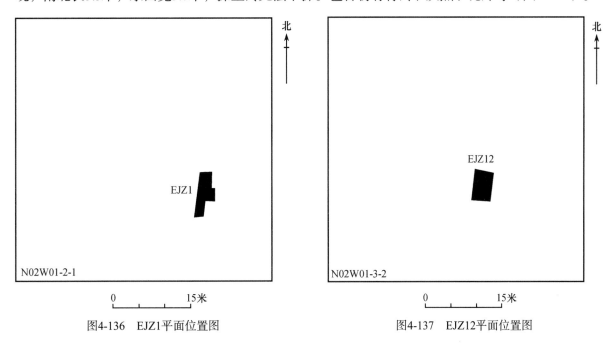

图4-136　EJZ1平面位置图　　　　　　　　　图4-137　EJZ12平面位置图

---

[1]　当该描述为数值范围时，前一个数据为开口距现地表深度，后一个数据为底距现地表深度或探至砖无法下探的深度；当该描述为单个数值时，则是开口直接探到砖等无法下探的情况。关于单独建筑此类描述皆同，特此说明。

EJZ14

位于ⅡN02W01-2-3勘探单元的南部。平面呈长方形，南北方向，距现地表深3～3.5米发现，南北长4.2米，东西宽1.3米，探至砖无法下探。包含物有青砖、灰点、瓦片等（图4-138）。

EJZ15

位于ⅡN02W01-4-2勘探单元的东北部。平面呈曲尺形，南北方向，距现地表深2～3.5米发现，南北长1.3～5.1米，东西宽2～4.2米，探至砖无法下探。包含物有青砖、灰点等（图4-139）。

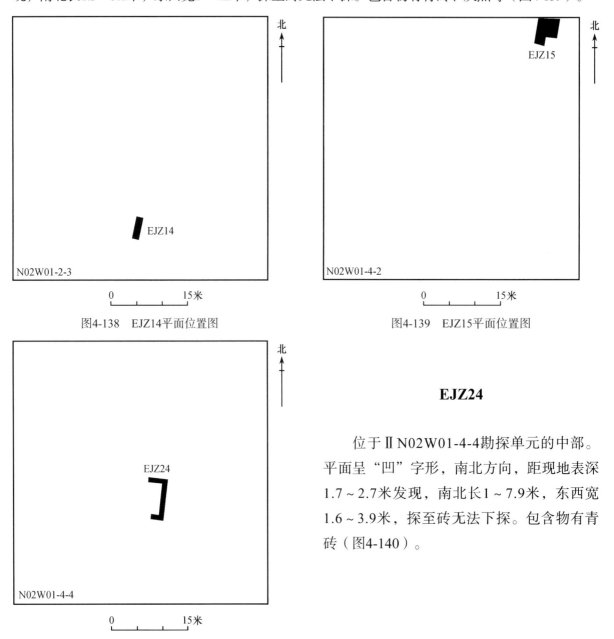

图4-138　EJZ14平面位置图

图4-139　EJZ15平面位置图

图4-140　EJZ24平面位置图

EJZ24

位于ⅡN02W01-4-4勘探单元的中部。平面呈"凹"字形，南北方向，距现地表深1.7～2.7米发现，南北长1～7.9米，东西宽1.6～3.9米，探至砖无法下探。包含物有青砖（图4-140）。

EJZ39

位于ⅡN02W01-4-1勘探单元的东南部。平面呈曲尺形，南北方向，距现地表深2～3米发现，南北长1.3～6米，东西宽1.3～2.6米，探至砖无法下探。包含物有青砖（图4-141）。

EJZ41

位于ⅡN02W01-1-4勘探单元的东北部。平面呈长方形，东西方向，距现地表深4米发现，东西长3.5米，南北宽3.2米，探至砖无法下探。包含物有青砖（图4-142）。

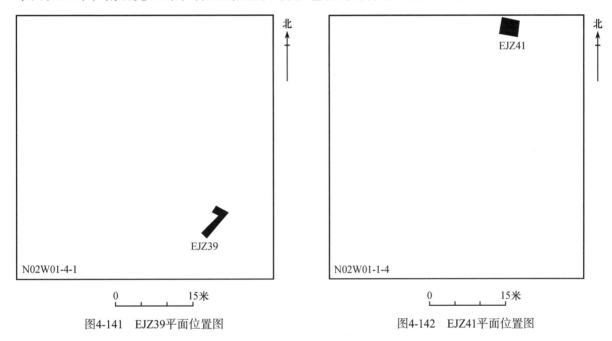

图4-141　EJZ39平面位置图　　　　　　图4-142　EJZ41平面位置图

EJZ42

位于ⅠN02E01-3-2勘探单元的西部及ⅠN02E01-3-1勘探单元的东部。平面呈不规则形，南北方向，距现地表深4米发现，南北长1.1～6米，东西宽1～2.5米，探至砖无法下探。包含物有青砖（图4-143）。

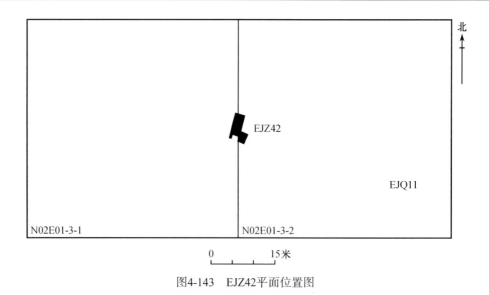

图4-143　EJZ42平面位置图

EJZ47

位于ⅠN02E01-4-2勘探单元的东南部。平面呈长方形，南北方向，距现地表深3.2米发现，南北长3.2米，东西宽1.4米，探至砖无法下探。包含物有青砖（图4-144）。

EJZ48

位于ⅠN02E01-3-3勘探单元的西北部。平面呈长方形，东西方向，距现地表深3米发现，东西长1.7米，南北宽1米，探至砖无法下探。包含物有青砖、夹砂红陶片等（图4-145）。

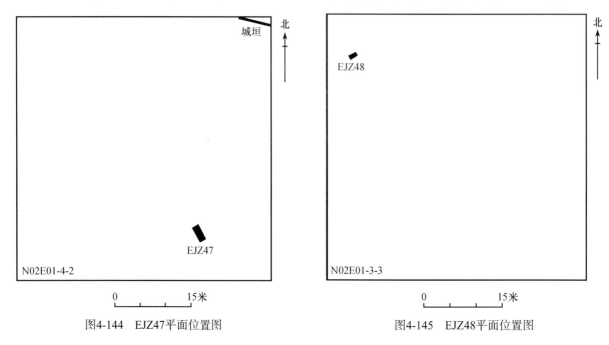

图4-144　EJZ47平面位置图　　　　　　　图4-145　EJZ48平面位置图

EJZ54

位于ⅠN02E01-3-3勘探单元的东北部。平面呈长方形，东西方向，距现地表深2.7米发现，东西长2.8米，南北宽1.4米，探至砖无法下探。包含物有青砖（图4-146）。

EJZ64

位于ⅠN02E01-3-4勘探单元的西南部。平面呈长方形，南北方向，距现地表深3米发现，南北长4.8米，东西宽1.2米，探至砖无法下探。包含物有青砖（图4-147）。

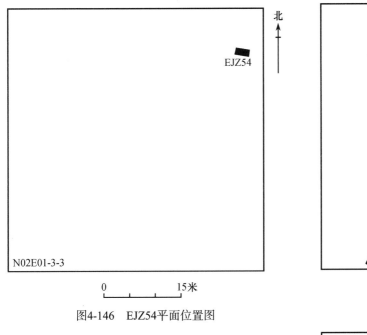

图4-146　EJZ54平面位置图

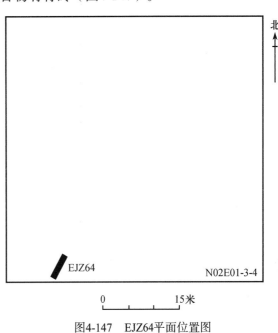

图4-147　EJZ64平面位置图

EJZ65

位于ⅠN02E01-2-3勘探单元的西北部。平面呈长方形，东西方向，距现地表深2.2～3.5米发现，东西长2.7～2.8米，南北宽2.3米，探至砖无法下探。包含物有青砖、瓦片等（图4-148）。

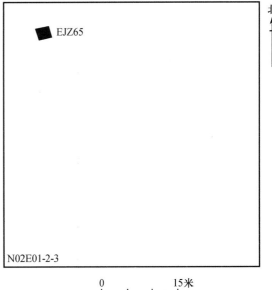

图4-148　EJZ65平面位置图

EJZ66

位于ⅠN02E01-2-3勘探单元的西北部。平面近似长方形，南北方向，距现地表深2.7米发现，南北长2.8米，东西宽1.4米，探至砖无法下探。包含物有青砖、瓦片等（图4-149）。

EJZ67

位于ⅠN02E01-2-3勘探单元的西北部。平面呈长方形，南北方向，距现地表深2～3米发现，南北长2.2米，东西宽1.5米，探至砖无法下探。包含物有青砖、瓦片等（图4-150）。

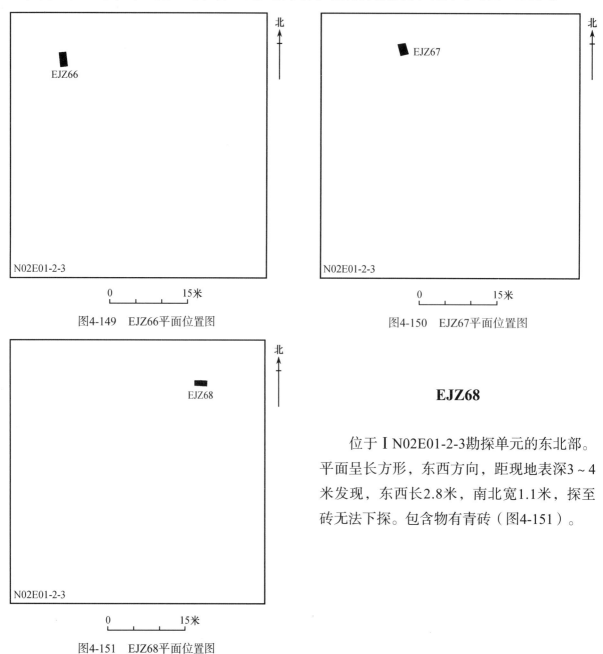

图4-149　EJZ66平面位置图

图4-150　EJZ67平面位置图

EJZ68

位于ⅠN02E01-2-3勘探单元的东北部。平面呈长方形，东西方向，距现地表深3～4米发现，东西长2.8米，南北宽1.1米，探至砖无法下探。包含物有青砖（图4-151）。

图4-151　EJZ68平面位置图

EJZ70

位于Ⅰ N02E01-2-3勘探单元的中部。平面呈长方形，南北方向，距现地表深2.8~3.4米发现，南北长4.1米，东西宽2.5米，探至砖无法下探。包含物有青砖、炭灰、瓦片等（图4-152）。

EJZ74

位于Ⅰ N02E01-2-3勘探单元的南部。平面呈长方形，南北方向，距现地表深3米发现，南北长3米，东西宽1.2米，探至砖无法下探。包含物有青砖、炭灰、瓦片等（图4-153）。

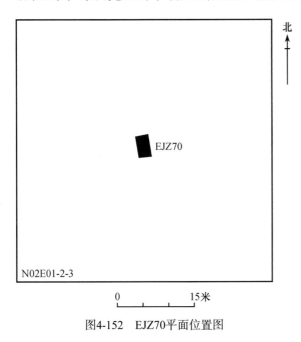

图4-152　EJZ70平面位置图

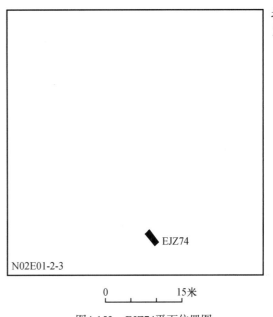

图4-153　EJZ74平面位置图

EJZ82

位于Ⅰ N02E01-2-4勘探单元的东部。平面呈长方形，东西方向，距现地表深3.3米发现，东西长1.2米，南北宽0.6米，探至砖无法下探。包含物有青砖（图4-154）。

图4-154　EJZ82平面位置图

EJZ85

位于ⅠN02E01-1-4勘探单元的西部。平面呈长方形，东西方向，距现地表深1.7～3.8米发现，东西长3.7米，南北宽3.3米，探至砖无法下探。包含物有青砖、炭灰、瓦片等（图4-155）。

EJZ95

位于ⅠN01E02-4-1勘探单元的北部。平面呈长方形，南北方向，距现地表深3.5米发现，南北长2.1米，东西宽1.9米，探至砖无法下探。包含物有青砖、炭灰等（图4-156）。

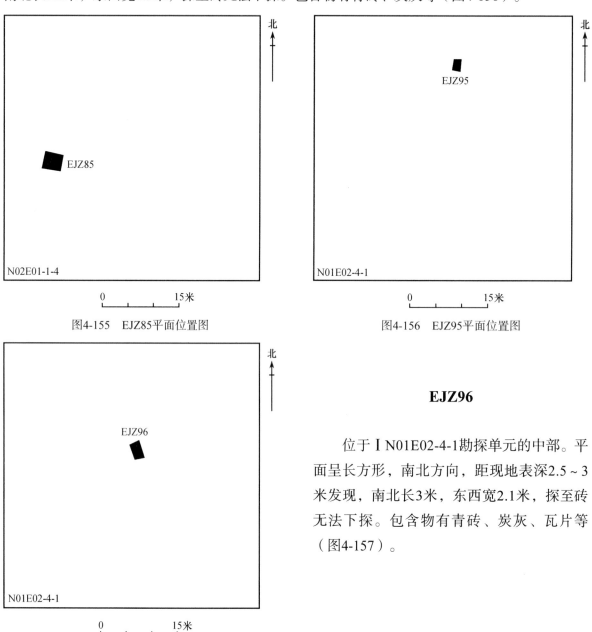

图4-155　EJZ85平面位置图

图4-156　EJZ95平面位置图

EJZ96

位于ⅠN01E02-4-1勘探单元的中部。平面呈长方形，南北方向，距现地表深2.5～3米发现，南北长3米，东西宽2.1米，探至砖无法下探。包含物有青砖、炭灰、瓦片等（图4-157）。

图4-157　EJZ96平面位置图

EJZ110

　　位于ⅠN02E02-2-1勘探单元的西南部及ⅠN02E01-2-4勘探单元东南部。平面呈不规则形，东西方向，距现地表深1.8~3米发现，东西长1.3~3.4米，南北宽0.9~3.5米，探至砖无法下探。包含物有青砖、瓦片、炭灰等（图4-158）。

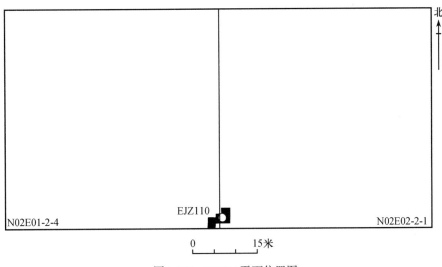

图4-158　EJZ110平面位置图

EJZ129

　　位于ⅠN02E02-2-1勘探单元的东北部。平面呈曲尺形，南北方向，距现地表深4米发现，南北长1.1~2.2米，东西宽0.9~2米，探至砖无法下探。包含物有青砖、瓦片等（图4-159）。

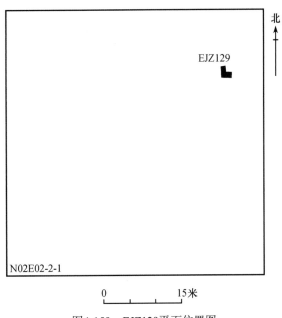

图4-159　EJZ129平面位置图

EJZ154

位于ⅠN01E02-4-1勘探单元的东北部。平面呈"凸"字形，东西方向，距现地表深2.2～3米发现，东西长0.7～2.4米，南北宽0.9～1米，探至砖无法下探。包含物有青砖、瓦片、炭灰等（图4-160）。

EJZ155

位于ⅠN01E02-4-1勘探单元的东部。平面呈曲尺形，东西方向，距现地表深3.5米发现，东西长0.8～1.7米，南北宽0.8～1.7米，探至砖无法下探。包含物有青砖、瓦片等（图4-161）。

图4-160　EJZ154平面位置图

图4-161　EJZ155平面位置图

EJZ156

位于ⅠN01E02-4-1勘探单元的南部。平面呈长方形，东西方向，距现地表深2.5米发现，东西长2米，南北宽0.8米，探至砖无法下探。包含物有青砖、瓦片等（图4-162）。

图4-162　EJZ156平面位置图

EJZ157

　　位于ⅠN01E02-4-1勘探单元的东南部。平面呈曲尺形，南北方向，距现地表深2.5～3.2米发现，南北长0.9～2.3米，东西宽2.1米，探至砖无法下探。包含物有青砖、瓦片等（图4-163）。

EJZ158

　　位于ⅠN01E02-4-1勘探单元的东南部。平面呈不规则形，东西方向，距现地表深2～3米发现，东西长0.7～3.5米，南北宽1.1米，探至砖无法下探。包含物有青砖、瓦片等（图4-164）。

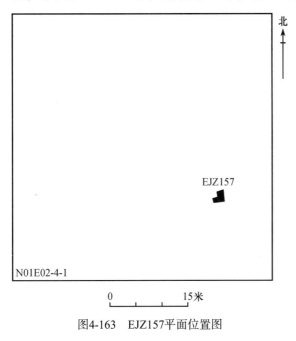

图4-163　EJZ157平面位置图

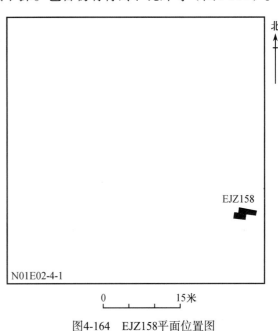

图4-164　EJZ158平面位置图

EJZ186

　　位于ⅠN02E02-1-2勘探单元的东南部。平面呈不规则形，南北方向，距现地表深1.6～4.2米发现，南北长2.3～6.6米，东西宽1.1～5.4米，探至砖无法下探。包含物有青砖、夹砂红陶片、瓦片、炭灰等（图4-165）。

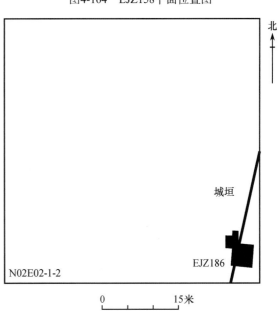

图4-165　EJZ186平面位置图

EJZ196

位于ⅠN02E02-1-2勘探单元的西北部。平面呈长方形，南北方向，距现地表深4.5～5米发现，南北长2.8米，东西宽1.1米，探至砖无法下探。包含物有青砖、瓦片等（图4-166）。

EJZ197

位于ⅠN02E02-1-2勘探单元的北部。平面呈长方形，东西方向，距现地表深3～3.5米发现，东西长2米，南北宽1.2米，探至砖无法下探。包含物有青砖、瓦片、炭灰等（图4-167）。

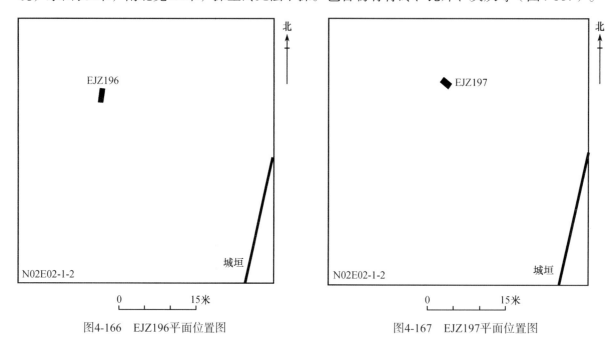

图4-166　EJZ196平面位置图　　　　　　图4-167　EJZ197平面位置图

EJZ240

位于ⅠN01E02-2-2勘探单元的西南部及ⅠN01E02-1-2勘探单元西北部。平面呈曲尺形，东西方向，距现地表深1～3.8米发现，东西长1.7～3.4米，南北宽1～2米，探至砖无法下探。包含物有青砖、灰点等（图4-168）。

EJZ243

位于ⅠN01E02-2-2勘探单元的西南部。平面呈梯形，东西方向，距现地表深1.7～2米发现，东西长2.6米，南北宽0.2～0.6米，探至砖无法下探。包含物有青砖（图4-169）。

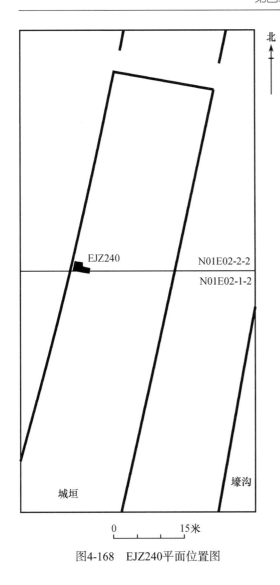

图4-168　EJZ240平面位置图

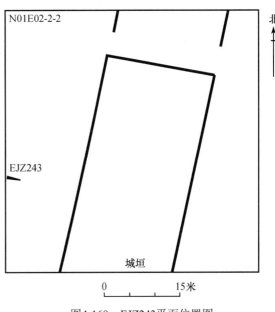

图4-169　EJZ243平面位置图

EJZ244

位于ⅠN01E02-2-2勘探单元的西北部。平面呈长方形，东西方向，距现地表深2～3米发现，东西长2.6米，南北宽1.2米，探至砖无法下探。包含物有青砖（图4-170）。

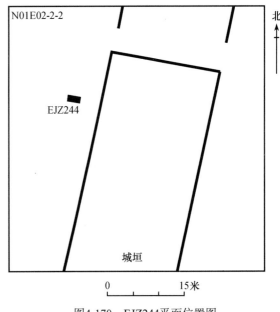

图4-170　EJZ244平面位置图

EJZ255

位于Ⅳ S01E02-3-1勘探单元的南部。平面呈不规则形，东西方向，距现地表深1.6～2.1米发现，东西长0.4～7米，南北宽0.4～2米，探至砖无法下探。包含物有青砖、瓦片等（图4-171）。

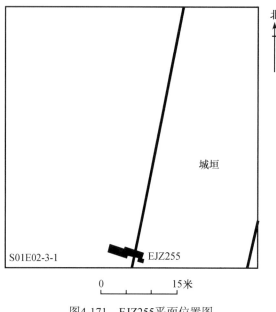

图4-171　EJZ255平面位置图

EJZ264

位于Ⅰ N01E02-2-1勘探单元的西南部及Ⅰ N01E01-2-4勘探单元的东南部。平面呈不规则形，东西方向，距现地表深2～3.5米发现，东西长0.8～4.9米，南北宽1.2～4米，探至砖无法下探。包含物有青砖（图4-172）。

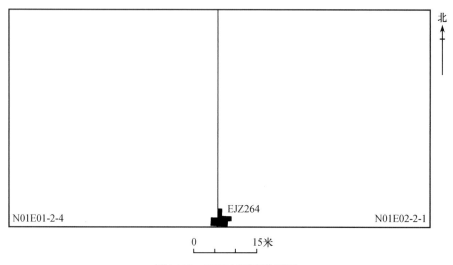

图4-172　EJZ264平面位置图

EJZ272

位于Ⅰ N01E02-2-1勘探单元的西部。平面近似长方形，南北方向，距现地表深4.3～5.7米发现，南北长4米，东西宽1.9米，探至砖无法下探。包含物有青砖、瓦片等（图4-173）。

EJZ275

位于Ⅰ N01E01-2-4勘探单元的东北部。平面呈曲尺形，东西向，距现地表2.8～3米发现，东西长1.1～2.2米，南北宽1～2.1米，探至砖无法下探。包含物有青砖（图4-174）。

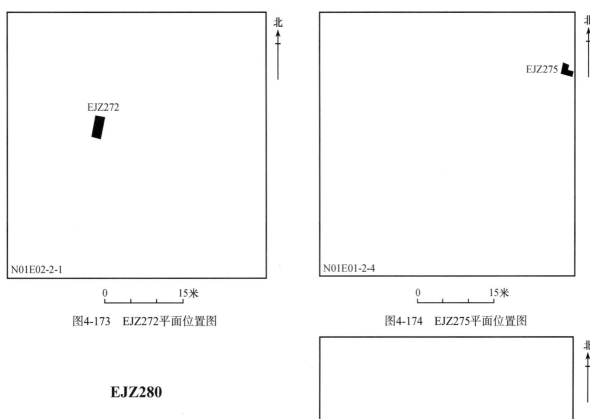

图4-173　EJZ272平面位置图　　　　　　　图4-174　EJZ275平面位置图

EJZ280

位于Ⅰ N01E01-2-4勘探单元的东部。平面呈曲尺形，东西方向，距现地表深3米发现，东西长1～2.6米，南北宽1～2.2米，探至砖无法下探。包含物有青砖（图4-175）。

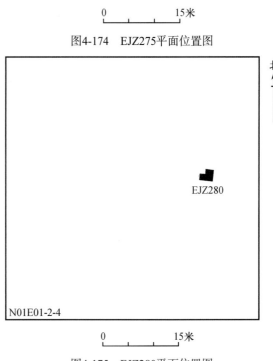

图4-175　EJZ280平面位置图

EJZ284

　　位于ⅠN01E01-2-4勘探单元的东南部。平面呈曲尺形，南北方向，距现地表深2.4～2.8米发现，南北长1.3～2.8米，东西宽0.4～1.4米，探至砖无法下探。包含物有青砖（图4-176）。

EJZ285

　　位于ⅠN01E01-2-4勘探单元的东南部。平面呈不规则形，南北方向，距现地表深3.2～4米发现，南北长1.6～5.8米，东西宽1.3～3.2米，探至砖无法下探。包含物有青砖（图4-177）。

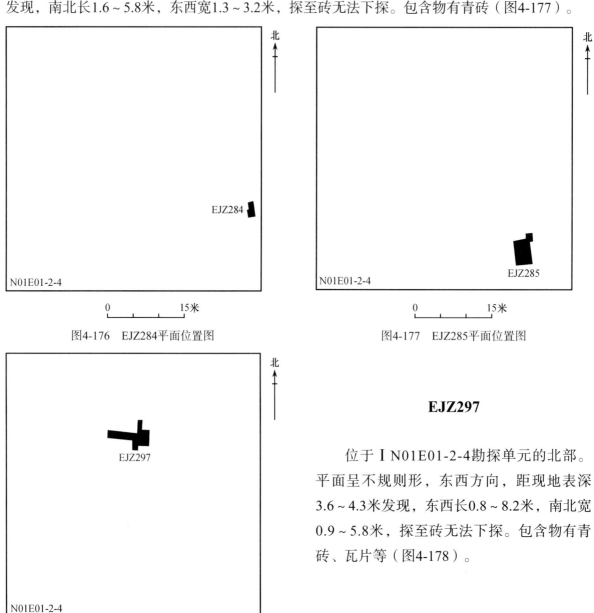

图4-176　EJZ284平面位置图

图4-177　EJZ285平面位置图

图4-178　EJZ297平面位置图

EJZ297

　　位于ⅠN01E01-2-4勘探单元的北部。平面呈不规则形，东西方向，距现地表深3.6～4.3米发现，东西长0.8～8.2米，南北宽0.9～5.8米，探至砖无法下探。包含物有青砖、瓦片等（图4-178）。

EJZ299

　　位于ⅠN01E01-2-4勘探单元的西南部。平面呈不规则形，南北方向，距现地表深3.6～4.3米发现，南北长0.8～8.2米，东西宽0.9～5.8米，探至砖无法下探。包含物有青砖、瓦片等（图4-179）。

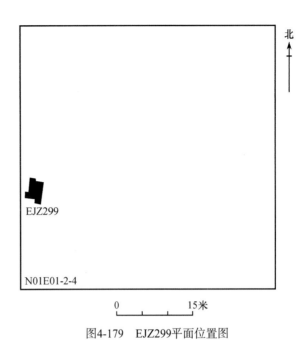

图4-179　EJZ299平面位置图

EJZ311

　　位于ⅠN01E01-2-3勘探单元的西南部及ⅠN01E01-2-2勘探单元的东南部。平面呈曲尺形，南北方向，距现地表深3.9～4.5米发现，南北长0.8～5米，东西宽0.3～3.8米，探至砖无法下探。包含物有青砖、瓦片等（图4-180）。

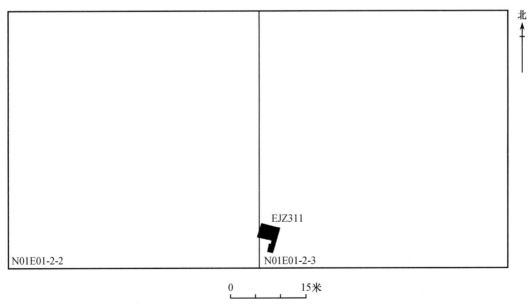

图4-180　EJZ311平面位置图

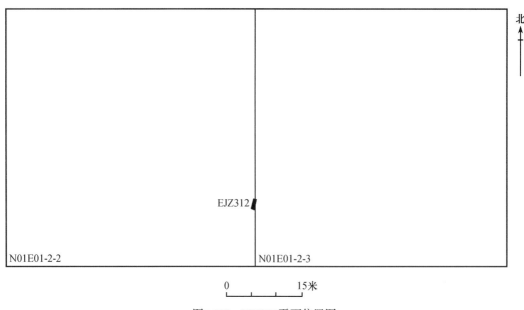

0 ━━━━ 15米

图4-181　EJZ312平面位置图

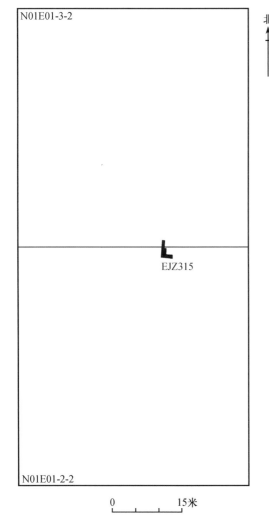

0 ━━━━ 15米

图4-182　EJZ315平面位置图

EJZ312

位于ⅠN01E01-2-2勘探单元的东南部及ⅠN01E01-2-3勘探单元的西南部。平面近似长方形，南北方向，距现地表深4.8米发现，南北长2.1米，东西宽0.7米，探至砖无法下探。包含物有青砖（图4-181）。

EJZ315

位于ⅠN01E01-2-2勘探单元的东北部及ⅠN01E01-3-2勘探单元东南部。平面呈曲尺形，南北方向，距现地表深2～4米发现，南北长0.7～3.6米，东西宽0.5～2.4米，探至砖无法下探。包含物有青砖（图4-182）。

EJZ322

位于ⅠN01E01-2-1勘探单元的东南部。平面呈不规则形，东西方向，距现地表深2～4米发现，东西长0.7～2.8米，南北宽0.4～1.5米，探至砖无法下探。包含物有青砖（图4-183）。

EJZ323

位于ⅠN01E01-2-1勘探单元的东北部及ⅠN01E01-3-1勘探单元的东南部。平面近似长方形，东西方向，距现地表深3.3米发现，东西长0.5～0.9米，南北宽0.5米，探至砖无法下探。包含物有石头、青砖等（图4-184）。

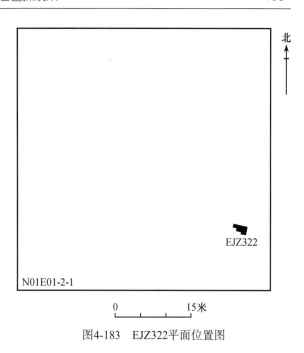

图4-183　EJZ322平面位置图

EJZ327

位于ⅠN01E01-3-1勘探单元的东南部。平面呈不规则形，东西方向，距现地表深2～4米发现，东西长1.5～6.6米，南北宽2.5～7.3米，探至砖无法下探。包含物有青砖、瓦片等（图4-185）。

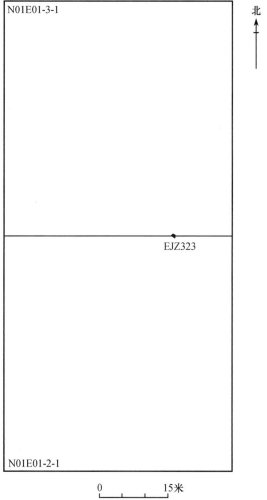

图4-184　EJZ323平面位置图

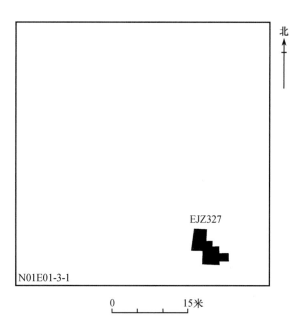

图4-185　EJZ327平面位置图

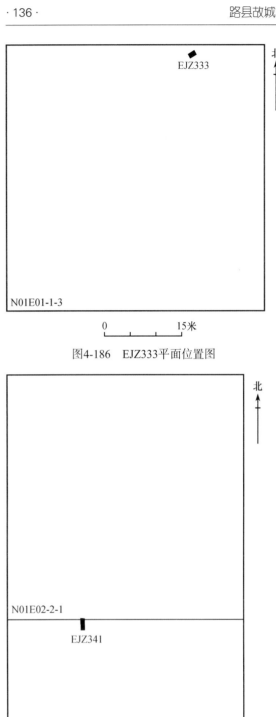

图4-186　EJZ333平面位置图

图4-187　EJZ341平面位置图

EJZ333

位于ⅠN01E01-1-3勘探单元的东北部。平面近似长方形，东西方向，距现地表深3.8米发现，东西长1.5米，南北宽1米，探至砖无法下探。包含物有青砖、灰点等（图4-186）。

EJZ341

位于ⅠN01E02-1-1勘探单元的北部及ⅠN01E02-2-1勘探单元的南部。平面近似长方形，南北方向，距现地表深2.5～4米发现，南北长2.4米，东西宽0.8米，探至砖无法下探。包含物有青砖（图4-187）。

EJZ362

位于ⅠN01E01-1-4勘探单元的东南部。平面呈长方形，南北方向，距现地表深2～2.8米发现，南北长2.5米，东西宽1.5米，探至砖无法下探。包含物有青砖（图4-188）。

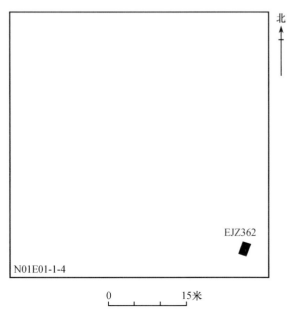

图4-188　EJZ362平面位置图

EJZ366

位于ⅠN01E01-1-4勘探单元的东部。平面呈曲尺形，南北方向，距现地表深2.8～3.5米发现，南北长0.7～1.7米，东西宽0.4～1.3米，探至砖无法下探。包含物有青砖、瓦片等（图4-189）。

EJZ367

位于ⅠN01E01-1-4勘探单元的东部。平面近似长方形，南北方向，距现地表深3.5～4米发现，南北长2.4米，东西宽0.8米，探至砖无法下探。包含物有青砖、瓦片等（图4-190）。

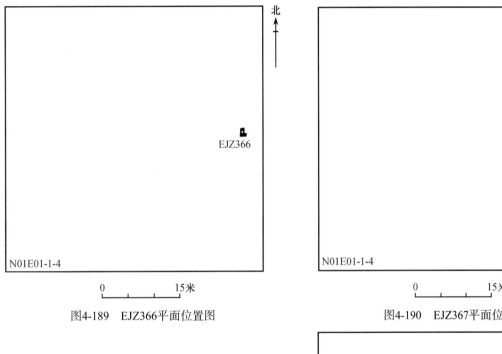

图4-189　EJZ366平面位置图　　　　　　　图4-190　EJZ367平面位置图

EJZ368

位于ⅠN01E01-1-4勘探单元的东南部。平面呈曲尺形，南北方向，距现地表深3.5～4米发现，南北长0.4～2.4米，东西宽0.5～1.2米，探至砖无法下探。包含物有青砖、瓦片等（图4-191）。

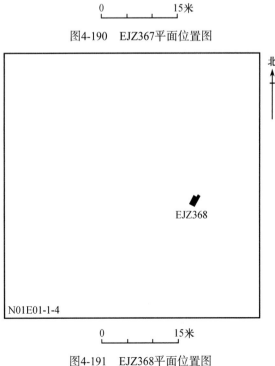

图4-191　EJZ368平面位置图

EJZ372

位于Ⅰ N01E01-1-4勘探单元的东部。平面呈不规则形,东西向,距现地表1.8~5.5米发现,东西长5.2米南北,宽3.9米,探至砖无法下探。包含物有青砖、瓦片等(图4-192)。

EJZ373

位于Ⅰ N01E01-1-4勘探单元的中部。平面呈不规则形,东西方向,距现地表深3~4米发现,东西长0.5~3.4米,南北宽0.5~3.2米,探至砖无法下探。包含物有青砖、瓦片等(图4-193)。

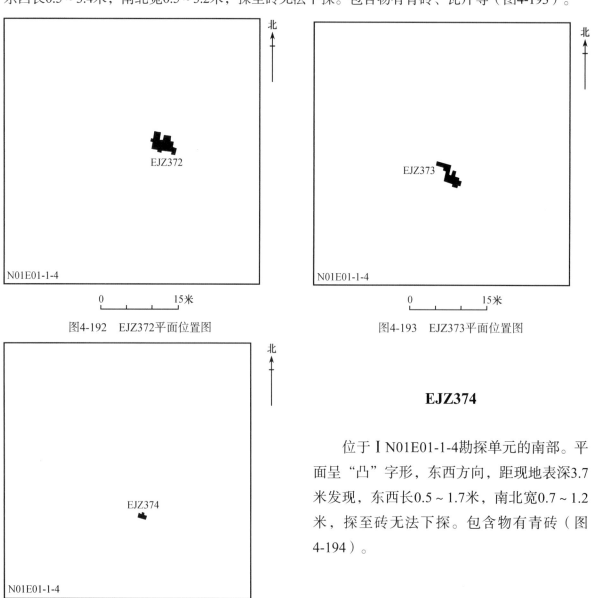

图4-192　EJZ372平面位置图

图4-193　EJZ373平面位置图

EJZ374

位于Ⅰ N01E01-1-4勘探单元的南部。平面呈"凸"字形,东西方向,距现地表深3.7米发现,东西长0.5~1.7米,南北宽0.7~1.2米,探至砖无法下探。包含物有青砖(图4-194)。

图4-194　EJZ374平面位置图

EJZ375

位于ⅠN01E01-1-4勘探单元的南部。平面近似长方形，南北方向，距现地表深2.9米发现，南北长1.7米，东西宽0.7米，探至砖无法下探。包含物有青砖（图4-195）。

EJZ383

位于ⅠN01E01-1-4勘探单元的西南部。平面呈长方形，东西方向，距现地表深2～3米发现，东西长2.6米，南北宽1米，探至砖无法下探。包含物有青砖、瓦片等（图4-196）。

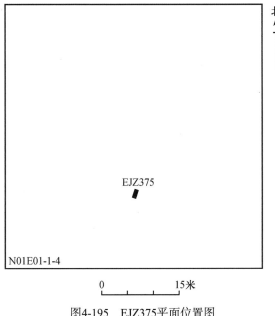

图4-195 EJZ375平面位置图

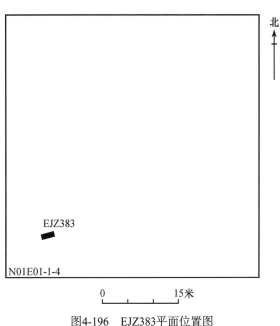

图4-196 EJZ383平面位置图

EJZ384

位于ⅠN01E01-1-4勘探单元的西南部。平面呈不规则形，东西向，距现地表2.6～3.3米发现，东西长0.3～3.1米，南北宽0.6～2.9米，探至砖无法下探。包含物有青砖、瓦片、陶片等（图4-197）。

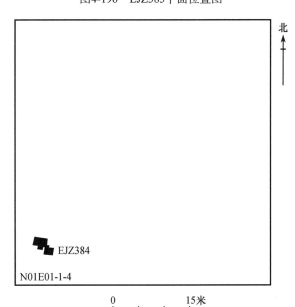

图4-197 EJZ384平面位置图

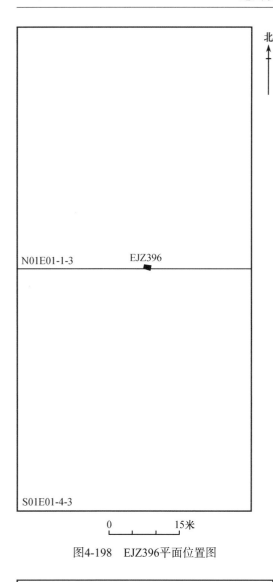

图4-198　EJZ396平面位置图

EJZ396

位于Ⅰ N01E01-1-3勘探单元的南部及Ⅳ S01E01-4-3勘探单元的北部。平面近似梯形，东西方向，距现地表深2.8米发现，东西长1.5米，南北宽0.8～1米，探至砖无法下探。包含物有青砖、瓦片等（图4-198）。

EJZ397

位于Ⅰ N01E01-1-3勘探单元的南部。平面呈曲尺形，东西方向，距现地表深1.8米发现，东西长3米，南北宽0.8～1.5米，探至砖无法下探。包含物有青砖、瓦片等（图4-199）。

EJZ411

位于Ⅳ S01E01-4-2勘探单元的西部。平面呈不规则形，南北方向，距现地表深2米发现，南北长0.8～4.2米，东西宽0.5～3.1米，探至砖无法下探。包含物有青砖、瓦片等（图4-200）。

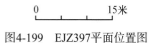

图4-199　EJZ397平面位置图

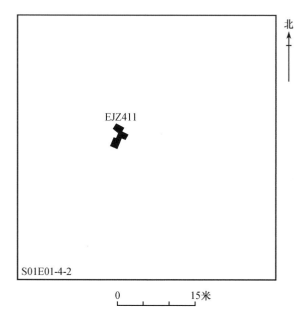

图4-200　EJZ411平面位置图

EJZ413

位于IV S01E01-4-2勘探单元的南部。平面呈曲尺形，南北方向，距现地表深3.1米发现，南北长0.9~2.6米，东西宽0.9~1.1米，探至砖无法下探。包含物有青砖、瓦片等（图4-201）。

EJZ418

位于IV S01E01-4-2勘探单元的东北部。平面呈"凸"字形，南北方向，距现地表深3.2米发现，南北长1.2~4.5米，东西宽0.7~2.2米，探至砖无法下探。包含物有青砖、瓦片等（图4-202）。

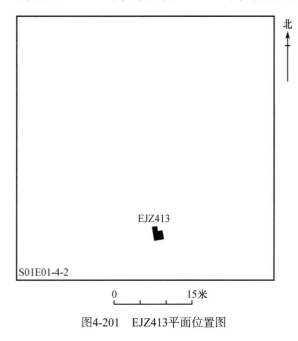

图4-201　EJZ413平面位置图

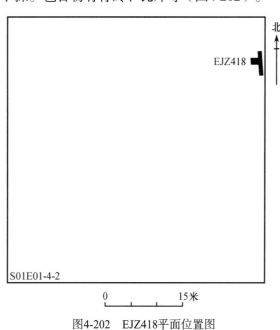

图4-202　EJZ418平面位置图

EJZ422

位于IV S01E01-4-3勘探单元的西南部。平面呈长方形，南北方向，距现地表深3米发现，南北长1.4~1.5米，东西宽0.8米，探至砖无法下探。包含物有青砖、瓦片等（图4-203）。

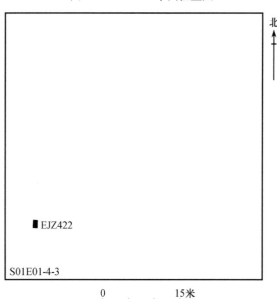

图4-203　EJZ422平面位置图

EJZ432

位于ⅣS01E01-4-3勘探单元的西北部。平面呈长方形，东西方向，距现地表深2.4米发现，东西长2.5米，南北宽0.9米，探至砖无法下探。包含物有青砖、瓦片等（图4-204）。

EJZ435

位于ⅣS01E01-4-3勘探单元的北部。平面呈"凸"字形，南北方向，距现地表深3米发现，南北长0.8～2.1米，东西宽1～2米，探至砖无法下探。包含物有青砖、瓦片等（图4-205）。

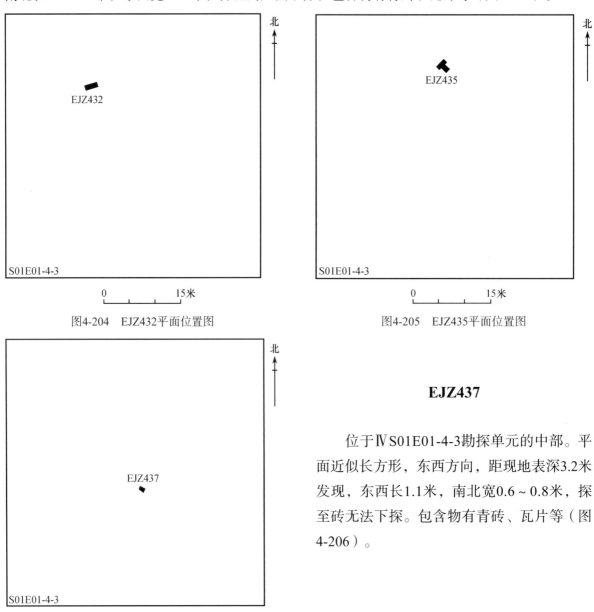

图4-204　EJZ432平面位置图

图4-205　EJZ435平面位置图

图4-206　EJZ437平面位置图

EJZ437

位于ⅣS01E01-4-3勘探单元的中部。平面近似长方形，东西方向，距现地表深3.2米发现，东西长1.1米，南北宽0.6～0.8米，探至砖无法下探。包含物有青砖、瓦片等（图4-206）。

EJZ446

位于ⅣS01E01-4-3勘探单元的东部。平面呈曲尺形，东西方向，距现地表深3.1米发现，东西长1.3～3.8米，南北宽0.5～1.7米，探至砖无法下探。包含物有青砖、瓦片等（图4-207）。

EJZ447

位于ⅣS01E01-4-3勘探单元的东北部。平面呈梯形，南北方向，距现地表深2.9米发现，南北长2.1～2.1米，东西宽0.6～0.7米，探至砖无法下探。包含物有青砖、瓦片等（图4-208）。

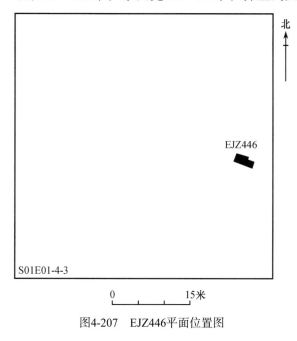

图4-207　EJZ446平面位置图

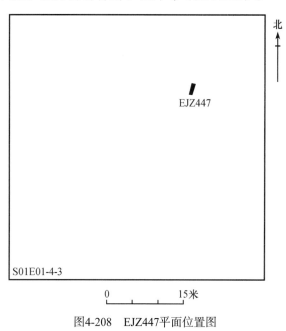

图4-208　EJZ447平面位置图

EJZ448

位于ⅣS01E01-4-3勘探单元的东北部。平面呈梯形，东西方向，距现地表深3米发现，东西长1.2～1.5米，南北宽0.8米，探至砖无法下探。包含物有青砖、瓦片等（图4-209）。

图4-209　EJZ448平面位置图

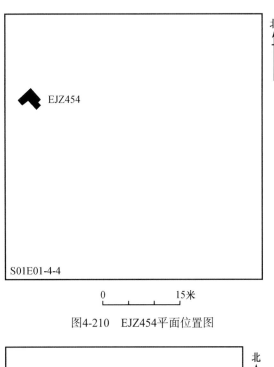

图4-210　EJZ454平面位置图

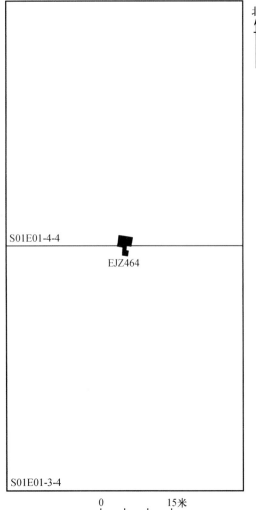

图4-211　EJZ464平面位置图

EJZ454

　　位于Ⅳ S01E01-4-4勘探单元的西北部。平面呈不规则形，东西方向，距现地表深3米发现，东西长0.7～3.7米，南北宽0.7～3.3米，探至砖无法下探。包含物有青砖、瓦片等（图4-210）。

EJZ464

　　位于Ⅳ S01E01-4-4勘探单元的南部及Ⅳ S01E01-3-4勘探单元的北部。平面呈不规则形，南北方向，距现地表深3～3.2米发现，南北长0.9～3.9米，东西宽0.5～3米，探至砖无法下探。包含物有青砖、瓦片等（图4-211）。

EJZ467

　　位于Ⅳ S01E01-4-4勘探单元的中部。平面呈不规则形，南北方向，距现地表深2.6～3米发现，南北长12.1米，东西宽7.7米，探至砖无法下探。包含物有青砖、瓦片等（图4-212）。

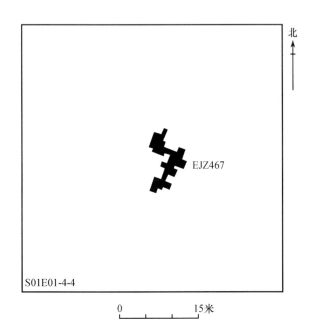

图4-212　EJZ467平面位置图

EJZ471

位于Ⅳ S01E01-4-4勘探单元的东北部。平面呈长方形，东西方向，距现地表深2.4米发现，东西长1.7米，南北宽0.9米，探至砖无法下探。包含物有青砖、瓦片等（图4-213）。

EJZ474

位于Ⅳ S01E01-4-4勘探单元的东北部。平面呈长方形，南北方向，距现地表深2.8米发现，南北长1.5米，东西宽0.7米，探至砖无法下探。包含物有青砖、瓦片等（图4-214）。

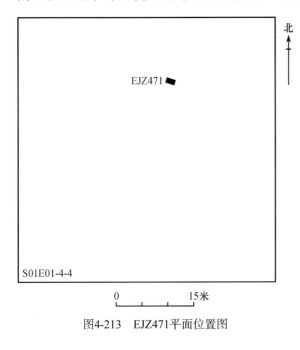

图4-213　EJZ471平面位置图

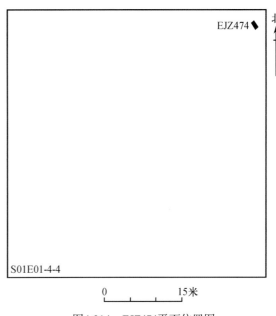

图4-214　EJZ474平面位置图

EJZ476

位于Ⅳ S01E02-4-1勘探单元的西北部。平面呈"十"字形，南北方向，距现地表深2.2米发现，南北长0.9～2.4米，东西宽0.9～2.1米，探至砖无法下探。包含物有青砖、瓦片等（图4-215）。

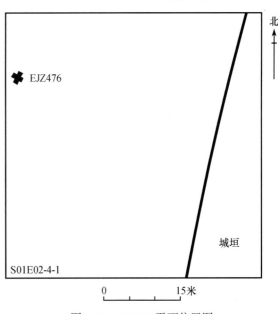

图4-215　EJZ476平面位置图

EJZ477

位于IVS01E02-4-1勘探单元的北部。平面呈曲尺形，东西方向，距现地表深1.8米发现，东西长0.8～2.4米，南北宽0.6～1.5米，探至砖无法下探。包含物有青砖、瓦片等（图4-216）。

EJZ480

位于IVS01E02-4-1勘探单元的西部。平面呈不规则形，东西方向，距现地表深2.5～3.1米发现，东西长1.4～5.3米，南北宽0.7～2.5米，探至砖无法下探。包含物有青砖、瓦片等（图4-217）。

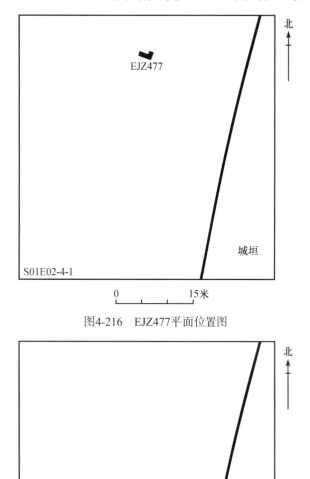

图4-216　EJZ477平面位置图

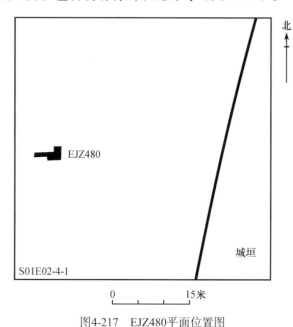

图4-217　EJZ480平面位置图

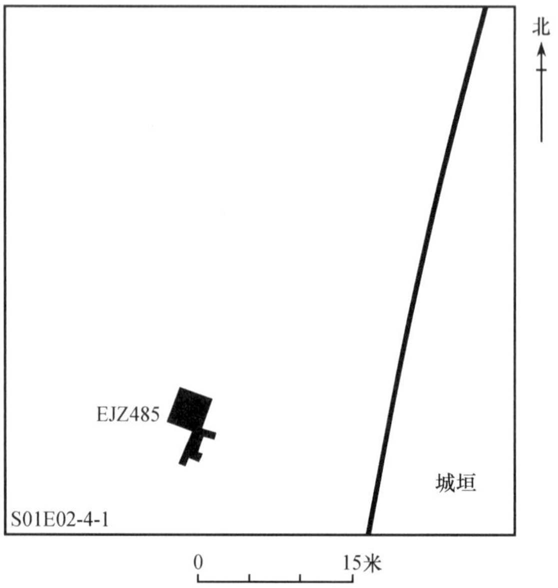

EJZ485

位于IVS01E02-4-1勘探单元的西南部。平面呈不规则形，南北方向，距现地表深2.9米发现，南北长6.9米，东西宽4.9米，探至砖无法下探。包含物有青砖、瓦片等（图4-218）。

图4-218　EJZ485平面位置图

EJZ487

位于ⅣS01E02-3-1勘探单元的西北部。平面呈"凸"字形,东西方向,距现地表深2.6米发现,东西长0.7～3.7米,南北宽0.7～1.7米,探至砖无法下探。包含物有青砖、瓦片等(图4-219)。

EJZ489

位于ⅣS01E02-3-1勘探单元的西部。平面呈不规则形,东西方向,距现地表深5.3米发现,东西长8.2米,南北宽4.1米,探至砖无法下探。包含物有青砖、瓦片等(图4-220)。

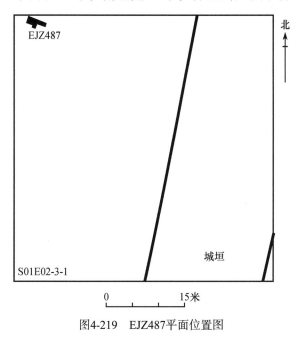

图4-219　EJZ487平面位置图

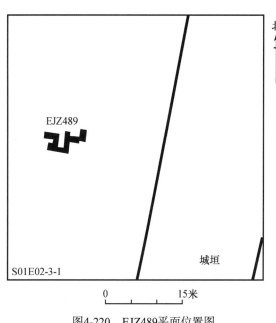

图4-220　EJZ489平面位置图

EJZ491

位于ⅣS01E02-3-1勘探单元的西南部。平面呈"凹"字形,南北方向,距现地表深2.7米发现,南北长1.6～2.1米,东西宽0.5～2.1米,探至砖无法下探。包含物有青砖、瓦片等(图4-221)。

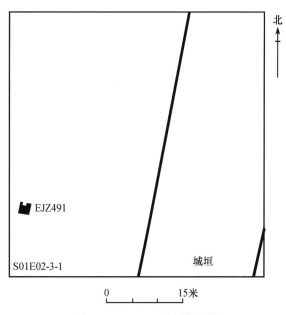

图4-221　EJZ491平面位置图

EJZ497

　　位于Ⅳ S01E01-3-4勘探单元的东北部及Ⅳ S01E02-3-1勘探单元的西北部。平面呈不规则形，南北向，距现地表2.8米发现，南北长5.4米，东西宽3.9米，探至砖无法下探。包含物有青砖、瓦片等（图4-222）。

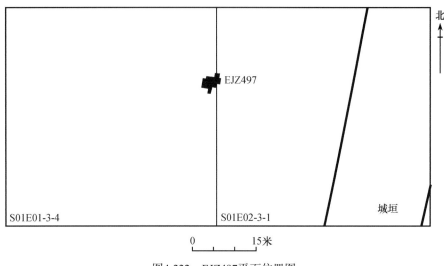

图4-222　EJZ497平面位置图

EJZ512

　　位于Ⅳ S01E01-3-4勘探单元的南部。平面呈长方形，东西方向，距现地表深3.5米发现，东西长2.5米，南北宽0.7米，探至砖无法下探。包含物有青砖、瓦片等（图4-223）。

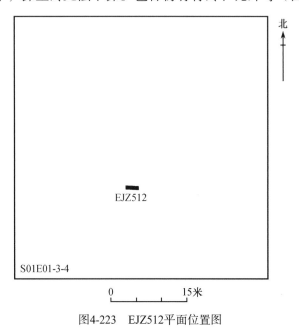

图4-223　EJZ512平面位置图

EJZ529

位于Ⅳ S01E01-3-3勘探单元的东南部。平面呈"凸"字形，南北方向，距现地表深2.3米发现，南北长0.9～2.7米，东西宽0.9～2.6米，探至砖无法下探。包含物有青砖、瓦片等（图4-224）。

EJZ532

位于Ⅳ S01E01-3-3勘探单元的东部。平面呈长方形，南北方向，距现地表深1.5米发现，南北长2.6米，东西宽1.1米，探至砖无法下探。包含物有青砖、瓦片等（图4-225）。

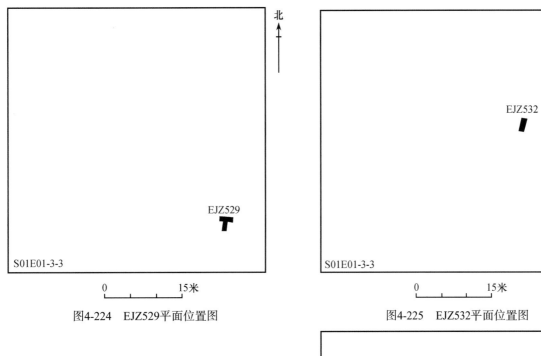

图4-224　EJZ529平面位置图

图4-225　EJZ532平面位置图

EJZ534

位于Ⅳ S01E01-3-3勘探单元的东南部。平面呈长方形，南北方向，距现地表深1.8米发现，南北长1.9～2米，东西宽0.8米，探至砖无法下探。包含物有青砖、瓦片等（图4-226）。

图4-226　EJZ534平面位置图

EJZ536

位于Ⅳ S01E01-3-3勘探单元的东北部。平面呈曲尺形,南北方向,距现地表深2.5米发现,南北长0.5~1.6米,东西宽0.5~1.4米,探至砖无法下探。包含物有青砖、瓦片等(图4-227)。

EJZ538

位于Ⅳ S01E01-3-3勘探单元的北部。平面呈长方形,南北方向,距现地表深4米发现,南北长1.8米,东西宽1.2米,探至砖无法下探。包含物有青砖、瓦片等(图4-228)。

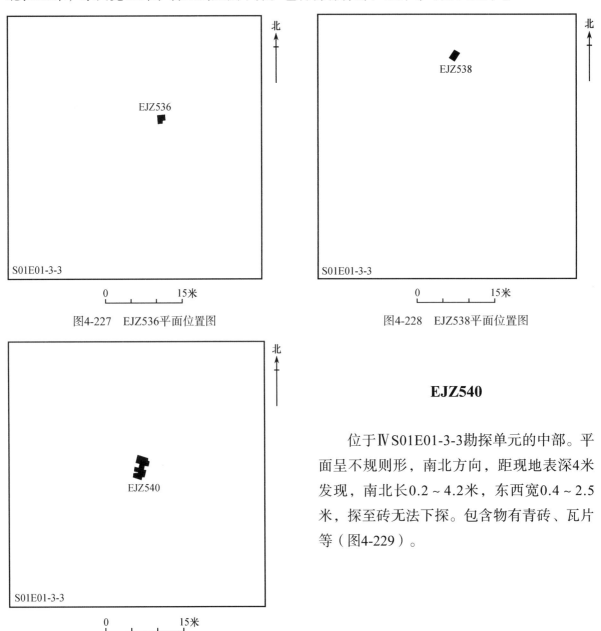

图4-227　EJZ536平面位置图

图4-228　EJZ538平面位置图

EJZ540

位于Ⅳ S01E01-3-3勘探单元的中部。平面呈不规则形,南北方向,距现地表深4米发现,南北长0.2~4.2米,东西宽0.4~2.5米,探至砖无法下探。包含物有青砖、瓦片等(图4-229)。

图4-229　EJZ540平面位置图

EJZ545

位于Ⅳ S01E01-3-3勘探单元的西南部。平面呈长方形，南北方向，距现地表深4.3米发现，南北长1.7米，东西宽0.8米，探至砖无法下探。包含物有青砖、瓦片等（图4-230）。

EJZ546

位于Ⅳ S01E01-3-3勘探单元的西南部。平面呈不规则形，南北方向，距现地表深1.8米发现，南北长1~4.1米，东西宽0.4~3.5米，探至砖无法下探。包含物有青砖、瓦片等（图4-231）。

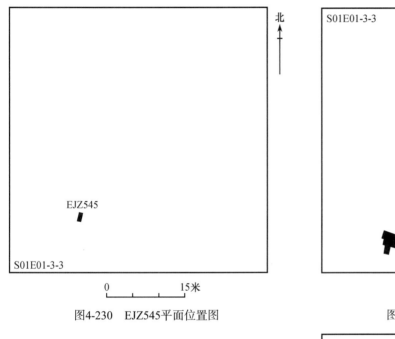

图4-230　EJZ545平面位置图

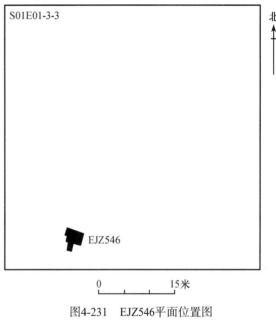

图4-231　EJZ546平面位置图

EJZ553

位于Ⅳ S01E01-3-2勘探单元的东北部。平面呈长方形，南北方向，距现地表深3米发现，南北长2.6米，东西宽0.9米，探至砖无法下探。包含物有青砖、瓦片等（图4-232）。

图4-232　EJZ553平面位置图

EJZ555

位于Ⅳ S01E01-3-2勘探单元的北部。平面呈不规则形，南北方向，距现地表深4.5～5.2米发现，南北长4.4米，东西宽4.4米，探至砖无法下探。包含物有青砖、瓦片等（图4-233）。

EJZ569

位于Ⅳ S01E01-2-2勘探单元的东部。平面呈长方形，东西方向，距现地表深2.4米发现，东西长2.2米，南北宽0.9米，探至砖无法下探。包含物有青砖、瓦片等（图4-234）。

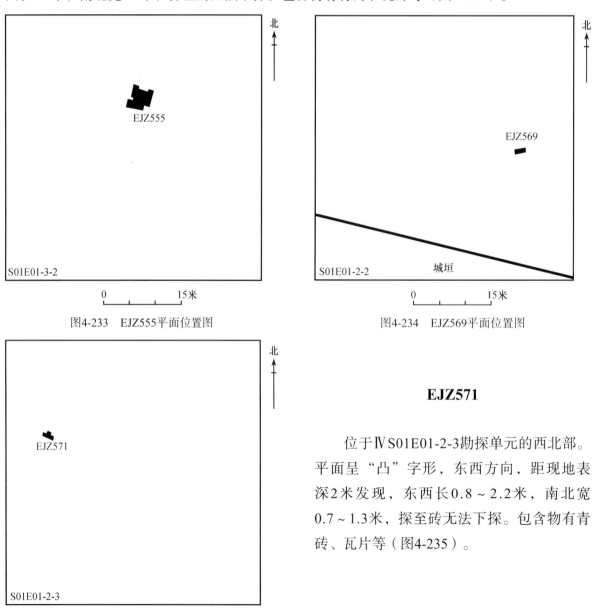

图4-233　EJZ555平面位置图

图4-234　EJZ569平面位置图

图4-235　EJZ571平面位置图

EJZ571

位于Ⅳ S01E01-2-3勘探单元的西北部。平面呈"凸"字形，东西方向，距现地表深2米发现，东西长0.8～2.2米，南北宽0.7～1.3米，探至砖无法下探。包含物有青砖、瓦片等（图4-235）。

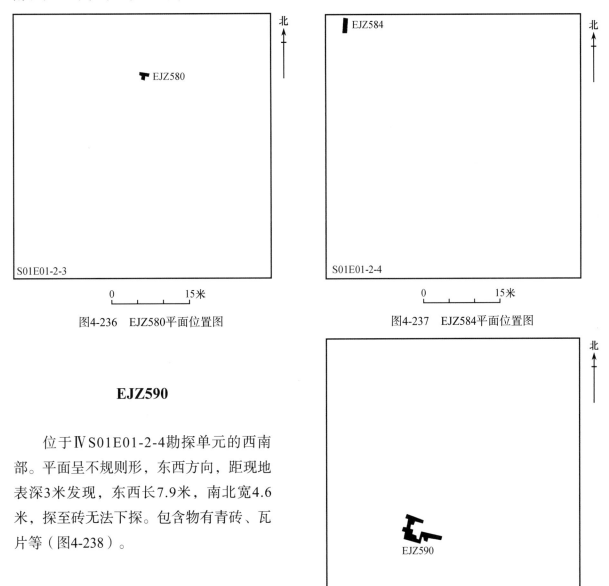

EJZ580

位于ⅣS01E01-2-3勘探单元的北部。平面呈"凸"字形，东西方向，距现地表深3.8米发现，东西长0.4～1.9米，南北宽0.6～1.4米，探至砖无法下探。包含物有青砖、瓦片等（图4-236）。

EJZ584

位于ⅣS01E01-2-4勘探单元的西北部。平面呈长方形，南北方向，距现地表深2.8米发现，南北长2.8米，东西宽0.8米，探至砖无法下探。包含物有青砖、瓦片等（图4-237）。

图4-236　EJZ580平面位置图

图4-237　EJZ584平面位置图

EJZ590

位于ⅣS01E01-2-4勘探单元的西南部。平面呈不规则形，东西方向，距现地表深3米发现，东西长7.9米，南北宽4.6米，探至砖无法下探。包含物有青砖、瓦片等（图4-238）。

图4-238　EJZ590平面位置图

EJZ600

位于ⅣS01E01-2-4勘探单元的东南部。平面呈不规则形，南北方向，距现地表深3.5米发现，南北长0.7～2.8米，东西宽0.7～2.3米，探至砖无法下探。包含物有青砖、瓦片等（图4-239）。

EJZ609

位于ⅡN01W01-3-4勘探单元的西南部。平面呈曲尺形，东西方向，距现地表深5.1米发现，东西长1.4～3.2米，南北宽0.8～1.6米，探至砖无法下探。包含物有青砖、瓦片等（图4-240）。

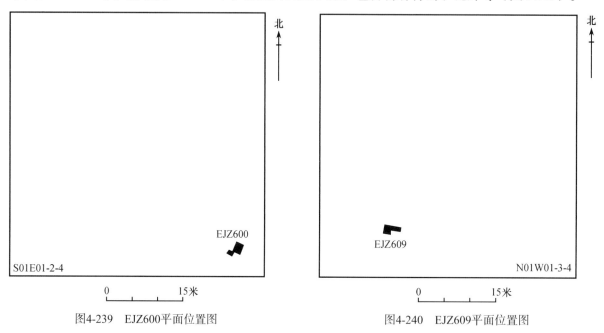

图4-239　EJZ600平面位置图　　　　　　　图4-240　EJZ609平面位置图

EJZ612

位于ⅡN01W01-3-3勘探单元的东南部及ⅡN01W01-2-3勘探单元的东北部。平面呈不规则形，东西方向，距现地表深3.4米发现，东西长0.4～2.3米，南北宽0.3～2米，探至砖无法下探。包含物有青砖、瓦片等（图4-241）。

EJZ613

位于ⅡN01W01-3-3勘探单元的南部。平面呈长方形，东西方向，距现地表深1.8米发现，东西长1.9米，南北宽0.8米，探至砖无法下探。包含物有青砖、瓦片等（图4-242）。

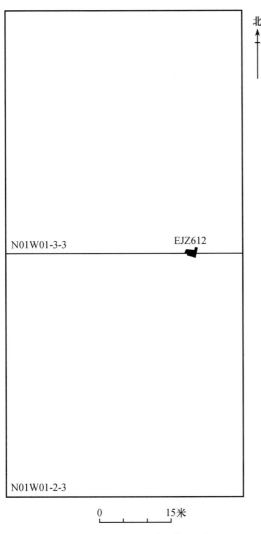

图4-241　EJZ612平面位置图

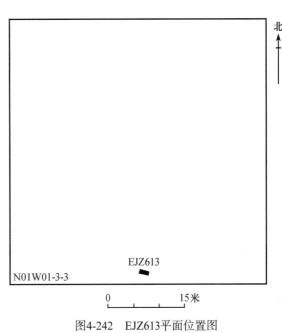

图4-242　EJZ613平面位置图

EJZ618

　　位于ⅡN01W01-3-3勘探单元的西南部。平面呈不规则形，东西方向，距现地表深1米发现，东西长0.5～4.2米，南北宽0.4～2.7米，探至砖无法下探。包含物有青砖、瓦片等（图4-243）。

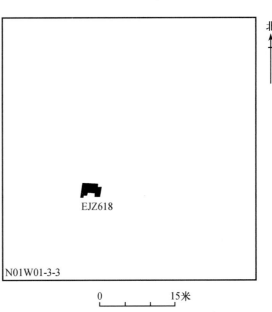

图4-243　EJZ618平面位置图

EJZ619

位于ⅡN01W01-2-4勘探单元的西南部。平面呈不规则形，东西方向，距现地表深4.1米发现，东西长0.5～2.1米，南北宽0.3～1.6米，探至砖无法下探。包含物有青砖、瓦片等（图4-244）。

EJZ636

位于ⅢS01W01-4-2勘探单元的东北部。平面呈梯形，东西方向，距现地表深3.9米发现，东西长4.3米，南北宽1.4～1.7米，探至砖无法下探。包含物有青砖、瓦片等（图4-245）。

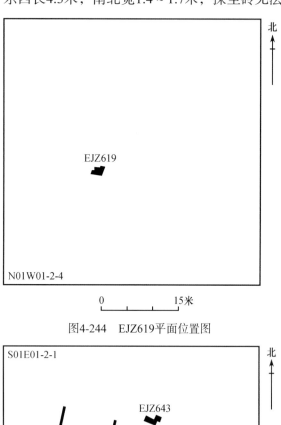

图4-244　EJZ619平面位置图

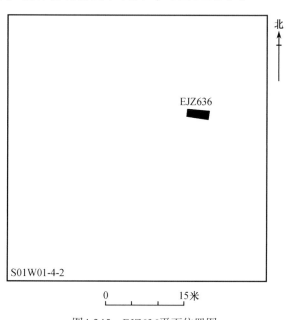

图4-245　EJZ636平面位置图

EJZ643

位于ⅣS01E01-2-1勘探单元的东北部。平面呈不规则形，东西方向，距现地表深3.5～4米发现，东西长1.1～3米，南北宽1～1.9米，探至砖无法下探。包含物有青砖、瓦片等（图4-246）。

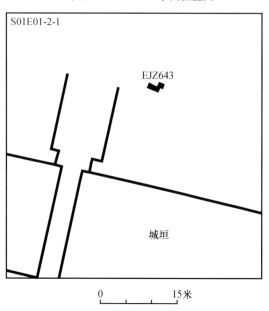

图4-246　EJZ643平面位置图

EJZ652

位于ⅣS01E01-3-1勘探单元的东南部及ⅣS01E01-2-1勘探单元东北部。平面呈长方形，东西方向，距现地表深2～3.5米发现，东西长1.3～1.4米，南北宽0.9米，探至砖无法下探。包含物有青砖、瓦片等（图4-247）。

EJZ659

位于ⅣS01E01-2-1勘探单元的西部。平面呈"凸"字形，东西方向，距现地表深2.3～4米发现，东西长1.4～3.2米，南北宽0.9～1.5米，探至砖无法下探。包含物有青砖、瓦片等（图4-248）。

EJZ661

位于ⅡN01W01-2-3勘探单元的北部。平面呈正方形，东西方向，距现地表深3.1米发现，东西长1.3米，南北宽1.3米，探至砖无法下探。包含物有青砖、瓦片等（图4-249）。

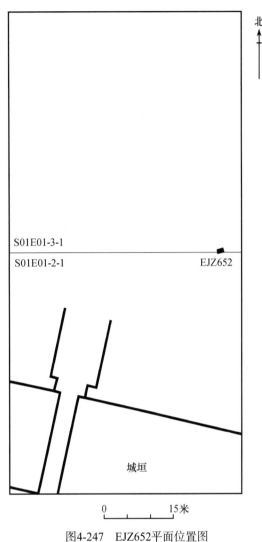

图4-247　EJZ652平面位置图

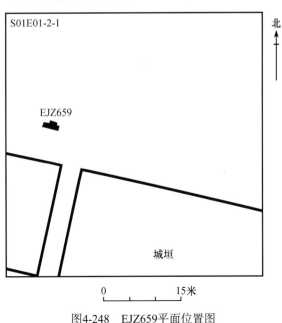

图4-248　EJZ659平面位置图

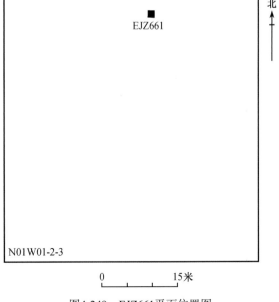

图4-249　EJZ661平面位置图

EJZ663

位于ⅡN01W01-3-2勘探单元的东南部。平面呈长方形,南北方向,距现地表深6米发现,南北长1.5米,东西宽1.4米,探至砖无法下探。包含物有青砖、瓦片等(图4-250)。

EJZ670

位于ⅡN01W02-3-4勘探单元的西北部。平面呈长方形,东西方向,距现地表深3～4米发现,东西长1.4米,南北宽1.2米,探至砖无法下探。包含物有青砖、瓦片等(图4-251)。

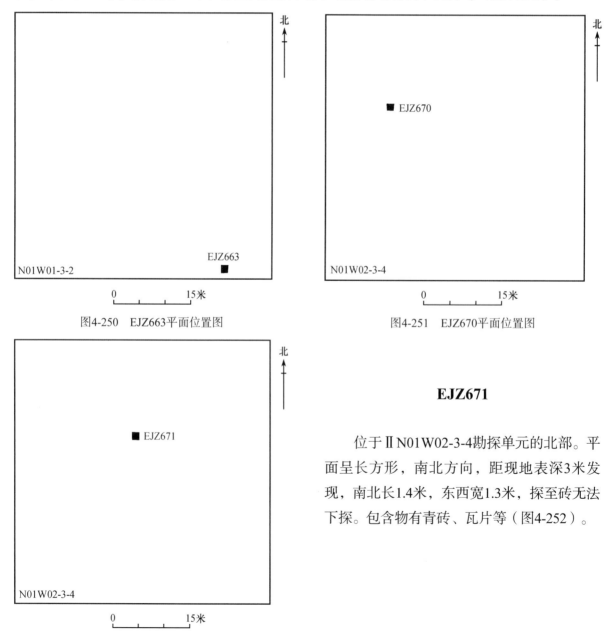

图4-250　EJZ663平面位置图

图4-251　EJZ670平面位置图

EJZ671

位于ⅡN01W02-3-4勘探单元的北部。平面呈长方形,南北方向,距现地表深3米发现,南北长1.4米,东西宽1.3米,探至砖无法下探。包含物有青砖、瓦片等(图4-252)。

图4-252　EJZ671平面位置图

EJZ679

位于Ⅳ S01E01-3-1勘探单元的东南部。平面呈不规则形，东西方向，距现地表深2～4米发现，东西长1.3～5.2米，南北宽0.9～3.1米，探至砖无法下探。包含物有青砖、灰点等（图4-253）。

EJZ681

位于Ⅳ S01E01-3-2勘探单元的西南部。平面呈不规则形，东西方向，距现地表深3～3.8米发现，东西长0.5～2.9米，南北宽0.4～2.6米，探至砖无法下探。包含物有青砖、灰点等（图4-254）。

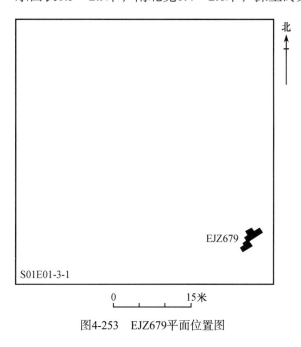

图4-253　EJZ679平面位置图

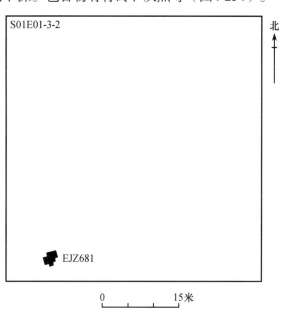

图4-254　EJZ681平面位置图

EJZ682

位于Ⅳ S01E01-3-1勘探单元的东南部。平面呈长方形，南北方向，距现地表深3.5～4米发现，南北长1.5米，东西宽0.8米，探至砖无法下探。包含物有青砖、灰点等（图4-255）。

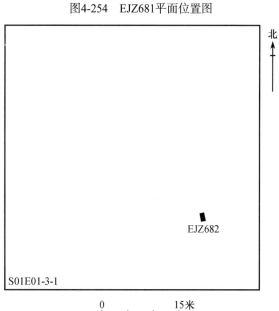

图4-255　EJZ682平面位置图

EJZ692

位于Ⅲ S01W01-3-4勘探单元的南部。平面呈曲尺形，南北方向，距现地表深3.4～5.4米发现，南北长0.5～2.5米，东西宽0.5～1.4米，探至砖无法下探。包含物有青砖、灰点等（图4-256）。

EJZ699

位于Ⅳ S01E01-3-1勘探单元的西部。平面呈不规则形，南北方向，距现地表深2.5～4米发现，南北长0.4～4.3米，东西宽0.6～3米，探至砖无法下探。包含物有青砖、灰点等（图4-257）。

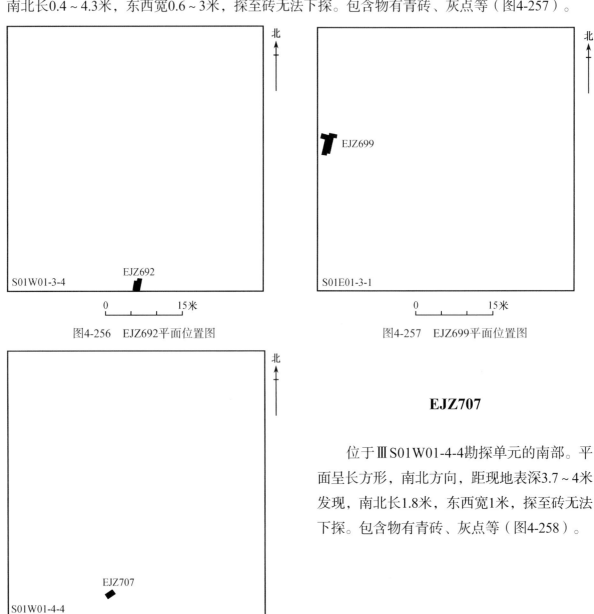

图4-256　EJZ692平面位置图

图4-257　EJZ699平面位置图

EJZ707

位于Ⅲ S01W01-4-4勘探单元的南部。平面呈长方形，南北方向，距现地表深3.7～4米发现，南北长1.8米，东西宽1米，探至砖无法下探。包含物有青砖、灰点等（图4-258）。

图4-258　EJZ707平面位置图

EJZ711

位于Ⅲ S01W01-4-4勘探单元的西南部。平面呈不规则形，东西方向，距现地表深3.2～3.5米发现，东西长0.6～2.3米，南北宽0.7～1.6米，探至砖无法下探。包含物有青砖、灰点等（图4-259）。

EJZ724

位于Ⅲ S01W01-4-4勘探单元的东部。平面呈"凸"字形，南北方向，距现地表深3.8～4米发现，南北长1～2.9米，东西宽1.1～2米，探至砖无法下探。包含物有青砖、灰点等（图4-260）。

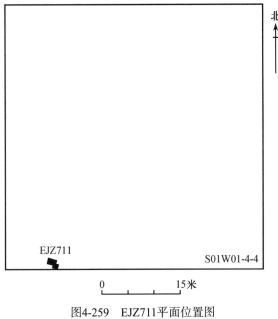

图4-259　EJZ711平面位置图

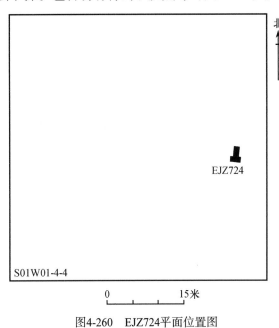

图4-260　EJZ724平面位置图

EJZ727

位于Ⅱ N01W01-1-4勘探单元的东南部。平面呈曲尺形，南北方向，距现地表深3.5～4.2米发现，南北长0.3～2.5米，东西宽0.7～1.3米，探至砖无法下探。包含物有青砖、灰点等（图4-261）。

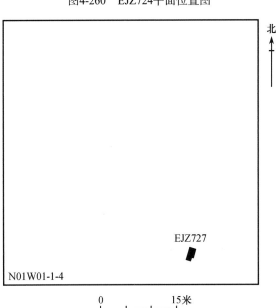

图4-261　EJZ727平面位置图

EJZ728

位于IV S01E01-4-1勘探单元的西北部。平面呈长方形，东西方向，距现地表深3.2～4.5米发现，东西长2.3米，南北宽1.1米，探至砖无法下探。包含物有青砖、灰点等（图4-262）。

EJZ729

位于IV S01E01-4-1勘探单元的西北部。平面呈不规则形，南北方向，距现地表深3～4.5米发现，南北长1～2.4米，东西宽0.6～2米，探至砖无法下探。包含物有青砖、灰点等（图4-263）。

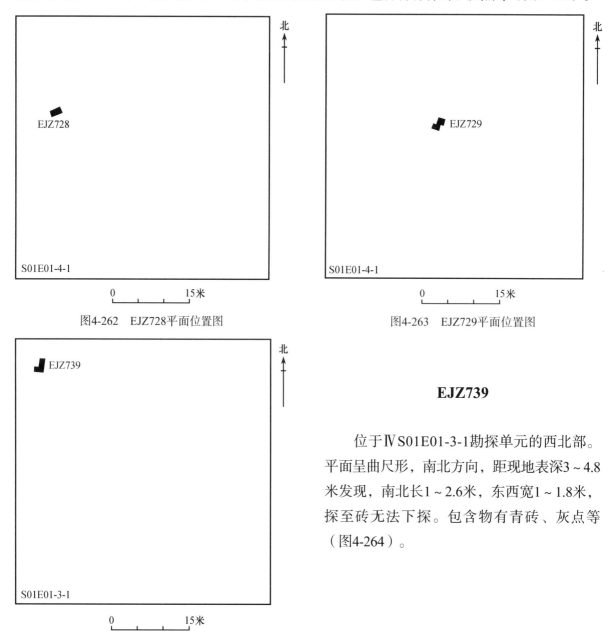

图4-262　EJZ728平面位置图　　　　　　　　　图4-263　EJZ729平面位置图

EJZ739

位于IV S01E01-3-1勘探单元的西北部。平面呈曲尺形，南北方向，距现地表深3～4.8米发现，南北长1～2.6米，东西宽1～1.8米，探至砖无法下探。包含物有青砖、灰点等（图4-264）。

图4-264　EJZ739平面位置图

EJZ740

位于Ⅳ S01E01-4-1勘探单元的南部。平面呈曲尺形，南北方向，距现地表深3.3～4.3米发现，南北长1.2～2.7米，东西宽0.7～1.7米，探至砖无法下探。包含物有灰点（图4-265）。

EJZ742

位于Ⅲ S01W01-4-4勘探单元的东南部。平面呈长方形，南北方向，距现地表深3.5米发现，南北长1.6米，东西宽1.1米，探至砖无法下探。包含物有青砖、灰点等（图4-266）。

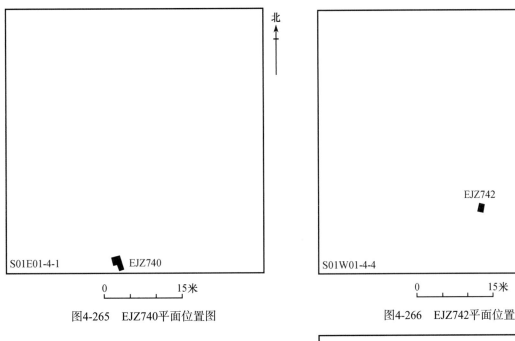

图4-265　EJZ740平面位置图　　　　　　　　图4-266　EJZ742平面位置图

EJZ772

位于Ⅲ S01W02-4-3勘探单元的东南部。平面呈长方形，南北方向，距现地表深3.8米发现，南北长3.2米，东西宽1.8米，探至砖无法下探。包含物有青砖、灰点等（图4-267）。

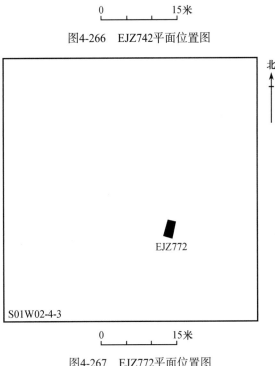

图4-267　EJZ772平面位置图

EJZ778

位于ⅡN01W02-1-3勘探单元的东南部。平面呈长方形，南北方向，距现地表深4米发现，南北长2.8米，东西宽1.5米，探至砖无法下探。包含物有青砖、灰点等（图4-268）。

EJZ807

位于ⅡN01W02-1-4勘探单元的东部。平面呈长方形，南北方向，距现地表深2～3.7米发现，南北长6.1米，东西宽2.7米，探至砖无法下探。包含物有青砖、灰点等（图4-269）。

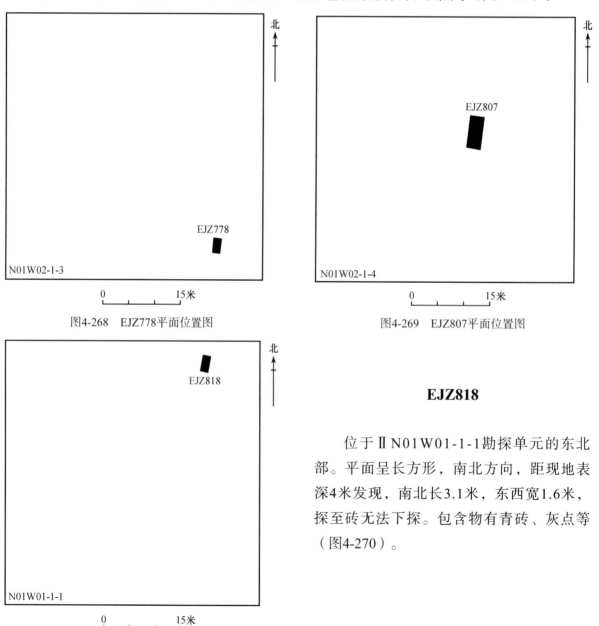

图4-268　EJZ778平面位置图

图4-269　EJZ807平面位置图

EJZ818

位于ⅡN01W01-1-1勘探单元的东北部。平面呈长方形，南北方向，距现地表深4米发现，南北长3.1米，东西宽1.6米，探至砖无法下探。包含物有青砖、灰点等（图4-270）。

图4-270　EJZ818平面位置图

EJZ821

位于ⅡN01W01-1-3勘探单元的西北部。平面呈长方形，南北方向，距现地表深4.5～5米发现，南北长4.3米，东西宽2米，探至砖无法下探。包含物有青砖、灰点等（图4-271）。

EJZ822

位于ⅡN01W01-2-3勘探单元的东南部。平面呈梯形，南北方向，距现地表深2.7～3米发现，南北长1.4～1.6米，东西宽0.8米，探至砖无法下探。包含物有青砖、灰点等（图4-272）。

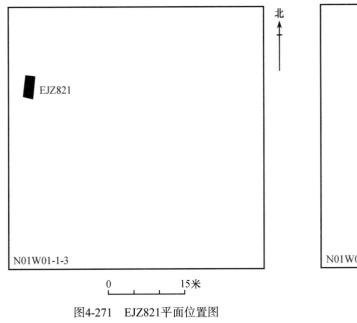

图4-271 EJZ821平面位置图

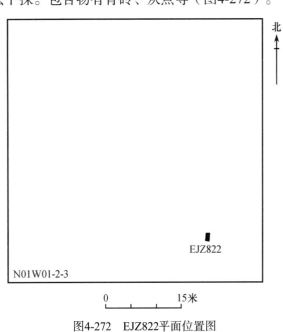

图4-272 EJZ822平面位置图

EJZ833

位于ⅢS01W01-4-2勘探单元的东北部。平面呈长方形，东西方向，距现地表深5～5.6米发现，东西长4.6米，南北宽1.2米，探至砖无法下探。包含物有青砖、灰点等（图4-273）。

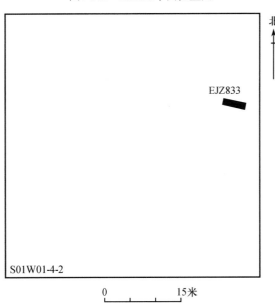

图4-273 EJZ833平面位置图

EJZ855

位于ⅢS01W01-4-1勘探单元的西北部。平面呈长方形，南北方向，距现地表深3.6米发现，南北长2.9米，东西宽1.9米，探至砖无法下探。包含物有青砖、灰点等（图4-274）。

EJZ864

位于ⅠN02E01-1-2勘探单元的北部。平面呈曲尺形，南北方向，距现地表深1.2～1.7米发现，南北长1～5米，东西宽1～2.2米，探至砖无法下探。包含物有青砖、灰点等（图4-275）。

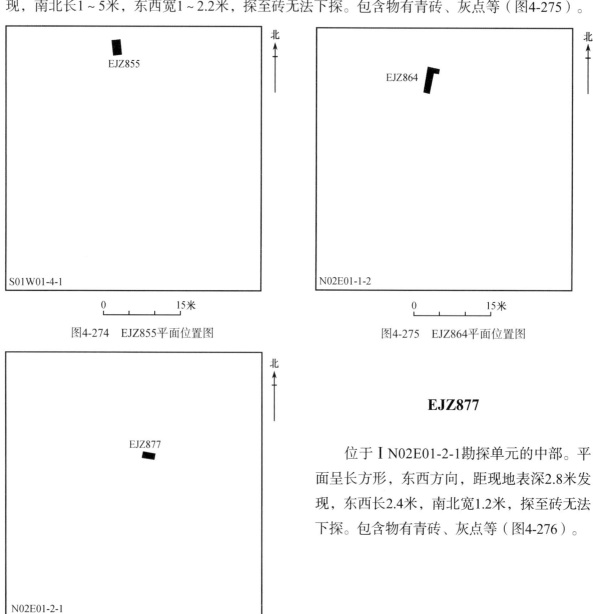

图4-274　EJZ855平面位置图

图4-275　EJZ864平面位置图

EJZ877

位于ⅠN02E01-2-1勘探单元的中部。平面呈长方形，东西方向，距现地表深2.8米发现，东西长2.4米，南北宽1.2米，探至砖无法下探。包含物有青砖、灰点等（图4-276）。

图4-276　EJZ877平面位置图

EJZ883

位于 I N02E01-4-3勘探单元的东南部。平面呈长方形，东西方向，距现地表深3～3.5米发现，东西长3.5米，南北宽2.7米，探至砖无法下探。包含物有青砖、灰点等（图4-277）。

EJZ885

位于 I N02E01-4-4勘探单元的西南部。平面呈长方形，南北方向，距现地表深3～3.7米发现，南北长4米，东西宽1.8米，探至砖无法下探。包含物有青砖、灰点等（图4-278）。

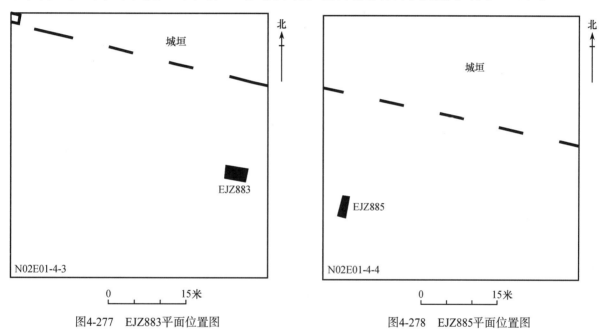

图4-277 EJZ883平面位置图　　　　　　图4-278 EJZ885平面位置图

三、砖瓦堆积

在城内遗址区可勘探范围发现砖瓦堆积111处，包含大量砖块、瓦片等，可能为房屋基址或房屋倒塌所形成（附图五）。区别于建筑遗迹，砖瓦堆积平面不甚规整，纵深较为散乱、上下起伏较大，由于探铲无法穿透砖瓦堆积层，对其无法准确定性，因此暂称之为砖瓦堆积，此不详述，相关资料参见附表九。现就城内遗址区发现的砖瓦堆积举例如下。

EZW1

位于ⅡN02W02-3-3勘探单元的东北部。平面呈不规则形，南北方向，距现地表深0.8～1米[1]发现，南北长7.8米，东西宽1～1.9米。包含物有大量的砖块、瓦片等，无法下探至底（图4-279）。

EZW2

位于ⅡN02W01-1-1勘探单元的东北部。平面呈近似椭圆形，南北方向，距现地表深2.8～3.8米发现，南北长6.5米，东西宽4米。包含物有大量的砖块、瓦片等，无法下探至底（图4-280）。

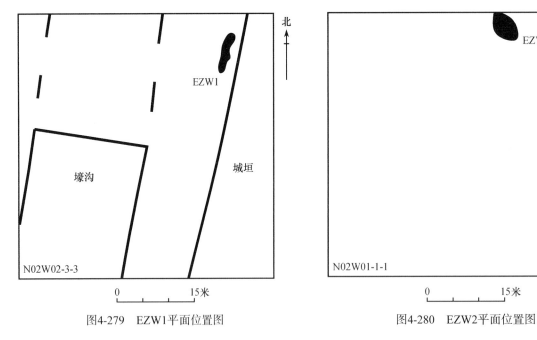

图4-279　EZW1平面位置图　　　　　　　图4-280　EZW2平面位置图

EZW3

位于ⅡN02W01-1-2勘探单元的西南部。平面呈不规则形，南北方向，距现地表深4～6米发现，南北长7.6米，东西宽3～3.5米。包含物有大量的砖块、瓦片等，无法下探至底（图4-281）。

---

[1] 当该描述为数值范围时，前一个数据为开口距现地表深度，后一个数据为底距现地表深度或探至砖瓦无法下探的深度；当该描述为单个数值时，则是开口直接探到砖瓦而无法下探的情况。关于砖瓦堆积此类描述皆同，特此说明。

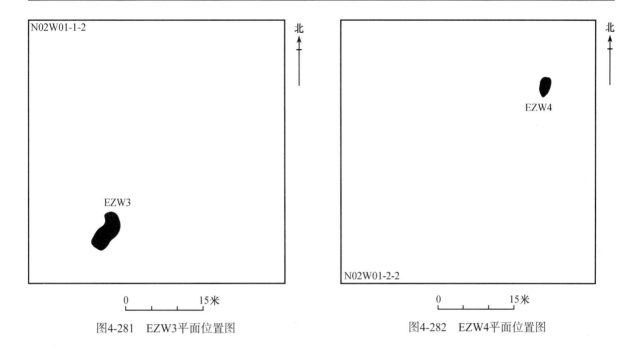

图4-281　EZW3平面位置图　　　　　　图4-282　EZW4平面位置图

EZW4

　　位于ⅡN02W01-2-2勘探单元的东北部。平面近似椭圆形，南北方向，距现地表深2.5~3米发现，南北长3.9米，东西宽2.1米。包含物有青砖、灰点、夹砂红陶片等，无法下探至底（图4-282）。

EZW5

　　位于ⅡN02W01-4-2勘探单元的西北部。平面呈不规则形，南北方向，距现地表深3.5~4.5米发现，南北长6.5米，东西宽2~3米。包含物有大量的砖块、瓦片等，无法下探至底（图4-283）。

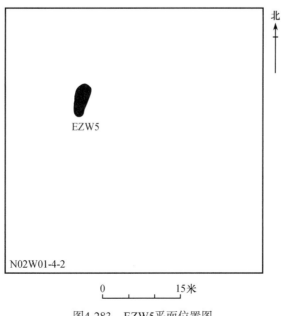

图4-283　EZW5平面位置图

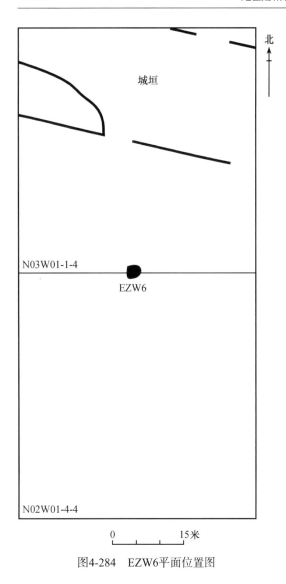

图4-284　EZW6平面位置图

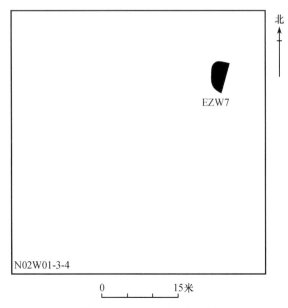

图4-285　EZW7平面位置图

EZW6

位于ⅡN03W01-1-4勘探单元的南部及ⅡN02W01-4-4的北部。平面呈不规则形，东西方向，距现地表深4米发现，东西长3米，南北宽2.6米。包含物有青砖、瓦片等，无法下探至底（图4-284）。

EZW7

位于ⅡN02W01-3-4勘探单元的东北部。平面呈不规则形，南北方向，距现地表深5米发现，南北长6米，东西宽3米，东部因渣土未清未进行勘探。包含物有青砖、大量灰点、少量夹砂红陶片等，无法下探至底（图4-285）。

EZW8

位于ⅡN02W01-4-1勘探单元的东南部。平面近似圆形，东西方向，距现地表深3米发现，直径为1.6～1.9米。包含物有大量的砖块、瓦片等，无法下探至底（图4-286）。

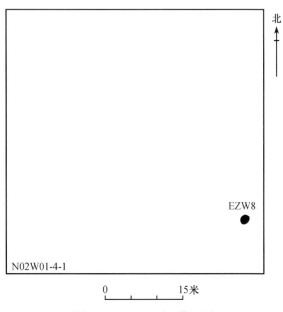

图4-286　EZW8平面位置图

EZW9

位于ⅡN02W01-4-1勘探单元的东北部。平面呈不规则形，东西方向，距现地表深5～6米发现，东西长8.8米，南北宽2.5～3.3米。包含物有大量的砖块、瓦片、少量灰点、夹砂红陶片等，无法下探至底（图4-287）。

EZW10

位于ⅠN02E02-2-1勘探单元的西南部。平面呈不规则形，南北方向，距现地表深4～5.8米发现，南北长4.9米，东西宽3.1～3.8米。包含物有大量的砖块、瓦片、夹砂红陶片等，无法下探至底（图4-288）。

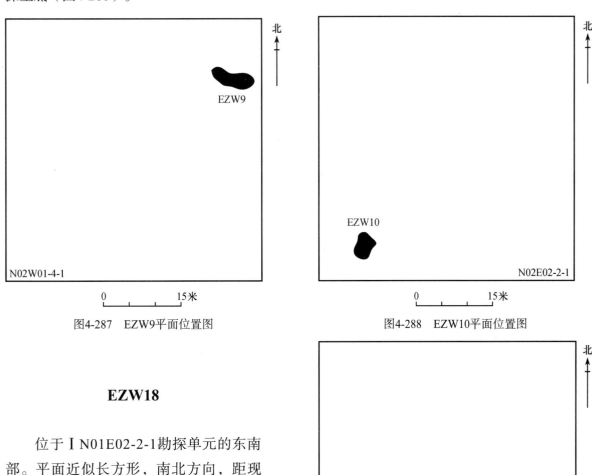

图4-287　EZW9平面位置图

图4-288　EZW10平面位置图

EZW18

位于ⅠN01E02-2-1勘探单元的东南部。平面近似长方形，南北方向，距现地表深2.5～3.6米发现，南北长1.5米，东西宽0.6米。包含物有大量的砖块，无法下探至底（图4-289）。

图4-289　EZW18平面位置图

EZW19

位于ⅠN01E02-2-1勘探单元的东南部。平面近似长方形，南北方向，距现地表深2～3.8米发现，南北长1.9米，东西宽1.1米。包含物有大量的砖块、瓦片等，无法下探至底（图4-290）。

EZW20

位于ⅠN01E02-2-1勘探单元的东南部。平面近似长方形，南北方向，距现地表深2.9米发现，南北长2.1米，东西宽0.6米。包含物有大量的砖块，无法下探至底（图4-291）。

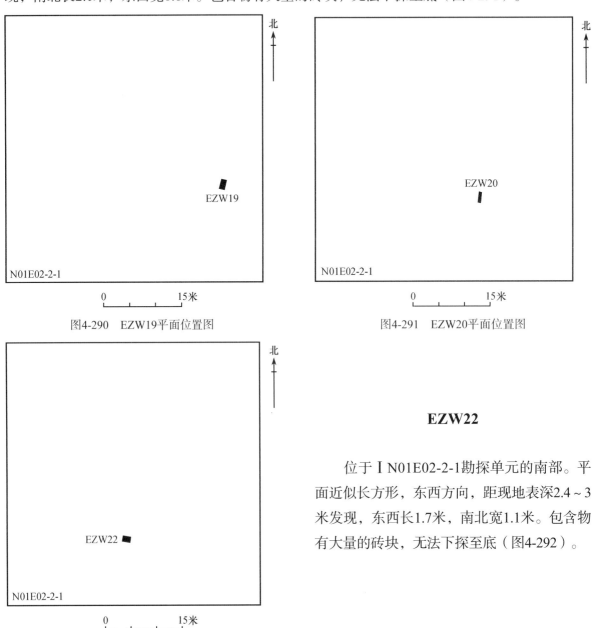

图4-290　EZW19平面位置图

图4-291　EZW20平面位置图

EZW22

位于ⅠN01E02-2-1勘探单元的南部。平面近似长方形，东西方向，距现地表深2.4～3米发现，东西长1.7米，南北宽1.1米。包含物有大量的砖块，无法下探至底（图4-292）。

图4-292　EZW22平面位置图

EZW23

位于ⅠN01E02-2-1勘探单元的南部。平面近似长方形，东西方向，距现地表深3.1～3.5米发现，东西长2.1米，南北宽1.1米。该遗迹东部将EJ20的上部破坏，包含物有大量的砖块，无法下探至底（图4-293）。

EZW24

位于ⅠN01E02-2-1勘探单元的西南部。平面近似长方形，东西方向，距现地表深3～4.1米发现，东西长1.9米，南北宽1.5～1.6米。包含物有大量的砖块，无法下探至底（图4-294）。

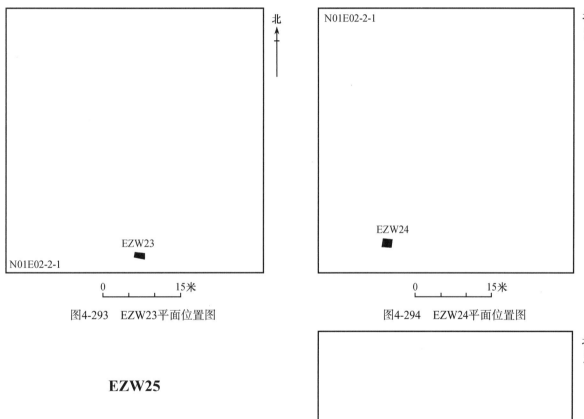

图4-293　EZW23平面位置图

图4-294　EZW24平面位置图

EZW25

位于ⅠN01E02-2-1勘探单元的西部。平面近似长方形，东西方向，距现地表深2.2～3.1米发现，东西长2米，南北宽1.1～1.2米。包含物有大量的砖块，无法下探至底（图4-295）。

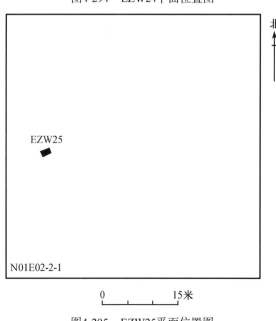

图4-295　EZW25平面位置图

EZW26

位于ⅠN01E01-2-4勘探单元的东南部。平面近似长方形，东西方向，距现地表深1.9～3.2米发现，东西长1.8米，南北宽1米。包含物有青砖、瓦片等，无法下探至底（图4-296）。

EZW31

位于ⅠN01E01-2-3勘探单元的东北部。平面近似长方形，南北方向，距现地表深2.8米发现，南北长1.1米，东西宽0.9米。包含物有大量的砖块，无法下探至底（图4-297）。

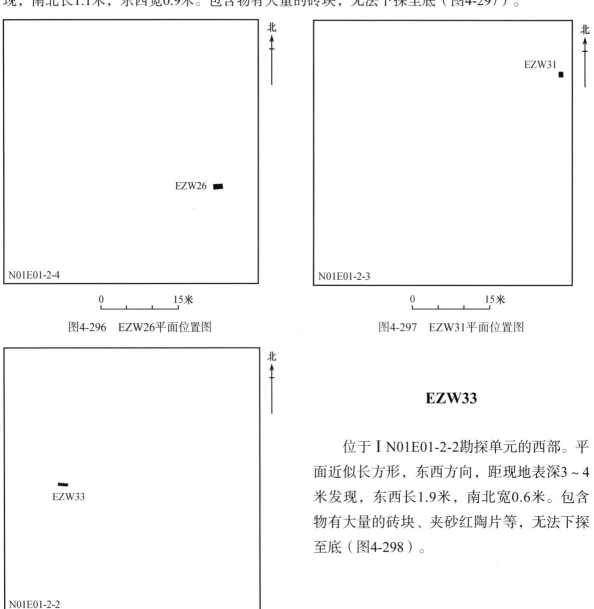

图4-296　EZW26平面位置图

图4-297　EZW31平面位置图

EZW33

位于ⅠN01E01-2-2勘探单元的西部。平面近似长方形，东西方向，距现地表深3～4米发现，东西长1.9米，南北宽0.6米。包含物有大量的砖块、夹砂红陶片等，无法下探至底（图4-298）。

图4-298　EZW33平面位置图

EZW34

位于ⅠN01E01-2-1勘探单元的东部。平面近似长方形,南北方向,距现地表深4~5米发现,南北长1.2米,东西宽1米。包含物有大量的砖块,无法下探至底(图4-299)。

EZW35

位于ⅠN01E01-3-2勘探单元的西南部。平面近似长方形,南北方向,距现地表深3.5~4米发现,南北长1.2~1.3米,东西宽0.8米。包含物有大量的砖块,无法下探至底(图4-300)。

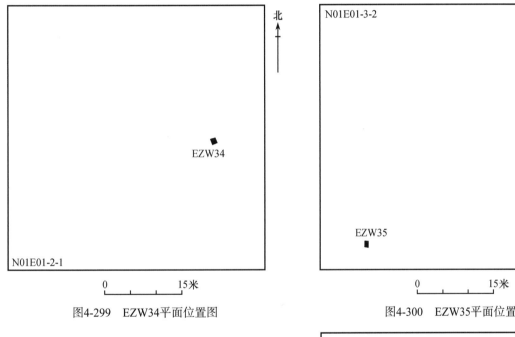

图4-299　EZW34平面位置图　　　　　　图4-300　EZW35平面位置图

EZW41

位于ⅠN01E01-1-3勘探单元的东部。平面呈不规则形,南北方向,距现地表深4.5米发现,南北长1.1米,东西宽1米。包含物有大量的砖块,无法下探至底(图4-301)。

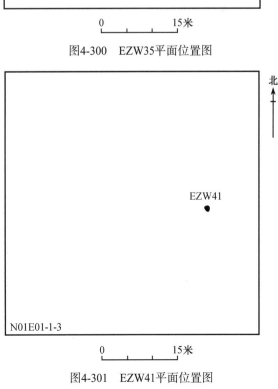

图4-301　EZW41平面位置图

EZW43

位于ⅠN01E01-1-3勘探单元的北部。平面呈不规则形，东西方向，距现地表深2.7米发现，东西长1.2米，南北宽1.1米。包含物有大量的砖块，无法下探至底（图4-302）。

EZW46

位于ⅠN01E01-1-2勘探单元的东南部。平面呈不规则形，东西方向，距现地表深3.5米发现，东西长1.1米，南北宽1.1米。包含物有大量的砖块，无法下探至底（图4-303）。

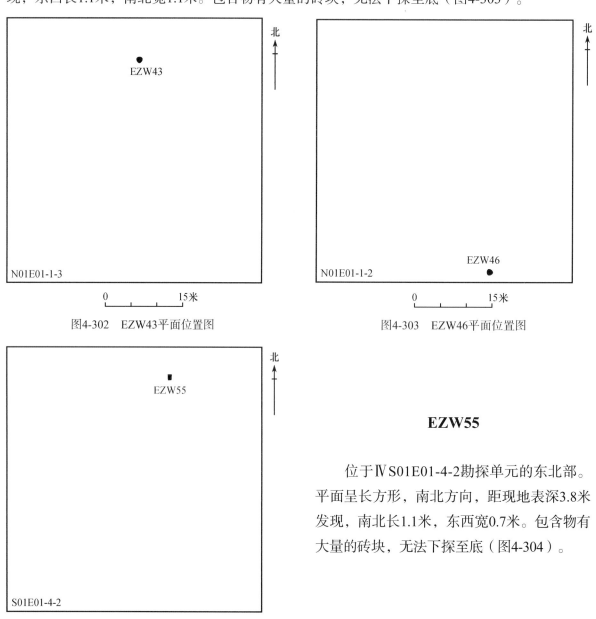

图4-302　EZW43平面位置图

图4-303　EZW46平面位置图

EZW55

位于ⅣS01E01-4-2勘探单元的东北部。平面呈长方形，南北方向，距现地表深3.8米发现，南北长1.1米，东西宽0.7米。包含物有大量的砖块，无法下探至底（图4-304）。

图4-304　EZW55平面位置图

EZW57

位于ⅣS01E01-4-3勘探单元的西部。平面呈不规则形，南北方向，距现地表深3.1米发现，南北长6.7米，东西宽4.4米。该遗迹西南部打破EJ39，包含物有大量的砖块，无法下探至底（图4-305）。

EZW59

位于ⅣS01E01-4-3勘探单元的北部。平面近似圆形，距现地表深4米发现，直径约为1.1米。包含物有大量的砖块，无法下探至底（图4-306）。

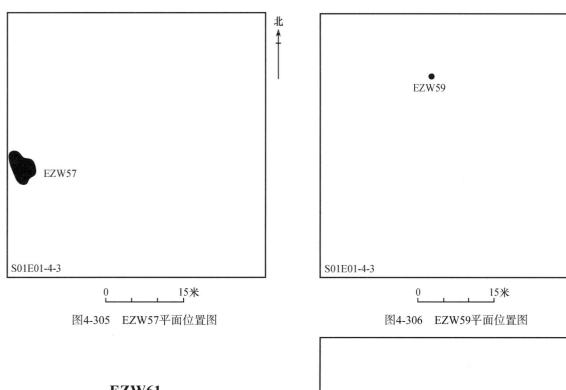

图4-305　EZW57平面位置图　　　　　　图4-306　EZW59平面位置图

EZW61

位于ⅣS01E01-4-3勘探单元的南部。平面呈不规则形，东西方向，距现地表深3.3米发现，东西长1.4米，南北宽1.1米。包含物有大量的砖块，无法下探至底（图4-307）。

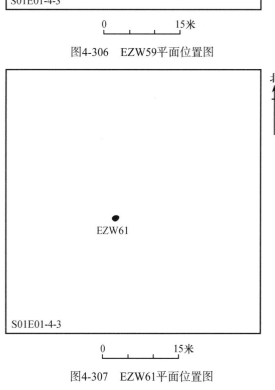

图4-307　EZW61平面位置图

EZW64

位于ⅣS01E01-4-3勘探单元的东部。平面呈不规则形，东西方向，距现地表深4.3米发现，东西长1米，南北宽0.9米。包含物有大量的砖块、夹砂红陶片等，无法下探至底（图4-308）。

EZW67

位于ⅣS01E01-4-4勘探单元的西北部。平面呈不规则形，南北方向，距现地表深2.8米发现，南北长1米，东西宽0.9米。包含物有大量的砖块，无法下探至底（图4-309）。

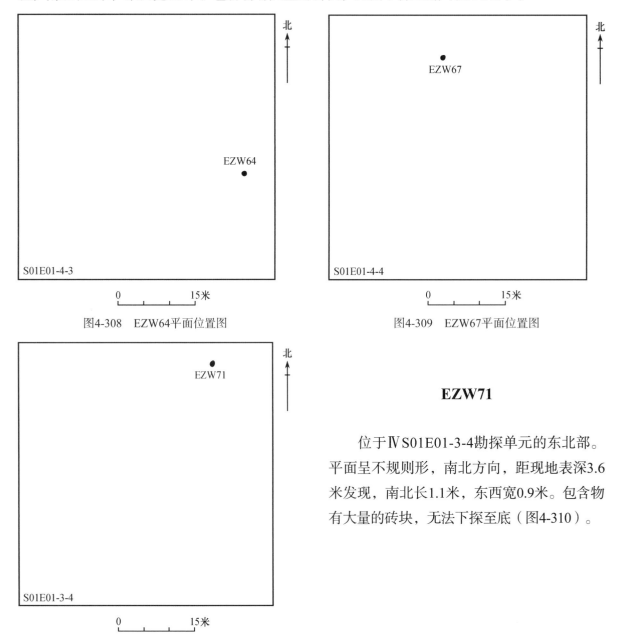

图4-308　EZW64平面位置图　　　　　　　图4-309　EZW67平面位置图

EZW71

位于ⅣS01E01-3-4勘探单元的东北部。平面呈不规则形，南北方向，距现地表深3.6米发现，南北长1.1米，东西宽0.9米。包含物有大量的砖块，无法下探至底（图4-310）。

图4-310　EZW71平面位置图

EZW72

位于Ⅳ S01E01-3-4勘探单元的东部。平面呈不规则形，东西方向，距现地表深4米发现，东西长1米，南北宽1米。包含物有大量的砖块，无法下探至底（图4-311）。

EZW83

位于Ⅳ S01E01-3-3勘探单元的西南部。平面呈不规则形，南北方向，距现地表深3.7米发现，南北长1米，东西宽1米。包含物有大量的砖块，无法下探至底（图4-312）。

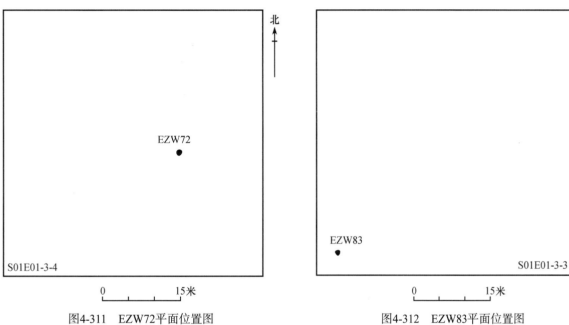

图4-311　EZW72平面位置图　　　　　图4-312　EZW83平面位置图

EZW87

位于Ⅳ S01E01-2-2勘探单元的东北部。平面呈不规则形，南北方向，距现地表深3.5米发现，南北长1米，东西宽0.8米。包含物有大量的砖块，无法下探至底（图4-313）。

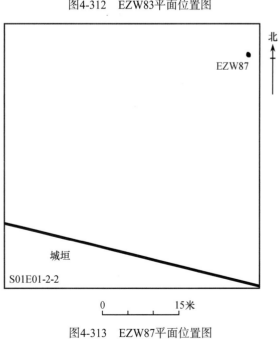

图4-313　EZW87平面位置图

EZW91

位于Ⅳ S01E01-2-3勘探单元的西北部。平面呈不规则形，东西方向，距现地表深2.8米发现，东西长1米，南北宽0.9米。包含物有大量的砖块，无法下探至底（图4-314）。

EZW92

位于Ⅳ S01E01-2-3勘探单元的西北部。平面呈不规则形，南北方向，距现地表深4.4米发现，南北长1.1米，东西宽0.9米。包含物有大量的砖块，无法下探至底（图4-315）。

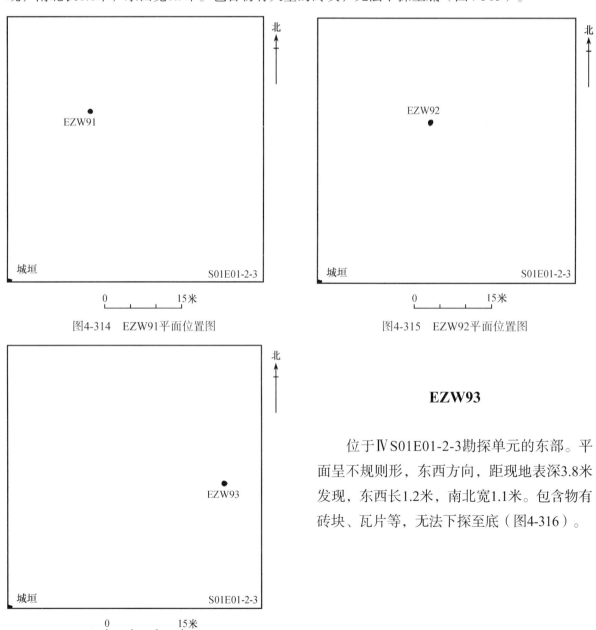

图4-314　EZW91平面位置图

图4-315　EZW92平面位置图

EZW93

位于Ⅳ S01E01-2-3勘探单元的东部。平面呈不规则形，东西方向，距现地表深3.8米发现，东西长1.2米，南北宽1.1米。包含物有砖块、瓦片等，无法下探至底（图4-316）。

图4-316　EZW93平面位置图

EZW97

　　位于Ⅳ S01E01-2-4勘探单元的南部。平面呈不规则形，南北方向，距现地表深3.5米发现，南北长1.1米，东西宽0.9米。包含物有大量的砖块，无法下探至底（图4-317）。

EZW98

　　位于Ⅳ S01E01-2-4勘探单元的北部。平面呈不规则形，南北方向，距现地表深3米发现，南北长1.1米，东西宽0.8米。包含物有大量的砖块，无法下探至底（图4-318）。

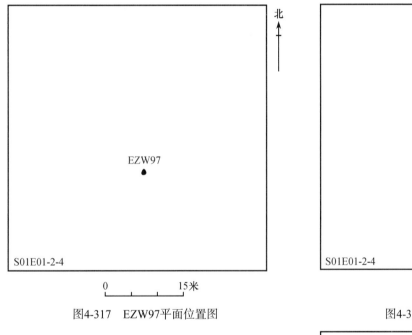

图4-317　EZW97平面位置图　　　　　　　　　图4-318　EZW98平面位置图

EZW99

　　位于Ⅳ S01E01-2-4勘探单元的东南部。平面呈不规则形，东西方向，距现地表深2米发现，东西长1米，南北宽0.9米。包含物有大量的砖块，无法下探至底（图4-319）。

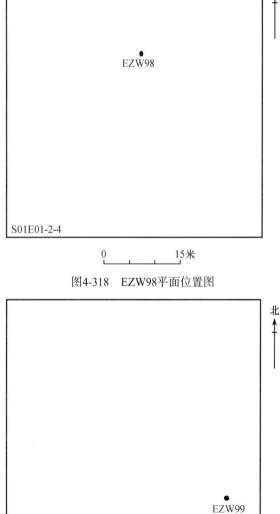

图4-319　EZW99平面位置图

EZW111

位于ⅡN01W01-2-1勘探单元的东北部、ⅡN01W01-2-2勘探单元的西北部、ⅡN01W01-3-1勘探单元的东南部及ⅡN01W01-3-2勘探单元的西南部。平面呈不规则形，东西方向，距现地表深2～5米发现，东西长18米，南北宽1.8～6米。包含物有大量的砖块、瓦片及夹砂红陶片等，无法下探至底（图4-320）。

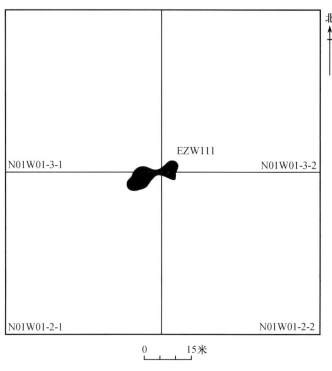

图4-320　EZW111平面位置图

四、水　　井

在城内遗址区可勘探范围发现水井69口，平面形状皆较规整，呈近似圆形（附图六）。现就城内遗址区发现水井遗迹分述如下。

EJ1

位于ⅡN02W01-2-1勘探单元的东南部。平面为近似圆形，开口距现地表深3.6米，直径约为4米，底距现地表深7米。包含物有碎砖块、黑灰点等（图4-321）。

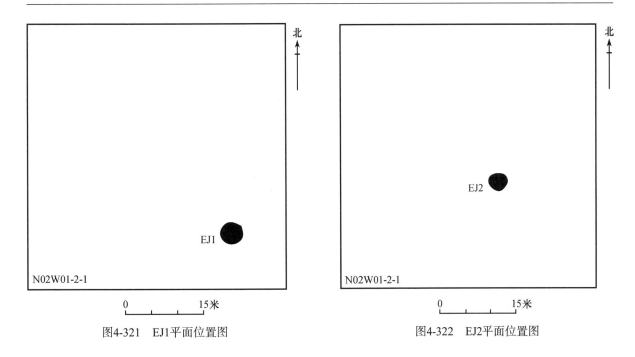

图4-321　EJ1平面位置图　　　　　　　　图4-322　EJ2平面位置图

EJ2

位于ⅡN02W01-2-1勘探单元的东南部。平面为近似圆形，开口距现地表深3.8米，直径约为3.5米，底距现地表深7米。包含物有碎砖块、夹砂灰陶片、黑灰点等（图4-322）。

EJ3

位于ⅡN02W02-1-4勘探单元的西部。平面为近似圆形，开口距现地表深3.8米，直径约为3.6米，底距现地表深7.5米。包含物有碎砖块、黑灰点等（图4-323）。

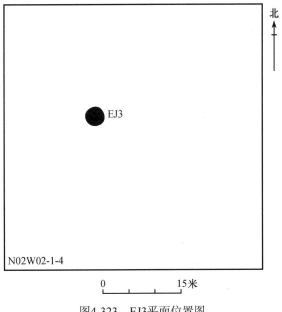

图4-323　EJ3平面位置图

EJ4

位于ⅡN02W01-1-1勘探单元的南部。平面为近似圆形，开口距现地表深3.7米，直径约为4米，底距现地表深6米。包含物有碎砖块、黑灰点等（图4-324）。

EJ5

位于ⅡN02W01-1-1勘探单元的东北部。平面为近似圆形，开口距现地表深4米，直径约为4.4米，底距现地表深7米。包含物有碎砖块、黑灰点等（图4-325）。

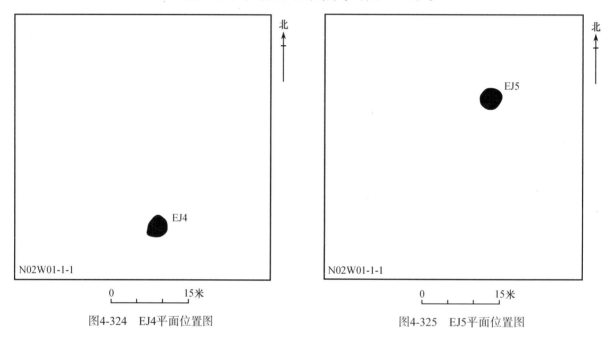

图4-324　EJ4平面位置图　　　　　　　　　图4-325　EJ5平面位置图

EJ6

位于ⅡN02W01-4-3勘探单元的西南部及ⅡN02W01-3-3勘探单元的西北部。平面为近似圆形，开口距现地表深3.8米，直径约为3.7米，底距现地表深7.5米。包含物有碎砖块、黑灰点、青泥、白灰等（图4-326）。

EJ7

位于ⅡN02W01-4-3勘探单元的西南部及ⅡN02W01-3-3勘探单元的西北部。平面为近似圆形，开口距现地表深3.5米，直径约为2.5米，底距现地表深6.2米。包含物有碎砖块、黑灰点、青泥等（图4-327）。

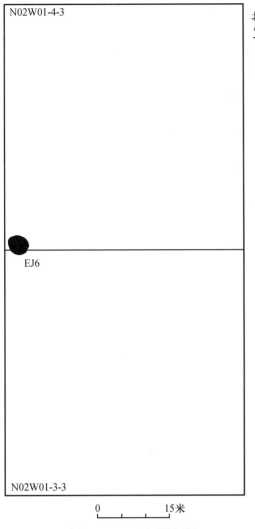

图4-326　EJ6平面位置图

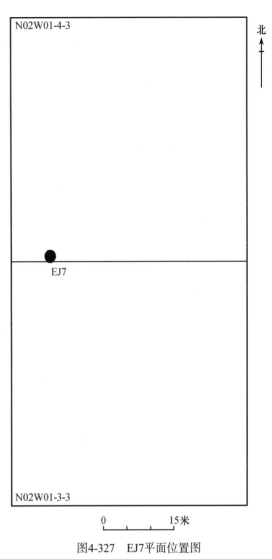

图4-327　EJ7平面位置图

EJ8

　　位于Ⅱ N02W01-4-3勘探单元的东南部。平面为近似圆形，开口距现地表深3.8米，直径约为4.2米，底距现地表深8米。包含物有碎砖块、黑灰点、青泥等（图4-328）。

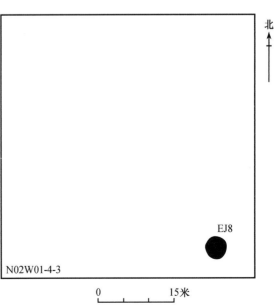

图4-328　EJ8平面位置图

EJ9

位于ⅡN02W01-4-3勘探单元的东南部。平面为近似圆形，开口距现地表深3.6米，直径约为4.4米，底距现地表深6.7米。包含物有碎砖块、黑灰点、青泥等（图4-329）。

EJ10

位于ⅡN02W01-4-3勘探单元的东北部。平面为近似圆形，开口距现地表深3.7米，直径约为3米，底距现地表深7米。包含物有碎砖块、黑灰点、青泥等（图4-330）。

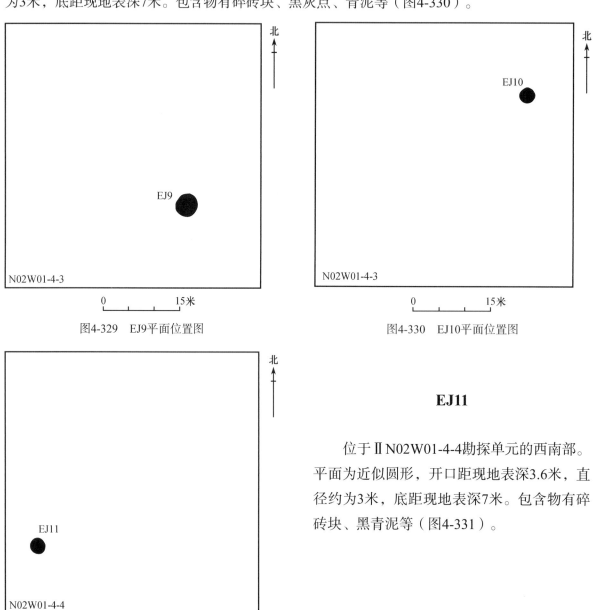

图4-329　EJ9平面位置图

图4-330　EJ10平面位置图

EJ11

位于ⅡN02W01-4-4勘探单元的西南部。平面为近似圆形，开口距现地表深3.6米，直径约为3米，底距现地表深7米。包含物有碎砖块、黑青泥等（图4-331）。

图4-331　EJ11平面位置图

EJ12

位于ⅡN02W01-4-4勘探单元的东南部。平面为近似圆形，开口距现地表深3.8米，直径约为5米，底距现地表深7.5米。包含物有碎砖块、青泥等（图4-332）。

EJ13

位于ⅡN02W01-1-4勘探单元的中部。平面为近似圆形，开口距现地表深3.8米，直径约为4.2米，底距现地表深8.3米。包含物有碎砖块、木头、青泥等（图4-333）。

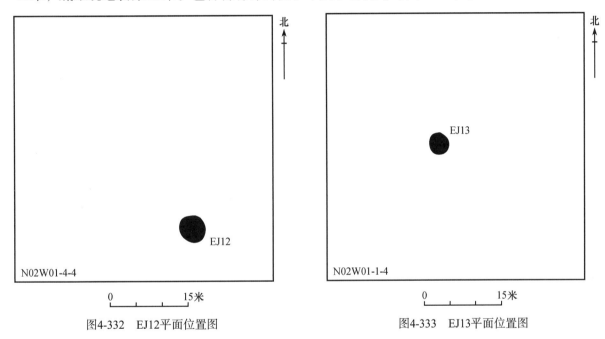

图4-332　EJ12平面位置图　　　　　　　图4-333　EJ13平面位置图

EJ14

位于ⅡN02W01-1-4勘探单元的北部及ⅡN02W01-2-4勘探单元的南部。平面为近似圆形，开口距现地表深3.6米，直径约为4米，底距现地表深7.5米。包含物有碎砖块、青泥等（图4-334）。

EJ15

位于ⅠN02E01-1-4勘探单元的东北部。平面为近似圆形，开口距现地表深1.5米，直径约为3米，底距现地表深6.5米。包含物有青砖、夹砂红陶片、灰点、瓦片等（图4-335）。

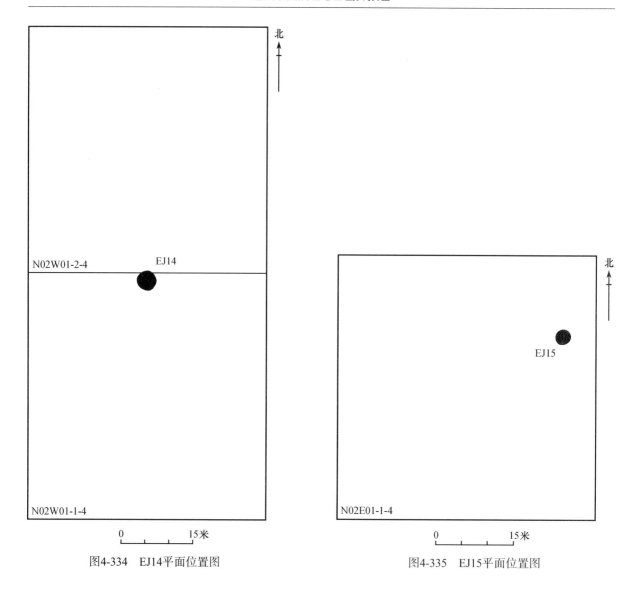

图4-334　EJ14平面位置图　　　　　　　　　图4-335　EJ15平面位置图

EJ16

位于ⅠN01E01-4-4勘探单元的东部。平面为近似椭圆形，开口距现地表深1.7～5米，直径为2.2～2.7米，距现地表深3.2～5米处见深灰色胶泥土，底距现地表深5.4米。包含物有青砖、夹砂红陶片、灰点、瓦片和树枝朽块等（图4-336）。

EJ17

位于ⅠN02E02-1-1勘探单元的东北部。平面为近似圆形，开口距现地表深3.5米，直径约为2.6米，底距现地表深6.7米。包含物有青砖、夹砂红陶片、瓦片等（图4-337）。

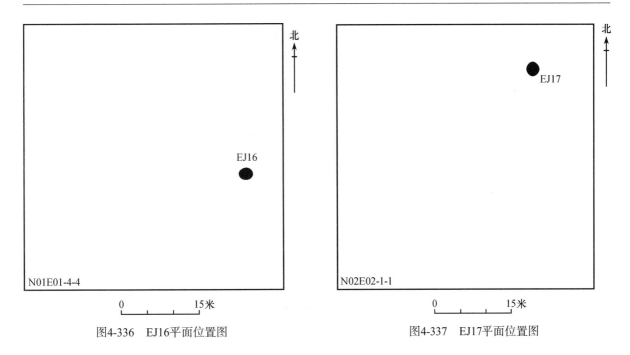

图4-336　EJ16平面位置图　　　　　　　图4-337　EJ17平面位置图

EJ18

位于ⅠN02E02-2-1勘探单元的西南部及ⅠN02E01-2-4勘探单元的东南部。平面为近似圆形，开口距现地表深1.8～3米，直径约为1.8米，底距现地表深6米。包含物有青砖、灰点、瓦片等（图4-338）。

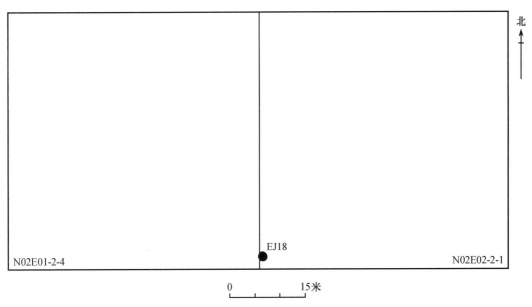

图4-338　EJ18平面位置图

EJ19

位于Ⅰ N02E02-2-1勘探单元的南部。平面为近似圆形，开口距现地表深3~3.5米，直径约为1.7米，底距现地表深7米。包含物有青砖、灰点、夹砂红陶片、瓦片等（图4-339）。

EJ20

位于Ⅰ N01E02-2-1勘探单元的南部。平面为近似圆形，开口距现地表深3米，直径约为2.3米，底距现地表深7.3米。该遗迹西部和南部分别被EZW23和EJZ258破坏。包含物有碎砖块、瓦片、朽木块等（图4-340）。

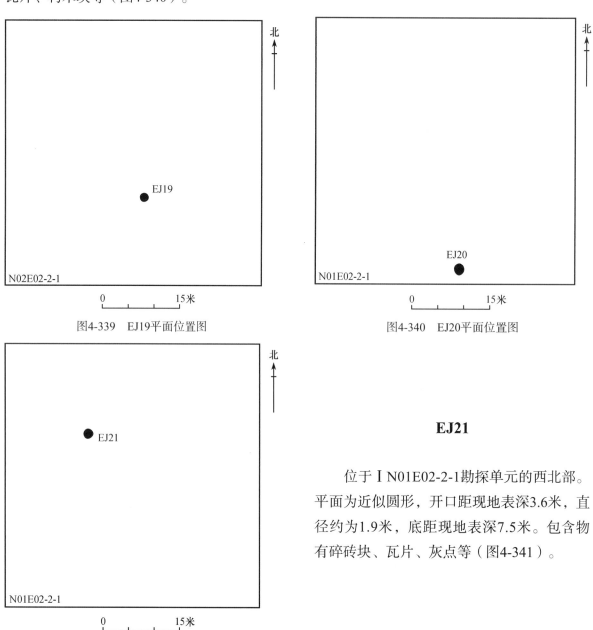

图4-339　EJ19平面位置图

图4-340　EJ20平面位置图

EJ21

位于Ⅰ N01E02-2-1勘探单元的西北部。平面为近似圆形，开口距现地表深3.6米，直径约为1.9米，底距现地表深7.5米。包含物有碎砖块、瓦片、灰点等（图4-341）。

图4-341　EJ21平面位置图

EJ22

位于ⅠN01E01-2-4勘探单元的西南部。平面为近似圆形，开口距现地表深3.4米，直径约为4.8米，探至地表下8.2米见水，无法提取土样。该遗迹北部被EJZ290破坏。包含物有碎砖块等（图4-342）。

EJ23

位于ⅠN01E01-2-3勘探单元的南部。平面为近似圆形，开口距现地表深3.5米，直径约为2.2米，底距现地表深8米。该遗迹西南部被EJZ308破坏。包含物有碎砖块、瓦片、灰点等（图4-343）。

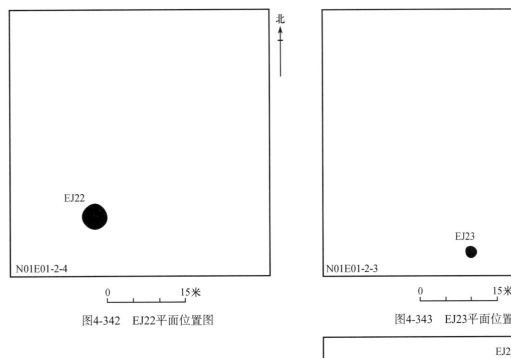

图4-342　EJ22平面位置图　　　　　　　　　图4-343　EJ23平面位置图

EJ24

位于ⅠN01E01-1-4勘探单元的东北部。平面为近似圆形，开口距现地表深3米，直径约为2.3米，探至地表下9.5米见水，无法提取土样。该遗迹完全位于EK12内部。包含物有碎砖块、夹砂灰陶片等（图4-344）。

图4-344　EJ24平面位置图

EJ25

位于ⅠN01E01-1-4勘探单元的东南部及ⅠN01E02-1-1勘探单元的西南部。平面为近似圆形，开口距现地表深4.2米，直径约为3米，底距现地表深8米。在地表下7~8米处有1米左右的青泥。该遗迹被EJZ365破坏。包含物有碎砖块、瓦片等（图4-345）。

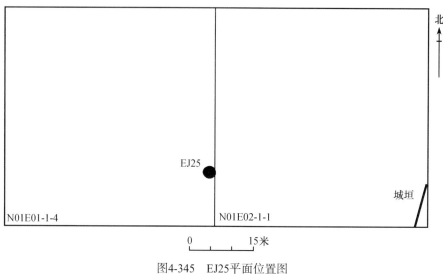

图4-345　EJ25平面位置图

EJ26

位于ⅠN01E01-1-4勘探单元的南部。平面为近似圆形，开口距现地表深5米，直径约为3.8米，底距现地表深9.2米。在地表下8.5~9米处有0.5米左右的黑色淤泥。包含物有碎砖块、瓦片、灰点、夹砂灰陶片等（图4-346）。

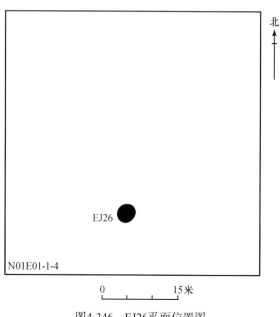

图4-346　EJ26平面位置图

EJ27

位于ⅠN01E01-1-4勘探单元的西南部。平面为近似圆形，开口距现地表深5米，直径约为4米，底距现地表深8米，在地表下6.5～7米处有木屑碎片。包含物有碎砖块、瓦片、灰点、木屑等（图4-347）。

EJ28

位于ⅠN01E01-1-4勘探单元的北部。平面为近似圆形，开口距现地表深4.8米，直径约为4.4米，底距现地表深9米。在地表下8～9米处有1米左右的黑色淤泥。该遗迹南部被EJZ387破坏，EJZ409完全位于其内部。包含物有碎砖块、瓦片、灰点等（图4-348）。

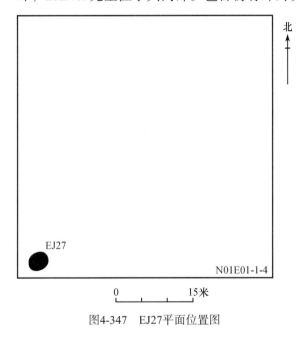

图4-347　EJ27平面位置图

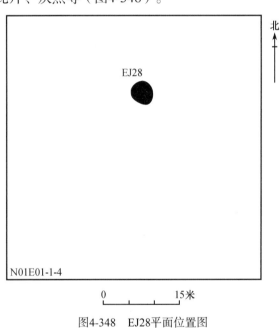

图4-348　EJ28平面位置图

EJ29

位于ⅠN01E01-1-4勘探单元的西部。平面为近似圆形，开口距现地表深5米，直径约为3米，底距现地表深8.7米。在地表下8～8.5米处有0.5米左右的黑色淤泥。包含物有碎砖块、瓦片、夹砂灰陶片等（图4-349）。

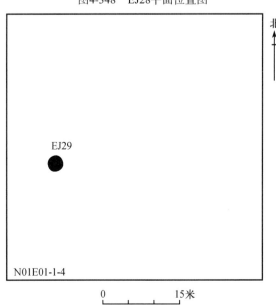

图4-349　EJ29平面位置图

EJ30

位于ⅠN01E01-1-3勘探单元的东南部。平面为近似圆形，开口距现地表深3.5米，直径约为2.9米，底距现地表深8.5米。包含物有碎砖块、瓦片、灰点等（图4-350）。

EJ31

位于ⅠN01E01-1-3勘探单元的西部。平面为近似圆形，开口距现地表深3.3米，直径约为2.5米，底距现地表深9.1米。包含物有碎砖块、瓦片、灰点等（图4-351）。

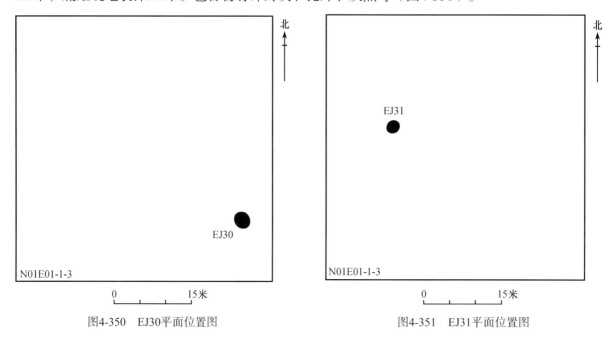

图4-350　EJ30平面位置图　　　　　　　图4-351　EJ31平面位置图

EJ32

位于ⅠN01E01-1-2勘探单元的东南部及ⅠN01E01-1-3勘探单元的西南部。平面为近似圆形，开口距现地表深2.5米，直径约为2.5米，底距现地表深8.1米。包含物有碎砖块、瓦片、灰点等（图4-352）。

EJ33

位于ⅣS01E01-4-2勘探单元的西南部。平面为近似椭圆形，开口距现地表深1.9米，直径为2.1~2.5米，底距现地表深6.2米。包含物有碎砖块、瓦片、灰点等（图4-353）。

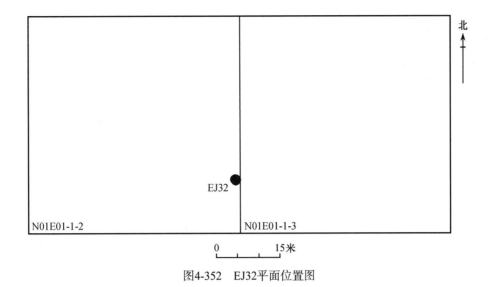

图4-352　EJ32平面位置图

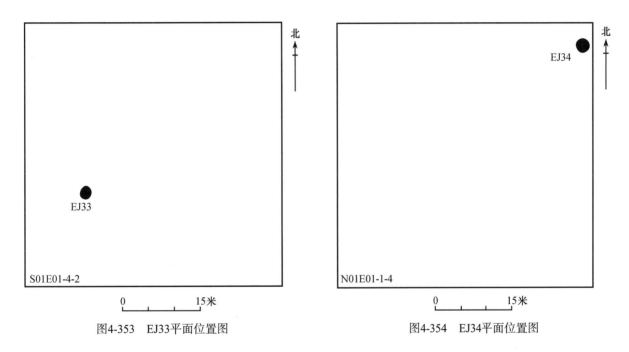

图4-353　EJ33平面位置图　　　　　　　　　图4-354　EJ34平面位置图

EJ34

位于ⅠN01E01-1-4勘探单元的东北部。平面为近似圆形，开口距现地表深2.5米，直径约为2.7米，底距现地表深7.6米。包含物有碎砖块、瓦片、灰点等（图4-354）。

EJ35

位于ⅣS01E01-4-2勘探单元的东部。平面为近似椭圆形，开口距现地表深3.6米，直径为3.1～3.4米，底距现地表深8.5米。包含物有碎砖块、瓦片、灰点等（图4-355）。

EJ36

位于ⅣS01E01-4-2勘探单元的东北部。平面为近似圆形，开口距现地表深4.4米，直径约为2米，底距现地表深8.2米。包含物有碎砖块、瓦片、灰点等（图4-356）。

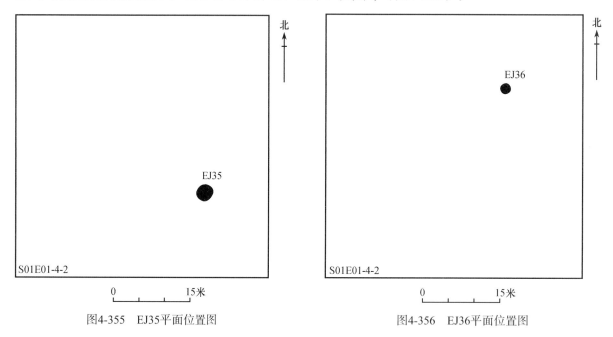

图4-355　EJ35平面位置图　　　　　　　　图4-356　EJ36平面位置图

EJ37

位于ⅣS01E01-4-3勘探单元的西北部及ⅣS01E01-4-2勘探单元的东北部。平面为近似椭圆形，开口距现地表深4.5米，直径为4.1～4.7米，底距现地表深7.9米。该遗迹南部被EJ38打破。包含物有碎砖块、瓦片、灰点等（图4-357）。

EJ38

位于ⅣS01E01-4-3勘探单元的西北部及ⅣS01E01-4-2勘探单元的东北部。平面为近似椭圆形，开口距现地表深2.2米，直径为3.8～4.3米，底距现地表深8.1米。该遗迹北部打破EJ37。包含物有碎砖块、瓦片、灰点等（图4-358）。

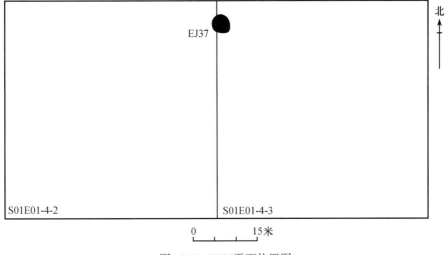

图4-357 EJ37平面位置图

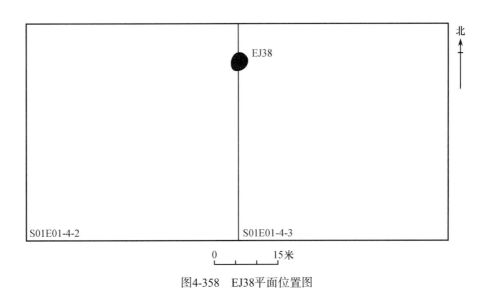

图4-358 EJ38平面位置图

EJ39

位于ⅣS01E01-4-3勘探单元的西南部及ⅣS01E01-4-2勘探单元的东南部。平面为近似椭圆形，开口距现地表深3.3米，直径为3.4～3.6米，底距现地表深8.5米。该遗迹东北部被EZW57打破，包含物有碎砖块、瓦片、灰点等（图4-359）。

EJ40

位于ⅣS01E01-4-3勘探单元的西南部。平面为近似椭圆形，开口距现地表深3米，直径为3～3.3米，底距现地表深7.2米。包含物有碎砖块、瓦片、灰点等（图4-360）。

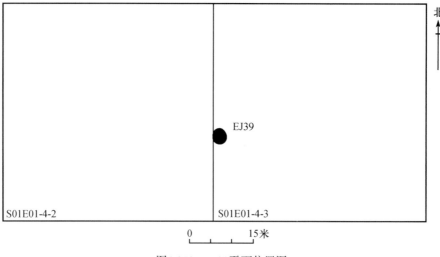

图4-359　EJ39平面位置图

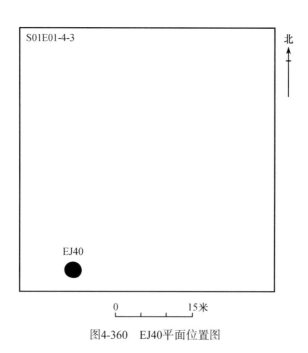

图4-360　EJ40平面位置图

EJ41

位于Ⅳ S01E01-3-3勘探单元的西北部。平面为近似椭圆形，开口距现地表深1.9米，直径为3.7~3.9米，底距现地表深6.2米。包含物有碎砖块、瓦片、灰点等（图4-361）。

EJ42

位于Ⅳ S01E01-4-3勘探单元的东北部。平面为近似圆形，开口距现地表深2.1米，直径约为1.2米，底距现地表深5.6米。包含物有碎砖块、瓦片、灰点等（图4-362）。

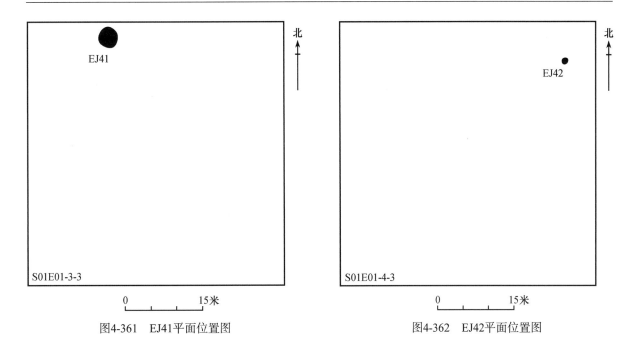

图4-361　EJ41平面位置图　　　　　　　　图4-362　EJ42平面位置图

EJ43

位于ⅣS01E01-4-4勘探单元的西南部。平面为近似椭圆形，开口距现地表深2.3米，直径为3.9~4.1米，底距现地表深6.9米。包含物有碎砖块、瓦片、灰点等（图4-363）。

EJ44

位于ⅣS01E01-4-4勘探单元的南部。平面为近似椭圆形，开口距现地表深3.3米，直径为2.6~2.8米，底距现地表深7.5米。包含物有碎砖块、瓦片、灰点等（图4-364）。

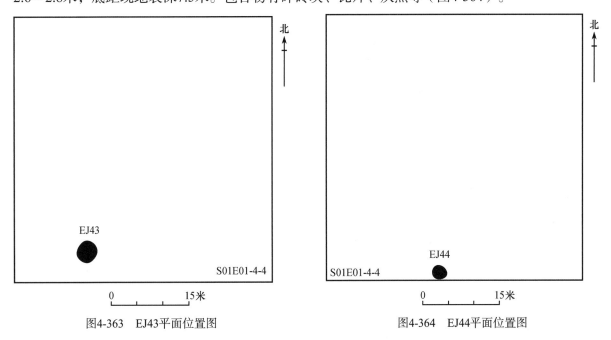

图4-363　EJ43平面位置图　　　　　　　　图4-364　EJ44平面位置图

EJ45

位于Ⅳ S01E02-4-1勘探单元的西南部。平面为近似椭圆形，开口距现地表深2.4米，直径为2～2.3米，底距现地表深6.9米。包含物有碎砖块、瓦片、灰点等（图4-365）。

EJ46

位于Ⅳ S01E02-4-1勘探单元的西南部。平面为近似椭圆形，开口距现地表深3.1米，直径为4.1～4.3米，底距现地表深8.5米。包含物有碎砖块、瓦片、灰点等（图4-366）。

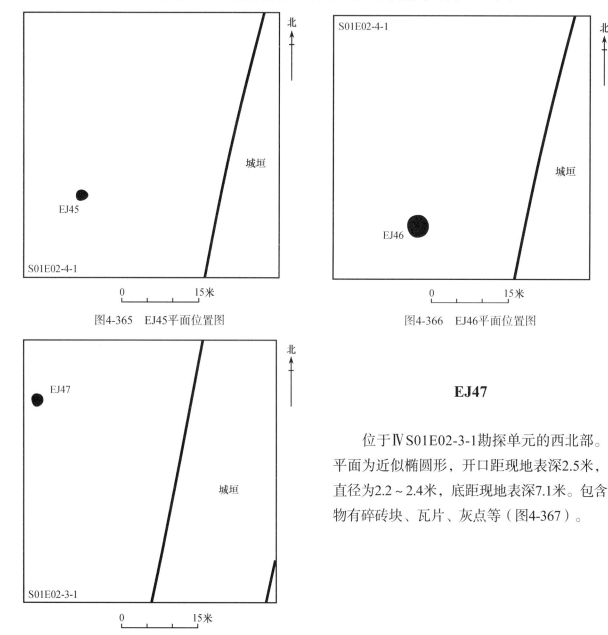

图4-365　EJ45平面位置图

图4-366　EJ46平面位置图

EJ47

位于Ⅳ S01E02-3-1勘探单元的西北部。平面为近似椭圆形，开口距现地表深2.5米，直径为2.2～2.4米，底距现地表深7.1米。包含物有碎砖块、瓦片、灰点等（图4-367）。

图4-367　EJ47平面位置图

EJ48

位于ⅣS01E01-3-4勘探单元的东部。平面为近似椭圆形，开口距现地表深3米，直径为2～2.2米，底距现地表深7.7米。包含物有碎砖块、瓦片、灰点等（图4-368）。

EJ49

位于ⅣS01E01-3-4勘探单元的东部。平面为近似椭圆形，开口距现地表深2.8米，直径为3.6～3.9米，底距现地表深6.9米。包含物有碎砖块、瓦片、灰点等（图4-369）。

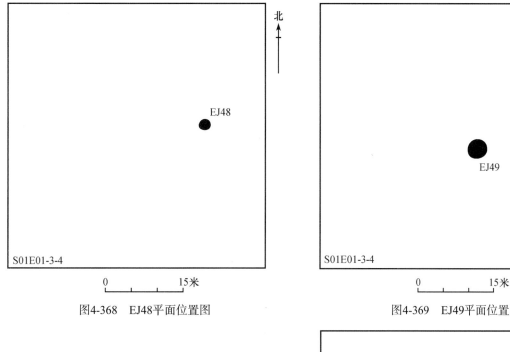

图4-368　EJ48平面位置图　　　　　　　　图4-369　EJ49平面位置图

EJ50

位于ⅣS01E01-3-4勘探单元的北部。平面为近似圆形，开口距现地表深3.3米，直径约为2.4米，底距现地表深7.8米。包含物有碎砖块、瓦片、灰点等（图4-370）。

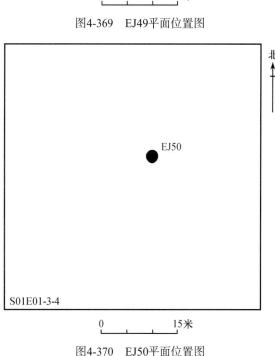

图4-370　EJ50平面位置图

EJ51

位于ⅣS01E01-3-4勘探单元的西南部。平面为近似圆形，开口距现地表深3.6米，直径为2.9～3.1米，底距现地表深7.6米。包含物有碎砖块、瓦片、灰点等（图4-371）。

EJ52

位于ⅣS01E01-2-3勘探单元的东北部。平面为近似圆形，开口距现地表深2.6米，直径为3～3.2米，底距现地表深8.1米。包含物有碎砖块、瓦片、灰点等（图4-372）。

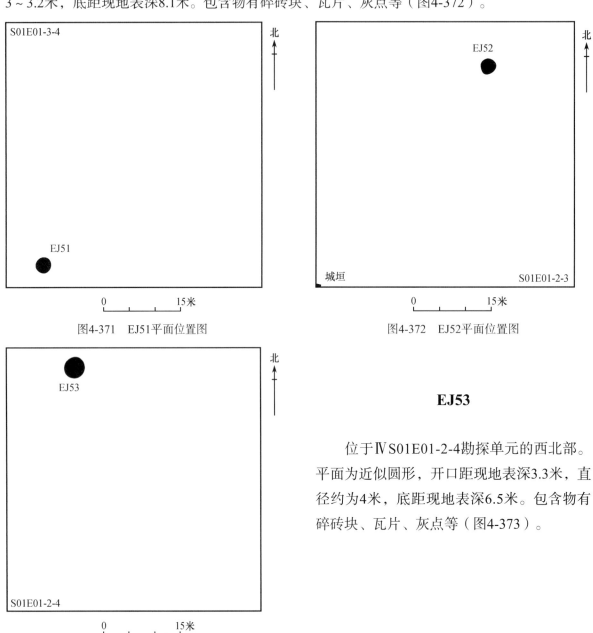

图4-371　EJ51平面位置图

图4-372　EJ52平面位置图

EJ53

位于ⅣS01E01-2-4勘探单元的西北部。平面为近似圆形，开口距现地表深3.3米，直径约为4米，底距现地表深6.5米。包含物有碎砖块、瓦片、灰点等（图4-373）。

图4-373　EJ53平面位置图

EJ54

位于ⅠN01E01-1-2勘探单元的西北部及ⅠN01E01-1-1勘探单元的东北部。平面为近似椭圆形，开口距现地表深2.5米，直径为2.8～3.4米，底距现地表深7.8米。包含物有碎砖块、瓦片、灰点等（图4-374）。

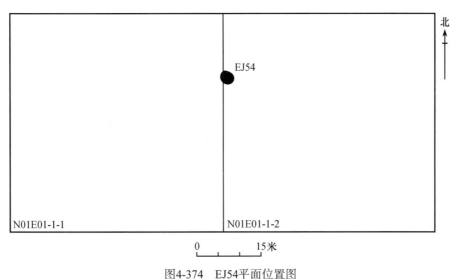

图4-374　EJ54平面位置图

EJ55

位于ⅡN01W01-3-3勘探单元的南部。平面为近似圆形，开口距现地表深3.3米，直径约为2米，底距现地表深6.5米。包含物有碎砖块、瓦片、灰点等（图4-375）。

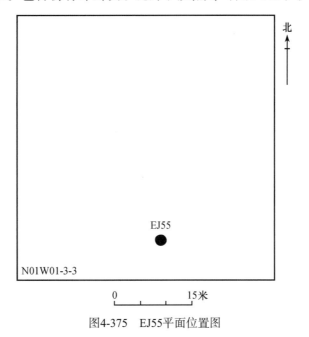

图4-375　EJ55平面位置图

EJ56

位于ⅢS01W01-4-2勘探单元的东北部。平面为近似圆形，开口距现地表深2.8米，直径约为2.4米，底距现地表深7.8米。包含物有碎砖块、瓦片、灰点等（图4-376）。

EJ57

位于ⅠN01E01-1-1勘探单元的东南部。平面为近似椭圆形，开口距现地表深2.6米，直径为3.1～3.7米，底距现地表深7米。包含物有碎砖块、瓦片、灰点等（图4-377）。

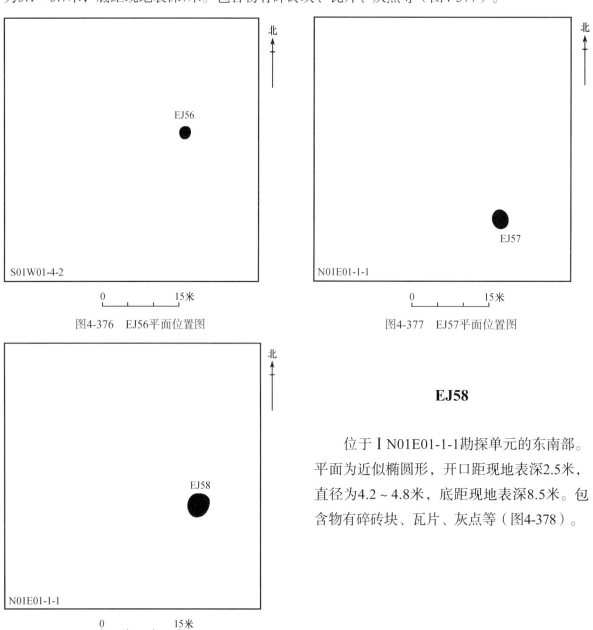

图4-376　EJ56平面位置图

图4-377　EJ57平面位置图

EJ58

位于ⅠN01E01-1-1勘探单元的东南部。平面为近似椭圆形，开口距现地表深2.5米，直径为4.2～4.8米，底距现地表深8.5米。包含物有碎砖块、瓦片、灰点等（图4-378）。

图4-378　EJ58平面位置图

EJ59

位于Ⅲ S01W01-3-4勘探单元的东南部。平面为近似椭圆形，开口距现地表深3.1米，直径为4.1～5.1米，底距现地表深8米。包含物有碎砖块、瓦片、灰点等（图4-379）。

EJ60

位于Ⅲ S01W01-3-4勘探单元的西南部。平面为近似椭圆形，开口距现地表深2.4米，直径为4.6～5.5米，底距现地表深7.5米。包含物有碎砖块、瓦片、灰点等（图4-380）。

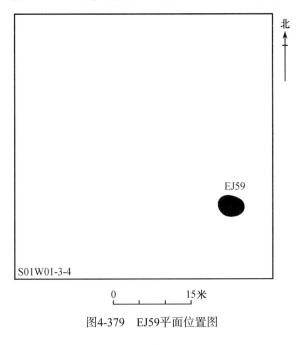

图4-379　EJ59平面位置图

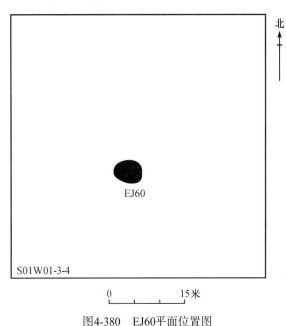

图4-380　EJ60平面位置图

EJ61

位于Ⅲ S01W01-4-4勘探单元的西南部。平面为近似圆形，开口距现地表深4.5米，直径约为2.6米，底距现地表深7.5米。包含物有碎砖块、瓦片、陶片、灰点等（图4-381）。

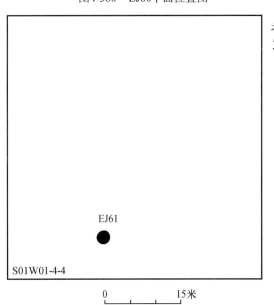

图4-381　EJ61平面位置图

EJ62

位于Ⅲ S01W01-3-4勘探单元的北部。平面为近似圆形，开口距现地表深3.5～4米，直径约为2.4米，底距现地表深8米。包含物有碎砖块、瓦片、陶片、灰点等（图4-382）。

EJ63

位于Ⅱ N01W01-2-3勘探单元的东北部。平面为近似圆形，开口距现地表深4.2米，直径约为3.1米，底距现地表深8.5米。在地表下4.5米处发现青砖，7.6米处发现木头。包含物有碎砖块、瓦片、灰点等（图4-383）。

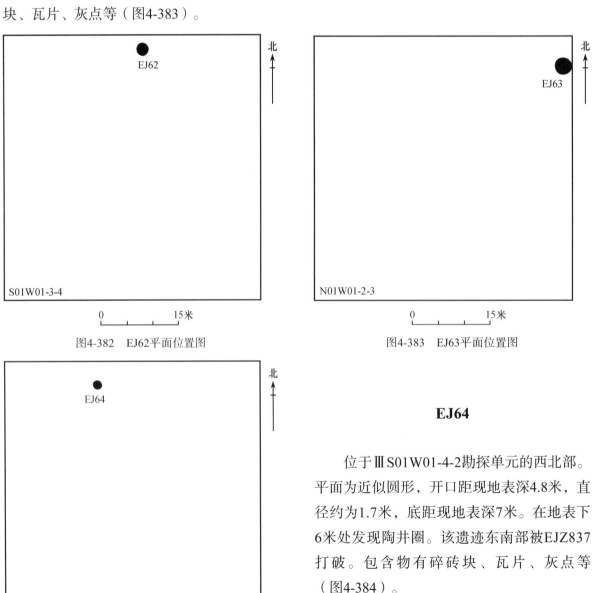

图4-382　EJ62平面位置图　　　　　　　　图4-383　EJ63平面位置图

EJ64

位于Ⅲ S01W01-4-2勘探单元的西北部。平面为近似圆形，开口距现地表深4.8米，直径约为1.7米，底距现地表深7米。在地表下6米处发现陶井圈。该遗迹东南部被EJZ837打破。包含物有碎砖块、瓦片、灰点等（图4-384）。

图4-384　EJ64平面位置图

EJ65

位于ⅡN01W01-1-2勘探单元的西南部及Ⅲ S01W01-4-2勘探单元的西北部。平面为近似圆形，开口距现地表深5米，直径约为3.5米，底距现地表深8米。包含物有碎砖块、瓦片、灰点等（图4-385）。

EJ66

位于ⅠN02E01-2-2勘探单元的南部。平面为近似圆形，开口距现地表深4.5米，直径为3.4～4米，底距现地表深6.4米。在地表下6.2米处见青泥，该遗迹东南部被EJZ872打破。包含物有碎砖块、瓦片、灰点等（图4-386）。

EJ67

位于ⅡN02W01-2-3勘探单元的东北部。平面为近似圆形，开口距现地表深4米，直径约为1.5米，底距现地表深6.7米。在地表下6.3米处发现木头，6.5米处发现青泥。包含物有碎砖块、瓦片、灰点等（图4-387）。

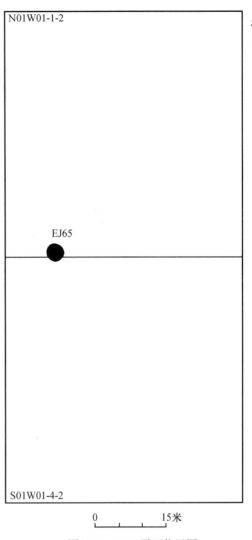

图4-385　EJ65平面位置图

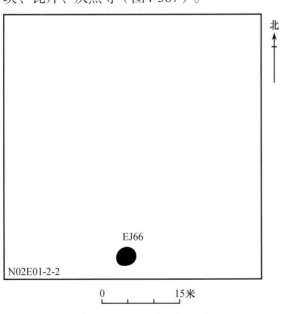

图4-386　EJ66平面位置图

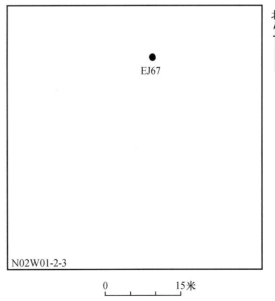

图4-387　EJ67平面位置图

EJ68

位于ⅢS01W02-4-3勘探单元的东北部。平面为近似椭圆形，开口距现地表深1.5米，直径为2.2～2.6米，底距现地表深7米。在地表下6.8米处发现青泥。包含物有碎砖块、瓦片、灰点等（图4-388）。

EJ69

位于ⅣS01E01-3-1勘探单元的西南部。平面为近似圆形，开口距现地表深3.5米，直径约为2.7米，底距现地表深8米。在地表下7.5米处发现青泥。包含物有碎砖块、瓦片、灰点等（图4-389）。

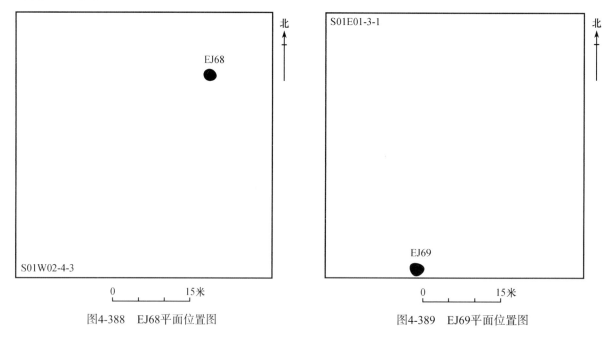

图4-388　EJ68平面位置图　　　　　　　图4-389　EJ69平面位置图

五、窑　　址

在城内遗址区可勘探范围发现窑址12座，大多数被破坏较为严重，主要分布于城垣两侧（附图八）。现就城内遗址区发现的窑址分述如下。

EY1

位于Ⅱ N02W02-3-4勘探单元的西南部。平面呈近似"葫芦"形，东西方向，开口距现地表深2米。窑室长3.2米，宽3.4米，底距现地表深3米；操作间长5.6米，宽2.8米，底距现地表深3米。包含物有红烧土、炭灰等（图4-390）。

EY2

位于Ⅱ N02W02-1-4勘探单元的南部。平面呈近似"葫芦"形，东西方向，开口距现地表深4.5米。窑室长3米，宽3.8米，底距现地表深5.2米；操作间长4.5米，宽3.5米，底距现地表深4米。包含物有红烧土、炭灰等（图4-391）。

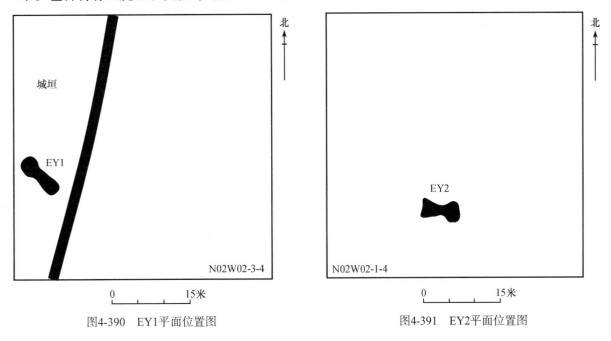

图4-390　EY1平面位置图　　　　　　　图4-391　EY2平面位置图

EY3

位于Ⅰ N01E02-4-2勘探单元的西北部及Ⅰ N01E02-4-1勘探单元的东北部。平面呈近似"葫芦"形，东西方向，开口距现地表深3.5米。窑室长4米，宽3.6米，底距现地表深4.5米；操作间残长0.7米，残宽1~1.2米。深5米。包含物有红烧土、砖块、瓦片等（图4-392）。

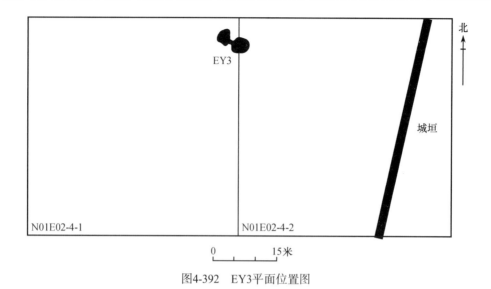

图4-392　EY3平面位置图

EY4

　　位于ⅠN01E02-4-2勘探单元的东北部。平面呈近似"葫芦"形，东西方向，开口距现地表深3.5米。窑室长3.6米，宽3.5米，底距现地表深4.2米；操作间长3.3米，宽1.7～2.5米，底距现地表深4.8米。包含物有红烧土、砖块、炭灰等（图4-393）。

EY5

　　位于ⅠN01E02-4-2勘探单元的东南部。平面呈近似"葫芦"形，东西方向，开口距现地表深1.5米。窑室长3.7米，宽3.3米，底距现地表深2.1米；操作间长3.5米，宽2.2～2.5米，底距现地表深2.5米。包含物有红烧土、瓦片、砖块、炭灰等（图4-394）。

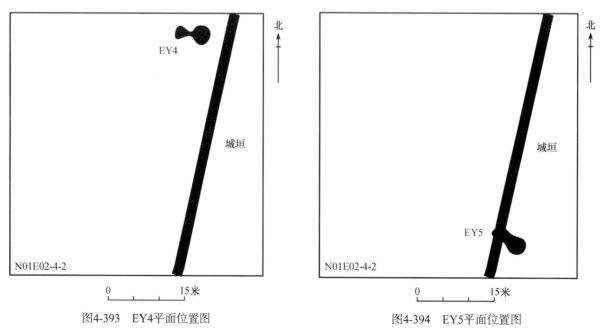

图4-393　EY4平面位置图　　　　　　　　图4-394　EY5平面位置图

EY6

位于ⅠN02E02-2-2勘探单元的东南部及ⅠN02E02-2-3勘探单元的西南部。平面呈近似"葫芦"形，南北方向，开口距现地表深2.6米。窑室长5.2米，宽3米，底距现地表深4.2米；操作间长2.1米，宽1.5米，探至地表下2.6米处见砖，无法下探至底。包含物有炭灰、砖块、红烧土等（图4-395）。

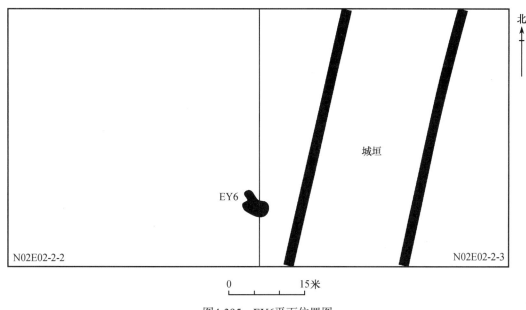

图4-395　EY6平面位置图

EY7

位于ⅠN01E02-2-2勘探单元的东南部。平面呈近似"葫芦"形，东西方向，开口距现地表深1.3米。窑室长5.5米，宽5.3米，探至地表下2米处见砖，无法下探至底；操作间长2.5米，宽1.8～2.5米，底距现地表深4.3米，操作间部分被EK10打破。包含物有红烧土、砖块、炭灰等（图4-396）。

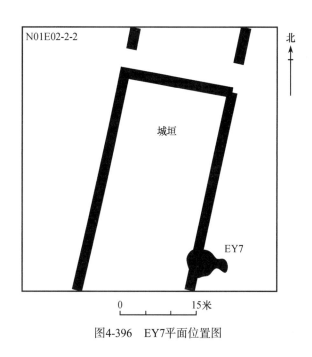

图4-396　EY7平面位置图

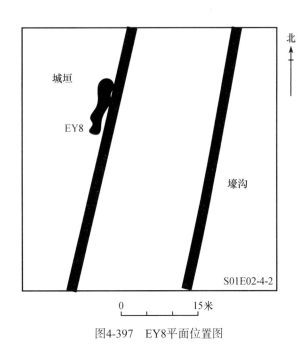

图4-397　EY8平面位置图

EY8

位于Ⅳ S01E02-4-2勘探单元的西北部。平面呈不规则形，南北方向，开口距现地表深1.8米。窑室长7.7米，宽1.9～2.8米，底距现地表深1.9米；操作间长3米，宽1.7～1.9米，底距现地表深1.9米。该遗迹窑室部分破坏严重形状不存。包含物有红烧土、砖块等（图4-397）。

EY9

位于Ⅳ S01E02-2-1勘探单元的东北部、Ⅳ S01E02-2-2勘探单元的西北部及Ⅳ S01E02-3-1勘探单元的东南部。平面呈近似"葫芦"形，东西方向，开口距现地表深1.1米。窑室长3.8米，宽4.2米，探至地表下1.2米处见砖，无法下探至底，无烧结面；操作间长2.7米，宽1.4～2米，底距现地表深2.4米。包含物有红烧土、炭灰、砖块等（图4-398）。

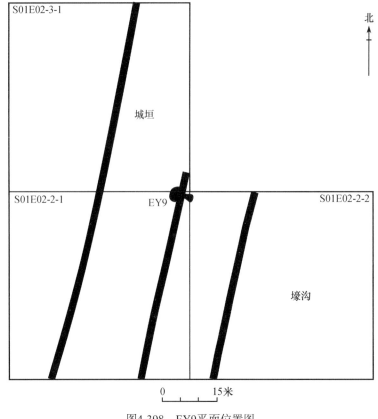

图4-398　EY9平面位置图

EY10

位于ⅠN01E01-3-1勘探单元的东南部。平面呈近似"葫芦"形，东西方向，开口距现地表深2.5米。窑室长5.7米，宽6.2米，探至地表下2.5米处见砖，无法下探至底，有烧结面；操作间长4米，宽1.6～4.4米，底距现地表深4米。该遗迹操作间西北部被现代建筑垃圾坑遮挡无法下探，窑室北部将EJZ327叠压在下。包含物有红烧土、灰土、砖块等（图4-399）。

EY11

位于ⅢS01W01-4-2勘探单元的西北部。平面呈近似椭圆形，东西方向，开口距现地表深2米。窑室长2.7米，宽2.4米，探至地表下2.7米处见砖，无法下探至底；操作间具体尺寸不详。该遗迹大部分被EJZ641破坏，具体形制不详。包含物有红烧土、砖块等（图4-400）。

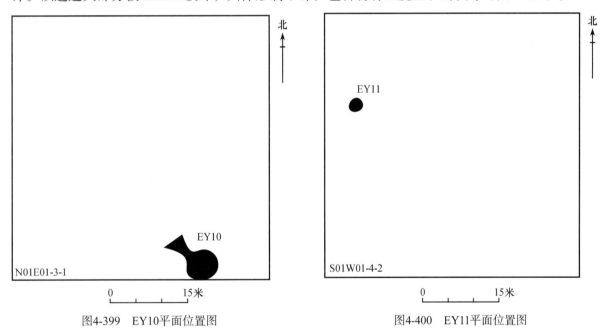

图4-399 EY10平面位置图　　　　　　图4-400 EY11平面位置图

EY12

位于ⅢS01W01-4-1勘探单元的东北部及ⅢS01W01-4-2勘探单元的西北部。平面呈近似椭圆形，东西方向，开口距现地表深2.8米。窑室长4米，宽3米，探至地表下3.1米处见砖，无法下探至底；操作间具体尺寸不详。该遗迹西南部被EJZ640破坏，具体形制不详。包含物有红烧土、砖块等（图4-401）。

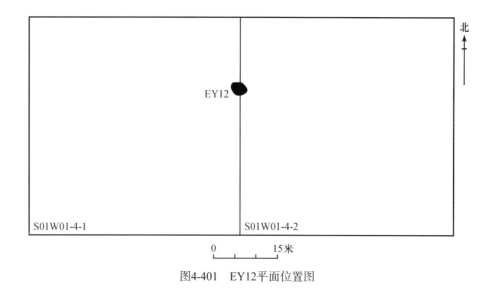

图4-401　EY12平面位置图

六、灰　　坑

在城内遗址区可勘探范围发现较为明显的灰坑208座，包含大量砖块、陶片、黑灰点、红烧土等，平面形状多不规整，分布深度也多样（附图九）。此不详述，相关资料参见附表十二。现就城内遗址区发现的灰坑举例如下。

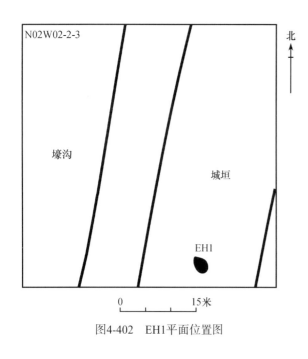

图4-402　EH1平面位置图

EH1

位于ⅡN02W02-2-3勘探单元的东南部。平面呈不规则形，南北方向，距现地表深1～1.5米[1]发现，南北长3.6米，东西宽2.5米。包含物有砖块、灰点、陶片等（图4-402）。

EH2

位于ⅡN02W01-2-2勘探单元的西部及ⅡN02W01-2-1勘探单元的东部。平面呈不规则形，东西方向，距现地表深5～5.5米发现，东西长19米，南北宽5.5～8米。包含物有砖块、灰点、陶片等（图4-403）。

---

　　[1]　当该描述为数值范围时，前一个数据为开口距现地表深度，后一个数据为底距现地表深度或探至砖等无法下探的深度；当该描述为单个数值时，则是开口直接探到砖等而无法下探的情况。关于灰坑此类描述皆同，特此说明。

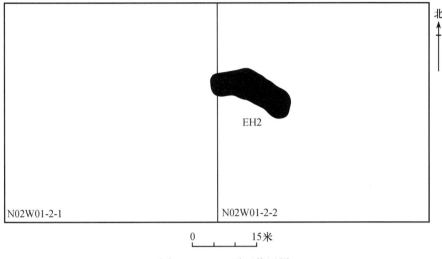

图4-403　EH2平面位置图

EH3

位于ⅡN02W01-3-2勘探单元的西南部。平面呈不规则形，南北方向，距现地表深2.5～4米发现，南北长16.5米，东西宽3.5～6米。包含物有砖块、灰点、陶片等（图4-404）。

EH4

位于ⅡN02W01-2-3勘探单元的南部。平面呈不规则形，南北方向，距现地表深5～5.5米发现，南北长9米，东西宽2～5米。包含物有砖块、灰点、陶片等（图4-405）。

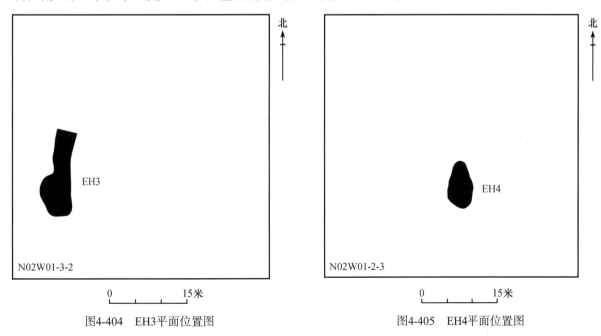

图4-404　EH3平面位置图　　　　　　　　　　　　　图4-405　EH4平面位置图

EH5

位于Ⅱ N02W01-1-3勘探单元的东北部。平面呈不规则形，东西方向，距现地表深3.3～4.8米发现，东西长11米，南北宽9.5米。包含物有砖块、灰点、陶片等（图4-406）。

EH6

位于Ⅱ N02W01-1-3勘探单元的东南部。平面近似椭圆形，南北方向，距现地表深3～4.8米发现，南北长15.5米，东西宽6～7米。包含物有砖块、灰点、陶片等（图4-407）。

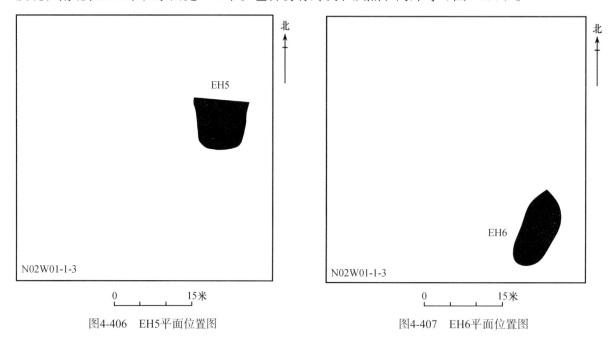

图4-406　EH5平面位置图　　　　　　　　图4-407　EH6平面位置图

EH7

位于Ⅰ N02E01-4-1勘探单元的西部及Ⅱ N02W01-4-4勘探单元的东部。平面呈不规则形，东西方向，距现地表深4.5米发现，东西长11.2米，南北宽5.6～6米。包含物有砖块、大量灰点、陶片等（图4-408）。

EH8

位于Ⅱ N02W01-4-1勘探单元的东部。平面呈近似椭圆形，南北方向，距现地表深7米发现，南北长4.6米，东西宽3.7米。包含物有砖块、大量灰点、陶片等（图4-409）。

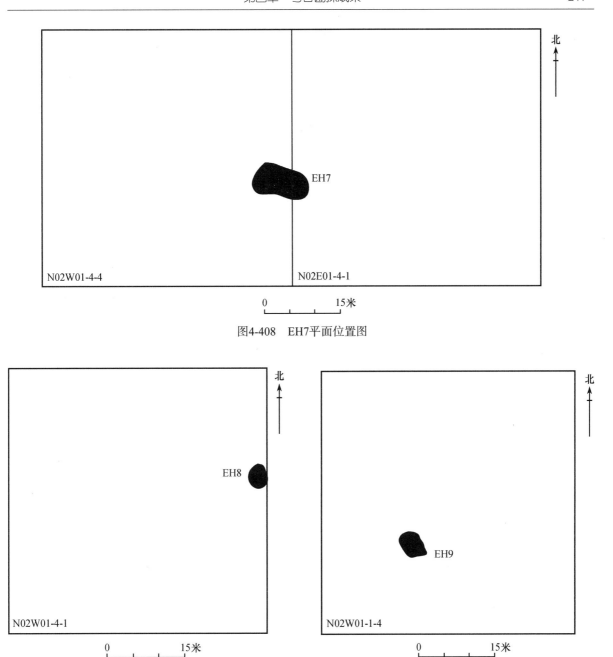

图4-408　EH7平面位置图

图4-409　EH8平面位置图

图4-410　EH9平面位置图

EH9

位于ⅡN02W01-1-4勘探单元的西南部。平面呈不规则形，东西方向，距现地表深3～4米发现，东西长6米，南北宽4.5米。包含物有砖块、少量灰点、陶片等（图4-410）。

EH10

位于 I N02E01-3-3勘探单元的东南部。平面呈近似椭圆形，南北方向，距现地表深3～4米发现，南北长4米，东西宽3.7米。包含物有砖块、少量灰点、瓦片等（图4-411）。

EH11

位于 I N02E01-3-4勘探单元的西南部。平面呈近似椭圆形，南北方向，距现地表深4～7米发现，南北长10米，东西宽8.1米。包含物有砖块、少量灰点、瓦片等（图4-412）。

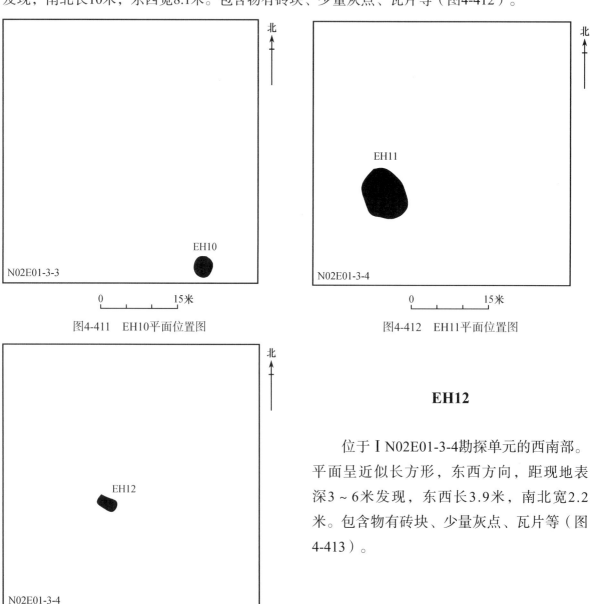

图4-411　EH10平面位置图

图4-412　EH11平面位置图

EH12

位于 I N02E01-3-4勘探单元的西南部。平面呈近似长方形，东西方向，距现地表深3～6米发现，东西长3.9米，南北宽2.2米。包含物有砖块、少量灰点、瓦片等（图4-413）。

图4-413　EH12平面位置图

EH13

位于Ⅰ N02E01-3-4勘探单元的南部。平面呈不规则形，东西方向，距现地表深3～6米发现，东西长12.7米，南北宽2.6～7.6米。包含物有砖块、少量灰点、瓦片等（图4-414）。

EH14

位于Ⅰ N02E01-1-3勘探单元的南部。平面呈不规则形，东西方向，距现地表深2～4米发现，东西长10米，南北宽3～6.8米。包含物有砖块、少量灰点、瓦片、夹砂红陶片等（图4-415）。

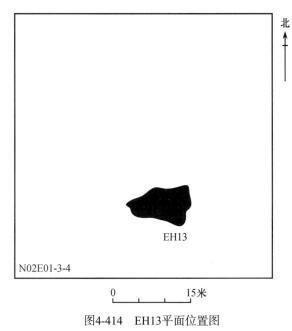

图4-414　EH13平面位置图

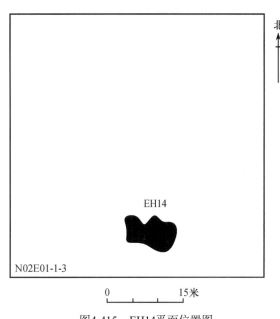

图4-415　EH14平面位置图

EH15

位于Ⅰ N02E02-1-1勘探单元的东部。平面呈近似椭圆形，南北方向，距现地表深1.5～2米发现，南北长3米，东西宽2.8米。包含物有砖块、瓦片等（图4-416）。

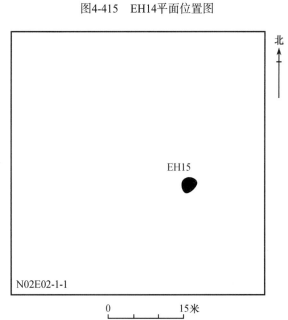

图4-416　EH15平面位置图

EH16

位于ⅠN02E02-2-1勘探单元的东北部。平面呈近似长方形，南北方向，距现地表深3.4～4.8米发现，南北长3米，东西宽1.6米。包含物有砖块、瓦片、黑灰等（图4-417）。

EH17

位于ⅠN02E02-3-1勘探单元的西北部。平面呈近似圆形，南北方向，距现地表深4～5.5米发现，直径约为2.6米，底部有厚约0.8米的灰土层。包含物有砖块、瓦片、红陶片等（图4-418）。

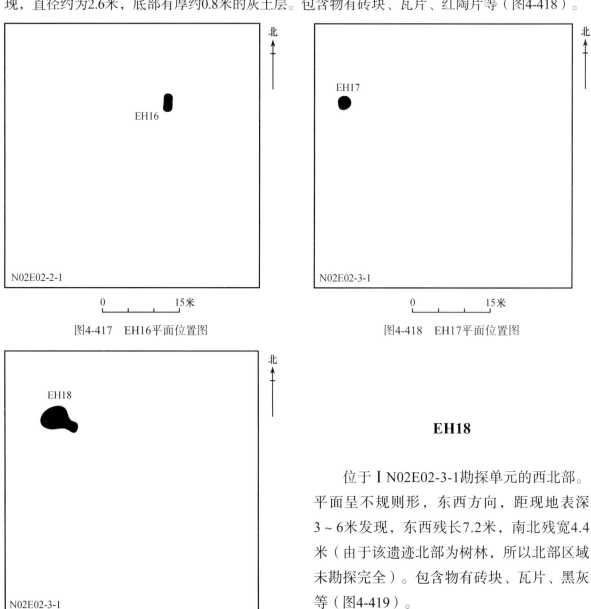

图4-417　EH16平面位置图

图4-418　EH17平面位置图

图4-419　EH18平面位置图

EH18

位于ⅠN02E02-3-1勘探单元的西北部。平面呈不规则形，东西方向，距现地表深3～6米发现，东西残长7.2米，南北残宽4.4米（由于该遗迹北部为树林，所以北部区域未勘探完全）。包含物有砖块、瓦片、黑灰等（图4-419）。

EH19

位于ⅠN01E02-4-3勘探单元的西南部。平面呈近似椭圆形，东西方向，距现地表深0.5～1米发现，东西长4.5米，南北宽3.6米，底部有厚约0.2米的红烧土层。包含物有砖块、树枝、瓦片、红烧土、黑灰等（图4-420）。

EH21

位于ⅠN02E01-3-1勘探单元的北部。平面呈近似椭圆形，南北方向，距现地表深2～2.7米发现，南北长2.6米，东西宽2.3米。包含物有砖块、少量灰点、陶片等（图4-421）。

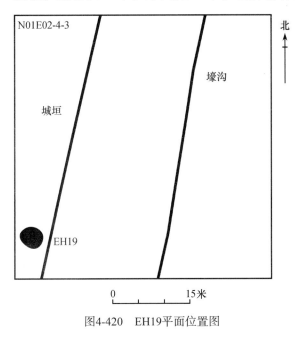

图4-420 EH19平面位置图

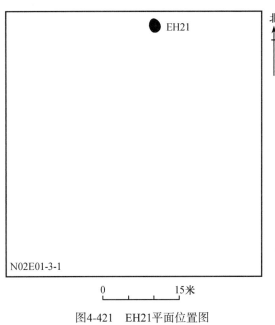

图4-421 EH21平面位置图

EH23

位于ⅡN02W01-4-1勘探单元的东南部。平面呈近似长方形，东西方向，距现地表深3米发现，东西长2.8米，南北宽1.9米。包含物有砖块（图4-422）。

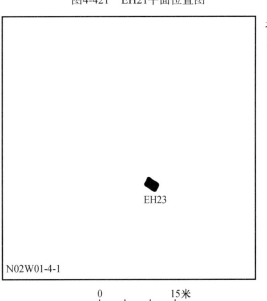

图4-422 EH23平面位置图

EH25

位于ⅠN01E01-4-3勘探单元的西北部。平面呈近似长方形，东西方向，距现地表深1.8～3.8米发现，东西长4.7米，南北宽2.4米。包含物有砖块、灰点、瓦片等（图4-423）。

EH26

位于ⅠN01E01-4-3勘探单元的北部。平面呈近似方形，南北方向，距现地表深2.8～3.8米发现，南北长5.6米，东西宽5.3米。包含物有砖块、陶片、瓦片等（图4-424）。

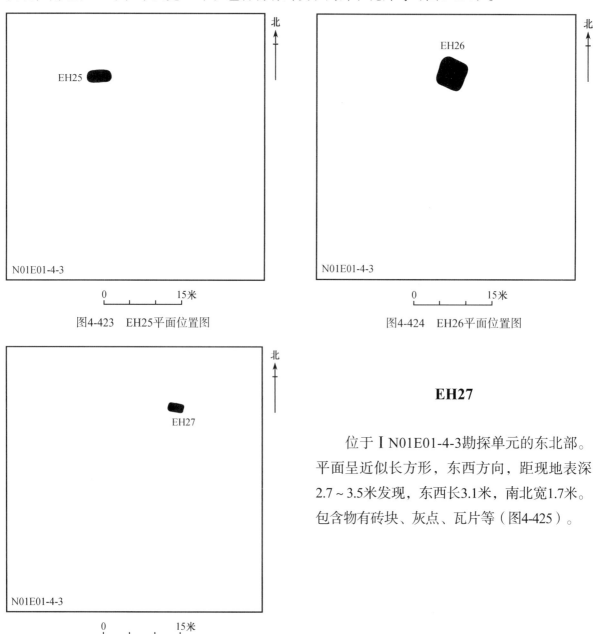

图4-423　EH25平面位置图

图4-424　EH26平面位置图

图4-425　EH27平面位置图

EH27

位于ⅠN01E01-4-3勘探单元的东北部。平面呈近似长方形，东西方向，距现地表深2.7～3.5米发现，东西长3.1米，南北宽1.7米。包含物有砖块、灰点、瓦片等（图4-425）。

EH37

位于ⅠN02E02-2-1勘探单元的东南部。平面呈近似椭圆形，东西方向，距现地表深3.2～3.8米发现，东西长2.1米，南北宽1.7米。包含物有砖块、红陶片、瓦片等（图4-426）。

EH50

位于ⅠN02E02-3-1勘探单元的西部。平面呈近似长方形，南北方向，距现地表深3米发现，南北长3.5米，东西宽1.4米。探至砖无法下探，包含物有砖块、瓦片等（图4-427）。

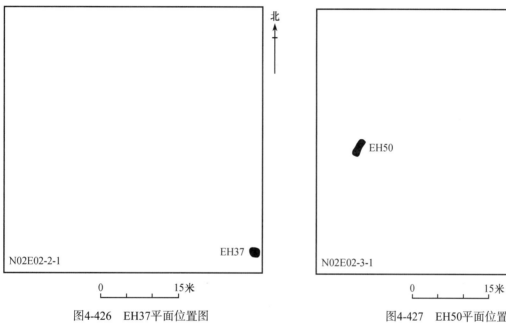

图4-426　EH37平面位置图　　　　　　　　图4-427　EH50平面位置图

EH89

位于ⅠN02E01-3-1勘探单元的东部。平面呈近似长方形，南北方向，距现地表深3.5～3.7米发现，南北长2.2米，东西宽1.4米。包含物有砖块、瓦片、灰点等（图4-428）。

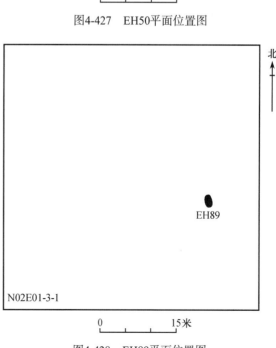

图4-428　EH89平面位置图

EH91

　　位于 I N01E01-2-2勘探单元的东北部。平面呈近似长方形，南北方向，距现地表深2.7～4米发现，南北长2.1米，东西宽1.6米。包含物有砖块、瓦片、黑灰等（图4-429）。

EH104

　　位于 I N01E01-1-4勘探单元的西北部。平面呈不规则形，南北方向，距现地表深3～4米发现，该遗迹北部被现代建筑垃圾遮挡，无法下探，南北长4.5米，东西宽1.4～3.4米。包含物有砖块、瓦片等（图4-430）。

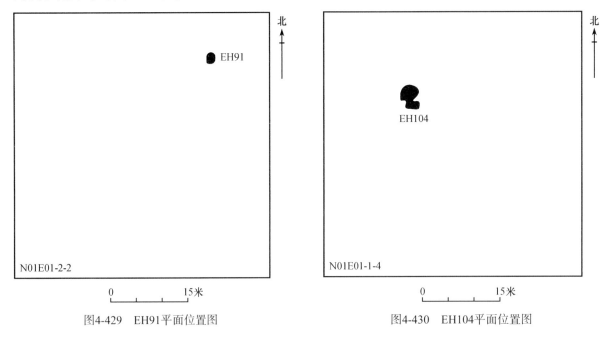

图4-429　EH91平面位置图　　　　　　　　　图4-430　EH104平面位置图

EH107

　　位于 I N01E01-1-3勘探单元的西北部。平面呈近似长方形，东西方向，距现地表深2.2米发现，东西长2.4米，南北宽2米。包含物有砖块、瓦片等（图4-431）。

EH136

　　位于 I N01E01-1-2勘探单元的北部。平面呈近似长方形，东西方向，距现地表深3米发现，东西长3米，南北宽1.8米。包含物有砖块、瓦片、灰点等（图4-432）。

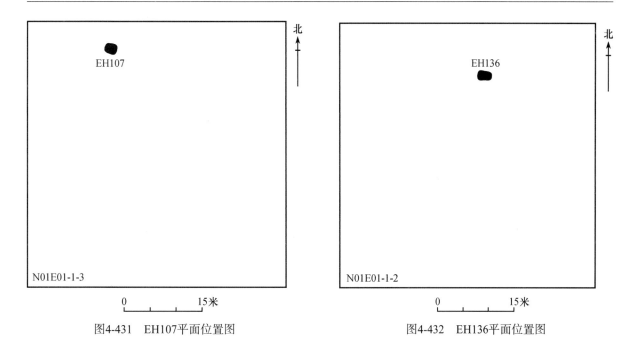

图4-431　EH107平面位置图　　　　　　　　图4-432　EH136平面位置图

EH179

位于ⅢS01W02-4-3勘探单元的东南部。平面呈近似长方形，东西方向，距现地表深3.8～4米发现，东西长2.4米，南北宽1.8米。包含物有砖块、灰点等（图4-433）。

EH186

位于ⅡN01W01-3-3勘探单元的中部。平面呈近似椭圆形，南北方向，距现地表深3.5～4米发现，南北长2.6米，东西宽1.7米。包含物有砖块、灰点等（图4-434）。

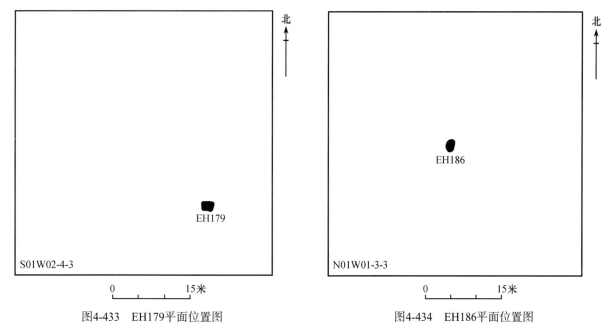

图4-433　EH179平面位置图　　　　　　　　图4-434　EH186平面位置图

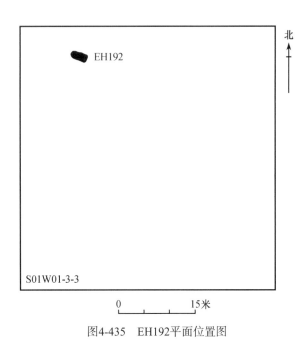

图4-435　EH192平面位置图

EH192

位于Ⅲ S01W01-3-3勘探单元的西北部。平面呈近似长方形，东西方向，距现地表深4.2～5米发现，东部被建筑垃圾覆盖，具体形制不详，东西长3.2米，南北宽1.6米。包含物有砖块、灰点等（图4-435）。

EH193

位于Ⅲ S01W01-3-3勘探单元的西北部、Ⅲ S01W01-3-2勘探单元的东北部、Ⅲ S01W01-4-2勘探单元的东南部、Ⅲ S01W01-4-3勘探单元的西南部。平面呈近似长方形，东西方向，距现地表深4～4.5米发现，东西长3米，南北宽1.5米。包含物有砖块、灰点、瓦片等（图4-436）。

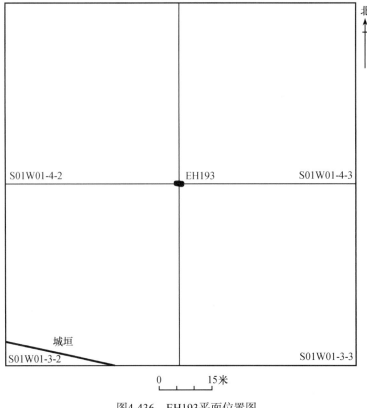

图4-436　EH193平面位置图

EH206

位于Ⅲ S01W02-4-3勘探单元的西北部。平面呈近似椭圆形，南北方向，距现地表深1.9～3米发现，南北长4.3米，东西宽3.1米。包含物有砖块、灰点等（图4-437）。

EH207

位于Ⅲ S01W02-4-4勘探单元的西北部。平面呈近似椭圆形，南北方向，距现地表深3～4米发现，南北长3.7米，东西宽1.8米。包含物有砖块、灰点等（图4-438）。

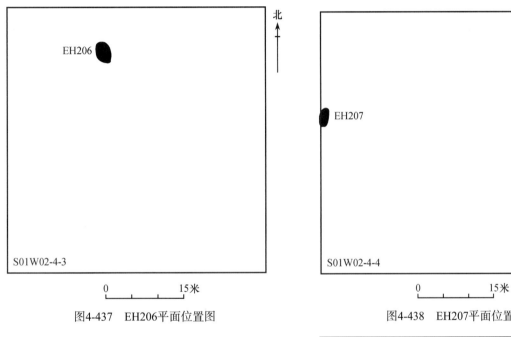

图4-437　EH206平面位置图　　　　　图4-438　EH207平面位置图

EH208

位于Ⅲ S01W01-4-1勘探单元的西南部。平面近似长方形，南北方向，距现地表深2～3米发现，南北长3.2米，东西宽2.2米。包含物有砖块、灰点、瓦片等（图4-439）。

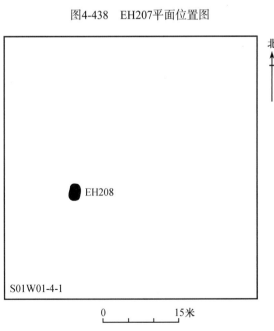

图4-439　EH208平面位置图

七、其他遗迹

此次考古勘探，我们在城内遗址区可勘探范围还发现其他遗迹，诸如烧灶、沟渠、水池等，分述如下（附图一〇）。

（一）烧灶

在城内遗址区可勘探范围发现烧灶5处。

EZ1

位于ⅡN02W01-2-3勘探单元南部。平面呈不规则形，南北方向，开口距现地表深3米，底距现地表深3.5米，南北长1.6米，东西宽0.6～1.1米。包含物有少量红烧土、碎砖块、灰点、少量红陶片等（图4-440）。

EZ2

位于ⅠN02E02-2-1勘探单元的西南部。平面呈不规则形，东西方向，开口距现地表深4.3米，底距现地表深4.5米，东西长1.2米，南北宽0.5～0.8米。包含物有少量红烧土、灰点等（图4-441）。

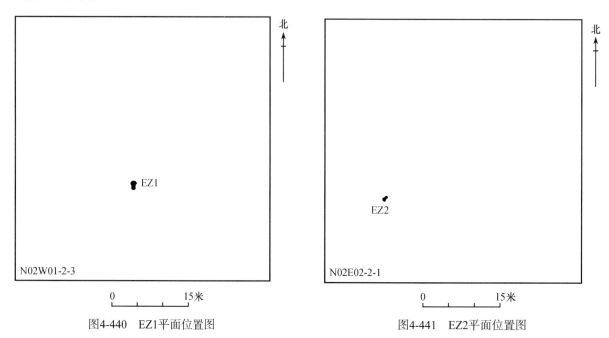

图4-440　EZ1平面位置图　　　　　　　图4-441　EZ2平面位置图

EZ3

位于ⅠN02E02-2-1勘探单元的西北部。平面呈不规则形，南北方向，开口距现地表深3.5米，底距现地表深3.6米，南北长1.4米，东西宽0.5～0.7米。包含物有少量红烧土、灰点等（图4-442）。

EZ4

位于ⅠN02E02-1-2勘探单元的西部及ⅠN02E02-1-1勘探单元的东部。平面呈不规则形，东西方向，开口距现地表深2米，底距现地表深2.2米，东西长1.2米，南北宽0.3～0.8米。包含物有少量红烧土、灰点等（图4-443）。

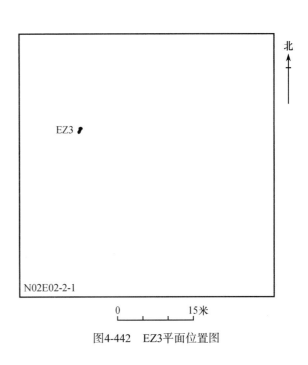

图4-442　EZ3平面位置图

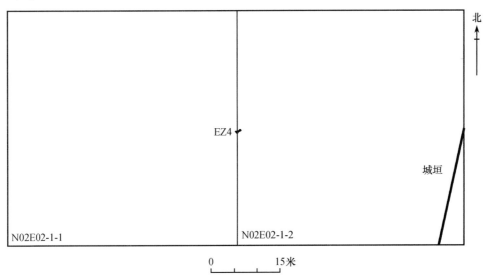

图4-443　EZ4平面位置图

EZ5

位于ⅠN01E02-2-1勘探单元的西南部。平面呈不规则形，南北方向，开口距现地表深4米，底距现地表深4.2米，南北长0.8米，东西宽0.4～0.6米。包含物有少量红烧土、碎砖块、灰点、少量红陶片等（图4-444）。

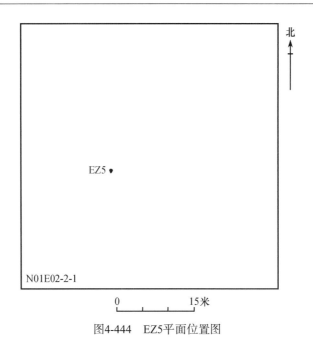

图4-444　EZ5平面位置图

（二）沟渠

在城内遗址区可勘探范围发现沟渠2条。

EG1

位于ⅡN02W01-2-1勘探单元的中部。沟西侧、北侧为现代渣土未能勘探，且延伸至现代渣土内的长度未知。开口距现地表深0.8米，底距现地表深3.3米，东西方向，东西长18米，南北宽0.4米。包含物有青灰色淤泥，植物根茎等（图4-445）。

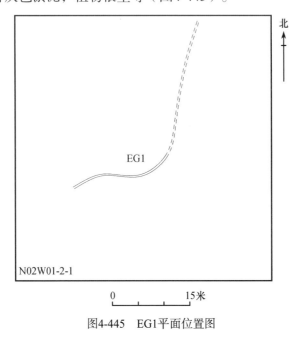

图4-445　EG1平面位置图

EG2

位于ⅣS01E01-2-2勘探单元的南部及ⅣS01E01-1-2勘探单元的北部。平面呈长条形，在该遗迹南部出现拐角情况，南北方向，开口距现地表深4.5米，底距现地表深8米，南北走向的部分遗迹长60.5米，宽1.6～2.3米，东西走向的部分遗迹长10.1米，宽1.7～2.1米。包含物有青灰色淤泥、植物根茎等（图4-446；彩版二〇，2）。

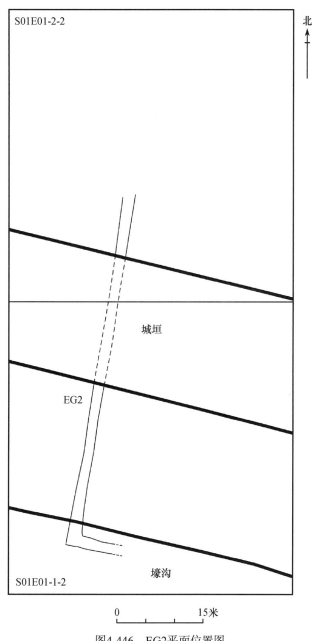

图4-446　EG2平面位置图

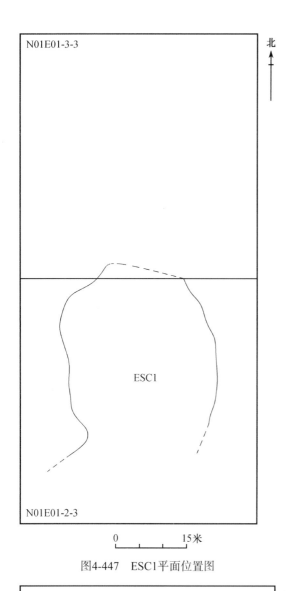

图4-447　ESC1平面位置图

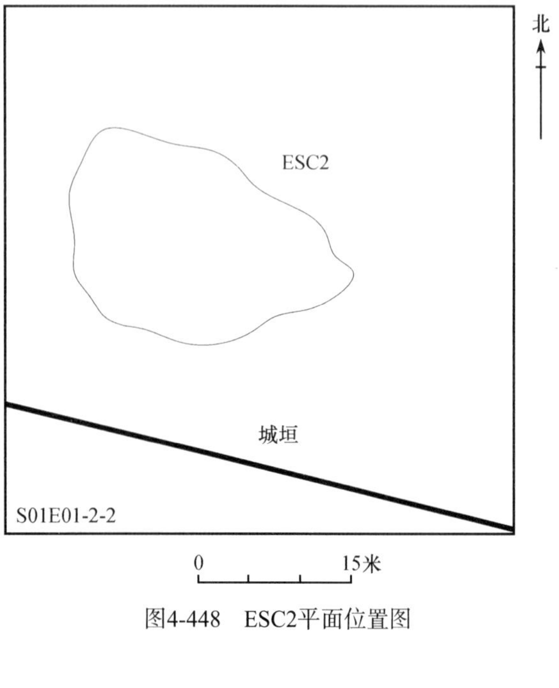

图4-448　ESC2平面位置图

（三）水池

在城内遗址区可勘探范围发现水池2处。

ESC1

位于ⅠN01E01-2-3勘探单元的北部、ⅠN01E01-3-3勘探单元的南部。平面呈不规则形，南北方向，开口距现地表深4.6米，底距现地表深8米，南北残长23.4～39.3米，东西残宽27.2～31.4米。水池延伸至南北现代渣土下的范围未知（图4-447）。该水池地层情况如下。

第1层：渣土层，厚1.5～2.6米，以黏土为主，土质较疏松，主要包含物有碎砖块、混泥土碎块等建筑垃圾。

第2层：沉积土层，厚1.6～1.9米，以灰褐色黏土为主，土质较疏松，主要包含物有少量砖块。

第3层：膏泥层，厚1.5～1.8米，以灰褐色膏泥为主，土质较致密，且含水量较大，内含有灰陶片，下不到底。

ESC2

位于ⅣS01E01-2-2勘探单元中部。平面呈不规则形，东西方向，开口距现地表深6.1米，底距现地表深8.2米，东西长9.3～27.3米，东西宽8.5～18.7米（图4-448）。该水池地层情况如下。

第1层：渣土层，厚1.3～2.1米，以黏土为主，土质较疏松，主要包含物有碎砖块、混泥土碎块等建筑垃圾。

第2层：沉积土层，厚1.6～2米，以灰褐色黏土为主，土质较疏松，主要包含物有少量砖块。

第3层：膏泥层，厚1.3～1.7米，以灰褐色膏泥为主，土质较致密，且含水量较大，内含有红陶片，向下不到底。

在城内遗址区可勘探范围另发现晚期坑16处，详见附表一六。

第五章 采集遗物

路县故城城址面貌虽已经发生巨大变化，地表也多有现代建筑垃圾，但是此次考古调查勘探，仍在路县故城遗址内采集到一些遗物标本，包含陶器残片、建筑构件残片、瓷器残片和少量石器、铜器、铁器残件等。

第一节 陶器和建筑构件残片

采集到的陶器和建筑构件标本，可辨器形包括陶器口沿残片、板瓦残片、筒瓦残片等。

一、陶器口沿残片

采16：陶盆口沿残片。泥质灰陶。敛口，尖圆唇。外壁有两道凸棱，内外壁轮修痕迹明显，素面。残高4.2厘米，壁厚0.7厘米（图5-1-1；彩版二一，1）。

采27：陶罐口沿残片。泥质灰陶。敛口，沿面轮修痕迹明显，尖圆唇。素面。器壁较厚。残高3.1厘米，壁厚0.7厘米（图5-1-2；彩版二一，2）。

采37：陶器口沿残片，泥质红陶。敛口，圆唇。内外壁轮修痕迹明显，素面。内壁有黑色痕迹。残高1.9厘米，壁厚1.2厘米（图5-1-5；彩版二一，3）。

采39：陶器口沿残片。夹砂红陶。直口，宽折沿，尖圆唇。外壁有一周凹槽。素面。沿面有黑色痕迹。残高2.2厘米，壁厚0.8厘米（图5-1-4；彩版二一，4）。

采40：陶鬲口沿残片。夹砂红陶。敞口，折沿微上扬，沿面有一道凹槽，尖圆唇。素面。残高2.9厘米，壁厚1.2厘米（图5-1-3；彩版二一，5）。

采42：陶盆口沿残片。泥质灰陶。敛口，平折沿，圆唇外翻。内外壁轮修痕迹明显，素面。器壁较薄。残高1.9厘米，壁厚0.4厘米（图5-1-6；彩版二一，6）。

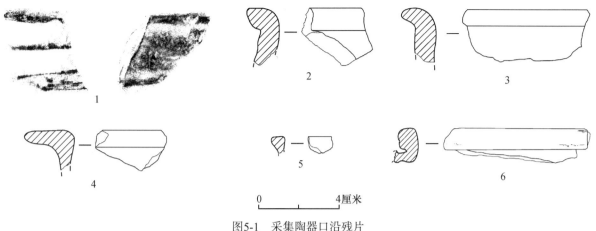

图5-1　采集陶器口沿残片

1. 采16　2. 采27　3. 采40　4. 采39　5. 采37　6. 采42

二、陶器残片

采6：陶器残片，正面饰绳纹，背面饰布纹。夹砂红陶。残长5.1厘米，残高3.7厘米，壁厚0.5厘米（图5-2-5；彩版二二，1）。

采10：陶器残片，正面饰交叉绳纹，背面饰方格纹和布纹。泥质灰陶，残长7.8厘米，残宽6.1厘米，壁厚1.6厘米（图5-2-1；彩版二二，2）。

采11：陶器肩部残片，正面饰绳纹，背面饰布纹。泥质灰陶。残长7厘米，残高6.8厘米，壁厚1.2厘米（图5-2-6；彩版二二，3）。

采12：陶器残片，正面饰交叉绳纹，背面饰篾纹。泥质灰陶，残长8.5厘米，残宽6.1厘米，壁厚1.4厘米（图5-2-2；彩版二二，4）。

采13：陶器残片，两面皆饰瓦棱纹。泥质灰陶。内外壁轮修痕迹明显，内外壁各有四道凸棱。残长6厘米，残高6.2厘米，壁厚1厘米（图5-2-7；彩版二二，5）。

采15：陶器残片，正面饰斜绳纹，背面饰布纹。夹砂灰陶。残长4厘米，残高3厘米，壁厚0.7厘米（图5-2-9；彩版二二，6）。

采17：陶器残片，正面饰三道凸棱纹。泥质灰陶。内外壁轮修痕迹明显，外壁有四道凸棱。残长11.9厘米，残高7.5厘米，壁厚1厘米（图5-2-8；彩版二三，1）。

采19：陶器残片，正面饰间断绳纹，背面饰方格纹。泥质灰陶，残长9.9厘米，残宽6.1厘米，壁厚1.4厘米（图5-2-3；彩版二三，2）。

采32：陶器残片，正面饰交叉绳纹，背面饰方格纹。泥质灰陶，残长10.4厘米，残宽7.3厘米，壁厚1.3厘米（图5-2-4；彩版二三，3）。

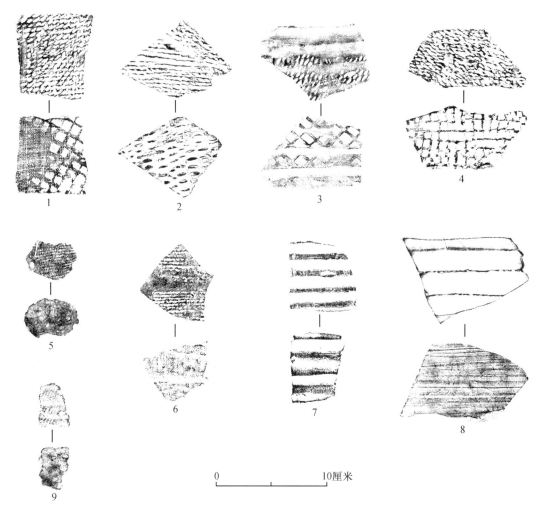

图5-2　采集陶器残片拓片

1. 采10　2. 采12　3. 采19　4. 采32　5. 采6　6. 采11　7. 采13　8. 采17　9. 采15

三、板瓦残片

采1：板瓦残片，正面饰绳纹和布纹，背面饰菱格纹和布纹。泥质红陶，残长9.8厘米，残宽9.1厘米，壁厚1.3厘米（图5-3-1；彩版二三，4）。

采4：板瓦残片，正面饰交叉绳纹，背面饰麻点纹。泥质灰陶，残长10.3厘米，残宽7.7厘米，壁厚1.2厘米（图5-3-2；彩版二三，5）。

采5：板瓦残片，正面饰交叉绳纹，背面饰麻点纹。泥质灰陶，残长15.6厘米，残宽10.8厘米，壁厚1.2厘米（图5-3-5；彩版二三，6）。

采7：板瓦残片，正面饰瓦棱纹，背面饰布纹。泥质红陶，残长14.1厘米，残宽10.7厘米，壁厚1.4厘米（图5-3-6；彩版二四，1）。

采8：板瓦残片，正面饰斜绳纹，背面饰方格纹和麻点纹。泥质灰陶，残长11.2厘米，残

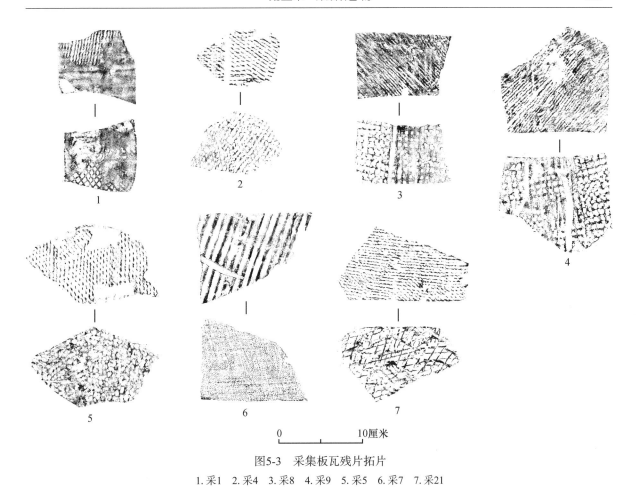

图5-3　采集板瓦残片拓片

1.采1　2.采4　3.采8　4.采9　5.采5　6.采7　7.采21

宽7.9厘米，壁厚1.5厘米（图5-3-3；彩版二四，2）。

采9：板瓦残片，正面饰细绳纹，背面饰方格纹和麻点纹。泥质灰陶，残长13.9厘米，残宽12.8厘米，壁厚1.5厘米（图5-3-4；彩版二四，3）。

采21：板瓦残片，正面饰绳纹，背面饰菱格纹。泥质灰陶，残长16.2厘米，残宽9.2厘米，壁厚1.3厘米（图5-3-7；彩版二四，4）。

四、筒瓦残片

采18：筒瓦残片，正面饰竖绳纹，背面饰水波纹。泥质红陶，残长5.4厘米，残宽4.9厘米，壁厚1.3厘米（图5-4-2；彩版二四，5）。

采20：筒瓦残片，正面饰交叉绳纹，背面饰布纹。泥质灰陶，残长8.6厘米，残宽5.5厘米，壁厚1.5厘米（图5-4-1；彩版二四，6）。

采25：筒瓦残片，正面有数道轮旋痕，背面饰布纹。泥质灰陶，残长13.4厘米，宽14厘米，壁厚1.3厘米（图5-4-5；彩版二五，1）。

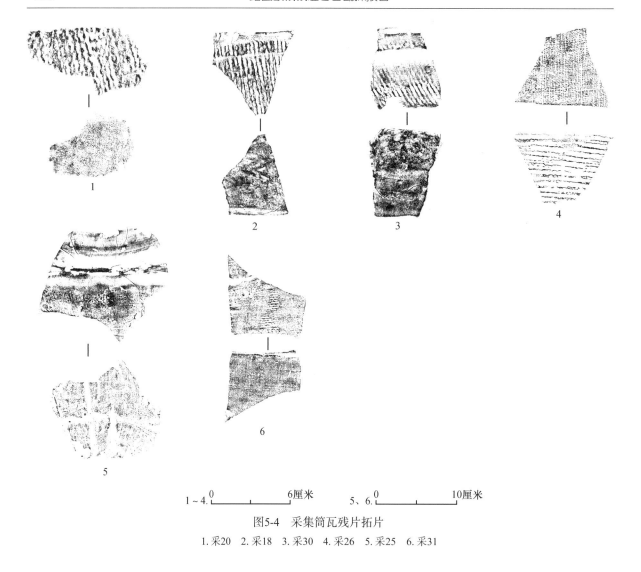

1 ~ 4. 0 —————— 6厘米　　　5、6. 0 —————— 10厘米

图5-4　采集筒瓦残片拓片

1. 采20　2. 采18　3. 采30　4. 采26　5. 采25　6. 采31

采26：筒瓦残片，正面饰绳纹，背面饰布纹。泥质灰陶，残长7.7厘米，残宽6.1厘米，壁厚1.2厘米（图5-4-4；彩版二五，2）。

采30：筒瓦残片，正面饰斜绳纹，背面饰布纹。泥质灰陶，残长6.2厘米，残宽5.4厘米，壁厚1.1厘米（图5-4-3；彩版二五，3）。

采31：筒瓦残片，正面饰交叉绳纹，背面饰布纹。泥质灰陶，残长9.6厘米，残宽9厘米，壁厚1.2厘米（图5-4-6；彩版二五，4）。

第二节　瓷　　器

采集到的瓷器标本可辨器形包括瓷器口沿残片、底部残片等。

一、瓷器口沿残片

采24：瓷器口沿残片。白胎，胎质坚硬，敞口，圆唇。内外壁施卵白色釉，素面。残高2.3厘米，壁厚0.3厘米（图5-5-1；彩版二五，5）。

采38：瓷器口沿残片。白胎，胎质坚硬，撇口，圆唇。内外壁施淡黄色釉，釉色光亮，素面。残高2.3厘米，壁厚0.4厘米（图5-5-2；彩版二五，6）。

采41：瓷器口沿残片。白胎，胎质坚硬，撇口，圆唇。内外壁施月白色釉，素面。残高2厘米，壁厚0.4厘米（图5-5-3；彩版二六，1）。

二、瓷器器身残片

采14：瓷器器身残片。红褐色胎，器内外施酱釉。素面。残长4.5厘米，残宽4.1厘米，壁厚0.4厘米（图5-5-6；彩版二六，2）。

采22：瓷器器身残片。白胎，器外壁施黑釉，内壁施透明釉，有四道凸棱，棱面有黑色痕迹。素面。残长4.7厘米，残宽2.6厘米，壁厚0.3厘米（图5-5-5；彩版二六，3）。

采23：瓷器器身残片。白胎，器外壁施黑釉，内壁施酱釉。素面。残长2.5厘米，残宽1.7厘米，壁厚0.4厘米（图5-5-4；彩版二六，4）。

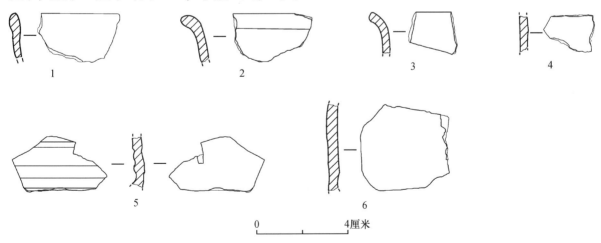

图5-5　采集瓷器口沿残片及器身残片

1～3.瓷器口沿残片（采24、采38、采41）　4～6.瓷器器身残片（采23、采22、采14）

三、瓷器底部残片

　　采2：青花瓷器底部残片。足脊露胎，打磨圆滑。白胎，胎质坚硬。器外壁施冬青釉，内壁及底足施豆青釉，釉色莹润光亮。弧腹，圈足，底部青花篆款残。底径4.8厘米，残高4.5厘米，足高1.3厘米，壁厚0.4厘米（图5-6-2；彩版二六，5）。

　　采3：白底黑花瓷器底部残片。足底露胎，白胎，胎质坚硬，内外壁施卵白釉，釉色光亮。内底饰草叶纹，玉环底。底径6.5厘米，残高1.3厘米，足高0.5厘米，壁厚0.4厘米（图5-6-3；彩版二六，6）。

　　采29：青花瓷器底部残片。足脊露胎，打磨圆滑。白胎，胎质坚硬，器内外壁施豆青釉，釉色莹润光亮。内底饰青花竹纹。青花发色淡雅明亮。弧腹，下腹弧收，圈足。残高1.7厘米，足高0.7厘米，壁厚0.3厘米（图5-6-1；彩版二七，1）。

　　采36：青花瓷器底部残片。足底露胎，呈火石红色。器身灰白胎，胎质坚硬，器身整体施青色釉，釉色灰暗，内底饰朵花纹及两周青花双圈，外腹壁饰杂草纹，足底饰两周青花弦纹。青花发色淡雅，弧腹，圈足。底径7.7厘米，残高3.7厘米，足高1.3厘米，壁厚0.5厘米（图5-6-4；彩版二七，2）。

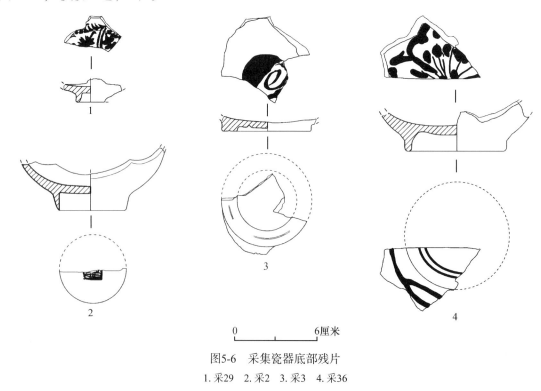

0　　　　　　　6厘米

图5-6　采集瓷器底部残片

1. 采29　2. 采2　3. 采3　4. 采36

第三节 其 他

除上述陶器、瓷器标本外，另采集到少量石器、铜器及铁器残件等。

一、石 器 残 片

采28：石砚残片。圆形，宽平缘。砚面有墨迹，砚底有一周凹弦纹。残长3.2厘米，残高0.7厘米（图5-7；彩版二七，3）。

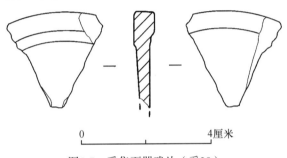

0　　　　　　　　　4厘米

图5-7　采集石器残片（采28）

二、铜、铁器残件

采33：铁器残件。残长5.6厘米，残宽3.8厘米。

采34：铁器残件。残长3.8厘米，残宽2.7厘米。

采35：铜器残件。残长4.7厘米，残宽3.9厘米。

第六章 结 语

路县故城遗址是北京地区目前已发现规模较大、形制较为典型的一处汉代县级城市遗址，受以往工作限制，对整个遗址的认识存在一些不足。此次通过对路县故城城内遗址区全面系统的考古调查、勘探工作，对其有了新的认识。主要收获体现在以下三个方面：一是初步掌握了城内遗址区地层堆积情况；二是基本勘定了路县故城城址的形制结构，对于城垣、壕沟及城址面积等较之前有了更为准确的数据；三是对城内遗址区主要遗迹分布有了较为充分的了解，明确其是一座以两汉时期遗存为主的城址。

第一节 城内地层堆积

此次考古勘探工作，在4米孔距进行普探的基础上，在每个勘探单元内选择西南、西北、东北、东南与中部5个位置点，从地表穿透至生土，通过钻探标准孔分段摆放土样进行拍照和记录，以了解城内遗址区地层堆积情况。需要说明的是，在考古勘探时，两汉至魏晋北朝时期的地层堆积为城址内最厚的文化层，土质、土色、包含物等极为相近，需要细致辨别才可以进行区分，勘探时探孔信息难免有被混在一起记录的情况。

从目前城内遗址区考古勘探并综合试掘的发现情况来看，我们对路县故城遗址的文化性质有了较为清晰的认识。整个城内遗址区地层堆积文化内涵丰富，层次分明，局部区域地层内夹有细沙土、黑胶泥等扰层，但总体上较为连续，可大致分为6层，即近现代堆积、明清时期堆积、辽金时期堆积、东汉晚期至魏晋北朝时期堆积、西汉中晚期至东汉早期堆积、自然堆积。

文化层堆积年代跨度从西汉一直延续到明清时期，而以两汉至北朝时期为主，辽金、明清时期仍有较多存留。最早的堆积是西汉时期的文化层，尚未发现明确的战国时期地层堆积。可以初步判断路县故城在两汉至北朝时期人类活动十分频繁，辽金、明清时期人类活动稍有减少，但也不曾间断，是一座延续千年、有繁盛也有衰败的城市。

第二节 考古勘探结果

一、考古勘探遗迹

（一）路县故城城址

勘探结果表明，路县故城城址平面略呈不规则的方形，整体北偏东13°，城址总面积约34.2万平方米（含城垣）。

四周城垣现今已不见于地表，但地下墙基仍得以留存。东城垣中心线长约579米，南城垣中心线长约577米，西城垣中心线长约582米，北城垣中心线长约599米（复原长度），城垣中心线周长2337米。宽20.1～25.4米，残高0.4～3.8米，以黄褐色土夯筑而成，夯层厚0.1～0.2米。城垣墙体中心夯土内常夹杂有较多植物秆茎和料姜石，应是在夯筑墙体时有意识加入的。

四周城垣外皆有壕沟，宽窄不等。地表亦不见，但壕沟内淤泥仍给我们提供了清晰的线索。壕沟走向与城垣基本一致，内侧距城垣外墙基11.1～25.8米。东壕沟中心线长约691米，南壕沟中心线长约676米，西壕沟中心线长约666米，北壕沟中心线长约702米（复原长度），城垣外壕沟中心线周长2735米。宽21.3～55.4米，残深1.2～4.4米。壕沟内为较为明显的褐色泛黑的淤土，黏性较大，包含较多灰陶片、夹砂红陶片及少量石器、铁器等。

鉴于城内遗址区的现存状况和勘探条件，此次勘探工作仅在南城垣中部偏东发现一处城门，即南城门。平面为北宽南窄的倒"凸"字形，外口宽约4.1米，进深21.5米，豁口底部低于两端城垣顶部3.9～4.3米，城门底下发现深灰褐路土，与沟通南北的城内道路EL5相连，土质坚硬，厚0.5～0.15米。但是，路县故城城址可能不只有南城门一处城门，从现今潞源北街东西横贯而过的位置以及城内主干道EL5向北的指示方向，不排除东、西、北三面亦设城门的可能性。今后若有条件，需当注意开展这方面工作。

（二）城内遗迹

考古勘探发现的各类遗迹共683处，其中道路10条，踩踏面1处，建筑遗址区104处，单独建筑遗迹143处，砖瓦堆积111处，水井69口，窑址12座，灰坑208座，其他遗迹现象25处（包括烧灶5处、沟渠2条、水池2处、晚期坑16处）。

发现的道路除EL7、EL9仅存一段外，其他皆或东西向、或南北向横贯整个城址。值得注意的是，EL3、EL4、EL5三条道路在路县故城的中轴线上，几乎重合式地叠压在一块，表明在不同时期，一条进出城内的主干路被长期沿用，同时也间接指示了南城门所在位置。发现的踩踏面除EC1较为明显外,四面城垣两侧通常也分布有较为凌乱、断断续续的踩踏面痕迹,推测城垣两侧曾有较为频繁人类活动。

发现的建筑遗迹、建筑遗址区、砖瓦堆积中都包含有大量的砖块、瓦片等,或都与房基或房屋有关系,但是由于探铲无法穿透砖、瓦堆积层,对其无法准确定性。我们暂时将平面较为规整、纵深较为集中、上下起伏较小的遗迹称为建筑;将同一深度范围有成片区分布趋势的建筑遗迹划定为建筑遗址区;将平面不甚规整,纵深较为散乱、上下起伏较大的遗迹称为砖瓦堆积。勘探结果表明,这类与房址相关的遗迹几乎分布于整个城内,最集中的区域位于城址区东南部,西南部与东北部次之,西北部最少。建筑遗迹平面以四边和不规则形居多,少量为近圆形;建筑遗址区平面以曲尺形、"凸"字形和不规则形为主;砖瓦堆积多以椭圆或不规则形为主。从建筑遗址区的平面形状朝向可以看出,这类遗迹构建朝向应与城址的营建朝向保持一致。从这三类遗迹分布来看,初步推测城址内南部区域为居民更为集中的区域,当时的权力中心也可能设置于此。

发现的水井平面皆呈近圆形,直径1.5~5.5米。勘探结果表明,水井的构建有土圹水井、土圹砖构水井、土圹木构水井等,分布于城内各处,其中东南部较为密集,与建筑基址的密集分布相吻合,推测水井主要作用为居民生产、生活取水。

发现的窑址数量较少,平面大多呈"葫芦"形,少量分布于城内,较多分布于城垣上或紧挨城垣两侧。据《通州文物志》记载,明清时期至近代有取城垣土烧砖的行为,这些窑址可能有部分与此相关[1]。

发现的水池,均位于城址南部。其中值得注意的是ESC2,与水沟EG2相连,并通向南城垣外壕沟内,明显是经过设计修建的供排水系统。

发现的其他遗迹诸如灰坑,考古勘探只可管中窥豹,圈出较为明显的遗迹,大量此类遗迹仅靠勘探,不能全部发现。需要注意的是,部分发现的灰坑内有大量的砖、瓦堆积,不能排除其为建筑基址的可能。

二、勘探遗迹年代蠡测

通过考古勘探及试掘,我们对城内遗址区地层堆积的年代也有了粗略认识。根据地层堆积分布和勘探遗迹的距现地表深度情况,再以EL3、EL4、EL5所在的主干路地层堆积深度为重要标尺,我们对城内遗址区勘探发现的古代遗迹年代可做一些蠡测。

初步认为:西汉中晚期至东汉早期人类活动遗迹距现地表深3.1~3.8米,勘探发现的遗迹有道路遗迹3条、建筑遗址区47处、单独建筑遗迹46处、砖瓦堆积47处、水井34口、窑址3座、

---

[1] "明代,为修缮通州城垣、仓场、衙署等官家建筑,补充水运南方砖料不足,于此设窑烧砖,取用千年古城熟土制砖,将此城东、南两面城垣用尽……解放后,集体生产组织复于此设窑烧砖。"见北京市通州区文化委员会编《通州文物志》,文化艺术出版社,2006年,第15页。

灶4处、水池2处、沟渠1条、灰坑107座等；东汉中晚期至魏晋北朝时期人类活动遗迹距现地表深2.2～3.4米，勘探发现的遗迹有建筑遗址区46处、单独建筑遗迹66处、砖瓦堆积56处、水井19口、窑址3座、灰坑67座等；辽金时期人类活动遗迹距现地表深1.8～2.5米，勘探发现的遗迹有道路遗迹4条、踩踏面1处、建筑遗址区10处、单独建筑遗迹22处、砖瓦堆积7处、水井13口、窑址1座、灶1处、灰坑29座等；明清时期人类活动遗迹距现地表深1.1～1.7米，勘探发现的遗迹有道路遗迹3条、建筑遗址区1处、单独建筑遗迹9处、砖瓦堆积1处、水井3口、窑址5座、沟渠1条等（表6-1、附图一二）。

表6-1 城内遗址区勘探遗迹分期蠡测统计表

年代类别	道路	踩踏面	建筑遗址区	单独建筑遗迹	砖瓦堆积	水井	窑址	烧灶	水池	沟渠	灰坑	合计
西汉中晚期至东汉早期	3	0	47	46	47	34	3	4	2	1	107	294
东汉中晚期至魏晋北朝		0	46	66	56	19	3	0	0	0	67	257
辽金时期	4	1	10	22	7	13	1	1	0	0	29	88
明清时期	3	0	1	9	1	3	5	0	0	1	5	28
合计	10	1	104	143	111	69	12	5	2	2	208	667

其中城内遗址区勘探发现的道路、建筑遗址区及建筑遗迹、水井的分布情况是此次蠡测其他各类遗迹年代的重要参考标准，虽然不免产生谬误，但亦为路县故城遗址下一步的考古发掘、展示及保护工作提供重要的参考。

西汉中晚期至东汉早期人类活动遗迹距现地表深3.1～3.8米，勘探发现的遗迹有：

道路遗迹3条，分别为EL5、EL7、EL10。

建筑遗址区47处，分别为EJQ4、EJQ16、EJQ26、EJQ27、EJQ28、EJQ30、EJQ31、EJQ34、EJQ37、EJQ38、EJQ40、EJQ42、EJQ44、EJQ45、EJQ47、EJQ48、EJQ49、EJQ50、EJQ52、EJQ53、EJQ54、EJQ55、EJQ56、EJQ57、EJQ58、EJQ60、EJQ61、EJQ63、EJQ67、EJQ68、EJQ69、EJQ70、EJQ71、EJQ72、EJQ74、EJQ76、EJQ77、EJQ78、EJQ82、EJQ83、EJQ84、EJQ85、EJQ88、EJQ90、EJQ94、EJQ102、EJQ104。

单独建筑遗迹46处，分别为EJZ12、EJZ41、EJZ42、EJZ47、EJZ82、EJZ95、EJZ129、EJZ155、EJZ196、EJZ272、EJZ285、EJZ297、EJZ299、EJZ311、EJZ312、EJZ323、EJZ333、EJZ367、EJZ374、EJZ418、EJZ437、EJZ446、EJZ489、EJZ512、EJZ12、EJZ538、EJZ540、EJZ545、EJZ555、EJZ600、EJZ609、EJZ619、EJZ636、EJZ643、EJZ663、EJZ682、EJZ692、EJZ707、EJZ724、EJZ727、EJZ742、EJZ778、EJZ818、EJZ821、EJZ833、EJZ855。

砖瓦堆积47处，分别为EZW3、EZW5、EZW6、EZW7、EZW9、EZW10、EZW12、EZW23、EZW24、EZW28、EZW32、EZW33、EZW34、EZW35、EZW37、EZW39、EZW41、EZW44、EZW45、EZW47、EZW50、EZW55、EZW59、EZW63、EZW64、EZW66、EZW69、EZW70、EZW71、EZW72、EZW79、EZW83、EZW84、EZW86、EZW88、EZW90、EZW92、EZW93、EZW94、EZW95、EZW102、EZW103、EZW104、

EZW105、EZW106、EZW109、EZW111。

水井34口，分别为EJ1、EJ2、EJ3、EJ4、EJ5、EJ6、EJ7、EJ8、EJ9、EJ10、EJ11、EJ12、EJ13、EJ14、EJ17、EJ21、EJ23、EJ26、EJ27、EJ28、EJ29、EJ30、EJ35、EJ36、EJ37、EJ51、EJ61、EJ62、EJ63、EJ64、EJ65、EJ66、EJ67、EJ69。

窑址3座，分别为EY2、EY3、EY4。

灶4处，分别为EZ1、EZ2、EZ3、EZ5。

水池2处，分别为ESC1、ESC2。

沟渠1条，为EG2。

灰坑107座，分别为EH2、EH4、EH5、EH6、EH7、EH8、EH9、EH10、EH11、EH12、EH13、EH16、EH17、EH18、EH20、EH30、EH31、EH33、EH34、EH37、EH42、EH49、EH69、EH72、EH75、EH77、EH89、EH90、EH92、EH93、EH94、EH95、EH96、EH102、EH104、EH106、EH108、EH109、EH110、EH113、EH116、EH118、EH119、EH120、EH121、EH123、EH124、EH125、EH128、EH130、EH133、EH134、EH139、EH140、EH141、EH144、EH146、EH147、EH148、EH149、EH150、EH151、EH152、EH153、EH154、EH155、EH156、EH157、EH158、EH159、EH160、EH161、EH162、EH163、EH164、EH165、EH166、EH167、EH168、EH169、EH170、EH171、EH172、EH173、EH174、EH175、EH176、EH177、EH178、EH179、EH180、EH181、EH182、EH183、EH186、EH188、EH189、EH190、EH191、EH192、EH193、EH194、EH195、EH199、EH201、EH204、EH207。

东汉中晚期至魏晋北朝时期人类活动遗迹距现地表深2.2～3.4米，勘探发现的遗迹有：

道路遗迹3条，分别为EL5、EL7、EL10。

建筑遗址区46处，其中，属于东汉中晚期的建筑遗址区分别为EJQ3、EJQ5、EJQ6、EJQ10、EJQ14、EJQ15、EJQ18、EJQ19、EJQ20、EJQ23、EJQ24、EJQ32、EJQ35、EJQ36、EJQ39、EJQ41、EJQ43、EJQ46、EJQ51、EJQ59、EJQ62、EJQ65、EJQ73、EJQ75、EJQ79、EJQ86、EJQ89、EJQ91、EJQ93、EJQ95、EJQ100、EJQ101、EJQ103；属于魏晋北朝时期的建筑遗址区分别为EJQ7、EJQ11、EJQ13、EJQ17、EJQ21、EJQ22、EJQ29、EJQ64、EJQ80、EJQ87、EJQ92、EJQ97、EJQ99。

单独建筑遗迹66处，分别为EJZ14、EJZ48、EJZ54、EJZ64、EJZ65、EJZ66、EJZ67、EJZ68、EJZ70、EJZ74、EJZ96、EJZ154、EJZ156、EJZ157、EJZ197、EJZ264、EJZ275、EJZ280、EJZ284、EJZ341、EJZ366、EJZ368、EJZ373、EJZ375、EJZ384、EJZ396、EJZ413、EJZ422、EJZ432、EJZ435、EJZ447、EJZ448、EJZ454、EJZ464、EJZ467、EJZ471、EJZ474、EJZ476、EJZ480、EJZ485、EJZ487、EJZ491、EJZ497、EJZ529、EJZ536、EJZ553、EJZ569、EJZ580、EJZ584、EJZ590、EJZ612、EJZ659、EJZ661、EJZ670、EJZ671、EJZ681、EJZ699、EJZ711、EJZ728、EJZ729、EJZ739、EJZ740、EJZ822、EJZ877、EJZ883、EJZ885。

砖瓦堆积56处，分别为EZW2、EZW4、EZW8、EZW11、EZW14、EZW17、EZW18、

EZW19、EZW20、EZW21、EZW22、EZW25、EZW27、EZW29、EZW30、EZW31、EZW36、EZW38、EZW40、EZW42、EZW43、EZW46、EZW48、EZW49、EZW51、EZW52、EZW53、EZW54、EZW56、EZW57、EZW58、EZW60、EZW61、EZW62、EZW65、EZW67、EZW68、EZW73、EZW74、EZW75、EZW77、EZW78、EZW80、EZW81、EZW82、EZW85、EZW87、EZW89、EZW91、EZW96、EZW97、EZW98、EZW100、EZW101、EZW108、EZW110。

水井19口，分别为EJ19、EJ20、EJ22、EJ24、EJ25、EJ31、EJ39、EJ40、EJ44、EJ46、EJ48、EJ49、EJ50、EJ52、EJ53、EJ55、EJ56、EJ57、EJ59。

窑址3座，分别为EY6、EY10、EY12。

灰坑67座，分别为EH3、EH14、EH23、EH26、EH27、EH28、EH29、EH32、EH35、EH36、EH38、EH39、EH40、EH41、EH43、EH44、EH45、EH46、EH47、EH50、EH51、EH53、EH55、EH61、EH62、EH63、EH65、EH68、EH71、EH73、EH74、EH76、EH78、EH80、EH81、EH82、EH84、EH85、EH86、EH87、EH88、EH91、EH97、EH98、EH101、EH103、EH105、EH111、EH112、EH115、EH117、EH122、EH126、EH127、EH129、EH131、EH132、EH136、EH142、EH143、EH145、EH184、EH185、EH187、EH202、EH203、EH205。

辽金时期人类活动遗迹距现地表深1.8～2.5米，勘探发现的遗迹有：

道路遗迹4条，分别为EL1、EL4、EL6、EL9。

踩踏面1处，为EC1。

建筑遗址区10处，分别为EJQ1、EJQ2、EJQ8、EJQ9、EJQ12、EJQ25、EJQ66、EJQ81、EJQ96、EJQ98。

单独建筑遗迹22处，分别为EJZ15、EJZ39、EJZ110、EJZ158、EJZ243、EJZ244、EJZ315、EJZ322、EJZ327、EJZ362、EJZ372、EJZ383、EJZ397、EJZ411、EJZ477、EJZ534、EJZ546、EJZ571、EJZ613、EJZ652、EJZ679、EJZ807。

砖瓦堆积7处，分别为EZW13、EZW15、EZW16、EZW26、EZW76、EZW99、EZW107。

水井13口，分别为EJ16、EJ18、EJ32、EJ34、EJ38、EJ41、EJ42、EJ43、EJ45、EJ47、EJ54、EJ58、EJ60。

窑址1座，为EY11。

灶1处，为EZ4。

灰坑29座，分别为EH21、EH22、EH24、EH25、EH48、EH52、EH56、EH57、EH58、EH59、EH60、EH64、EH66、EH67、EH70、EH79、EH83、EH99、EH100、EH107、EH114、EH135、EH138、EH196、EH197、EH198、EH200、EH206、EH208。

明清时期人类活动遗迹距现地表深1.1～1.7米，勘探发现的遗迹有：

道路遗迹3条，分别为EL2、EL3、EL8。

建筑遗址区1处，为EJQ33。

单独建筑遗迹9处，分别为EJZ1、EJZ24、EJZ85、EJZ186、EJZ240、EJZ255、EJZ532、EJZ618、EJZ864。

砖瓦堆积1处，为EZW1。

水井3口，分别为EJ15、EJ33、EJ68。

窑址5座，分别为EY1、EY5、EY7、EY8、EY9。

沟渠1条，为EG1。

灰坑5座，分别为EH1、EH15、EH19、EH54、EH137。

第三节　路县故城的性质与年代

一、路县故城建制沿革探讨

迄今为止，路县故城遗址考古发现的最早的遗存是城址周边发现的战国时期墓葬，不过尚未发现战国时期燕国设置"路县"或与之相关的文字证据[1]。尽管在战国时期，各诸侯国普遍在边境地区设置"郡"，国都附近内地则设置"县"或相当于县一级的地方行政机构。若按文献记载，战国时期燕国地方一级行政设置称"县"，但从出土实物材料来看，燕国的地方行政设置称"都"[2]，"都"就相当于县一级行政单位。不过，有一点值得注意，在两汉时期路县属于渔阳郡，而"渔阳"之名已见于战国时期，为燕地五郡之一，《史记·匈奴列传》有"燕亦筑长城，自造阳至襄平，置上谷、渔阳、右北平、辽西、辽东郡以拒胡"[3]。由此，对于路县故城城址的修建，有两方面需要考虑：一方面，若战国时期路县已经建城，这种可能应该存在，北京地区的一些汉代城址的始建年代都可上溯到战国时期，那么当时的名称是否仍是"路"，或是另有其他名称？"路县"之城是否属于渔阳管辖？另一方面，若战国时期"路县"之地尚未建城，那么这一区域的人口组织、管理与居住的状态是什么形态？这两方面的情况，都需要进一步考古工作予以解决。

公元前222年，秦灭燕后，沿袭燕地旧制，仍设渔阳郡，是为秦三十六郡[4]之一，亦即陈胜、吴广谪戍之地。不过，秦朝遗物之中，目前也未见记有"路县"的实物证据[5]。"路县"于秦代建城的可能性不大，因此这一说法基本没有。

[1]　后晓荣、陈晓飞：《考古出土文物所见燕国地名考》，《首都师范大学学报》（社会科学版）2007年第6期，第34-37页。

[2]　后晓荣：《燕国县级地方行政称"都"考》，《首都师范大学学报》（社会科学版）2012年第6期，第25-28页。

[3]　[汉]司马迁：《史记》卷一百十《匈奴列传》，中华书局，1963年，第2886页。

[4]　[汉]司马迁：《史记》卷六《秦始皇本纪》，中华书局，1963年，第239页。

[5]　后晓荣：《秦代燕地五郡置县考》，《古代文明》2009年第2期，第71-77页。

史书之中明确记载路县，最早见于《汉书·地理志》："渔阳郡，秦置。莽曰通路。属幽州。……县十二……路，莽曰通路亭。"[1]根据学者研究，《汉书·地理志》所记，为汉成帝元延末年的行政区划设置[2]。据此可知，至迟在汉成帝时期，路县就已是渔阳郡十二属县之一。

关于路县的最初设置或者路县城址的始建时期，很多学者定为西汉初年。明嘉靖《通州志略》记载："至汉初，始置潞县，仍隶渔阳郡。"[3]《北京地区汉代城址调查与研究》："《汉书》中所记载的路县，始设年代为汉高祖十二年（前195年），高祖封其子刘建为燕王，驻蓟城。在蓟城以东设新县。因是蓟城去辽东要路之首县，故名路县。"[4]根据《汉书·高帝本纪》，汉高祖六年（前201年）冬十月，"令天下县邑城"。张晏曰："皇后、公主所食曰邑。令各自筑其城也。"颜师古曰："县之与邑，皆令筑城。"[5]这一认识和记载，需要与该城址，特别是城垣和城址今后的考古发掘成果相结合。

西汉末年，外戚王莽篡取皇位，建立新朝，托古改制，变易名号，"郡县以亭为名者三百六十，以应符命文者"[6]。路县在此时改名为"通路亭"。王莽时期所改，只是名称上的改变，县域和治所应该未变。

东汉时期，废除王莽所称"通路亭"，改"路县"为"潞县"，不过具体在哪一年尚不清楚。早在刘秀争取天下时，潞城较多地见于文献记载。东汉光武帝建武二年（26年）二月，"渔阳太守彭宠反，攻幽州牧朱浮于蓟"[7]。八月，"遣游击将军邓隆救朱浮，与彭宠战于潞，隆军败绩"[8]。光武帝建武三年（27年）三月，"彭宠陷蓟城，宠自立为燕王"[9]。光武帝五年（29年）二月，"彭宠为其苍头所杀，渔阳平"[10]。彭宠，字伯通，南阳宛人，《后汉书》有传。彭宠的父亲彭宏，汉哀帝时曾任渔阳太守。[11]彭宠叛乱，《后汉书》中记载有发生在潞城的一事。"建武中，渔阳太守彭宠被征。书至，明日潞县火，灾起城中，飞出城外，燔千余家，杀人。"[12]按《水经注》中所记："世祖拜彭宠为渔阳太守，治此。"[13]可知，当时潞县成为渔阳郡的治所。

---

［1］［汉］班固：《汉书》卷二八下《地理志》第八下，中华书局，1964年，第1623、1624页。

［2］［清］钱大昕：《廿二史考异》，凤凰出版社，2008年，第135页。

［3］［明］杨行中：《通州志略》卷一，中国书店，2007年。

［4］北京市大葆台西汉墓博物馆编：《北京地区汉代城址调查与研究》，北京燕山出版社，2009年，第220页。

［5］［汉］班固：《汉书》卷一下《高帝本纪》第一下，中华书局，1964年，第59页。

［6］［汉］班固：《汉书》卷九十九中《王莽传》，中华书局，1964年，第4136页。

［7］［南朝宋］范晔：《后汉书》卷一下《光武帝本纪》第一上，中华书局，1973年，第28页。

［8］［南朝宋］范晔：《后汉书》卷一下《光武帝本纪》第一上，中华书局，1973年，第30页。

［9］［南朝宋］范晔：《后汉书》卷一下《光武帝本纪》第一上，中华书局，1973年，第34页。

［10］［南朝宋］范晔：《后汉书》卷一下《光武帝本纪》第一上，中华书局，1973年，第38页。

［11］［南朝宋］范晔：《后汉书》卷十二《彭宠传》，中华书局，1973年，第501页。

［12］［南朝宋］范晔：《后汉书》志第十四《五行二》，中华书局，1973年，第3292页。

［13］［北魏］郦道元著，陈桥驿校证：《水经注校证》卷十四《鲍丘水》，中华书局，2007年，第341页。

《水经注》记载，沽河"南过渔阳狐奴县北，西南与湿余水合，为潞河"[1]。"沽水又南，左会鲍丘水，世所谓东潞也。沽水又南迳潞县为潞河。《魏土地记》曰：城西三十里有潞河是也。"[2]鲍丘水"又南过潞县西"[3]。"又东南流，迳蓟县北，又东至潞县，注于鲍丘水。又南迳潞县故城西，王莽之通潞亭也。汉光武遣吴汉、耿弇等破铜马、五幡于潞东，谓是县也。屈而东南流，迳潞城南，世祖拜彭宠为渔阳太守，治此。宠叛，光武遣游击将军邓隆伐之，军于是水之南，光武策其必败，果为宠所破，遗壁故垒存焉。"[4]"光武还蓟，复遣弇与吴汉、景丹、盖延、朱祐、邳彤、耿纯、刘植、岑彭、祭遵、坚谭、王霸、陈俊、马武十三将军，追贼至潞东。"[5]

关于东汉时期的潞城，尹钧科先生有着很全面的分析。《魏土地记》："潞城西三十里有潞河。"该潞城当然不应是今通州东八里之西汉路县城，即使古里再小，西汉路县城西距潞河也没有三十里。而从地势和河道分布形势判断，潞河也无流经今通县以西的可能。因此，西距潞河三十里的潞城必定在西汉路县城以东。又《水经注·鲍丘水》云："（鲍丘水）又南迳潞县故城西，王莽之通潞亭也。汉光武遣吴汉、耿弇等破铜马、五幡于潞东，谓是县也。屈而东南流，迳潞城南，世祖拜彭宠为渔阳太守，治此。"显然，《水经注》中的潞县故城和潞城是指两地。经《北京历史地图集》编辑组野外考察，在今三河市西南境、潮白河东岸的城子村处，发现一处汉代遗址，面积较大，在被河水冲刷过的地面上，多散布汉代砖瓦陶片。经过多年反复讨论分析，认定这里应是东汉至北朝时的潞县治所。这一结论与《魏土地记》所谓"潞城西三十里有潞河"是吻合的。东汉潞县治所的迁移当在东汉初年。另外，东汉初年的渔阳郡曾一度治潞县。东汉渔阳郡治潞在先，治渔阳在后，前者短暂，后者是长期的[6]。尹钧科先生的分析非常全面、深入，值得在今后的考古工作中加以重视。

从文献记载与考古发现来看，到了唐代，此次发现的路县故城城址确实已不再作为潞县的治所，而仅仅是崇州、鲜州的寄治之地。《旧唐书》[7]中记载，崇州下领昌黎县，"贞观二年，置北黎州，寄治营州东北废杨师镇。八年，改为崇州，置昌黎县。契丹陷营州，徙治于潞县之古潞城，为县"。鲜州下领宾从县，"初置营州界，自青州还寄治潞县之古潞城"。《旧唐书》中明确记载"潞县之古潞城"，与艾演墓志所记终于"潞县"，葬于"古潞城"完全一致。可以说，到了唐代，路县故城的地位和功能发生了显著变化。

［1］［北魏］郦道元著，陈桥驿校证：《水经注校证》卷十四《沽河》，中华书局，2007年，第337页。

［2］［北魏］郦道元著，陈桥驿校证：《水经注校证》卷十四《沽河》，中华书局，2007年，第338页。

［3］［北魏］郦道元著，陈桥驿校证：《水经注校证》卷十四《鲍丘水》，中华书局，2007年，第339页。

［4］［北魏］郦道元著，陈桥驿校证：《水经注校证》卷十四《鲍丘水》，中华书局，2007年，第340、341页。

［5］［南朝宋］范晔：《后汉书》卷十九《耿弇传》，中华书局，1973年，第706页。

［6］尹钧科：《北京历代建制沿革》，北京出版社，1994年，第219-221页。

［7］［后晋］刘昫等：《旧唐书》卷三十九志第十九《地理二》，中华书局，1975年，第1523页。

二、路县故城的性质

两汉以后，经历魏晋北朝，目前比较明确的是，到了唐代，潞县治所已不在路县故城。《太平寰宇记》中记载："潞县，本汉旧县也，属渔阳郡。唐武德二年于此置玄州，仍置临沟县，玄州领潞、临沟、渔阳、无终四县。贞观元年废玄州，省临沟、无终二县，以潞、渔阳归幽州。"[1]永徽三年（652年）《唐故游击将军右武卫幽州潞城府果毅都尉魏公墓志铭》中记载："贞观十一年，授游击将军，守幽州潞城府果毅。"[2]唐代潞县属幽州管辖。

唐代以后，由于潞县治所的变迁，路县故城城址不再具有区域内城市的功能、作用和地位，而是变为了村落。这种状况一直延续到北京城市副中心建设之前。

从此次城内遗址区勘探发现的各时期遗迹数量上看，两汉至魏晋北朝的遗迹数量最多，符合路县故城作为县级治所的繁荣；辽金时期至清代的遗迹数量明显减少也符合潞县治所西迁的衰落。虽然县级治所功能不再，但作为村落仍然发现有道路、水井、建筑等生活基础设施的遗存。

综上所述，我们认为路县故城遗址是一座以两汉时期遗存为主的汉代县级城市遗址。

第四节 路县故城与周邻遗存之间的关系

一、路县故城与周边遗址及墓葬

作为城址的路县故城遗址从大遗址空间上看，可分为城内遗址区（城垣、壕沟及其合围区域），距城垣700米以内的城郊遗址区（城圈外周围附近区域），以及距城垣700米至3千米左右的城外墓葬区。

截至2021年12月，为配合北京城市副中心各项建设，在路县故城周围城郊遗址区发掘约42000平方米，发现有大量道路、房址、水井、水沟、古河道、窑址、墓葬、灰坑等遗迹，其中两汉时期遗迹为最多，辽金、明清时期遗迹亦丰富；其文化层堆积也与城内遗址区相似，以两汉时期为主。可以说，城郊遗址区反映出了汉代路县故城的繁荣和唐代以后的衰落。总体来看，城郊遗址区两汉时期遗迹的构成，以道路、房址和水井为主体。道路是重要的交通设施；房址均为半地穴式，平面为方形或长方形、圆形，用于居住、制作或存储器物；水井数量众多，分布密集，从结构上可以分为土井、瓦井、砖井、木井等，除了可以满足人们正常的生活

[1] ［宋］乐史：《太平寰宇记》卷六十九《河北道十八》，中华书局，1973年，第1402页。
[2] 周绍良主编：《唐代墓志汇编》，上海古籍出版社，1992年，第169页。

饮用，还要供给农业灌溉、手工业生产。综合这三大类遗迹的功能和特征，可以断定城郊遗址区为两汉时期的生活、生产区，并且可与以后城址内部的发掘成果构成一个相对完整的考古学研究和历史复原的对象。

此外，截至目前，在北京城市副中心以路县故城城址为核心，已发掘墓葬多达8000余座。这些墓葬从密集程度、分布区域、时代关系、类型序列等，可以明显地看出是成区、成群、成组分布于城址的北部、东部、东南部及南部，与城址的直线距离均在3千米之内，形成了一个以城址为核心向周围辐射的环状布局。这些墓葬的年代延续性强，从战国、两汉、唐代、辽金直至明清时期，并且各个时期墓葬数量的多寡与城址始建、利用和盛衰的时代基本吻合。在两汉时期的墓葬中，从墓葬的建筑规模、随葬器物的种类和数量来看，多为中小型墓葬，这与路县故城城址作为县级治所的等级相一致；唐代至明清时期的墓葬较之两汉时期的墓葬，在数量上明显减少，在空间上距离城址更近，这与路县故城衰落的时代和功能的减退相一致。因此，在时空关系和文化联系上，城址与墓葬密切相关，互为支撑，是了解和认识北京地区汉代县域内考古学文化面貌与社会生活、生产状况以及文化交流的重要资料。

二、路县故城与周邻汉代城址

城市作为古代聚落发展的最高形态，是衡量社会进步的主要标志。秦汉时期，燕蓟地区无论在军事上还是在政治上，都不失为重要之地。特别是从军事角度来看，路县所属的渔阳郡位于北部边郡，毗邻匈奴、乌桓等北方游牧民族，且紧邻燕地核心区域——蓟、广阳一带。北面为燕山山脉，扼守燕山山脉进入华北平原的通道，是汉帝国北部边城地区的一道防御屏障。这样，这一带的城市就共同构建了汉代渔阳郡的统治网络，形成了渔阳城址群。路县故城遗址所在的位置西望蓟城，北达渔阳，东连渤碣，正是北京通往沿海和东北地区的交通枢纽，自然而然成为了北方对内统治、对外扩张的政治、军事重镇。

北京地区境内与路县故城遗址同时期的汉代郡县城城址经过调查确认的有20余座，这些城址依据其性质和功能可分为郡城、县城、侯国城、食邑城、军事城、铸造城六类[1]（附图一）。路县故城城址整体为平面呈近四方形，由城垣和壕沟构成，符合平原城址特点，是一座典型的北方县级城市遗址。之所以将城建成近方形，可能就是继承和发展了战国时期以来宫城平面形制"崇方"的思想；另外从几何角度看，在周长相同的情况下，方形所获取的面积最大，这也是古人复杂费事筑城所获得的最大收益。

值得一提的是，考古资料表明，北京城市副中心的考古发现与其周边天津、河北等地的同类遗存极为相似。北京东部、天津西部和河北中部地区，自古以来文化面貌上呈现一体性。这里是农耕、游牧、渔猎文化交汇区域，由此孕育了丰富多彩、极具特色的文化。可以说，不管

[1]　北京市大葆台西汉墓博物馆编：《北京地区汉代城址调查与研究》，北京燕山出版社，2009年。

是哪种性质的筑城，路县故城城址都与北京地区其他汉代城址一起，属于时代发展的产物，是统一的、相互联系的整体，它们共同反映了秦汉时期北方地区政治、经济、军事、文化等各方面的发展情况。

第五节 路县故城的价值与保护利用

一、路县故城的价值

路县故城遗址是汉代路县县治所在地，是通州的历史文脉根基，也是北京地区城市发展序列的重要组成部分，见证了北京地区历史时期的政权更替和人类活动变迁。它包含丰富的历史信息，作为北京地区一系列汉代城址遗存中的代表性遗存，是秦汉时期城市体系的重要组成部分，见证了列国争雄分裂状态的终结和秦汉帝国统一局面下新的等级制度形成，是研究秦汉时期城市建设和北京地区燕文化的重要实物例证。

路县故城遗址的发现填补了汉代县级城址考古的学术空白，作为全国两汉时期县城考古方面的标杆，具有示范作用。它主体城址保存较为完整，其形制和大小符合黄河中下游地区汉代县城的规制，对探索汉代北方地区和燕蓟地区基层社会的主要架构、管理机制和组织形式等均具有重要的历史和考古价值。城内遗址区文化层的堆积从汉代一直延续至明清时期，不仅证实了北京城市副中心深厚的历史和文化积淀，还证实了北京城市副中心选址的合理性。基于该遗址的重要性，路县故城遗址于2021年被公布为北京市市级文物保护单位。

二、路县故城的保护利用

路县故城城址西北紧邻京秦铁路，遗址内及周围原生活大量居民、建有厂房等。城址本体主要为现代人类活动破坏，包括修筑公路、建筑民宅和厂房、城垣取土、铺设排水设施、现代坟占压等；自然破坏因素有雨水冲刷、洪水等。上述种种因素，均不利于路县故城遗址的保护利用。

所幸的是，2017年，北京市政府正式批准对路县故城城址进行原址保护，建立遗址公园，并配套设立博物馆，原在城址内的居民住宅、厂房逐步拆除迁出。路县故城城址成为北京地区首个以汉代城址为主体建立的遗址公园，也是北京地区首个在城市基本建设的考古中完整保护下来并建立遗址公园的大遗址（彩版二八）。通过考古遗址公园和博物馆建设，让路县故城活起来，让出土文物活起来，让汉代文化活起来，讲好以路县故城遗址为核心的历史故事，有效、有趣地进行文化普及。这必将一定程度上调动起当地政府和人民的热情和积极性，极大地推动北京乃至全国考古和文物保护事业的深入发展。

此外，路县故城遗址需要进一步合理有效开展考古发掘工作，深入开展以田野考古为基础的多学科综合研究，逐步揭示其全貌与文化内涵。虽然路县故城遗址的考古工作已经取得了一定可喜的成果，但今后的任务依然严峻，田野发掘任务、考古资料整理和研究任务繁重，这都要持续不断、持之以恒地开展下去。

不得不说，城址的保护利用是一个极大的社会问题，面临着许多困难，只有在保护基础上的合理利用，才能充分发挥其使命，起到传承历史、弘扬优秀传统文化的作用。对路县故城遗址如何给予充分认识并得到科学保护，如何合理利用这些资源，并且处理好保护与利用关系，需要我们在今后的工作中去不断地思考、提出并解决问题。

附　表

附表一　路县故城地层剖面探孔记录表（西—东）

勘探分区	勘探单元	探孔编号	层位	开口距现地表深（米）	底距现地表深（米）	厚（米）	土质	土色	致密度	包含物	堆积性质
ⅡN01W02	2-3	A01B01	①	0	0.5	0.5	渣土	灰褐色	较疏松	建筑垃圾、塑料等	渣土
			②	0.5	2.3	1.8	沙土	黄褐色	较疏松	砖渣、陶片等	文化层
			③	2.3	5.7	3.4	夯土	黄褐色	致密	植物杆茎	夯土
			③以下	5.7	不到底	—	沙土	浅黄褐色	较疏松	无	原生土
		A13B01	①	0	0.4	0.4	渣土	灰褐色	较疏松	建筑垃圾、塑料等	渣土
			②	0.4	2.2	1.8	沙土	黄褐色	较疏松	砖渣、陶片等	文化层
			③	2.2	3.4	1.2	黏土	浅褐色	较致密	砖渣、黑灰点等	文化层
			④	3.4	4.9	1.5	黏土	灰褐色	较致密	砖渣、陶片、瓦片等	文化层
			⑤	4.9	5.9	1	沙土	浅灰褐色	较致密	砖渣、陶片、瓦片等	文化层
			⑤以下	5.9	不到底	—	沙土	浅黄褐色	较疏松	无	原生土

续表

勘探分区	勘探单元	探孔编号	层位	开口距现地表深（米）	底距现地表深（米）	厚（米）	土质	土色	致密度	包含物	堆积性质
ⅡN01W02	2-3	A25B01	①	0	0.5	0.5	渣土	灰褐色	较疏松	建筑垃圾、塑料等	渣土
			②	0.5	2.3	1.8	沙土	黄褐色	较疏松	砖渣、陶片等	文化层
			③	2.3	3.4	1.1	黏土	浅灰褐色	较致密	砖渣等	文化层
			④	3.4	5.2	1.8	黏土	浅褐色	较致密	砖渣、陶片、瓦片等	文化层
			⑤	5.2	6.1	0.9	黏土	灰褐色	较致密	砖渣、陶片、瓦片等	文化层
			⑤以下	6.1	不到底	—	沙土	浅黄褐色	较疏松	无	原生土
	2-4	A13B01	①	0	0.6	0.6	渣土	灰褐色	较疏松	建筑垃圾、塑料等	渣土
			②	0.6	2.1	1.5	沙土	黄褐色	较疏松	砖渣、陶片等	文化层
			③	2.1	3.6	1.5	黏土	浅褐色	较致密	砖渣、红烧土等	文化层
			④	3.6	5.1	1.5	黏土	灰褐色	较致密	砖渣、陶片、瓦片等	文化层
			⑤	5.1	6.2	1.1	黏土	浅灰褐色	较致密	砖渣、陶片、瓦片等	文化层
			⑤以下	6.2	不到底	—	沙土	浅灰黄褐色	较疏松	无	原生土
	2-4	A25B01	①	0	0.8	0.8	渣土	灰褐色	较疏松	建筑垃圾、塑料等	渣土
			②	0.8	1.9	1.1	沙土	黄褐色	较疏松	砖渣、陶片等	文化层
			③	1.9	3.3	1.4	黏土	灰褐色	较致密	砖渣、草木灰等	文化层
			④	3.3	5.3	2	黏土	浅灰褐色	较致密	砖渣、陶片、瓦片等	文化层
			⑤	5.3	6.5	1.2	黏土	灰褐色	较致密	无	沉积土
			⑤以下	6.5	不到底	—	沙土	浅黄褐色	较疏松	无	原生土

续表

勘探分区	勘探单元	探孔编号	层位	开口距现地表深（米）	底距现地表深（米）	厚（米）	土质	土色	致密度	包含物	堆积性质
ⅡN01W01	2-1	A13B01	①	0	0.5	0.5	渣土	灰褐色	较疏松	建筑垃圾、塑料等	渣土
			②	0.5	1.6	1.1	沙土	黄褐色	较疏松	砖渣、陶料等	文化层
			③	1.6	3.1	1.5	黏土	浅褐色	较致密	砖渣、黑灰点等	文化层
			④	3.1	4.9	1.8	黏土	灰褐色	较致密	砖渣、陶片、瓦片等	文化层
			⑤	4.9	6.3	1.4	黏土	浅灰褐色	较致密	砖渣、陶片、瓦片等	文化层
			⑤以下	6.3	不到底	—	沙土	黄褐色	较疏松	无	原生土
		A25B01	①	0	0.3	0.3	渣土	灰褐色	较疏松	建筑垃圾、塑料等	渣土
			②	0.3	1.9	1.6	沙土	黄褐色	较疏松	砖渣、陶料等	文化层
			③	1.9	3.4	1.5	黏土	浅褐色	较致密	砖渣、陶片等	文化层
			④	3.4	4.8	1.4	黏土	灰褐色	较致密	砖渣、陶片、瓦片等	文化层
			⑤	4.8	5.8	1	黏土	浅灰褐色	较致密	砖渣、陶片、瓦片等	文化层
			⑤以下	5.8	不到底	—	沙土	浅黄褐色	较疏松	无	原生土
	2-2	A13B01	①	0	0.3	0.3	渣土	灰褐色	较疏松	建筑垃圾、塑料等	渣土
			②	0.3	2	1.7	沙土	黄褐色	较疏松	砖渣、陶料等	文化层
			③	2	3.1	1.1	黏土	浅褐色	较致密	砖渣、陶片等	文化层
			④	3.1	4.8	1.7	黏土	灰褐色	较致密	砖渣、陶片、瓦片等	文化层
			⑤	4.8	6.3	1.5	黏土	浅灰褐色	较致密	砖渣、陶片、瓦片等	文化层
			⑤以下	6.3	不到底	—	沙土	黄褐色	较疏松	无	原生土

续表

勘探分区	勘探单元	探孔编号	层位	开口距现地表深（米）	底距现地表深（米）	厚（米）	土质	土色	致密度	包含物	堆积性质
	2-2	A25B01	①	0	0.5	0.5	渣土	灰褐色	较疏松	建筑垃圾、塑料等	渣土
			②	0.5	1.7	1.2	沙土	黄褐色	较疏松	砖渣、陶片等	文化层
			③	1.7	3.2	1.5	黏土	浅褐色	较致密	砖渣、陶片等	文化层
			④	3.2	5	1.8	黏土	灰褐色	较致密	砖渣、陶片、瓦片等	文化层
			⑤	5	6.3	1.3	黏土	浅灰褐色	较致密	砖渣、陶片、瓦片等	文化层
			⑤以下	6.3	不到底	—	沙土	黄褐色	较疏松	无	原生土
II N01W01	2-3	A13B01	①	0	0.6	0.6	渣土	灰褐色	较疏松	建筑垃圾、塑料等	渣土
			②	0.6	1.9	1.3	沙土	黄褐色	较疏松	砖渣、陶片等	文化层
			③	1.9	3.4	1.5	黏土	浅褐色	较致密	砖渣、陶片等	文化层
			④	2.6	4.7	2.1	黏土	灰褐色	较致密	砖渣、陶片、瓦片等	文化层
			⑤	4.9	6.1	1.2	黏土	浅灰褐色	较致密	砖渣、陶片、瓦片等	文化层
			⑤以下	6.1	不到底	—	沙土	黄褐色	较疏松	无	原生土
		A25B01	①	0	0.3	0.3	渣土	灰褐色	较疏松	建筑垃圾、塑料等	渣土
			②	0.3	2.1	1.8	沙土	黄褐色	较疏松	砖渣、陶片等	文化层
			③	2.1	3.6	1.5	黏土	浅褐色	较致密	砖渣、陶片等	文化层
			④	3.6	4.9	1.3	黏土	灰褐色	较致密	砖渣、陶片、瓦片等	文化层
			⑤	4.9	5.8	0.9	黏土	浅灰褐色	较致密	砖渣、陶片、瓦片等	文化层
			⑤以下	5.8	不到底	—	沙土	浅黄褐色	较疏松	无	原生土

续表

勘探分区	勘探单元	探孔编号	层位	开口距现地表深（米）	底距现地表深（米）	厚（米）	土质	土色	致密度	包含物	堆积性质
ⅡN01W01	2-4	A13B01	①	0	0.6	0.6	渣土	灰褐色	较疏松	建筑垃圾、塑料等	渣土
			②	0.6	1.9	1.3	沙土	黄褐色	较疏松	砖渣、陶片等	文化层
			③	1.9	3.2	1.3	黏土	浅褐色	较致密	砖渣、陶片等	文化层
			④	3.2	5.2	2	黏土	灰褐色	较致密	砖渣、陶片、瓦片等	文化层
			⑤	5.2	6.2	1	黏土	浅灰褐色	较致密	砖渣、陶片、瓦片等	文化层
			⑤以下	6.2	不到底	—	沙土	浅黄褐色	较疏松	无	原生土
	2-1	A25B01	①	0	0.4	0.4	渣土	灰褐色	较疏松	建筑垃圾、塑料等	渣土
			②	0.4	2.3	1.9	沙土	黄褐色	较疏松	砖渣、陶片等	文化层
			③	2.4	3.7	1.3	黏土	浅褐色	较致密	砖渣、陶片等	文化层
			④	3.7	5.6	1.9	黏土	灰褐色	较致密	砖渣、陶片、瓦片等	文化层
			⑤	5.6	6.8	1.2	黏土	浅灰褐色	较致密	砖渣、陶片、瓦片等	文化层
			⑤以下	6.8	不到底	—	沙土	浅灰褐色	较疏松	无	原生土
ⅠN01E01		A13B01	①	0	0.4	0.4	渣土	灰褐色	较疏松	建筑垃圾、塑料等	渣土
			②	0.4	1.5	1.1	沙土	黄褐色	较疏松	砖渣、陶片等	文化层
			③	1.5	3	1.5	黏土	浅褐色	较致密	砖渣、陶片等	文化层
			④	3	4.3	1.3	黏土	灰褐色	较致密	砖渣、陶片、瓦片等	文化层
			⑤	4.3	5.8	1.5	黏土	浅灰褐色	较致密	砖渣、陶片、瓦片等	文化层
			⑤以下	5.8	不到底	—	沙土	浅黄褐色	较疏松	无	原生土

续表

勘探分区	勘探单元	探孔编号	层位	开口距现地表深（米）	底距现地表深（米）	厚（米）	土质	土色	致密度	包含物	堆积性质
ⅠN01E01	2-1	A25B01	①	0	0.3	0.3	渣土	灰褐色	较疏松	建筑垃圾、塑料等	渣土
			②	0.3	1.5	1.2	沙土	黄褐色	较疏松	砖渣、陶片等	文化层
			③	1.5	2.9	1.4	黏土	灰褐色	较致密	砖渣、陶片等	文化层
			④	2.9	4.8	1.9	黏土	浅褐色	较致密	砖渣、陶片、瓦片等	文化层
			⑤	4.8	6.2	1.4	黏土	浅灰褐色	较致密	砖渣、陶片、瓦片等	文化层
			⑤以下	6.2	不到底	—	沙土	黄褐色	较疏松	无	原生土
	2-2	A13B01	①	0	0.4	0.4	渣土	灰褐色	较疏松	建筑垃圾、塑料等	渣土
			②	0.4	1.4	1	沙土	黄褐色	较疏松	砖渣、陶片等	文化层
			③	1.4	2.5	1.1	黏土	浅褐色	较致密	砖渣、陶片等	文化层
			④	2.5	4.3	1.8	黏土	灰褐色	较致密	砖渣、陶片、瓦片等	文化层
			⑤	4.3	5.8	1.5	黏土	浅灰褐色	较致密	砖渣、陶片、瓦片等	文化层
			⑤以下	5.8	不到底	—	沙土	黄褐色	较疏松	无	原生土
	2-3	A01B01	①	0	0.3	0.3	渣土	灰褐色	较疏松	建筑垃圾、塑料等	渣土
			②	0.3	1.3	1	沙土	黄褐色	较疏松	砖渣、陶片、瓷片等	文化层
			③	1.3	2.4	1.1	黏土	灰褐色	较致密	砖渣、陶片等	文化层
			④	2.4	3.7	1.3	黏土	浅灰褐色	较致密	砖渣、陶片、瓦片等	文化层
			⑤	3.7	5.2	1.5	黏土	浅灰褐色	较致密	砖渣、陶片、瓦片等	文化层
			⑤以下	5.2	不到底	—	沙土	浅黄褐色	较疏松	无	原生土

续表

勘探分区	勘探单元	探孔编号	层位	开口距现地表深（米）	底距现地表深（米）	厚（米）	土质	土色	致密度	包含物	堆积性质
ⅠN01E01	2-3	A13B01	①	0	0.4	0.4	渣土	灰褐色	较疏松	建筑垃圾、塑料等	渣土
			②	0.4	1.5	1.1	沙土	黄褐色	较疏松	砖渣、陶片等	文化层
			③	1.5	2.7	1.2	黏土	浅褐色	较致密	砖渣、陶片等	文化层
			④	2.7	4.2	1.5	黏土	灰褐色	较致密	砖渣、陶片、瓦片等	文化层
			⑤	4.2	5.7	1.5	黏土	浅灰褐色	较致密	砖渣、陶片、瓦片等	文化层
			⑤以下	5.7	不到底	—	沙土	浅黄褐色	较疏松	无	原生土
	2-4	A01B01	①	0	0.4	0.4	渣土	灰褐色	较疏松	建筑垃圾、塑料等	渣土
			②	0.4	2.1	1.7	沙土	黄褐色	较疏松	砖渣、陶片等	文化层
			③	2.1	3.5	1.4	黏土	浅灰褐色	较致密	砖渣、陶片等	文化层
			④	3.5	5.3	1.8	黏土	浅褐色	较致密	砖渣、陶片、瓦片等	文化层
			⑤	5.3	6.2	0.9	黏土	浅灰褐色	较致密	砖渣、陶片、瓦片等	文化层
			⑤以下	6.2	不到底	—	沙土	黄褐色	较疏松	无	原生土
		A13B01	①	0	0.5	0.5	渣土	灰褐色	较疏松	建筑垃圾、塑料等	渣土
			②	0.5	1.7	1.2	沙土	黄褐色	较疏松	砖渣、陶片等	文化层
			③	1.7	3.1	1.4	黏土	浅灰褐色	较致密	砖渣、陶片等	文化层
			④	3.1	4.6	1.5	黏土	灰褐色	较致密	砖渣、陶片、瓦片等	文化层
			⑤	4.6	6.1	1.5	黏土	浅灰褐色	较致密	砖渣、陶片、瓦片等	文化层
			⑤以下	6.1	不到底	—	沙土	浅黄褐色	较疏松	无	原生土

续表

勘探分区	勘探单元	探孔编号	层位	开口距现地表深（米）	底距现地表深（米）	厚（米）	土质	土色	致密度	包含物	堆积性质
ⅠN01E02	2-1	A01B01	①	0	0.5	0.5	渣土	灰褐色	较疏松	建筑垃圾、塑料等	渣土
			②	0.5	1.7	1.2	沙土	黄褐色	较疏松	砖渣、陶片等	文化层
			③	1.7	2.9	1.2	黏土	浅灰褐色	较致密	砖渣、陶片等	文化层
			④	2.9	4.3	1.4	黏土	浅褐色	较致密	砖渣、陶片、瓦片等	文化层
			⑤	4.3	5.8	1.5	黏土	浅灰褐色	较致密	陶片、砖渣、红烧土等	文化层
			⑤以下	5.8	不到底	—	沙土	黄褐色	较疏松	无	原生土
		A13B01	①	0	0.3	0.3	渣土	灰褐色	较疏松	建筑垃圾、塑料等	渣土
			②	0.3	1.4	1.1	沙土	黄褐色	较疏松	砖渣、陶片等	文化层
			③	1.4	2.6	1.2	黏土	浅灰褐色	较致密	砖渣、陶片等	文化层
			④	2.6	3.9	1.3	黏土	浅褐色	较致密	砖渣、陶片、瓦片等	文化层
			⑤	3.9	6	1.1	黏土	浅灰褐色	较致密	砖渣、陶片、瓦片等	文化层
			⑤以下	6	不到底	—	沙土	黄褐色	较疏松	无	原生土
		A25B01	①	0	0.3	0.3	渣土	灰褐色	较疏松	建筑垃圾、塑料等	渣土
			②	0.3	1.4	1.1	沙土	黄褐色	较疏松	砖渣、陶片等	文化层
			③	1.4	2.5	1.1	黏土	浅灰褐色	较致密	砖渣、陶片等	文化层
			④	2.5	3.8	1.3	黏土	浅褐色	较致密	砖渣、陶片、瓦片等	文化层
			⑤	3.8	4.8	1	黏土	浅灰褐色	较致密	砖渣、陶片、瓦片等	文化层
			⑤以下	4.8	不到底	—	沙土	黄褐色	较疏松	无	原生土

续表

勘探分区	勘探单元	探孔编号	层位	开口距现地表深（米）	底距现地表深（米）	厚（米）	土质	土色	致密度	包含物	堆积性质
ⅠN01E02	2-2	A13B01	①	0	0.4	0.4	渣土	灰褐色	较疏松	建筑垃圾、塑料等	渣土
			②	0.4	1.1	0.7	黏土	灰褐色	较疏松	砖渣、陶片等	文化层
			③	1.1	4.6	3.5	夯土	黄褐色	致密	植物杆茎	夯土
			③以下	4.6	不到底	—	沙土	浅黄褐色	较疏松	无	原生土
		A25B01	①	0	0.3	0.3	渣土	灰褐色	较疏松	建筑垃圾、塑料等	渣土
			②	0.3	1.4	1.1	沙土	黄褐色	较疏松	砖渣、陶片等	文化层
			③	1.4	2.5	1.1	黏土	浅灰褐色	较致密	砖渣、陶片等	文化层
			④	2.5	4	1.5	黏土	浅灰褐色	较致密	砖渣、陶片、瓦片等	文化层
			⑤	4	5	1	黏土	浅灰褐色	较致密	砖渣、陶片、瓦片等	文化层
			⑤以下	5	不到底	—	沙土	黄褐色	较疏松	无	原生土

附表二　路县故城地层剖面探孔记录表（南—北）

勘探分区	勘探单元	探孔编号	层位	开口距现地表深（米）	底距现地表深（米）	厚（米）	土质	土色	致密度	包含物		堆积性质
ⅢS01W01	1-4	A25B01	①	0	0.4	0.4	渣土	灰褐色	较疏松	建筑垃圾、塑料等		渣土
			②	0.4	1.6	1.2	沙土	黄褐色	较疏松	砖渣、陶片等		文化层
			③	1.6	2.9	1.3	黏土	浅灰褐色	较致密	砖渣、陶片等		文化层
			④	2.9	4.5	1.6	黏土	浅灰褐色	较致密	砖渣、陶片、瓦片等		河道淤土
			⑤	4.5	6	1.5	黏土	浅灰褐色	较致密	砖渣、陶片、瓦片等		河道淤土
			⑥	6	不到底	—	沙土	黄褐色	较疏松	无		生土
		A25B13	①	0	0.5	0.5	渣土	灰褐色	较疏松	建筑垃圾、塑料等		渣土
			②	0.5	1.7	1.2	沙土	黄褐色	较疏松	砖渣、陶片等		文化层
			③	1.7	2.8	1.1	黏土	浅灰褐色	较致密	砖渣、黑灰点等		文化层
			④	2.8	5	2.2	黏土	深褐色	较致密	砖渣、陶片、瓦片等		河道淤土
			⑤	5	6.1	1.1	黏土	浅灰褐色	较致密	砖渣、陶片、瓦片等		河道淤土
			⑥	6.1	不到底	—	沙土	黄褐色	较疏松	无		生土
	2-4	A25B01	①	0	0.4	0.4	渣土	灰褐色	较疏松	建筑垃圾、塑料等		渣土
			②	0.4	1.6	1.2	沙土	黄褐色	较疏松	砖渣、陶片、瓷片等		文化层
			③	1.6	3.2	1.6	黏土	浅灰褐色	较致密	砖渣、陶片等		文化层
			④	3.2	4.6	1.4	黏土	浅灰褐色	较致密	砖渣、陶片、瓦片等		文化层
			⑤	4.6	5.6	1	黏土	浅灰褐色	较致密	砖渣、陶片、瓦片等		文化层
			⑥	5.6	不到底	—	沙土	黄褐色	较疏松	无		生土

续表

勘探分区	勘探单元	探孔编号	层位	开口距现地表深（米）	底距现地表深（米）	厚（米）	土质	土色	致密度	包含物	堆积性质
ⅢS01W01	2-4	A25B13	①	0	0.4	0.4	渣土	灰褐色	较疏松	建筑垃圾、塑料等	渣土
			②	0.4	1.7	1.3	沙土	黄褐色	较疏松	砖渣、陶片等	文化层
			③	1.7	3.3	1.6	黏土	浅灰褐色	较致密	砖渣、草木灰等	文化层
			④	3.3	5	1.7	夯土	黄褐色	致密	植物杆茎	夯土
			⑤	5	不到底	—	沙土	浅黄褐色	较疏松	无	生土
		A23B25	①	0	0.5	0.5	渣土	灰褐色	较疏松	建筑垃圾、塑料等	渣土
			②	0.5	1.7	1.2	沙土	黄褐色	较疏松	砖渣、陶片等	文化层
			③	1.7	3.3	1.6	黏土	浅灰褐色	较致密	砖渣、陶片等	文化层
			④	3.3	5.1	1.8	黏土	浅灰褐色	较致密	砖渣、陶片、瓦片等	文化层
			⑤	5.1	6.1	1	黏土	灰褐色	较致密	砖渣、陶片、瓦片等	文化层
			⑥	6.1	不到底	—	沙土	黄褐色	较疏松	无	生土
	3-4	A25B13	①	0	0.4	0.4	渣土	灰褐色	较疏松	建筑垃圾、塑料等	渣土
			②	0.4	1.7	1.3	沙土	黄褐色	较疏松	砖渣、陶片等	文化层
			③	1.7	3.2	1.5	黏土	浅灰褐色	较致密	砖渣、红烧土等	文化层
			④	3.2	4.6	1.4	黏土	浅褐色	较致密	砖渣、陶片、瓦片等	文化层
			⑤	4.6	6.1	1.5	黏土	灰褐色	较致密	砖渣、陶片、瓦片等	文化层
			⑥	6.1	不到底	—	沙土	浅黄褐色	较疏松	无	生土

续表

勘探分区	勘探单元	探孔编号	层位	开口距现地表深（米）	底距现地表深（米）	厚（米）	土质	土色	致密度	包含物	堆积性质
ⅢS01W01	3-4	A25B25	①	0	0.5	0.5	渣土	灰褐色	较疏松	建筑垃圾、塑料等	渣土
			②	0.5	1.7	1.2	沙土	黄褐色	较疏松	砖渣、陶片等	文化层
			③	1.7	3.3	1.6	黏土	浅灰褐色	较致密	砖渣、陶片等	文化层
			④	3.3	5.4	2.1	黏土	浅褐色	较致密	砖渣、陶片、瓦片等	文化层
			⑤	5.4	6.4	1	黏土	灰褐色	较致密	砖渣、陶片、瓦片等	文化层
			⑥	6.4	不到底	—	沙土	浅黄黄褐色	较疏松	无	生土
	4-4	A25B13	①	0	0.6	0.6	渣土	灰褐色	较疏松	建筑垃圾、塑料等	渣土
			②	0.6	2.1	1.5	沙土	黄褐色	较疏松	砖渣、陶片等	文化层
			③	2.1	3.4	1.3	黏土	浅灰褐色	较致密	砖渣、陶片等	文化层
			④	3.4	5.3	1.9	黏土	浅褐色	较致密	砖渣、陶片、瓦片等	文化层
			⑤	5.3	6.6	1.3	黏土	灰褐色	较致密	砖渣、陶片、瓦片等	文化层
			⑥	6.6	不到底	—	沙土	黄褐色	较疏松	无	生土
ⅡN01W01	1-4	A25B01	①	0	0.7	0.7	渣土	灰褐色	较疏松	建筑垃圾、塑料等	渣土
			②	0.7	1.9	1.2	沙土	黄褐色	较疏松	砖渣、陶片等	文化层
			③	1.9	3.5	1.6	黏土	浅灰褐色	较致密	砖渣、陶片等	文化层
			④	3.5	5.8	2.3	黏土	浅灰褐色	较致密	砖渣、陶片、瓦片等	文化层
			⑤	5.8	6.8	1	黏土	灰褐色	较致密	砖渣、陶片、瓦片等	文化层
			⑥	6.8	不到底	—	沙土	黄褐色	较疏松	无	生土

续表

勘探分区	勘探单元	探孔编号	层位	开口距现地表深（米）	底距现地表深（米）	厚（米）	土质	土色	致密度	包含物	堆积性质
ⅡN01W01	1-4	A25B13	①	0	0.5	0.5	渣土	灰褐色	较疏松	建筑垃圾、塑料等	渣土
			②	0.5	2.3	1.8	沙土	黄褐色	较疏松	砖渣、陶片等	文化层
			③	2.3	3.9	1.6	黏土	浅褐色	较致密	砖渣、黑灰点等	文化层
			④	3.9	5.7	1.8	黏土	浅灰褐色	较致密	砖渣、陶片、瓦片等	文化层
			⑤	5.7	6.7	1	黏土	灰褐色	较致密	砖渣、陶片、瓦片等	文化层
			⑥	6.7	不到底	—	沙土	黄褐色	较疏松	无	生土
	2-4	A25B01	①	0	0.4	0.4	渣土	灰褐色	较疏松	建筑垃圾、塑料等	渣土
			②	0.4	1.8	1.4	沙土	黄褐色	较疏松	砖渣、陶片等	文化层
			③	1.8	3.4	1.6	黏土	浅褐色	较致密	砖渣、陶片等	文化层
			④	3.4	5.6	2.2	黏土	浅灰褐色	较致密	砖渣、陶片、瓦片等	文化层
			⑤	5.6	6.8	1.2	黏土	灰褐色	较致密	砖渣、陶片、瓦片等	文化层
			⑥	6.8	不到底	—	沙土	黄褐色	较疏松	无	生土
		A25B13	①	0	0.6	0.6	渣土	灰褐色	较疏松	建筑垃圾、塑料等	渣土
			②	0.6	2	1.4	沙土	黄褐色	较疏松	砖渣、陶片等	文化层
			③	2	3.6	1.6	黏土	浅灰褐色	较致密	砖渣、陶片等	文化层
			④	3.6	5	1.4	黏土	浅灰褐色	较致密	砖渣、陶片、瓦片等	文化层
			⑤	5	6.1	1.1	黏土	灰褐色	较致密	砖渣、陶片、瓦片等	文化层
			⑥	6.1	不到底	—	沙土	黄褐色	较疏松	无	生土

续表

勘探分区	勘探单元	探孔编号	层位	开口距现地表深（米）	底距现地表深（米）	厚（米）	土质	土色	致密度	包含物	堆积性质
ⅡN01W01	3-4	A25B01	①	0	0.4	0.4	渣土	灰褐色	较疏松	建筑垃圾、塑料等	渣土
			②	0.4	1.6	1.2	沙土	黄褐色	较疏松	砖渣、陶片等	文化层
			③	1.6	3.2	1.6	黏土	浅灰褐色	较致密	砖渣、陶片等	文化层
			④	3.2	5.1	1.9	黏土	浅褐色	较致密	砖渣、陶片、瓦片等	文化层
			⑤	5.1	6.6	1.5	黏土	灰褐色	较致密	砖渣、陶片、瓦片等	文化层
			⑥	6.6	不到底	—	沙土	黄褐色	较疏松	无	生土
		A25B13	①	0	0.5	0.5	渣土	灰褐色	较疏松	建筑垃圾、塑料等	渣土
			②	0.5	1.8	1.3	沙土	黄褐色	较疏松	砖渣、陶片等	文化层
			③	1.8	3.3	1.5	黏土	浅灰褐色	较致密	砖渣、陶片等	文化层
			④	3.3	5.3	2	黏土	浅褐色	较致密	砖渣、陶片、瓦片等	文化层
			⑤	5.3	6.4	1.1	黏土	灰褐色	较致密	砖渣、陶片、瓦片等	文化层
			⑥	6.4	不到底	—	沙土	黄褐色	较疏松	无	生土
	4-4	未勘探									
ⅡN02W01	1-4	A25B01	①	0	0.4	0.4	渣土	灰褐色	较疏松	建筑垃圾、塑料等	渣土
			②	0.4	1.6	1.2	沙土	黄褐色	较疏松	砖渣等	文化层
			③	1.6	2.8	1.2	黏土	浅灰褐色	较致密	砖渣、陶片等	文化层
			④	2.8	4.9	2.1	黏土	浅褐色	较致密	砖渣、陶片、瓦片等	文化层
			⑤	4.9	6	1.1	黏土	灰褐色	较致密	砖渣、陶片、瓦片等	文化层
			⑥	6	不到底	—	沙土	黄褐色	较疏松	无	生土

潞源北街

续表

勘探分区	勘探单元	探孔编号	层位	开口距现地表深（米）	底距现地表深（米）	厚（米）	土质	土色	致密度	包含物	堆积性质
	1-4	A25B17	①	0	0.5	0.5	渣土	灰褐色	较疏松	建筑垃圾、塑料等	渣土
			②	0.5	1.8	1.3	沙土	黄褐色	较疏松	砖渣等	文化层
			③	1.8	3.4	1.6	黏土	浅灰褐色	较致密	砖渣、陶片等	文化层
			④	3.4	5.2	1.8	黏土	浅褐色	较致密	砖渣、陶片、瓦片等	文化层
			⑤	5.2	6.2	1	黏土	灰褐色	较致密	砖渣、陶片、瓦片等	文化层
			⑥	6.2	不到底	—	沙土	黄褐色	较疏松	无	生土
ⅡN02W01	2-4	A25B01	①	0	0.4	0.4	渣土	灰褐色	较疏松	建筑垃圾、塑料等	渣土
			②	0.4	2	1.6	沙土	黄褐色	较疏松	砖渣、陶片等	文化层
			③	2	3.2	1.2	黏土	浅灰褐色	较致密	砖渣、陶片等	文化层
			④	3.2	4.6	1.4	黏土	浅灰褐色	较致密	砖渣、陶片、瓦片等	文化层
			⑤	4.6	5.8	1.2	黏土	灰褐色	较致密	砖渣、陶片、瓦片等	文化层
			⑥	5.8	不到底	—	沙土	黄褐色	较疏松	无	生土
		A25B13	①	0	0.4	0.4	渣土	灰褐色	较疏松	建筑垃圾、塑料等	渣土
			②	0.4	1.8	1.4	沙土	黄褐色	较疏松	砖渣、陶片等	文化层
			③	1.8	2.9	1.1	黏土	浅灰褐色	较致密	砖渣、陶片等	文化层
			④	2.9	4.5	1.6	黏土	浅褐色	较致密	砖渣、陶片、瓦片等	文化层
			⑤	4.5	5.8	1.3	黏土	灰褐色	较致密	砖渣、陶片、瓦片等	文化层
			⑥	5.8	不到底	—	沙土	黄褐色	较疏松	无	生土

续表

勘探分区	勘探单元	探孔编号	层位	开口距现地表深（米）	底距现地表深（米）	厚（米）	土质	土色	致密度	包含物	堆积性质
ⅡN02W01	3-4	A25B01	①	0	0.5	0.5	渣土	灰褐色	较疏松	建筑垃圾、塑料等	渣土
			②	0.5	2	1.5	沙土	黄褐色	较疏松	砖渣、陶片等	文化层
			③	2	3.2	1.2	黏土	浅灰褐色	较致密	砖渣、陶片等	文化层
			④	3.2	5	1.8	黏土	浅褐色	较致密	砖渣、陶片、瓦片等	文化层
			⑤	5	6	1	黏土	灰褐色	较致密	砖渣、陶片、瓦片等	文化层
			⑥	6	不到底	—	沙土	黄褐色	较疏松	无	生土
		A25B17	①	0	0.4	0.4	渣土	灰褐色	较疏松	建筑垃圾、塑料等	渣土
			②	0.4	1.7	1.3	沙土	黄褐色	较疏松	砖渣、陶片等	文化层
			③	1.7	3.2	1.5	黏土	灰褐色	较致密	砖渣、陶片等	文化层
			④	3.2	4.3	1.1	黏土	浅褐色	较致密	砖渣、陶片、瓦片等	文化层
			⑤	4.3	5.4	1.1	黏土	浅灰褐色	较致密	砖渣、陶片、瓦片等	文化层
			⑥	5.4	不到底	—	沙土	黄褐色	较疏松	无	生土
	4-4	A25B01	①	0	0.5	0.5	渣土	灰褐色	较疏松	建筑垃圾、塑料等	渣土
			②	0.5	1.8	1.3	沙土	黄褐色	较疏松	砖渣、陶片等	文化层
			③	1.8	3.4	1.6	黏土	浅灰褐色	较致密	砖渣、陶片等	文化层
			④	3.4	5.2	1.8	黏土	浅褐色	较致密	砖渣、陶片、瓦片等	文化层
			⑤	5.2	6.4	1.2	黏土	灰褐色	较致密	砖渣、陶片、瓦片等	文化层
			⑥	6.4	不到底	—	沙土	黄褐色	较疏松	无	生土

续表

勘探分区	勘探单元	探孔编号	层位	开口距现地表深（米）	底距现地表深（米）	厚（米）	土质	土色	致密度	包含物	堆积性质
ⅡN02W01	4-4	A25B15	①	0	0.5	0.5	渣土	灰褐色	较疏松	建筑垃圾、塑料等	渣土
			②	0.5	2	1.5	沙土	黄褐色	较疏松	砖渣、陶片等	文化层
			③	2	3.2	1.2	黏土	浅灰褐色	较致密	砖渣、陶片等	文化层
			④	3.2	5.1	1.9	黏土	浅褐色	较致密	砖渣、陶片、瓦片等	文化层
			⑤	5.1	6.2	1.1	黏土	灰褐色	较致密	砖渣、陶片、瓦片等	文化层
			⑥	6.2	不到底	—	沙土	黄褐色	较疏松	无	生土
		A17B01	①	0	0.4	0.4	渣土	灰褐色	较疏松	建筑垃圾、塑料等	渣土
			②	0.4	1.6	1.2	沙土	黄褐色	较疏松	砖渣、陶片等	文化层
			③	1.6	2.9	1.3	黏土	浅褐色	较致密	砖渣、陶片等	文化层
			④	2.9	4.9	2	黏土	浅灰褐色	较致密	砖渣、陶片、瓦片等	文化层
			⑤	4.9	5.9	1	黏土	灰褐色	较致密	砖渣、陶片、瓦片等	文化层
			⑥	5.9	不到底	—	沙土	黄褐色	较疏松	无	生土
ⅡN03W01	1-4	A17B15	①	0	0.6	0.6	渣土	灰褐色	较疏松	建筑垃圾、塑料等	渣土
			②	0.6	1.7	1.1	沙土	黄褐色	较疏松	砖渣、陶片等	文化层
			③	1.7	2.9	1.2	黏土	浅灰褐色	较致密	砖渣、陶片等	文化层
			④	2.9	4.8	1.9	黏土	浅褐色	较致密	砖渣、陶片、瓦片等	文化层
			⑤	4.8	5.9	1.1	黏土	灰褐色	较致密	砖渣、陶片、瓦片等	文化层
			⑥	5.9	不到底	—	沙土	浅黄褐色	较疏松	无	生土

附表三　路县故城城垣统计表

序号	城垣	位置	现存状况	中心线长（米）	内壁长（米）	外壁长（米）	顶宽（米）	底宽（米）	残高（米）	夯层厚（米）	备注
1	东城垣	ⅠN02E02、ⅠN01E02、ⅣS01E02	一般	579	526	584	15.9 ~ 18	21.2 ~ 24.5	3 ~ 3.4	0.1 ~ 0.2	地表不存，被潞源北街分为南、北两段
2	南城垣	ⅢS01W02、ⅢS01W01、ⅣS01E01、ⅣS01E02	一般	577	529	586	13.7 ~ 17.6	21.3 ~ 25.4	2.2 ~ 3.8	0.1 ~ 0.2	地表不存，被南城门分为东、西两段
3	西城垣	ⅡN03W02、ⅡN02W02、ⅡN01W02、ⅢS01W02	一般	582	527	587	12.6 ~ 15.2	20.6 ~ 24.3	1.4 ~ 3.1	0.1 ~ 0.2	地表不存，被潞源北街分为南、北两段
4	北城垣	ⅡN03W02、ⅡN03W01、ⅠN03E01、ⅠN02E01、ⅠN02E02	较差	599	541	601	12.8 ~ 15.5	20.2 ~ 23.8	2.7 ~ 3.2	0.1 ~ 0.2	地表不存，可探西、中、东三残段

附表四　路县故城城门统计表

城垣	位置	现存状况	进深（米）	宽（米）	残高（米）	遗迹走向	备注
南城垣中部	ⅣS01E01勘探分区西部	较差	21.5	4.1	3.9～4.3	南北向	南城门，与城内主干道EL5相连

附表五　路县故城壕沟统计表

序号	壕沟	位置	现存状况	中心线长（米）	内壁长（米）	外壁长（米）	顶宽（米）	剖面底宽（米）	残深（米）	备注
1	东城垣外壕沟	ⅠN02E03、ⅠN02E02、ⅠN01E02、ⅣS01E02、ⅣS02E02	一般	691	621	719	44.9～54.3	31.4	2.7～4.4	地表不存，被器源北街分为南、北两段
2	南城垣外壕沟	ⅢS01W03、ⅢS01W02、ⅢS01W01、ⅢS02W01、ⅣS01E01、ⅣS02E01、ⅣS02E02	一般	676	619	724	32.4～55.4	18.2	1.5～4.2	地表不存
3	西城垣外壕沟	ⅡN03W02、ⅡN02W02、ⅡN01W02、ⅢS01W02、ⅢS01W03	一般	666	618	710	20.7～46.5	14.6	2.2～3	地表不存，被器源北街分为南、北两段
4	北城垣外壕沟	ⅡN03W02、ⅡN03W01、ⅠN03E01、ⅠN03E02、ⅠN02E03、ⅠN02E02、ⅠN03E03	较差	702	628	725	27.2～40.8	16.1	2.5～2.8	地表不存，可探两侧残段且外边缘不可探，为复原数据

附表六　路县故城道路及踩踏面统计表

序号	勘探编号	位置	遗迹走向	长（米）	宽（米）	开口距现地表深（米）	底距现地表深（米）	厚（米）	包含物	年代蠡测	备注
1	EL1	ⅡN02W02、ⅡN02E01、ⅠN02E02	东西向	475	4.5~8.2	2.8	3	0.08~0.2	少量砖渣、灰点和瓷片	辽金	被潞源北街从中部分为南北两段，其中北段直线长约203米，南段直线长约189米
2	EL2	ⅡN02W01、ⅡN01W01、ⅢS01W01	南北向、东西向	434	5.3~6.6	1.8	2	0.1~0.2	少量砖渣、灰点和瓷片	明清	
3	EL3	ⅠN02E01、ⅠN01E01、ⅣS01E01	南北向	448	8.2~11.1	1.8	2	0.05~0.2	少量砖渣、灰点和瓷片	明清	与L4、L5有叠压关系，L3位于L4、L5之上，基本与L4重合。被潞源北街从中部分为南北两段，其中北段直线长约162米，南段直线长约234米
4	EL4	ⅠN02E01、ⅠN01E01、ⅣS01E01	南北向	100	7.0~11	2.5	3	0.08~0.5	大量砖渣、陶片和灰土	辽金	与L3、L5有叠压关系，L4位于L5之上，位于L3之下，基本与L3重合。被潞源北街从中部分为南北两段，其中北段直线长约234米
5	EL5	ⅠN02E01、ⅠN01E01、ⅣS01E01	南北向	487	8.5~11.4	3.5	3.8	0.2~0.3	大量砖渣、陶片和灰土	汉代	与L3、L4有叠压关系，L5位于L3、L4之下，基本与L3、L4大致重合。被潞源北街从中部分为南北两段，其中北段直线长约200米，南段直线长约234米。此外，勘探发现，道路两侧似有排水沟迹象
6	EL6	ⅠN02E02、ⅠN01E01、ⅣS01E01	南北向	376	6.2~9.8	2.2	3	0.05~0.1	少量砖块和灰点	辽金	被潞源北街从中部分为南北两段，其中北段直线长约179米，南段直线长约213米
7	EL7	ⅠN01E01、ⅣS01E01	南北向	143	4.9~7.2	3.8	4	0.05~0.2	少量砖块和灰点	汉代	
8	EL8	ⅡN01W02、ⅡN01W01、ⅠN01E01、ⅠN01E02	东西向	458	4.5~8.5	1.8	2	0.05~0.2	少量砖块和灰点	明清	

序号	勘探编号	位置	遗迹走向	长（米）	宽（米）	开口距现地表深（米）	底距现地表深（米）	厚（米）	包含物	年代蠡测	备注
9	EL9	ⅣS01E01	南北向	68	4.8~5.4	2.5	3.2	0.05~0.7	少量砖块和灰点	辽金	
10	EL10	ⅢS01W02、ⅢS01W01、ⅣS01E01、ⅣS01E02	东西向	384	5.6~8.9	3	3.8	0.05~0.2	少量砖块和灰点	汉代	
11	EC1	ⅠN02E01	东西向	13.8	3.8~6.8	2.6	2.8	0.15~0.2	瓦片，灰和砖块	辽金	

附表七 路县故城建筑遗址区统计表

总序号	分序号	遗迹类型	勘探编号	所在勘探单元	所在位置	遗迹走向	平面形状	长（米）	宽（米）	距现地表深（米）	包含物	年代蠡测	备注
1		建筑遗址区	EJQ1	ⅡN02W01-2-1	东部	东西向	长方形	22	14.7	2~3.7	青砖、灰点	辽金	探至砖无法下探，部分位于ⅡN02W01-2-2内
	1	建筑遗迹	EJZ2	ⅡN02W01-2-1	东南部	东西向	长方形	2.5	1.7	2~3.5	青砖、灰点	辽金	探至砖无法下探
	2	建筑遗迹	EJZ3	ⅡN02W01-2-1	东部	东西向	不规则	21.5	2.6~3.5	2~3.7	青砖、灰点	辽金	探至砖无法下探，部分位于ⅡN02W01-2-2内
2		建筑遗址区	EJQ2	ⅡN02W01-3-2	西南部	南北向	"凸"字形	6.1~25.8	6.1~17	2~3	青砖、灰点	辽金	探至砖无法下探，部分位于ⅡN02W01-3-1、ⅡN02W01-2-1和ⅡN02W01-2-2内
	3	建筑遗迹	EJZ4	ⅡN02W01-2-1	东北部	南北向	近似长方形	0.8~1.9	2.7	2	青砖、灰点	辽金	探至砖无法下探
	4	建筑遗迹	EJZ5	ⅡN02W01-2-1	东北部	东西向	近似长方形	3~3.5	2.9	2~3	青砖、灰点	辽金	探至砖无法下探
	5	建筑遗迹	EJZ9	ⅡN02W01-2-2	西北部	南北向	曲尺形	3~6.3	2.4~5.5	2~3	青砖、灰点	辽金	探至砖无法下探
	6	建筑遗迹	EJZ10	ⅡN02W01-3-2	西南部	南北向	曲尺形	1.3~6.7	2.2~5.3	2~3	青砖、灰点	辽金	探至砖无法下探，部分位于ⅡN02W01-3-1
3		建筑遗址区	EJQ3	ⅡN02W01-2-2	中北部	南北向	曲尺形	5.4~33.1	7.7~19.4	2.8~4	青砖、灰点	东汉中晚期	探至砖无法下探，部分位于ⅡN02W01-3-2内
	7	建筑遗迹	EJZ6	ⅡN02W01-2-2	东部	南北向	曲尺形	4.1	2~4.1	2.8~3.8	青砖、灰点	东汉中晚期	探至砖无法下探
	8	建筑遗迹	EJZ7	ⅡN02W01-2-2	东部	东西向	长方形	2.3	1.3	2.8~3.8	青砖、灰点	东汉中晚期	探至砖无法下探
	9	建筑遗迹	EJZ8	ⅡN02W01-2-2	北部	南北向	曲尺形	2.6~8	1.2~3.2	3~4	青砖、灰点	东汉中晚期	探至砖无法下探
	10	建筑遗迹	EJZ11	ⅡN02W01-3-2	南部	东西向	长方形	6.3	3	3~4	青砖、灰点	东汉中晚期	探至砖无法下探，部分位于ⅡN02W01-2-2内
4		建筑遗址区	EJQ4	ⅡN02W01-2-3	东北部	东西向	曲尺形	1.9~25.6	2.9~4.2	5~6	青砖、灰点、瓦片	西汉中晚期—东汉早期	探至砖无法下探
	11	建筑遗迹	EJZ13	ⅡN02W01-2-3	东部	东西向	曲尺形	2.1~7.2	0.9~2.9	5~6	青砖、灰点、瓦片	西汉中晚期—东汉早期	探至砖无法下探

续表

总序号	分序号	遗迹类型	勘探编号	所在勘探单元	所在位置	遗迹走向	平面形状	长（米）	宽（米）	距现地表深（米）	包含物	年代蠡测	备注
4	12	建筑遗迹	EJZ882	ⅡN02W01-2-3	北部	南北向	长方形	2.8	1.7	5	青砖、灰点	西汉中晚期—东汉早期	探至砖无法下探
5		建筑遗址区	**EJQ5**	**ⅡN02W01-2-4**	**东部**	**东西向**	**曲尺形**	**3~16.4**	**3.2~6.4**	**2.7~3.7**	**青砖、灰点**	**东汉中晚期**	**探至砖无法下探**
	13	建筑遗迹	EJZ878	ⅡN02W01-2-4	东部	南北向	"凸"字形	1.2~3.8	1.1~3	3~3.7	青砖、灰点	东汉中晚期	探至砖无法下探，南部位于大土堆下方，具体形制不详
	14	建筑遗迹	EJZ879	ⅡN02W01-2-4	东部	东西向	曲尺形	0.8~2.1	0.8~1.9	3	青砖、灰点	东汉中晚期	探至砖无法下探
	15	建筑遗迹	EJZ880	ⅡN02W01-2-4	东部	东西向	长方形	4	1.3	2.7~3.5	青砖、灰点	东汉中晚期	探至砖无法下探
6		建筑遗址区	**EJQ6**	**ⅡN02W01-4-3**	**中部**	**东西向**	**曲尺形**	**2.5~6.7**	**2.7~5.4**	**2~3**	**青砖、灰点**	**东汉中晚期**	**探至砖无法下探**
	16	建筑遗迹	EJZ16	ⅡN02W01-4-3	中部	东西向	长方形	3.7	1.5	2~3	青砖、灰点	东汉中晚期	探至砖无法下探
	17	建筑遗迹	EJZ19	ⅡN02W01-4-3	中部	南北向	近似长方形	5.2	1.1	3	青砖	东汉中晚期	探至砖无法下探
7		建筑遗址区	**EJQ7**	**ⅡN03W01-1-4**	**西南部**	**南北向**	**不规则**	**11.6~21.4**	**8.9~21.1**	**1.7~3.5**	**青砖、石头、铁渣**	**魏晋北朝**	**探至砖无法下探，部分位于ⅡN02W01-4-4内**
	18	建筑遗迹	EJZ25	ⅡN02W01-4-4	西北部	东西向	"凸"字形	1.2~6.5	1.2	2	青砖	魏晋北朝	探至砖无法下探
	19	建筑遗迹	EJZ26	ⅡN03W01-1-4	西南部	东西向	曲尺形	0.8~2.9	0.9~1.9	2~3.5	青砖、石头	魏晋北朝	探至砖无法下探
	20	建筑遗迹	EJZ27	ⅡN03W01-1-4	西南部	东西向	长方形	2.9	1.5	2.4	青砖	魏晋北朝	探至砖无法下探
	21	建筑遗迹	EJZ28	ⅡN03W01-1-4	南部	东西向	长方形	2.4	1.1	2.4	青砖	魏晋北朝	探至砖无法下探
	22	建筑遗迹	EJZ29	ⅡN03W01-1-4	南部	东西向	长方形	2.9	1.2	2.6	铁渣、青砖	魏晋北朝	探至砖无法下探
	23	建筑遗迹	EJZ30	ⅡN03W01-1-4	南部	南北向	长方形	3.1	1.1	2~3	青砖	魏晋北朝	探至砖无法下探
	24	建筑遗迹	EJZ31	ⅡN03W01-1-4	南部	东西向	长方形	3.2	1.4	2.3	青砖	魏晋北朝	探至砖无法下探
	25	建筑遗迹	EJZ32	ⅡN03W01-1-4	西南部	东西向	"凸"字形	2~8.2	1.4~2.1	1.7~2.5	青砖、青石	魏晋北朝	探至砖无法下探
	26	建筑遗迹	EJZ33	ⅡN03W01-1-4	西南部	东西向	长方形	5.2	2.7	1.8~3.5	青砖、石头	魏晋北朝	探至砖无法下探

续表

总序号	分序号	遗迹类型	勘探编号	所在勘探单元	所在位置	遗迹走向	平面形状	长（米）	宽（米）	距现地表深（米）	包含物	年代蠡测	备注
8		建筑遗址区	EJQ8	ⅡN02W01-4-4	西部	东西向	"凹"字形	5.9~31.7	5.7~23.7	1.8~3.5	青砖、灰点	辽金	探至砖无法下探，部分位于ⅡN02W01-4-3内
	27	建筑遗迹	EJZ17	ⅡN02W01-4-3	东部	东西向	不规则	1~6.9	3.9	2~3.5	青砖、灰点	辽金	探至砖无法下探
	28	建筑遗迹	EJZ18	ⅡN02W01-4-3	东北部	东西向	长方形	3	0.9	1.9~3	青砖、黑灰点	辽金	探至砖无法下探
	29	建筑遗迹	EJZ20	ⅡN02W01-4-4	西北部	南北向	长方形	6	1.8	1.8~3	青砖	辽金	探至砖无法下探
	30	建筑遗迹	EJZ21	ⅡN02W01-4-4	西南部	南北向	曲尺形	3.8~6.7	2.9~5	2~3.2	青砖、灰点	辽金	探至砖无法下探
9		建筑遗址区	EJQ9	ⅡN02W01-3-4	北部	南北向	"凹"字形	6.9~25.1	3.3~20.1	2~3.5	青砖、灰点、红陶渣	辽金	探至砖无法下探，部分位于ⅡN02W01-4-4内
	31	建筑遗迹	EJZ22	ⅡN02W01-4-4	西南部	东西向	长方形	6.9	2.5	2~3	青砖、灰点、红陶渣	辽金	探至砖无法下探，部分位于ⅡN02W01-3-4内
	32	建筑遗迹	EJZ34	ⅡN02W01-3-4	北部	南北向	曲尺形	0.8~3.4	0.9~1.2	2~2.7	青砖	辽金	探至砖无法下探
	33	建筑遗迹	EJZ35	ⅡN02W01-3-4	中部	南北向	长方形	5.6	1.9	2~2.5	青砖	辽金	探至砖无法下探
	34	建筑遗迹	EJZ36	ⅡN02W01-3-4	西北部	东西向	不规则	1.2~10	1.1~7.6	2~3.5	青砖、黑灰点	辽金	探至砖无法下探
10		建筑遗址区	EJQ10	ⅠN02E01-4-1	南部	南北向	曲尺形	4.2~43	4.5~34.6	2.5~4	青砖、瓦片、红陶片	东汉中晚期	探至砖无法下探，部分位于ⅠN02E01-3-1内
	35	建筑遗迹	EJZ37	ⅠN02E01-4-1	西部	南北向	长方形	2.6	1.3	2.5	青砖	东汉中晚期	探至砖无法下探
	36	建筑遗迹	EJZ38	ⅠN02E01-4-1	南部	东西向	长方形	2.5	1.2	3	青砖	东汉中晚期	探至砖无法下探
	37	建筑遗迹	EJZ235	ⅠN02E01-3-1	东部	南北向	长方形	1.7	0.7	3	青砖、瓦片、红陶片	东汉中晚期	探至砖无法下探
	38	建筑遗迹	EJZ236	ⅠN02E01-3-1	东部	东西向	不规则	0.6~2.2	0.5~2.4	3~4	青砖、瓦片、红陶片	东汉中晚期	探至砖无法下探

续表

总序号	分序号	遗迹类型	勘探编号	所在勘探单元	所在位置	遗迹走向	平面形状	长（米）	宽（米）	距现地表深（米）	包含物	年代推测	备注
11		建筑遗址区	EJQ11	I N02E01-3-2	东南部	南北向	曲尺形	7~15.8	2.7~13	2~3	青砖	魏晋北朝	探至砖无法下探
	39	建筑遗迹	EJZ43	I N02E01-3-2	南部	东西向	曲尺形	1~4	1.9~3.9	2~3	青砖	魏晋北朝	探至砖无法下探
	40	建筑遗迹	EJZ44	I N02E01-3-2	南部	南北向	曲尺形	1.1~3.2	1.2~3.2	2~3	青砖	魏晋北朝	探至砖无法下探
	41	建筑遗迹	EJZ45	I N02E01-3-2	中部	东西向	长方形	3	0.9	2.5	青砖	魏晋北朝	探至砖无法下探
12		建筑遗址区	EJQ12	I N02E01-3-3	北部	东西向	"凹"字形	5~29.3	4.5~24.8	2~3.5	青砖、灰点	辽金	探至砖无法下探
	42	建筑遗迹	EJZ49	I N02E01-3-3	西北部	东西向	长方形	3.4	3.3	2	青砖、灰点	辽金	探至砖无法下探
	43	建筑遗迹	EJZ50	I N02E01-3-3	西部	东西向	长方形	4.1	2.2	2	青砖	辽金	探至砖无法下探
	44	建筑遗迹	EJZ51	I N02E01-3-3	东部	东西向	长方形	4.6	1	2~3.5	青砖	辽金	探至砖无法下探
	45	建筑遗迹	EJZ52	I N02E01-3-3	东北部	东西向	长方形	1.9	0.8	2	青砖	辽金	探至砖无法下探
	46	建筑遗迹	EJZ53	I N02E01-3-3	东北部	南北向	长方形	5.5	2.6	2~3.2	青砖	辽金	探至砖无法下探
13		建筑遗址区	EJQ13	I N02E01-3-4	西部	南北向	不规则	7~45.4	14.8~30.2	2~3.8	青砖、灰点	魏晋北朝	探至砖无法下探，部分位于 I N02E01-4-3 和 I N02E01-4-4 内
	47	建筑遗迹	EJZ55	I N02E01-3-4	西北部	东西向	近似长方形	3.5	1.8	2.5	青砖	魏晋北朝	探至砖无法下探
	48	建筑遗迹	EJZ56	I N02E01-3-4	西北部	东西向	近似长方形	2.8	0.9	2~2.6	青砖	魏晋北朝	探至砖无法下探
	49	建筑遗迹	EJZ57	I N02E01-3-4	西北部	南北向	近似长方形	2.3	1.2	2~2.7	青砖	魏晋北朝	探至砖无法下探
	50	建筑遗迹	EJZ58	I N02E01-3-4	西北部	东西向	近似长方形	2	1	2.2	青砖	魏晋北朝	探至砖无法下探
	51	建筑遗迹	EJZ59	I N02E01-3-4	西北部	东西向	近似长方形	3.8	2	2.2~3	青砖	魏晋北朝	探至砖无法下探
	52	建筑遗迹	EJZ60	I N02E01-3-4	西北部	南北向	不规则	2.4~12	1.1~4.6	2~3.2	青砖	魏晋北朝	探至砖无法下探，北部区域因渣土未清未进行勘探，部分位于 I N02E01-4-4 内
	53	建筑遗迹	EJZ61	I N02E01-3-4	西北部	南北向	不规则	3~5.2	0.8~2.7	2~3.2	青砖	魏晋北朝	探至砖无法下探
	54	建筑遗迹	EJZ62	I N02E01-3-4	西部	南北向	曲尺形	1.8~3.4	1.3~2.8	2~3.8	青砖	魏晋北朝	探至砖无法下探

续表

总序号	分序号	遗迹类型	勘探编号	所在勘探单元	所在位置	遗迹走向	平面形状	长（米）	宽（米）	距现地表深（米）	包含物	年代蠡测	备注
13	55	建筑遗迹	EJZ63	ⅠN02E01-3-4	西部	南北向	曲尺形	2.7~5.6	1.3~4.1	2.5	青砖	魏晋-北朝	探至砖无法下探
	56	建筑遗迹	EJZ884	ⅠN02E01-4-4	西南部	东西向	曲尺形	1~4	1.1~2.4	2~3.5	青砖、灰点	魏晋-北朝	探至砖无法下探，部分位于ⅠN02E01-4-3内
	57	建筑遗迹	EJZ886	ⅠN02E01-4-4	西南部	南北向	不规则	0.9~6	1~3	2~2.3	青砖、灰点	魏晋-北朝	探至砖无法下探，南部位于大土堆下方，具体形制不详
	58	建筑遗迹	EJZ887	ⅠN02E01-4-4	西南部	南北向	曲尺形	1.3~4.4	1.3~3	2~3	青砖、灰点	魏晋-北朝	探至砖无法下探
14		建筑遗址区	EJQ14	ⅠN02E02-3-1	西部	南北向	不规则	19.5~46.9	11.6~28.8	2~4	青砖、瓦片、陶片、灰	东汉中晚期	探至砖无法下探，部分位于ⅠN02E02-2-1内
	59	建筑遗迹	EJZ130	ⅠN02E02-2-1	北部	南北向	曲尺形	1.3~3.5	1.1~3.1	2~3	青砖、瓦片	东汉中晚期	探至砖无法下探
	60	建筑遗迹	EJZ136	ⅠN02E02-3-1	西南部	东西向	长方形	3.8	1.1	3	青砖、红陶片、瓦片	东汉中晚期	探至砖无法下探
	61	建筑遗迹	EJZ137	ⅠN02E02-3-1	西南部	南北向	不规则	0.9~4.7	0.9~1.8	3~3.5	青砖、瓦片	东汉中晚期	探至砖无法下探
	62	建筑遗迹	EJZ138	ⅠN02E02-3-1	西南部	东西向	长方形	3.1	0.9	3	青砖、瓦片	东汉中晚期	探至砖无法下探
	63	建筑遗迹	EJZ140	ⅠN02E02-3-1	南部	南北向	长方形	2.6	0.4	3.5	青砖、红陶片、瓦片	东汉中晚期	探至砖无法下探
	64	建筑遗迹	EJZ141	ⅠN02E02-3-1	南部	东西向	长方形	2.7	0.7	2.5	青砖、瓦片	东汉中晚期	探至砖无法下探
	65	建筑遗迹	EJZ142	ⅠN02E02-3-1	南部	东西向	曲尺形	0.8~2.8	0.9~2.7	2.5~3.2	青砖、红陶片、瓦片	东汉中晚期	探至砖无法下探，部分位于ⅠN02E02-2-1内
	66	建筑遗迹	EJZ144	ⅠN02E02-3-1	南部	南北向	不规则	1~3.9	0.6~4	2.2~3	青砖、灰片、红陶片	东汉中晚期	探至砖无法下探

续表

总序号	分序号	遗迹类型	勘探编号	所在勘探单元	所在位置	遗迹走向	平面形状	长（米）	宽（米）	距现地表深（米）	包含物	年代鉴测	备注
14	67	建筑遗迹	EJZ145	ⅠN02E02-3-1	南部	东西向	"Z"形	1.8~3.7	0.9~2	2.5~3	青砖、瓦片、红陶片	东汉中晚期	探至砖无法下探
	68	建筑遗迹	EJZ146	ⅠN02E02-3-1	西部	南北向	长方形	3.3	1.4	3	青砖、瓦片	东汉中晚期	探至砖无法下探
	69	建筑遗迹	EJZ147	ⅠN02E02-3-1	西部	南北向	长方形	3	0.9	3	青砖、瓦片	东汉中晚期	探至砖无法下探
	70	建筑遗迹	EJZ150	ⅠN02E02-3-1	西部	东西向	不规则	0.8~5.3	0.6~2.5	3~4	青砖、灰、红陶片、瓦片	东汉中晚期	探至砖无法下探
	71	建筑遗迹	EJZ151	ⅠN02E02-3-1	中部	南北向	不规则	0.4~2.5	0.5~2.2	2.5~3.3	青砖、灰、瓦片	东汉中晚期	探至砖无法下探，该遗迹南部区域由于被一现代取土坑破坏，所以未继续勘探
	72	建筑遗迹	EJZ152	ⅠN02E02-3-1	中部	南北向	"凹"字形	1.9~2.9	0.5~4.2	2~3	青砖、灰、瓦片	东汉中晚期	探至砖无法下探，该遗迹北部区域由于被一现代取土坑破坏，所以未继续勘探
15		**建筑遗址区**	**EJQ15**	**ⅠN02E02-2-2**	**中部**	**东西向**	**不规则**	**48.6**	**36.1**	**2~4**	**青砖、瓦片、陶片、灰**	**东汉中晚期**	**探至砖无法下探**
	73	建筑遗迹	EJZ213	ⅠN02E02-2-2	南部	南北向	曲尺形	0.9~2.4	0.7~2.2	2~2.4	青砖、瓦片	东汉中晚期	探至砖无法下探
	74	建筑遗迹	EJZ215	ⅠN02E02-2-2	东南部	东西向	长方形	1.9	1.3	3	青砖、瓦片	东汉中晚期	探至砖无法下探
	75	建筑遗迹	EJZ216	ⅠN02E02-2-2	东南部	南北向	不规则	0.8~2.8	1.3~2.2	2~3	青砖、瓦片	东汉中晚期	探至砖无法下探
	76	建筑遗迹	EJZ218	ⅠN02E02-2-2	东南部	南北向	长方形	2.5	1.1	2~3	青砖、陶片、灰	东汉中晚期	探至砖无法下探

续表

总序号	分序号	遗迹类型	勘探编号	所在勘探单元	所在位置	遗迹走向	平面形状	长（米）	宽（米）	距现地表深（米）	包含物	年代蠡测	备注
15	77	建筑遗迹	EJZ222	ⅠN02E02-2-2	中部	南北向	长方形	2.5	0.9	2~3	青砖、瓦片	东汉中晚期	探至砖无法下探
	78	建筑遗迹	EJZ223	ⅠN02E02-2-2	中部	南北向	长方形	1.3~2.3	0.9	3	青砖、瓦片	东汉中晚期	探至砖无法下探，该遗迹南部区域由于被一近现代土坑EK8破坏，所以未继续勘探
	79	建筑遗迹	EJZ226	ⅠN02E02-2-2	中部	东西向	不规则	0.8~4.8	1~2.3	2.8~3.5	青砖、瓦片	东汉中晚期	探至砖无法下探
	80	建筑遗迹	EJZ228	ⅠN02E02-2-2	西北部	南北向	曲尺形	1.1~4.2	0.8~1.5	3.5~4	青砖、瓦片、灰	东汉中晚期	探至砖无法下探，该遗迹西部区域由于被一近现代土坑EK9破坏，所以未继续勘探
	81	建筑遗迹	EJZ230	ⅠN02E02-2-2	西北部	东西向	曲尺形	1.3~2.7	0.7~1.7	3	青砖、瓦片、红陶片	东汉中晚期	探至砖无法下探
	82	建筑遗迹	EJZ231	ⅠN02E02-2-2	西北部	东西向	不规则	0.8~2.8	0.5~2.1	2.8~3.8	青砖、瓦片、红陶片	东汉中晚期	探至砖无法下探
	83	建筑遗迹	EJZ232	ⅠN02E02-2-2	西北部	南北向	长方形	1.9	1.2	2.8~3.5	青砖、瓦片、红陶片	东汉中晚期	探至砖无法下探
16		建筑遗址区	EJQ16	ⅠN02E02-2-1	东南部	东西向	"凸"字形	19.4~53.5	8.9~32	3~5	青砖、瓦片、陶片、灰	西汉中晚期—东汉早期	探至砖无法下探，部分位于ⅠN02E02-1-1、ⅠN02E02-1-2和ⅠN02E02-2-2内
	84	建筑遗迹	EJZ107	ⅠN02E02-1-1	东北部	南北向	长方形	3.7	1.5	3~5	青砖、瓦片	西汉中晚期—东汉早期	探至砖无法下探
	85	建筑遗迹	EJZ108	ⅠN02E02-1-1	东北部	东西向	长方形	3	2	3.4~3.8	青砖、灰、瓦片	西汉中晚期—东汉早期	探至砖无法下探

续表

总序号	分序号	遗迹类型	勘探编号	所在勘探单元	所在位置	遗迹走向	平面形状	长（米）	宽（米）	距现地表深（米）	包含物	年代蠡测	备注
16	86	建筑遗迹	EJZ109	I N02E02-1-1	东北部	东西向	不规则	1~6.2	1.5~7.6	3.4~3.8	青砖、灰、瓦片	西汉中晚期—东汉早期	探至砖无法下探，部分位于N02E02-2-1内，在该遗迹的东北部有直径0.6米的现代水井
	87	建筑遗迹	EJZ111	I N02E02-2-1	中部	南北向	长方形	4.1	1.2	3~3.8	青砖、瓦片、灰	西汉中晚期—东汉早期	探至砖无法下探
	88	建筑遗迹	EJZ112	I N02E02-2-1	中部	南北向	"回"字形	0.9~3.8	2.3~3.4	3~3.5	青砖、瓦片、红陶片、灰	西汉中晚期—东汉早期	探至砖无法下探
	89	建筑遗迹	EJZ116	I N02E02-2-1	东南部	南北向	长方形	2.4	0.9	3~3.6	青砖、瓦片	西汉中晚期—东汉早期	探至砖无法下探
	90	建筑遗迹	EJZ117	I N02E02-2-1	东南部	南北向	"凸"字形	1.6~2.1	0.9~3.5	3.2~3.5	青砖、瓦片	西汉中晚期—东汉早期	探至砖无法下探
	91	建筑遗迹	EJZ120	I N02E02-2-1	东南部	南北向	"凸"字形	1~4.1	0.8~1	3.2~3.8	青砖、红陶片、瓦片	西汉中晚期—东汉早期	探至砖无法下探
	92	建筑遗迹	EJZ121	I N02E02-2-1	东南部	南北向	长方形	3.2	1.6	3~4	青砖、红陶片、瓦片	西汉中晚期—东汉早期	探至砖无法下探
	93	建筑遗迹	EJZ122	I N02E02-2-1	东南部	南北向	长方形	2.1	0.9	3.5	青砖、瓦片	西汉中晚期—东汉早期	探至砖无法下探
	94	建筑遗迹	EJZ124	I N02E02-2-1	东部	南北向	长方形	2.2	0.8	3	青砖、瓦片	西汉中晚期—东汉早期	探至砖无法下探
	95	建筑遗迹	EJZ200	I N02E02-1-2	西北部	南北向	长方形	3.2	1.1	3~3.5	青砖、瓦片、灰	西汉中晚期—东汉早期	探至砖无法下探
	96	建筑遗迹	EJZ201	I N02E02-1-2	北部	东西向	"Z"形	1.1~3	0.8~2	3~4	青砖	西汉中晚期—东汉早期	探至砖无法下探

续表

总序号	分序号	遗迹类型	勘探编号	所在勘探单元	所在位置	遗迹走向	平面形状	长（米）	宽（米）	距现地表深（米）	包含物	年代臆测	备注
16	97	建筑遗迹	EJZ204	ⅠN02E02-1-2	西北部	南北向	长方形	1.8	0.7	3~4	青砖、红陶片	西汉中晚期—东汉早期	探至砖无法下探，部分位于ⅠN02E02-2-2内
	98	建筑遗迹	EJZ206	ⅠN02E02-2-2	西南部	南北向	曲尺形	1~2.6	0.9~2.5	3.2~4	青砖、瓦片、灰陶片	西汉中晚期—东汉早期	探至砖无法下探
	99	建筑遗迹	EJZ207	ⅠN02E02-2-2	南部	南北向	长方形	2	0.8	3.2~3.5	青砖、瓦片	西汉中晚期—东汉早期	探至砖无法下探，部分位于ⅠN02E02-1-2内
	100	建筑遗迹	EJZ208	ⅠN02E02-2-2	南部	东西向	曲尺形	0.6~2.1	0.6~1.6	3~3.5	青砖、瓦片	西汉中晚期—东汉早期	探至砖无法下探
	101	建筑遗迹	EJZ210	ⅠN02E02-2-2	南部	东西向	曲尺形	0.7~2.2	0.8~1.9	3.2	青砖、瓦片	西汉中晚期—东汉早期	探至砖无法下探
	102	建筑遗迹	EJZ212	ⅠN02E02-2-2	南部	南北向	不规则	0.8~5.5	0.7~1.4	3~3.5	青砖、瓦片	西汉中晚期—东汉早期	探至砖无法下探
	103	建筑遗迹	EJZ219	ⅠN02E02-2-2	中部	南北向	长方形	2.2	1.1	3.2	青砖、瓦片、灰	西汉中晚期—东汉早期	探至砖无法下探
17		建筑遗址区	**EJQ17**	**ⅠN02E02-1-2**	**东北部**	**东西向**	**"凹"字形**	**3.1~23**	**4.2~13.2**	**2~3**	**青砖、红陶片、灰、瓦片**	**魏晋北朝**	**探至砖无法下探**
	104	建筑遗迹	EJZ195	ⅠN02E02-1-2	东部	南北向	长方形	2.5	1	2~3	青砖、瓦片	魏晋北朝	探至砖无法下探
	105	建筑遗迹	EJZ198	ⅠN02E02-1-2	北部	南北向	"凸"字形	1.4~5.8	1.1~1.7	2.2~3	青砖、瓦片、灰	魏晋北朝	探至砖无法下探
	106	建筑遗迹	EJZ202	ⅠN02E02-1-2	北部	东西向	曲尺形	3.8~7.6	1.3~2.7	2.4~2.8	青砖、红陶片、灰、瓦片	魏晋北朝	探至砖无法下探
	107	建筑遗迹	EJZ203	ⅠN02E02-1-2	东北部	南北向	"凸"字形	1.2~4.6	1.3~2.2	2.2~2.8	青砖、瓦片、灰	魏晋北朝	探至砖无法下探

续表

总序号	分序号	遗迹类型	勘探编号	所在勘探单元	所在位置	遗迹走向	平面形状	长（米）	宽（米）	距现地表深（米）	包含物	年代鉴测	备注
18		**建筑遗址区**	**EJQ18**	**I N02E02-1-2**	**南部**	**南北向**	**不规则**	**7.5~64.4**	**17.3~53.6**	**2~4**	**青砖、陶片、灰、瓦片**	**东汉中晚期**	**探至砖无法下探，部分位于 I N02E02-1-1 和 I N01E02-4-2内**
	108	建筑遗迹	EJZ160	I N01E02-4-2	南部	东西向	曲尺形	0.9~1.9	0.8~1.8	3~4	青砖	东汉中晚期	探至砖无法下探
	109	建筑遗迹	EJZ161	I N01E02-4-2	南部	南北向	不规则	0.7~3.2	1~2.9	3~3.5	青砖、瓦片、灰	东汉中晚期	探至砖无法下探
	110	建筑遗迹	EJZ163	I N01E02-4-2	西北部	南北向	曲尺形	1~2.1	0.4~1.1	3~4	青砖、红陶片	东汉中晚期	探至砖无法下探
	111	建筑遗迹	EJZ170	I N01E02-4-2	北部	南北向	曲尺形	0.7~2	0.3~1.2	3	青砖、瓦片、灰	东汉中晚期	探至砖无法下探
	112	建筑遗迹	EJZ171	I N01E02-4-2	北部	东西向	长方形	1.9	0.6	3.2	青砖、瓦片	东汉中晚期	探至砖无法下探
	113	建筑遗迹	EJZ172	I N01E02-4-2	北部	南北向	曲尺形	1~3.2	0.7~1.7	3~3.5	青砖、瓦片、灰	东汉中晚期	探至砖无法下探
	114	建筑遗迹	EJZ179	I N02E02-1-2	西南部	东西向	不规则	0.5~2.8	1.2~1.8	3~4	青砖、瓦片、灰	东汉中晚期	探至砖无法下探，该遗迹北部区域由于土坑EK7破坏，所以未继续勘探
	115	建筑遗迹	EJZ180	I N02E02-1-2	南部	东西向	长方形	1.7	0.8	3.5	青砖、瓦片	东汉中晚期	探至砖无法下探
	116	建筑遗迹	EJZ182	I N02E02-1-2	南部	东西向	曲尺形	0.9~2.6	1.2~2.6	3	青砖、瓦片	东汉中晚期	探至砖无法下探
	117	建筑遗迹	EJZ183	I N02E02-1-2	南部	南北向	长方形	2.6	0.9	3~3.5	青砖、瓦片、灰	东汉中晚期	探至砖无法下探
	118	建筑遗迹	EJZ184	I N02E02-1-2	南部	南北向	长方形	1.9	0.6	3.5	青砖、瓦片、灰	东汉中晚期	探至砖无法下探
	119	建筑遗迹	EJZ188	I N02E02-1-2	中部	东西向	不规则	1~3.2	0.7~2.7	3~4	青砖、瓦片	东汉中晚期	探至砖无法下探

续表

总序号	分序号	遗迹类型	勘探编号	所在勘探单元	所在位置	遗迹走向	平面形状	长（米）	宽（米）	距现地表深（米）	包含物	年代蠡测	备注
18	120	建筑遗迹	EJZ189	I N02E02-1-2	中部	东西向	不规则	0.7~1.4	0.9~1	2~4	青砖、瓦片	东汉中晚期	探至砖无法下探
	121	建筑遗迹	EJZ190	I N02E02-1-2	中部	南北向	"凸"字形	0.5~2.6	0.6~1.1	2.5~3.5	青砖、瓦片	东汉中晚期	探至砖无法下探
	122	建筑遗迹	EJZ193	I N02E02-1-2	西部	南北向	长方形	2	1.2	3.5	青砖、红陶片	东汉中晚期	探至砖无法下探
	123	建筑遗迹	EJZ101	I N02E02-1-1	东部	南北向	长方形	2.5	1.4	3.5	青砖、瓦片、红陶片	东汉中晚期	探至砖无法下探
	124	建筑遗迹	EJZ104	I N02E02-1-1	东部	东西向	长方形	2.8	1.2	3.5	青砖、瓦片	东汉中晚期	探至砖无法下探
	125	建筑遗迹	EJZ105	I N02E02-1-1	东部	南北向	不规则	1.3~3.6	0.8~1.7	3~3.5	青砖、陶、瓦片	东汉中晚期	探至砖无法下探
19		建筑遗址区	EJQ19	I N02E01-1-4	中部	东西向	不规则	2.9~84.2	1.7~38	2.5~4	青砖、灰、瓦片、红陶片	东汉中晚期	探至砖无法下探，部分位于 I N02E01-1-3、I N02E02-1-1和 I N01E01-4-4内
	126	建筑遗迹	EJZ83	I N02E01-1-4	西部	南北向	长方形	4.8	3.3	2.7~3.2	青砖、瓦片	东汉中晚期	探至砖无法下探
	127	建筑遗迹	EJZ84	I N02E01-1-4	西部	东西向	长方形	4.3	1.8	2.6~3.6	青砖、灰、瓦片	东汉中晚期	探至砖无法下探
	128	建筑遗迹	EJZ86	I N02E01-1-4	东部	东西向	"凸"字形	1.2~8.2	0.6~1.2	3~4	青砖、灰、瓦片	东汉中晚期	探至砖无法下探
	129	建筑遗迹	EJZ87	I N02E01-1-4	东南部	南北向	长方形	2.1	1.4	3.2	青砖、瓦片	东汉中晚期	探至砖无法下探
	130	建筑遗迹	EJZ88	I N02E01-1-3	东部	东西向	长方形	3.2	1.3	2.6~3.2	青砖、灰	东汉中晚期	探至砖无法下探
	131	建筑遗迹	EJZ89	I N02E01-1-3	东部	东西向	不规则	3.6~6.4	1.2~2.7	2.6~3.2	青砖、灰	东汉中晚期	探至砖无法下探
	132	建筑遗迹	EJZ90	I N02E01-1-3	东南部	南北向	长方形	6.6	3.3	2.7~3.7	青砖、灰、红陶片	东汉中晚期	探至砖无法下探

续表

总序号	分序号	遗迹类型	勘探编号	所在勘探单元	所在位置	遗迹走向	平面形状	长（米）	宽（米）	距现地表深（米）	包含物	年代蠡测	备注
19	133	建筑遗迹	EJZ94	ⅠN01E01-4-4	西北部	东西向	长方形	4.1	1.2	2.6~3.2	青砖、灰、瓦片	东汉中晚期	探至砖无法下探
	134	建筑遗迹	EJZ97	ⅠN02E02-1-1	西南部	东西向	长方形	2.4	1.5	2.5~2.8	青砖、瓦片	东汉中晚期	探至砖无法下探
	135	建筑遗迹	EJZ99	ⅠN02E02-1-1	西南部	东西向	长方形	2.5	0.9	2.5~3	青砖、瓦片、红陶片	东汉中晚期	探至砖无法下探
20		建筑遗址区	EJQ20	ⅠN02E01-2-4	西南部	南北向	"凹"字形	2.9~23.6	6~18.8	2.5~3.5	青砖、灰、瓦片	东汉中晚期	探至砖无法下探
	136	建筑遗迹	EJZ77	ⅠN02E01-2-4	西部	南北向	长方形	2.4	0.9	3	青砖	东汉中晚期	探至砖无法下探
	137	建筑遗迹	EJZ78	ⅠN02E01-2-4	西部	东西向	长方形	2.7	2.5	2.5~3.5	青砖	东汉中晚期	探至砖无法下探
	138	建筑遗迹	EJZ79	ⅠN02E01-2-4	西部	南北向	长方形	2.8	2.2	2.5~3.2	青砖	东汉中晚期	探至砖无法下探
	139	建筑遗迹	EJZ80	ⅠN02E01-2-4	西南部	东西向	曲尺形	0.9~2.1	1.2~1.5	3~3.5	青砖	东汉中晚期	探至砖无法下探
	140	建筑遗迹	EJZ81	ⅠN02E01-2-4	南部	南北向	长方形	2.8	0.9	3~3.5	青砖、灰、瓦片	东汉中晚期	探至砖无法下探
21		建筑遗址区	EJQ21	ⅠN02E01-2-3	东部	南北向	长方形	37.7	13.9	2~4	青砖、灰、瓦片、陶片	魏晋北朝	探至砖无法下探，部分位于ⅠN02E01-2-4内
	141	建筑遗迹	EJZ69	ⅠN02E01-2-3	东北部	东西向	长方形	3.2	2.9	2.5~3	青砖	魏晋北朝	探至砖无法下探
	142	建筑遗迹	EJZ75	ⅠN02E01-2-3	东南部	南北向	"H"形	2.6~7.5	6.7	2~4	青砖、灰、陶片	魏晋北朝	探至砖无法下探
	143	建筑遗迹	EJZ76	ⅠN02E01-2-4	西部	南北向	长方形	7.5	2.7	2.2~2.7	青砖	魏晋北朝	探至砖无法下探

续表

总序号	分序号	遗迹类型	勘探编号	所在勘探单元	所在位置	遗迹走向	平面形状	长（米）	宽（米）	距现地表深（米）	包含物	年代蠡测	备注
22		**建筑遗址区**	**EJQ22**	**ⅠN02E01-2-3**	**西南部**	**东西向**	**曲尺形**	**3.8～12.6**	**5.4～11**	**2～3.8**	**青砖、灰、瓦片**	**魏晋北朝**	**探至砖无法下探**
	144	建筑遗迹	EJZ71	ⅠN02E01-2-3	西南部	南北向	长方形	3.5	1.7	2.3～3.8	青砖、灰、瓦片	魏晋北朝	探至砖无法下探
	145	建筑遗迹	EJZ72	ⅠN02E01-2-3	西南部	东西向	不规则	1.1～3.1	1.1～1.7	2～3.6	青砖、瓦片	魏晋北朝	探至砖无法下探
	146	建筑遗迹	EJZ73	ⅠN02E01-2-3	南部	南北向	曲尺形	0.8～3.3	1.3～3	2.2～3.4	青砖、灰、瓦片	魏晋北朝	探至砖无法下探
23		**建筑遗址区**	**EJQ23**	**ⅠN02E01-1-2**	**东部**	**南北向**	**"回"字形**	**4.6～33.1**	**5.3～27.4**	**2～4.8**	**青砖、灰点**	**东汉中晚期**	**探至砖无法下探，部分位于ⅠN02E01-2-2内**
	147	建筑遗迹	EJZ862	ⅠN02E01-1-2	中部	东西向	长方形	6.4	1.3	3～4.3	青砖、灰点	东汉中晚期	探至砖无法下探
	148	建筑遗迹	EJZ870	ⅠN02E01-1-2	东南部	南北向	"回"字形	1～6.4	0.6～4.5	2～4	青砖、灰点	东汉中晚期	探至砖无法下探，东部具体形制不详
	149	建筑遗迹	EJZ871	ⅠN02E01-1-2	东部	南北向	不规则	1～6.5	0.9～3.8	2～4.8	青砖、灰点	东汉中晚期	探至砖无法下探
	150	建筑遗迹	EJZ872	ⅠN02E01-2-2	南部	南北向	曲尺形	2.4～6	1.8～4.4	3～4	青砖、灰点	东汉中晚期	探至砖无法下探，部分位于ⅠN02E01-1-2内，该遗迹西北角打破EJ66
24		**建筑遗址区**	**EJQ24**	**ⅠN02E01-1-2**	**西南部**	**东西向**	**曲尺形**	**2.6～18.2**	**4～13**	**2.5～3.6**	**青砖、灰点**	**东汉中晚期**	**探至砖无法下探，部分位于ⅠN02E01-1-1内**
	151	建筑遗迹	EJZ861	ⅠN02E01-1-2	西南部	南北向	长方形	3.9	1.4	3	青砖、灰点	东汉中晚期	探至砖无法下探
	152	建筑遗迹	EJZ873	ⅠN02E01-1-2	西南部	南北向	"凸"字形	1.5～3.2	0.9～2.7	2.5～3.6	青砖、灰点	东汉中晚期	探至砖无法下探，部分位于ⅠN02E01-1-1内
	153	建筑遗迹	EJZ874	ⅠN01E02-1-2	西南部	南北向	长方形	2.3	1.2	3	青砖、灰点	东汉中晚期	探至砖无法下探，东部具体形制不详

续表

总序号	分序号	遗迹类型	勘探编号	所在勘探单元	所在位置	遗迹走向	平面形状	长（米）	宽（米）	距现地表深（米）	包含物	年代蠡测	备注
25		建筑遗址区	EJQ25	ⅠN01E01-4-2	北部	南北向	曲尺形	5.6~24.5	9.29~19.9	1.4~4.2	青砖、灰点	辽金	探至砖无法下探，部分位于ⅠN02E01-1-2内
	154	建筑遗迹	EJZ857	ⅠN01E01-4-2	北部	东西向	不规则	1.1~6.9	1~5	1.4~4.2	青砖、灰点	辽金	探至砖无法下探
	155	建筑遗迹	EJZ866	ⅠN01E01-4-2	北部	东西向	不规则	1.7~7.3	2.1~5.4	1.9~3	青砖、灰点	辽金	探至砖无法下探，南部位于大树下方无法勘探，具体形制不详
	156	建筑遗迹	EJZ869	ⅠN02E01-1-2	东南部	南北向	长方形	2.2	1	2~3	青砖、灰点	辽金	探至砖无法下探，东部位于大土堆下方，具体形制不详
26		建筑遗址区	EJQ26	ⅡN01W02-2-4	北部	南北向	曲尺形	4.5~25.3	1.6~12.1	3.8~4.8	青砖、灰点	西汉中晚期—东汉早期	探至砖无法下探，部分位于ⅡN01W02-3-4内
	157	建筑遗迹	EJZ668	ⅡN01W02-2-4	北部	东西向	曲尺形	1.4~4.1	2.3~3.2	3.8~4.3	青砖、灰点	西汉中晚期—东汉早期	探至砖无法下探
	158	建筑遗迹	EJZ669	ⅡN01W02-2-4	北部	南北向	曲尺形	2~3.9	2.2~3.5	4~4.2	青砖、灰点	西汉中晚期—东汉早期	探至砖无法下探，部分位于ⅡN01W02-3-4内
	159	建筑遗迹	EJZ672	ⅡN01W02-3-4	东南部	东西向	正方形	1.4	1.4	4.8	青砖、灰点	西汉中晚期—东汉早期	探至砖无法下探
27		建筑遗址区	EJQ27	ⅡN01W02-2-4	中部	东西向	曲尺形	5.4~43.6	5.9~16.4	3.2~6.5	青砖、灰点	西汉中晚期—东汉早期	探至砖无法下探
	160	建筑遗迹	EJZ815	ⅡN01W02-2-4	西部	南北向	"凸"字形	2.6~6	1.8~4.5	3.2~4.3	青砖、灰点	西汉中晚期—东汉早期	探至砖无法下探
	161	建筑遗迹	EJZ816	ⅡN01W02-2-4	中部	东西向	不规则	1.5~9.8	1.3~4.7	4.5~6.3	青砖、灰点	西汉中晚期—东汉早期	探至砖无法下探
	162	建筑遗迹	EJZ817	ⅡN01W02-2-4	东部	东西向	不规则	1.2~11	1.3~5	4~6.5	青砖、灰点	西汉中晚期—东汉早期	探至砖无法下探

续表

总序号	分序号	遗迹类型	勘探编号	所在勘探单元	所在位置	遗迹走向	平面形状	长（米）	宽（米）	距现地表深（米）	包含物	年代鉴测	备注
28		建筑遗址区	EJQ28	ⅡN01W01-3-2	西部	东西向	曲尺形	3.28~28.8	2.1~5.7	3~4.3	青砖、灰点	西汉中晚期—东汉早期	探至砖无法下探，部分位于ⅡN01W01-3-1内
	163	建筑遗迹	EJZ673	ⅡN01W01-3-1	东部	南北向	长方形	1.5	1.4	4	青砖、灰点	西汉中晚期—东汉早期	探至砖无法下探，部分位于ⅡN01W01-3-2内
	164	建筑遗迹	EJZ674	ⅡN01W01-3-1	中部	东西向	长方形	3.5	1.4	3~3.2	青砖、灰点	西汉中晚期—东汉早期	探至砖无法下探
	165	建筑遗迹	EJZ676	ⅡN01W01-3-2	西部	南北向	长方形	3.7	2.8	3~4.3	青砖、灰点	西汉中晚期—东汉早期	探至砖无法下探
29		建筑遗址区	EJQ29	ⅡN01W01-2-2	西北部	东西向	"凹"字形	5.2~17.3	3.4~16.1	1.8~4	青砖、灰点	魏晋北朝	探至砖无法下探，位于ⅡN01W01-2-1和ⅡN01W01-2-2内
	166	建筑遗迹	EJZ664	ⅡN01W01-2-2	西北部	南北向	曲尺形	3.2~5.4	3.1~3.9	2~3	青砖、灰点	魏晋北朝	探至砖无法下探
	167	建筑遗迹	EJZ665	ⅡN01W01-3-2	西南部	东西向	长方形	3.6	3.2	2~2.5	青砖、灰点	魏晋北朝	探至砖无法下探
	168	建筑遗迹	EJZ666	ⅡN01W01-2-2	西北部	东西向	不规则	1.2~4.4	1.1~2.9	2.5~4	青砖、灰点	魏晋北朝	探至砖无法下探，部分位于ⅡN01W01-2-1内
	169	建筑遗迹	EJZ667	ⅡN01W01-3-2	西南部	东西向	不规则	5.2	2.6~4.2	1.8~4	青砖、灰点	魏晋北朝	探至砖无法下探
30		建筑遗址区	EJQ30	ⅡN01W01-3-2	东部	东西向	曲尺形	7.4~21.9	2.1~14.6	3.8~4.5	青砖、瓦片	西汉中晚期—东汉早期	探至砖无法下探，部分位于ⅡN01W01-3-3内
	170	建筑遗迹	EJZ616	ⅡN01W01-3-3	西南部	东西向	不规则	0.6~2.9	0.4~1.8	4	青砖、瓦片	西汉中晚期—东汉早期	探至砖无法下探，部分位于ⅡN01W01-2-1内
	171	建筑遗迹	EJZ617	ⅡN01W01-3-2	东部	南北向	梯形	1.7~1.8	0.9	4.5	青砖、瓦片	西汉中晚期—东汉早期	探至砖无法下探，部分位于ⅡN01W01-3-3内
	172	建筑遗迹	EJZ675	ⅡN01W01-3-2	东北部	南北向	长方形	1.3	1.2	4	青砖、瓦片	西汉中晚期—东汉早期	探至砖无法下探

续表

总序号	分序号	遗迹类型	勘探编号	所在勘探单元	所在位置	遗迹走向	平面形状	长（米）	宽（米）	距现地表深（米）	包含物	年代蠡测	备注
30	173	建筑遗迹	EJZ677	ⅡN01W01-3-2	东北部	南北向	长方形	1.4	1.3	4	青砖、瓦片	西汉中晚期—东汉早期	探至砖无法下探
	174	建筑遗迹	EJZ678	ⅡN01W01-3-2	东部	南北向	长方形	3.3	2	3.8~4	青砖、瓦片	西汉中晚期—东汉早期	探至砖无法下探
31		建筑遗址区	EJQ31	ⅡN01W01-3-3	西南部	东西向	曲尺形	9.1~19.3	6.7~12.1	4~6	青砖、瓦片	西汉中晚期—东汉早期	探至砖无法下探
	175	建筑遗迹	EJZ614	ⅡN01W01-3-3	南部	东西向	不规则	0.5~7.4	0.5~3.2	4~5	青砖、瓦片	西汉中晚期—东汉早期	探至砖无法下探
	176	建筑遗迹	EJZ615	ⅡN01W01-3-3	西南部	东西向	"凸"字形	0.9~4.1	0.5~3.7	4.1	青砖、瓦片	西汉中晚期—东汉早期	探至砖无法下探
	177	建筑遗迹	EJZ662	ⅡN01W01-3-3	西南部	南北向	曲尺形	1.6~4.1	2.2~3.2	5.5~6	青砖、瓦片	西汉中晚期—东汉早期	探至砖无法下探
32		建筑遗址区	EJQ32	ⅡN01W01-2-4	西北部	东西向	曲尺形	14.2~25.6	3.7~9.5	3~3.5	青砖、瓦片	东汉中晚期	探至砖无法下探，部分位于ⅡN01W01-3-3和ⅡN01W01-3-4内
	178	建筑遗迹	EJZ605	ⅡN01W01-2-4	西北部	东西向	近似长方形	2.3~2.5	0.9	3.2	青砖、瓦片	东汉中晚期	探至砖无法下探
	179	建筑遗迹	EJZ606	ⅡN01W01-2-4	西北部	南北向	曲尺形	0.6~1.7	0.6~1.7	3.1	青砖、瓦片	东汉中晚期	探至砖无法下探
	180	建筑遗迹	EJZ607	ⅡN01W01-2-4	西北部	东西向	不规则	0.3~3.1	0.4~1.7	3	青砖、瓦片	东汉中晚期	探至砖无法下探
	181	建筑遗迹	EJZ608	ⅡN01W01-2-4	西北部	南北向	"凸"字形	0.6~2.2	0.2~2.1	3.5	青砖、瓦片	东汉中晚期	探至砖无法下探
	182	建筑遗迹	EJZ610	ⅡN01W01-3-4	西南部	东西向	不规则	0.4~3.1	0.3~2.7	3.5	青砖、瓦片	东汉中晚期	探至砖无法下探
	183	建筑遗迹	EJZ611	ⅡN01W01-3-3	东南部	东西向	长方形	1.6	0.7	3.4	青砖、瓦片	东汉中晚期	探至砖无法下探
33		建筑遗址区	EJQ33	ⅡN01W01-2-4	东北部	东西向	曲尺形	11.8~25.7	7.1~15.8	1.3~1.6	青砖、瓦片	明清	探至砖无法下探，部分位于ⅡN01W01-3-4内
	184	建筑遗迹	EJZ892	ⅡN01W01-2-4	东北部	东西向	曲尺形	11.8~25.7	7.1~15.8	1.3~1.6	青砖、瓦片	明清	探至砖无法下探，部分位于ⅡN01W01-3-4内

续表

总序号	分序号	遗迹类型	勘探编号	所在勘探单元	所在位置	遗迹走向	平面形状	长（米）	宽（米）	距现地表深（米）	包含物	年代蠡测	备注
34		建筑遗址区	EJQ34	ⅡN01W01-2-3	东南部	东西向	长方形	9.6	6.3	3.5~4.7	青砖、瓦片	西汉中晚期—东汉早期	探至砖无法下探
	185	建筑遗迹	EJZ624	ⅡN01W01-2-3	东南部	南北向	不规则	0.2~1.8	0.9~1.5	3.5	青砖、瓦片	西汉中晚期—东汉早期	探至砖无法下探
	186	建筑遗迹	EJZ625	ⅡN01W01-2-3	东南部	东西向	梯形	1.3~1.5	1.1	3.8	青砖、瓦片	西汉中晚期—东汉早期	探至砖无法下探
	187	建筑遗迹	EJZ626	ⅡN01W01-2-3	东南部	东西向	不规则	0.5~4.3	0.4~4.2	4.1~4.7	青砖、瓦片	西汉中晚期—东汉早期	探至砖无法下探
35		建筑遗址区	EJQ35	ⅡN01W01-2-4	西南部	东西向	曲尺形	2.2~11.5	2.4~6.9	3~3.5	青砖、瓦片	东汉中晚期	探至砖无法下探，部分位于ⅡN01W01-2-3内
	188	建筑遗迹	EJZ622	ⅡN01W01-2-4	西南部	东西向	不规则	0.4~2.2	0.4~2.1	3~3.5	青砖、瓦片	东汉中晚期	探至砖无法下探
	189	建筑遗迹	EJZ623	ⅡN01W01-2-3	东南部	东西向	不规则	2.2~4.9	0.4~2.3	3~3.5	青砖、瓦片	东汉中晚期	探至砖无法下探
36		建筑遗址区	EJQ36	ⅡN01W01-1-2	西北部	东西向	曲尺形	3.5~40.1	7.4~9.7	3~6.5	青砖、灰点	东汉中晚期	探至砖无法下探，部分位于ⅡN01W01-1-1内
	190	建筑遗迹	EJZ819	ⅡN01W01-1-1	东北部	东西向	长方形	3.2	1.4	3	青砖、灰点	东汉中晚期	探至砖无法下探
	191	建筑遗迹	EJZ820	ⅡN01W01-1-2	西北部	南北向	"凸"字形	1.3~6.5	1~3.9	3~4	青砖、灰点	东汉中晚期	探至砖无法下探
	192	建筑遗迹	EJZ823	ⅡN01W01-1-2	北部	东西向	不规则	1.3~11.6	1.4~6.6	3~6.5	青砖、灰点	东汉中晚期	探至砖无法下探
37		建筑遗址区	EJQ37	ⅡN01W02-1-3	东北部	东西向	"凹"字形	5.7~22.3	5.1~15.1	3.1~5	青砖、灰点	西汉中晚期—东汉早期	探至砖无法下探，部分位于ⅡN01W02-1-4内
	193	建筑遗迹	EJZ809	ⅡN01W02-1-4	西北部	东西向	长方形	3.9	1.7	4~4.7	青砖、灰点	西汉中晚期—东汉早期	探至砖无法下探，部分位于ⅡN01W02-1-3内
	194	建筑遗迹	EJZ810	ⅡN01W02-1-4	西北部	东西向	不规则	1~7.9	0.8~3.7	3.2~4	青砖、灰点	西汉中晚期—东汉早期	探至砖无法下探
	195	建筑遗迹	EJZ811	ⅡN01W02-1-3	东北部	南北向	长方形	4.9	4.4	3.3~5	青砖、灰点	西汉中晚期—东汉早期	探至砖无法下探

续表

总序号	分序号	遗迹类型	勘探编号	所在勘探单元	所在位置	遗迹走向	平面形状	长（米）	宽（米）	距现地表深（米）	包含物	年代鉴测	备注
37	196	建筑遗迹	EJZ812	ⅡN01W02-1-3	东北部	东西向	曲尺形	0.8~2.2	0.9~2	3.1	青砖、灰点	西汉中晚期—东汉早期	探至砖无法下探
	197	建筑遗迹	EJZ813	ⅡN01W02-1-3	东北部	南北向	长方形	3.6	1.3	3.2~3.7	青砖、灰点	西汉中晚期—东汉早期	探至砖无法下探
38		**建筑遗址区**	**EJQ38**	**ⅡN01W01-1-4**	**东部**	**东西向**	**不规则**	**2.9~41**	**7.9~36.2**	**3.2~5**	**青砖、灰点**	**西汉中晚期—东汉早期**	**探至砖无法下探，部分位于ⅢS01W01-4-1、ⅡN01W01-1-1和ⅢS01W02-4-4内**
	198	建筑遗迹	EJZ799	ⅡN01W02-1-4	东北部	东西向	长方形	3.6	2.8	3.3~3.7	青砖、灰点	西汉中晚期—东汉早期	探至砖无法下探
	199	建筑遗迹	EJZ800	ⅡN01W02-1-4	东部	东西向	长方形	3.4	1.4	3.8	青砖、灰点	西汉中晚期—东汉早期	探至砖无法下探
	200	建筑遗迹	EJZ801	ⅡN01W02-1-4	东部	南北向	长方形	8	1.3	3.8	青砖、灰点	西汉中晚期—东汉早期	探至砖无法下探
	201	建筑遗迹	EJZ802	ⅡN01W01-1-1	西部	南北向	长方形	4	2.6	3.8~4	青砖、灰点	西汉中晚期—东汉早期	探至砖无法下探，南部位于一现代建筑垃圾坑下
	202	建筑遗迹	EJZ804	ⅡN01W02-1-4	西北部	南北向	长方形	2.9	1.7	3.7~4.1	青砖、灰点	西汉中晚期—东汉早期	探至砖无法下探
	203	建筑遗迹	EJZ805	ⅡN01W02-1-4	东北部	东西向	不规则	1~12.6	1.2~6.8	3.6~4	青砖、灰点	西汉中晚期—东汉早期	探至砖无法下探
	204	建筑遗迹	EJZ806	ⅡN01W02-1-4	北部	南北向	长方形	3.9	1.4	3.2~3.7	青砖、灰点	西汉中晚期—东汉早期	探至砖无法下探
	205	建筑遗迹	EJZ808	ⅡN01W02-1-4	东部	东西向	曲尺形	1~4.6	1.4~3.8	3.3~5	青砖、灰点	西汉中晚期—东汉早期	探至砖无法下探

续表

总序号	分序号	遗迹类型	勘探编号	所在勘探单元	所在位置	遗迹走向	平面形状	长（米）	宽（米）	距现地表深（米）	包含物	年代蠡测	备注
38	206	建筑遗迹	EJZ856	ⅡN01W01-1-1	西南部	南北向	"凹"字形	0.9~7.2	0.7~3.3	3.2~4	青砖、灰点	西汉中晚期—东汉早期	探至砖无法下探，部分位于ⅢS01W01-4-1、ⅡN01W02-1-4和ⅢS01W02-4-4内
39		**建筑遗址区**	**EJQ39**	**ⅡN01W02-1-3**	**南部**	**东西向**	**曲尺形**	**6.6~16**	**5.1~13.8**	**2~4.8**	**青砖、灰点**	**东汉中晚期**	**探至砖无法下探，部分位于ⅢS01W02-4-3内**
	207	建筑遗迹	EJZ774	ⅡN01W02-1-3	南部	东西向	不规则	9.1	4.8	2.8~4	青砖、灰点	东汉中晚期	探至砖无法下探
	208	建筑遗迹	EJZ775	ⅡN01W02-1-3	东南部	南北向	不规则	1.1~5.5	1~4	2.2~3.8	青砖、灰点	东汉中晚期	探至砖无法下探
	209	建筑遗迹	EJZ776	ⅡN01W02-1-3	东南部	东西向	不规则	2~4.8	0.8~2.5	2~4	青砖、灰点	东汉中晚期	探至砖无法下探，部分位于ⅢS01W02-4-3内
	210	建筑遗迹	EJZ777	ⅡN01W02-1-3	东南部	南北向	长方形	2.3	1.3	3.3~4.8	青砖、灰点	东汉中晚期	探至砖无法下探
40		**建筑遗址区**	**EJQ40**	**ⅢS01W02-4-4**	**西北部**	**南北向**	**曲尺形**	**3.3~22.7**	**5.2~8.4**	**3~5**	**青砖、灰点**	**西汉中晚期—东汉早期**	**探至砖无法下探，部分位于ⅡN01W02-1-4内**
	211	建筑遗迹	EJZ779	ⅢS01W02-4-4	西北部	南北向	长方形	3	2.2	3~3.5	青砖、灰点	西汉中晚期—东汉早期	探至砖无法下探
	212	建筑遗迹	EJZ780	ⅢS01W02-4-4	西北部	南北向	长方形	5	1.7	3.5~5	青砖、灰点	西汉中晚期—东汉早期	探至砖无法下探
	213	建筑遗迹	EJZ888	ⅡN01W02-1-4	西南部	东西向	不规则	2.2~5	2.4~3.6	3.6~5	青砖、灰点	西汉中晚期—东汉早期	探至砖无法下探，南部具体形制不详，位于大土堆下方

续表

总序号	分序号	遗迹类型	勘探编号	所在勘探单元	所在位置	遗迹走向	平面形状	长（米）	宽（米）	距现地表深（米）	包含物	年代蠡测	备注
41		**建筑遗址区**	**EJQ41**	**ⅢS01W02-4-4**	**南部**	**东西向**	**不规则**	**5~77.6**	**4.3~22.3**	**2~5.8**	**青砖、灰点**	**东汉中晚期**	**探至砖无法下探，部分位于ⅢS01W02-4-3和ⅢS01W02-3-4内**
	214	建筑遗迹	EJZ762	ⅢS01W02-4-4	东南部	南北向	曲尺形	1.2~2.9	1~2.8	2.5~4.3	青砖、灰点	东汉中晚期	探至砖无法下探
	215	建筑遗迹	EJZ764	ⅢS01W02-4-4	东南部	东西向	不规则	1.4~18.8	1.8~18.2	2.5~5.8	青砖、灰点	东汉中晚期	探至砖无法下探，于遗迹内北部有一长方形生土范围，该生土范围南北长1.9米，东西宽1.6米
	216	建筑遗迹	EJZ765	ⅢS01W02-4-4	东南部	东西向	长方形	3.5	1.3	3~4	青砖、灰点	东汉中晚期	探至砖无法下探
	217	建筑遗迹	EJZ767	ⅢS01W02-4-4	南部	东西向	长方形	4.3	3	3~4.6	青砖、灰点	东汉中晚期	探至砖无法下探
	218	建筑遗迹	EJZ770	ⅢS01W02-4-4	西南部	南北向	曲尺形	1.6~4.8	1.4~3.1	3~4.7	青砖、灰点	东汉中晚期	探至砖无法下探
	219	建筑遗迹	EJZ771	ⅢS01W02-4-3	东部	东西向	"凸"字形	1.1~4.2	0.9~4.1	3~4.7	青砖、灰点	东汉中晚期	探至砖无法下探
	220	建筑遗迹	EJZ773	ⅢS01W02-4-3	南部	东西向	不规则	0.8~5.9	1.3~4	3~5.5	青砖、灰点	东汉中晚期	探至砖无法下探
	221	建筑遗迹	EJZ849	ⅢS01W02-3-4	东北部	南北向	长方形	5.5	1.9	3~5	青砖、灰点	东汉中晚期	探至砖无法下探，部分位于ⅢS01W02-4-4内
	222	建筑遗迹	EJZ850	ⅢS01W02-3-4	东北部	东西向	长方形	3	1.7	3~3.5	青砖、灰点	东汉中晚期	探至砖无法下探
	223	建筑遗迹	EJZ851	ⅢS01W02-4-4	西南部	南北向	长方形	2.8	1.6	3.2~3.5	青砖、灰点	东汉中晚期	探至砖无法下探
	224	建筑遗迹	EJZ852	ⅢS01W02-3-4	北部	南北向	长方形	6	2	2~3	青砖、灰点	东汉中晚期	探至砖无法下探，部分位于ⅢS01W02-4-4内，北部位于大土堆下方，具体形制不详
	225	建筑遗迹	EJZ853	ⅢS01W02-4-4	西南部	南北向	长方形	2.4	1.4	2.7~3	青砖、灰点	东汉中晚期	探至砖无法下探，部分位于ⅢS01W02-4-3内
	226	建筑遗迹	EJZ854	ⅢS01W02-4-3	南部	东西向	长方形	4.3	1.9	3~4.2	青砖、灰点	东汉中晚期	探至砖无法下探

续表

总序号	分序号	遗迹类型	勘探编号	所在勘探单元	所在位置	遗迹走向	平面形状	长（米）	宽（米）	距现地表深（米）	包含物	年代蠡测	备注
42		建筑遗址区	EJQ42	ⅢS01W02-4-4	东南部	东西向	"凹"字形	5.1~36	1.8~9.4	3.8~5.8	青砖、灰点	西汉中晚期—东汉早期	探至砖无法下探，部分位于ⅢS01W01-4-1内
	227	建筑遗迹	EJZ761	ⅢS01W01-4-1	西南部	南北向	不规则	0.9~5.5	0.9~4.7	4~5.8	青砖、灰点	西汉中晚期—东汉早期	探至砖无法下探，部分位于ⅢS01W02-4-4内
	228	建筑遗迹	EJZ763	ⅢS01W02-4-4	东南部	东西向	梯形	7.2	1.5~2	3.8~4.2	青砖、灰点	西汉中晚期—东汉早期	探至砖无法下探
	229	建筑遗迹	EJZ766	ⅢS01W02-4-4	南部	东西向	长方形	3.5	2.1	4.1~5	青砖、灰点	西汉中晚期—东汉早期	探至砖无法下探
	230	建筑遗迹	EJZ768	ⅢS01W02-4-4	南部	东西向	不规则	0.8~8.5	0.9~5.2	4~4.5	青砖、灰点	西汉中晚期—东汉早期	探至砖无法下探
43		建筑遗址区	EJQ43	ⅢS01W01-4-1	西南部	东西向	长方形	10.6	8.4	2~5	青砖、灰点	东汉中晚期	探至砖无法下探
	231	建筑遗迹	EJZ759	ⅢS01W01-4-1	西南部	东西向	曲尺形	2.6~6.7	1.5~2.8	2~4	青砖、灰点	东汉中晚期	探至砖无法下探
	232	建筑遗迹	EJZ760	ⅢS01W01-4-1	西南部	东西向	"凸"字形	2.2~6.5	1.8~4.8	2.8~5	青砖、灰点	东汉中晚期	探至砖无法下探
44		建筑遗址区	EJQ44	ⅢS01W01-4-2	西北部	东西向	长方形	47	44	3~5	青砖、灰点、瓦片	西汉中晚期—东汉早期	探至砖无法下探，部分位于ⅢS01W01-4-1，ⅡN01W01-1-1和ⅡN01W01-1-2内
	233	建筑遗迹	EJZ637	ⅢS01W01-4-2	西北部	南北向	不规则	7.6	3.4~7.5	4.3	青砖、瓦片	西汉中晚期—东汉早期	探至砖无法下探
	234	建筑遗迹	EJZ638	ⅢS01W01-4-2	西北部	东西向	不规则	1.2~3.5	0.1~2.6	3.8~3.9	青砖、瓦片	西汉中晚期—东汉早期	探至砖无法下探
	235	建筑遗迹	EJZ639	ⅢS01W01-4-2	西北部	南北向	不规则	1.7~5.1	0.8~3.3	3.6	青砖、瓦片	西汉中晚期—东汉早期	探至砖无法下探
	236	建筑遗迹	EJZ640	ⅢS01W01-4-2	西北部	东西向	不规则	1.9~4.5	0.5~3	4.4	青砖、瓦片	西汉中晚期—东汉早期	探至砖无法下探

续表

总序号	分序号	遗迹类型	勘探编号	所在勘探单元	所在位置	遗迹走向	平面形状	长（米）	宽（米）	距现地表深（米）	包含物	年代蠡测	备注
	237	建筑遗迹	EJZ641	ⅢS01W01-4-1	东北部	东西向	不规则	0.5 ~ 6.8	0.6 ~ 3.1	3.9 ~ 4	青砖、瓦片	西汉中晚期—东汉早期	探至砖无法下探，部分位于ⅢS01W01-4-2内
	238	建筑遗迹	EJZ642	ⅢS01W01-4-1	东北部	东西向	不规则	0.3 ~ 6.5	0.4 ~ 4.3	4 ~ 4.5	青砖、瓦片	西汉中晚期—东汉早期	探至砖无法下探
	239	建筑遗迹	EJZ643	ⅢS01W01-4-1	东北部	南北向	不规则	0.5 ~ 12.7	0.8 ~ 7.9	3.5 ~ 4	青砖、瓦片	西汉中晚期—东汉早期	探至砖无法下探
	240	建筑遗迹	EJZ791	ⅡN01W01-1-2	西南部	南北向	长方形	2.8	1.6	3.7 ~ 3.9	青砖、灰点	西汉中晚期—东汉早期	探至砖无法下探
	241	建筑遗迹	EJZ792	ⅡN01W01-1-2	西南部	东西向	长方形	3.5	1.5	3.2 ~ 3.6	青砖、灰点	西汉中晚期—东汉早期	探至砖无法下探
	242	建筑遗迹	EJZ793	ⅡN01W01-1-1	东南部	东西向	长方形	5.9	1.6	3 ~ 4	青砖、灰点	西汉中晚期—东汉早期	探至砖无法下探，部分位于ⅡN01W01-1-2内
	243	建筑遗迹	EJZ794	ⅡN01W01-1-2	西南部	东西向	长方形	3.9	1.2	3.8	青砖、灰点	西汉中晚期—东汉早期	探至砖无法下探
	244	建筑遗迹	EJZ795	ⅡN01W01-1-1	东南部	东西向	不规则	0.9 ~ 4	1 ~ 2.7	3.2 ~ 4	青砖、灰点	西汉中晚期—东汉早期	探至砖无法下探
	245	建筑遗迹	EJZ796	ⅡN01W01-1-2	南部	南北向	不规则	1.3 ~ 10	1.4 ~ 8	3 ~ 5	青砖、灰点	西汉中晚期—东汉早期	探至砖无法下探
	246	建筑遗迹	EJZ797	ⅡN01W01-1-2	西南部	东西向	曲尺形	2 ~ 3.9	1 ~ 3.7	3.1 ~ 4	青砖、灰点	西汉中晚期—东汉早期	探至砖无法下探，部分位于ⅡN01W01-1-1内
	247	建筑遗迹	EJZ834	ⅢS01W01-4-2	西北部	南北向	长方形	2.3	1.3	3.8 ~ 4.5	青砖、灰点	西汉中晚期—东汉早期	探至砖无法下探
	248	建筑遗迹	EJZ835	ⅢS01W01-4-2	西北部	南北向	曲尺形	1.8 ~ 4.6	1.3 ~ 3.7	3.8 ~ 4	青砖、灰点	西汉中晚期—东汉早期	探至砖无法下探，东南角被建筑垃圾覆盖，具体形制不详

续表

总序号	分序号	遗迹类型	勘探编号	所在勘探单元	所在位置	遗迹走向	平面形状	长（米）	宽（米）	距现地表深（米）	包含物	年代鉴测	备注
44	249	建筑遗迹	EJZ836	ⅢS01W01-4-2	西北部	东西向	曲尺形	1.4～5.5	0.6～2	3.8～4.5	青砖、灰点	西汉中晚期—东汉早期	探至砖无法下探，北部位于大土堆下方，具体形制不详
	250	建筑遗迹	EJZ837	ⅢS01W01-4-2	西北部	南北向	长方形	3.4	1.2	3.2～3.8	青砖、灰点	西汉中晚期—东汉早期	探至砖无法下探，该遗迹西北部打破EJ64
	251	建筑遗迹	EJZ838	ⅢS01W01-4-2	西北部	东西向	长方形	3.1	2.4	3.6～3.8	青砖、灰点	西汉中晚期—东汉早期	探至砖无法下探
	252	建筑遗迹	EJZ839	ⅢS01W01-4-2	西北部	南北向	长方形	3	2	3.8	青砖、灰点	西汉中晚期—东汉早期	探至砖无法下探，南部位于大土堆下方，具体形制不详
	253	建筑遗迹	EJZ841	ⅡN01W01-1-1	东南部	南北向	曲尺形	2.5～5	1.8～4.5	4～4.8	青砖、灰点	西汉中晚期—东汉早期	探至砖无法下探，部分位于ⅢS01W01-4-1内，该遗迹南部被EK16打破
45		**建筑遗址区**	**EJQ45**	**ⅡN01W01-1-3**	**西南部**	**南北向**	**长方形**	**23.7**	**17.3**	**3～6**	**青砖、灰点**	**西汉中晚期—东汉早期**	**探至砖无法下探，部分位于ⅡN01W01-1-2、ⅢS01W01-4-2和ⅢS01W01-4-3内**
	254	建筑遗迹	EJZ785	ⅡN01W01-1-3	西南部	东西向	曲尺形	1.6～4.2	0.6～2.2	3.3～5.8	青砖、灰点	西汉中晚期—东汉早期	探至砖无法下探，部分位于ⅢS01W01-4-3内
	255	建筑遗迹	EJZ786	ⅢS01W01-4-2	东北部	南北向	长方形	7	2	4.8～5	青砖、灰点	西汉中晚期—东汉早期	探至砖无法下探，部分位于ⅢS01W01-1-2内
	256	建筑遗迹	EJZ787	ⅡN01W01-1-3	西南部	南北向	长方形	4.1	3	5～6	青砖、灰点	西汉中晚期—东汉早期	探至砖无法下探
	257	建筑遗迹	EJZ788	ⅢS01W01-4-2	东北部	南北向	长方形	2.7	2	3.5～4	青砖、灰点	西汉中晚期—东汉早期	探至砖无法下探

续表

总序号	分序号	遗迹类型	勘探编号	所在勘探单元	所在位置	遗迹走向	平面形状	长（米）	宽（米）	距现地表深（米）	包含物	年代鉴测	备注
45	258	建筑遗迹	EJZ790	II N01W01-1-2	东南部	南北向	不规则	0.8~10.7	0.8~6.5	3~5	青砖、灰点	西汉中晚期—东汉早期	探至砖无法下探，部分遗迹位于II N01W01-1-3勘探单元内部
	259	建筑遗迹	EJZ830	III S01W01-4-3	西北部	东西向	曲尺形	1.5~3.5	0.9~2.1	4.2~5	青砖、灰点	西汉中晚期—东汉早期	探至砖无法下探，北部位于大土堆下方，具体形制不详
46	**建筑遗址区**		**EJQ46**	**II N01W01-1-3**	**南部**	**南北向**	**曲尺形**	**4.4~31.1**	**3.3~12.9**	**3~3.8**	**青砖、灰点**	**东汉中晚期**	**探至砖无法下探，部分位于III S01W01-4-3内**
	260	建筑遗迹	EJZ782	II N01W01-1-3	南部	东西向	长方形	2.2	1.3	3~3.6	青砖、灰点	东汉中晚期	探至砖无法下探
	261	建筑遗迹	EJZ784	II N01W01-1-3	南部	东西向	长方形	2.8	2	3~3.8	青砖、灰点	东汉中晚期	探至砖无法下探
	262	建筑遗迹	EJZ831	III S01W01-4-3	中部	南北向	曲尺形	1.8~3.8	1.4~3	3~3.6	青砖、灰点	东汉中晚期	探至砖无法下探，南部位于大土堆下方，具体形制不详
47	**建筑遗址区**		**EJQ47**	**III S01W01-4-3**	**东部**	**南北向**	**曲尺形**	**3.7~11.1**	**3.3~5.8**	**4**	**青砖、灰点**	**西汉中晚期—东汉早期**	**探至砖无法下探**
	263	建筑遗迹	EJZ828	III S01W01-4-3	东部	南北向	长方形	3.7	1.8	4	青砖、灰点	西汉中晚期—东汉早期	探至砖无法下探
	264	建筑遗迹	EJZ832	III S01W01-4-3	东部	南北向	长方形	3.2	2	4	青砖、灰点	西汉中晚期—东汉早期	探至砖无法下探

续表

总序号	分序号	遗迹类型	勘探编号	所在勘探单元	所在位置	遗迹走向	平面形状	长（米）	宽（米）	距现地表深（米）	包含物	年代蠡测	备注
48		建筑遗址区	EJQ48	ⅢS01W01-4-3	南部	东西向	曲尺形	13~53.7	11~18	3.4~4.5	青砖、灰点、瓦片	西汉中晚期—东汉早期	探至砖无法下探，部分位于ⅢS01W01-4-2和ⅢS01W01-3-3内
	265	建筑遗迹	EJZ627	ⅢS01W01-4-3	东南部	南北向	不规则	0.7~3.5	0.5~1.8	3.8	青砖、瓦片	西汉中晚期—东汉早期	探至砖无法下探
	266	建筑遗迹	EJZ628	ⅢS01W01-4-3	东南部	南北向	不规则	0.5~4.1	1.2~3.6	4	青砖、瓦片	西汉中晚期—东汉早期	探至砖无法下探
	267	建筑遗迹	EJZ629	ⅢS01W01-4-3	东南部	南北向	不规则	0.5~3.6	0.3~3.2	4~4.2	青砖、瓦片	西汉中晚期—东汉早期	探至砖无法下探
	268	建筑遗迹	EJZ630	ⅢS01W01-4-3	南部	东西向	不规则	0.4~14.3	0.1~5.3	4~4.2	青砖、瓦片	西汉中晚期—东汉早期	探至砖无法下探
	269	建筑遗迹	EJZ631	ⅢS01W01-4-3	西南部	东西向	曲尺形	0.8~1.5	0.5~1.4	3.8~4.1	青砖、瓦片	西汉中晚期—东汉早期	探至砖无法下探
	270	建筑遗迹	EJZ632	ⅢS01W01-4-3	西南部	南北向	不规则	0.9~1.8	0.4~1.3	4	青砖、瓦片	西汉中晚期—东汉早期	探至砖无法下探
	271	建筑遗迹	EJZ633	ⅢS01W01-4-3	西南部	东西向	不规则	0.2~3.8	0.3~1.7	4.5	青砖、瓦片	西汉中晚期—东汉早期	探至砖无法下探
	272	建筑遗迹	EJZ634	ⅢS01W01-4-3	西南部	东西向	不规则	0.5~3.9	0.6~2.3	3.4	青砖、瓦片	西汉中晚期—东汉早期	探至砖无法下探
	273	建筑遗迹	EJZ635	ⅢS01W01-4-2	东南部	东西向	不规则	0.4~8.1	0.3~1.7	4.1	青砖、瓦片	西汉中晚期—东汉早期	探至砖无法下探，部分位于ⅢS01W01-4-3内
	274	建筑遗迹	EJZ842	ⅢS01W01-3-3	东北部	东西向	不规则	1.2~4.5	1~3.4	3.6~4.5	青砖、灰点	西汉中晚期—东汉早期	探至砖无法下探

续表

总序号	分序号	遗迹类型	勘探编号	所在勘探单元	所在位置	遗迹走向	平面形状	长（米）	宽（米）	距现地表深（米）	包含物	年代蠡测	备注
49		建筑遗址区	EJQ49	ⅢS01W01-3-2	北部	东西向	不规则	4.3～82.3	15.8～36.3	3～7	青砖、灰点	西汉中晚期—东汉早期	探至砖无法下探，部分位于ⅢS01W01-3-1、ⅢS01W01-3-3、ⅢS01W01-4-1和ⅢS01W01-4-2内
	275	建筑遗迹	EJZ750	ⅢS01W01-3-3	西北部	南北向	不规则	0.8～6.1	0.6～2	4.5～5.5	青砖、灰点	西汉中晚期—东汉早期	探至砖无法下探
	276	建筑遗迹	EJZ751	ⅢS01W01-3-2	东北部	南北向	不规则	1.1～17	1.2～12.4	3～7	青砖、灰点	西汉中晚期—东汉早期	探至砖无法下探
	277	建筑遗迹	EJZ752	ⅢS01W01-3-2	东北部	东西向	不规则	1.9～9.7	1.5～7.7	3.5～5	青砖、灰点	西汉中晚期—东汉早期	探至砖无法下探
	278	建筑遗迹	EJZ753	ⅢS01W01-3-2	东北部	东西向	不规则	1.1～7.9	1.1～7.1	3.2～4.7	青砖、灰点	西汉中晚期—东汉早期	探至砖无法下探，东北部个别探孔在距现地表4.3米处出现铁渣
	279	建筑遗迹	EJZ754	ⅢS01W01-4-2	西南部	南北向	长方形	3.2	1.7	4～4.5	青砖、灰点	西汉中晚期—东汉早期	探至砖无法下探
	280	建筑遗迹	EJZ755	ⅢS01W01-3-2	西北部	南北向	"Z"形	1.4～4.2	0.9～4	3～5	青砖、灰点	西汉中晚期—东汉早期	探至砖无法下探
	281	建筑遗迹	EJZ756	ⅢS01W01-4-1	东南部	南北向	不规则	0.9～6.4	0.7～4	4～5.3	青砖、灰点	西汉中晚期—东汉早期	探至砖无法下探，部分位于ⅢS01W01-3-1内
	282	建筑遗迹	EJZ757	ⅢS01W01-3-1	北部	东西向	不规则	0.7～3.9	0.7～3.7	3.5～6	青砖、灰点	西汉中晚期—东汉早期	探至砖无法下探
	283	建筑遗迹	EJZ758	ⅢS01W01-4-1	东南部	南北向	不规则	1.4～9.7	0.9～5.5	3～4.8	青砖、灰点	西汉中晚期—东汉早期	探至砖无法下探，部分位于ⅢS01W01-3-1内

续表

总序号	分序号	遗迹类型	勘探编号	所在勘探单元	所在位置	遗迹走向	平面形状	长（米）	宽（米）	距现地表深（米）	包含物	年代蠡测	备注
49	284	建筑遗迹	EJZ846	ⅢS01W01-4-2	东南部	南北向	曲尺形	2.1~8.5	1.6~3.7	4.5~5	青砖、灰点	西汉中晚期—东汉早期	探至砖无法下探，部分位于ⅢS01W01-3-2内，南部位于大土堆下方，具体形制不详
	285	建筑遗迹	EJZ847	ⅢS01W01-3-1	北部	南北向	长方形	4.6	1.9	3~3.5	青砖、灰点	西汉中晚期—东汉早期	探至砖无法下探
50		**建筑遗址区**	**EJQ50**	**ⅢS01W01-3-3**	**东南部**	**东西向**	**曲尺形**	**16.5**	**15.8**	**3~6**	**青砖、灰点**	**西汉中晚期—东汉早期**	**探至砖无法下探**
	286	建筑遗迹	EJZ745	ⅢS01W01-3-3	东部	南北向	长方形	2.6	1	3.8~4.5	青砖、灰点	西汉中晚期—东汉早期	探至砖无法下探
	287	建筑遗迹	EJZ746	ⅢS01W01-3-3	南部	东西向	"凸"字形	0.9~2.1	0.9~1.6	4.8~5.2	青砖、灰点	西汉中晚期—东汉早期	探至砖无法下探
	288	建筑遗迹	EJZ749	ⅢS01W01-3-3	南部	东西向	不规则	0.6~5.6	0.5~4.9	3~6	青砖、灰点	西汉中晚期—东汉早期	探至砖无法下探
51		**建筑遗址区**	**EJQ51**	**ⅢS01W01-3-4**	**南部**	**东西向**	**长方形**	**19.6**	**5.3**	**3.1~3.8**	**青砖、灰点**	**东汉中晚期**	**探至砖无法下探**
	289	建筑遗迹	EJZ695	ⅢS01W01-3-4	南部	东西向	不规则	0.7~4.7	0.9~3.8	3.1~3.8	青砖、灰点	西汉中晚期—东汉早期	探至砖无法下探
	290	建筑遗迹	EJZ696	ⅢS01W01-3-4	东南部	南北向	不规则	0.7~5	0.5~3.5	3.2~3.8	青砖、灰点	西汉中晚期—东汉早期	探至砖无法下探
52		**建筑遗址区**	**EJQ52**	**ⅣS01E01-3-1**	**西南部**	**南北向**	**长方形**	**14.4**	**7.3**	**3~5**	**青砖、灰点**	**西汉中晚期—东汉早期**	**探至砖无法下探，部分位于ⅢS01W01-3-4内**
	291	建筑遗迹	EJZ689	ⅣS01E01-3-1	西南部	东西向	长方形	2	0.9	3.6~4	青砖、灰点	西汉中晚期—东汉早期	探至砖无法下探
	292	建筑遗迹	EJZ694	ⅣS01E01-3-1	西南部	东西向	不规则	6	2.9	3~5	青砖、灰点	西汉中晚期—东汉早期	探至砖无法下探，部分位于ⅢS01W01-3-4内
	293	建筑遗迹	EJZ698	ⅣS01E01-3-1	西南部	南北向	曲尺形	0.9~2	0.8~1.8	3.9~4.1	青砖、灰点	西汉中晚期—东汉早期	探至砖无法下探

续表

总序号	分序号	遗迹类型	勘探编号	所在勘探单元	所在位置	遗迹走向	平面形状	长（米）	宽（米）	距现地表深（米）	包含物	年代蠡测	备注
53		建筑遗址区	EJQ53	IVS01E01-3-1	东南部	东西向	不规则	3.2~29.7	3.7~15.7	3.1~5	青砖、灰点、瓦片、陶渣	西汉中晚期—东汉早期	探至砖无法下探，部分位于IVS01E01-3-2和IVS01E01-2-1内
	294	建筑遗迹	EJZ647	IVS01E01-2-1	东北部	东西向	长方形	1.8	1.1	3.1~3.4	青砖、瓦片	西汉中晚期—东汉早期	探至砖无法下探
	295	建筑遗迹	EJZ648	IVS01E01-3-1	南部	东西向	长方形	1.8	0.9~1	3.4~3.8	青砖、瓦片	西汉中晚期—东汉早期	探至砖无法下探
	296	建筑遗迹	EJZ650	IVS01E01-2-1	东北部	南北向	不规则	5.8	3	4	青砖、瓦片	西汉中晚期—东汉早期	探至砖无法下探，部分位于IVS01E01-3-1内
	297	建筑遗迹	EJZ660	IVS01E01-3-1	东南部	东西向	不规则	8	4.5	3.5~4	青砖、瓦片	西汉中晚期—东汉早期	探至砖无法下探，部分位于IVS01E01-3-2内
	298	建筑遗迹	EJZ683	IVS01E01-3-1	东南部	南北向	曲尺形	0.8~2.6	0.6~1.6	3.5~3.7	青砖、灰点、红陶渣	西汉中晚期—东汉早期	探至砖无法下探
	299	建筑遗迹	EJZ687	IVS01E01-3-1	南部	南北向	不规则	0.6~3.3	0.5~2.9	4~5	青砖、灰点	西汉中晚期—东汉早期	探至砖无法下探
54		建筑遗址区	EJQ54	IVS01E01-3-1	东部	东西向	曲尺形	4~25.3	1.8~6	3~4.1	青砖、灰点	西汉中晚期—东汉早期	探至砖无法下探，部分位于IVS01E01-3-2内
	300	建筑遗迹	EJZ685	IVS01E01-3-2	西部	南北向	不规则	6.6	3.8	3~3.7	青砖、灰点	西汉中晚期—东汉早期	探至砖无法下探，部分位于IVS01E01-3-1内
	301	建筑遗迹	EJZ688	IVS01E01-3-1	东部	东西向	长方形	1.6	0.8	3.6~4.1	青砖、灰点	西汉中晚期—东汉早期	探至砖无法下探，部分位于IVS01E01-3-1内

续表

总序号	分序号	遗迹类型	勘探编号	所在勘探单元	所在位置	遗迹走向	平面形状	长（米）	宽（米）	距现地表深（米）	包含物	年代蓝测	备注
55		建筑遗址区	EJQ55	ⅣS01E01-3-1	西北部	东西向	曲尺形	5.4~11.3	2.4~8.9	3.5~4.2	青砖、灰点	西汉中晚期—东汉早期	探至砖无法下探，部分位于ⅢS01W01-3-4内
	302	建筑遗迹	EJZ700	ⅣS01E01-3-1	西北部	东西向	"凸"字形	1.1~2.4	0.8~1.4	3.8	青砖、灰点	西汉中晚期—东汉早期	探至砖无法下探
	303	建筑遗迹	EJZ741	ⅢS01W01-3-4	东北部	南北向	不规则	0.7~2.4	0.8~2.3	3.5~4.2	青砖、灰点	西汉中晚期—东汉早期	探至砖无法下探，部分位于ⅣS01E01-3-1内
56		建筑遗址区	EJQ56	ⅢS01W01-3-4	西部	南北向	长方形	38.3	11.6	3.5~5.8	青砖、灰点	西汉中晚期—东汉早期	探至砖无法下探
	304	建筑遗迹	EJZ697	ⅢS01W01-3-4	西南部	东西向	不规则	0.5~2.7	0.7~2.3	3.5~4.5	青砖、灰点	西汉中晚期—东汉早期	探至砖无法下探
	305	建筑遗迹	EJZ702	ⅢS01W01-3-4	西部	东西向	曲尺形	0.9~1.9	0.6~1.8	3.5~4.5	青砖、灰点	西汉中晚期—东汉早期	探至砖无法下探
	306	建筑遗迹	EJZ705	ⅢS01W01-3-4	北部	东西向	长方形	1.7	1.1	3.5~3.8	青砖、灰点	西汉中晚期—东汉早期	探至砖无法下探
	307	建筑遗迹	EJZ706	ⅢS01W01-3-4	西南部	南北向	不规则	0.5~5	0.6~4.6	3.8~5.8	青砖、灰点	西汉中晚期—东汉早期	探至砖无法下探
	308	建筑遗迹	EJZ708	ⅢS01W01-3-4	西北部	南北向	曲尺形	0.6~2.7	0.4~1.3	3.8	青砖、灰点	西汉中晚期—东汉早期	探至砖无法下探
	309	建筑遗迹	EJZ709	ⅢS01W01-3-4	西北部	南北向	不规则	1~4.4	0.7~4.1	3.5~4.5	青砖、灰点	西汉中晚期—东汉早期	探至砖无法下探
57		建筑遗址区	EJQ57	ⅢS01W01-4-4	中部	南北向	曲尺形	20.5	19.9	3~5	青砖、灰点	西汉中晚期—东汉早期	探至砖无法下探
	310	建筑遗迹	EJZ710	ⅢS01W01-4-4	西南部	南北向	不规则	0.5~6.5	0.5~4.8	3.3~5	青砖、灰点	西汉中晚期—东汉早期	探至砖无法下探
	311	建筑遗迹	EJZ717	ⅢS01W01-4-4	东南部	东西向	长方形	1.9	1.1	3~4.7	青砖、灰点	西汉中晚期—东汉早期	探至砖无法下探

续表

总序号	分序号	遗迹类型	勘探编号	所在勘探单元	所在位置	遗迹走向	平面形状	长（米）	宽（米）	距现地表深（米）	包含物	年代蠡测	备注
57	312	建筑遗迹	EJZ721	ⅢS01W01-4-4	东北部	南北向	长方形	1.5	0.9	5	青砖、灰点	西汉中晚期—东汉早期	探至砖无法下探
	313	建筑遗迹	EJZ725	ⅢS01W01-4-4	东北部	南北向	曲尺形	0.5~2.5	0.5~2.3	4~4.7	青砖、灰点	西汉中晚期—东汉早期	探至砖无法下探
58		建筑遗址区	**EJQ58**	ⅣS01E01-4-2	西北部	**南北向**	**长方形**	**9.7**	**4.5**	**3.5~4.5**	青砖、**瓦片**	**西汉中晚期—东汉早期**	**探至砖无法下探，部分位于ⅠN01E01-1-2内**
	314	建筑遗迹	EJZ403	ⅣS01E01-4-2	西北部	东西向	曲尺形	0.5~2.7	0.4~2.2	3.5	青砖、瓦片	西汉中晚期—东汉早期	探至砖无法下探，部分位于ⅠN01E01-1-2内
	315	建筑遗迹	EJZ405	ⅣS01E01-4-2	西北部	东西向	不规则	0.7~4.6	0.4~3.8	4.5	青砖、瓦片	西汉中晚期—东汉早期	探至砖无法下探
59		建筑遗址区	**EJQ59**	ⅣS01E01-4-2	东部	**南北向**	**曲尺形**	**12.8~20**	**3.8~9.1**	**3~3.4**	青砖、**瓦片**	**东汉中晚期—东汉早期**	**探至砖无法下探**
	316	建筑遗迹	EJZ412	ⅣS01E01-4-2	东部	东西向	曲尺形	1.1~2.8	0.8~2.2	3	青砖、瓦片	西汉中晚期	探至砖无法下探
	317	建筑遗迹	EJZ416	ⅣS01E01-4-2	东部	东西向	不规则	0.6~7.1	0.9~6.2	3.1~3.4	青砖、瓦片	西汉中晚期	探至砖无法下探
	318	建筑遗迹	EJZ417	ⅣS01E01-4-2	东北部	南北向	长方形	2.5	0.7	3	青砖、瓦片	西汉中晚期	探至砖无法下探
60		建筑遗址区	**EJQ60**	ⅣS01E01-4-2	西南部	**南北向**	**"凸"字形**	**1.5~18.4**	**6.8~13.8**	**3.4~3.8**	青砖、**瓦片**	**西汉中晚期—东汉早期**	**探至砖无法下探**
	319	建筑遗迹	EJZ406	ⅣS01E01-4-2	西南部	东西向	曲尺形	0.5~1.2	0.4~1.2	3.5	青砖、瓦片	西汉中晚期—东汉早期	探至砖无法下探
	320	建筑遗迹	EJZ407	ⅣS01E01-4-2	西南部	南北向	"Z"形	0.9~4.4	0.6~1.5	3.6	青砖、瓦片	西汉中晚期—东汉早期	探至砖无法下探
	321	建筑遗迹	EJZ408	ⅣS01E01-4-2	西南部	南北向	不规则	0.9~3.9	1.5~3.1	3.5	青砖、瓦片	西汉中晚期—东汉早期	探至砖无法下探
	322	建筑遗迹	EJZ410	ⅣS01E01-4-2	西南部	南北向	不规则	0.7~6.1	0.6~4.9	3.4~3.8	青砖、瓦片	西汉中晚期—东汉早期	探至砖无法下探

续表

总序号	分序号	遗迹类型	勘探编号	所在勘探单元	所在位置	遗迹走向	平面形状	长（米）	宽（米）	距现地表深（米）	包含物	年代蠡测	备注
		建筑遗址区	**EJQ61**	**ⅣS01E01-2-2**	**东北部**	**东西向**	**不规则**	**4.5~44.2**	**4~26.1**	**3~4.3**	**青砖、瓦片**	**西汉中晚期—东汉早期**	**探至砖无法下探，部分位于ⅣS01E01-2-3内**
	323	建筑遗迹	EJZ562	ⅣS01E01-2-2	东北部	东西向	长方形	2.9	0.7	3	青砖、瓦片	西汉中晚期—东汉早期	探至砖无法下探
	324	建筑遗迹	EJZ563	ⅣS01E01-2-2	东北部	南北向	长方形	1.2	0.3	3.5	青砖、瓦片	西汉中晚期—东汉早期	探至砖无法下探
	325	建筑遗迹	EJZ564	ⅣS01E01-2-2	东北部	东西向	不规则	6.5	4.1	3~3.7	青砖、瓦片	西汉中晚期—东汉早期	探至砖无法下探
	326	建筑遗迹	EJZ565	ⅣS01E01-2-2	东北部	南北向	不规则	5.7	2.7	3.5	青砖、瓦片	西汉中晚期—东汉早期	探至砖无法下探
	327	建筑遗迹	EJZ566	ⅣS01E01-2-2	东北部	南北向	长方形	4.1	0.8	3.2	青砖、瓦片	西汉中晚期—东汉早期	探至砖无法下探
	328	建筑遗迹	EJZ567	ⅣS01E01-2-2	东北部	东西向	长方形	2	1.2	3	青砖、瓦片	西汉中晚期—东汉早期	探至砖无法下探
	329	建筑遗迹	EJZ568	ⅣS01E01-2-2	东部	东西向	不规则	6.9	3.4	4	青砖、瓦片	西汉中晚期—东汉早期	探至砖无法下探
61	330	建筑遗迹	EJZ573	ⅣS01E01-2-3	西北部	南北向	近似长方形	2.2~2.9	0.8	3.8	青砖、瓦片	西汉中晚期—东汉早期	探至砖无法下探
	331	建筑遗迹	EJZ574	ⅣS01E01-2-3	西北部	南北向	曲尺形	0.8~2.4	0.8~1.8	3	青砖、瓦片	西汉中晚期—东汉早期	探至砖无法下探
	332	建筑遗迹	EJZ575	ⅣS01E01-2-3	西北部	南北向	曲尺形	0.6~2.5	1.1~2.4	3.5	青砖、瓦片	西汉中晚期—东汉早期	探至砖无法下探
	333	建筑遗迹	EJZ578	ⅣS01E01-2-3	西北部	东西向	不规则	0.5~2.4	0.6~2.2	4.3	青砖、瓦片	西汉中晚期—东汉早期	探至砖无法下探
	334	建筑遗迹	EJZ579	ⅣS01E01-2-3	西北部	南北向	不规则	0.4~8.6	0.5~3.2	3.7~4	青砖、瓦片	西汉中晚期—东汉早期	探至砖无法下探

续表

总序号	分序号	遗迹类型	勘探编号	所在勘探单元	所在位置	遗迹走向	平面形状	长（米）	宽（米）	距现地表深（米）	包含物	年代鉴测	备注
62		建筑遗址区	EJQ62	ⅣS01E01-2-3	西北部	南北向	"凹"字形	2.7~18.5	2.4~10.9	2.8~4	青砖、瓦片	东汉中晚期	探至砖无法下探
	335	建筑遗迹	EJZ572	ⅣS01E01-2-3	西北部	东西向	不规则	2.5	2.1	3	青砖、瓦片	东汉中晚期	探至砖无法下探
	336	建筑遗迹	EJZ576	ⅣS01E01-2-3	西北部	南北向	"凸"字形	1.3~4	0.7~1.6	2.8	青砖、瓦片	东汉中晚期	探至砖无法下探
	337	建筑遗迹	EJZ577	ⅣS01E01-2-3	西北部	东西向	长方形	4	1.5	3.5~4	青砖、瓦片	东汉中晚期	探至砖无法下探
	338	建筑遗迹	EJZ581	ⅣS01E01-2-3	西部	东西向	"凸"字形	0.7~2.7	1.3~2.5	3	青砖、瓦片	东汉中晚期	探至砖无法下探
63		建筑遗址区	EJQ63	ⅣS01E01-2-4	南部	东西向	曲尺形	19.9~27.4	5.9~12.6	3.5~4.8	青砖、瓦片	西汉中晚期—东汉早期	探至砖无法下探
	339	建筑遗迹	EJZ589	ⅣS01E01-2-4	西部	东西向	不规则	0.7~5.1	0.2~2.9	4.8	青砖、瓦片	西汉中晚期—东汉早期	探至砖无法下探
	340	建筑遗迹	EJZ591	ⅣS01E01-2-4	南部	东西向	不规则	0.8~3.8	0.3~3.7	3.5	青砖、瓦片	西汉中晚期—东汉早期	探至砖无法下探
	341	建筑遗迹	EJZ592	ⅣS01E01-2-4	东南部	东西向	不规则	0.4~8.5	0.3~8	3.6~3.8	青砖、瓦片	西汉中晚期—东汉早期	探至砖无法下探
	342	建筑遗迹	EJZ596	ⅣS01E01-2-4	东南部	东西向	不规则	0.7~4.1	0.3~2.6	4.3	青砖、瓦片	西汉中晚期—东汉早期	探至砖无法下探
64		建筑遗址区	EJQ64	ⅣS01E01-2-4	东南部	南北向	"凹"字形	3.9~20	2.8~15.4	2~4.1	青砖、瓦片	魏晋北朝	探至砖无法下探
	343	建筑遗迹	EJZ595	ⅣS01E01-2-4	东部	南北向	不规则	0.9~3.9	0.3~1.7	2.5	青砖、瓦片	魏晋北朝	探至砖无法下探
	344	建筑遗迹	EJZ597	ⅣS01E01-2-4	东南部	南北向	不规则	0.5~5.7	0.4~3.7	2.2~3.7	青砖、瓦片	魏晋北朝	探至砖无法下探
	345	建筑遗迹	EJZ598	ⅣS01E01-2-4	东南部	南北向	不规则	0.7~5.4	0.4~2.9	2~4.1	青砖、瓦片	魏晋北朝	探至砖无法下探

续表

总序号	分序号	遗迹类型	勘探编号	所在勘探单元	所在位置	遗迹走向	平面形状	长（米）	宽（米）	距现地表深（米）	包含物	年代推测	备注
65		建筑遗址区	EJQ65	ⅣS01E01-3-4	南部	南北向	"凹"字形	3.9~32.8	2.7~14.8	2.8~3.8	青砖、瓦片	东汉中晚期	探至砖无法下探，部分位于ⅣS01E01-2-4内
	346	建筑遗迹	EJZ508	ⅣS01E01-3-4	南部	南北向	长方形	2.1	1.1	3	青砖、瓦片	东汉中晚期	探至砖无法下探
	347	建筑遗迹	EJZ509	ⅣS01E01-3-4	东部	东西向	长方形	3	0.7	3	青砖、瓦片	东汉中晚期	探至砖无法下探
	348	建筑遗迹	EJZ510	ⅣS01E01-3-4	东部	南北向	曲尺形	0.8~3.4	0.5~1.3	3	青砖、瓦片	东汉中晚期	探至砖无法下探
	349	建筑遗迹	EJZ511	ⅣS01E01-3-4	东部	南北向	不规则	0.8~3.9	0.8~3.8	3	青砖、瓦片	东汉中晚期	探至砖无法下探
	350	建筑遗迹	EJZ513	ⅣS01E01-3-4	南部	南北向	长方形	2.5	0.7	3	青砖、瓦片	东汉中晚期	探至砖无法下探
	351	建筑遗迹	EJZ514	ⅣS01E01-3-4	南部	东西向	不规则	0.6~2.8	0.7~1.7	3	青砖、瓦片	东汉中晚期	探至砖无法下探
	352	建筑遗迹	EJZ515	ⅣS01E01-3-4	南部	南北向	不规则	0.4~4.9	0.3~1.2	3~3.8	青砖、瓦片	东汉中晚期	探至砖无法下探
	353	建筑遗迹	EJZ587	ⅣS01E01-2-4	北部	南北向	不规则	5.4	3.9	2.8~3	青砖、瓦片	东汉中晚期	探至砖无法下探
66		建筑遗址区	EJQ66	ⅣS01E01-3-4	西南部	东西向	"凸"字形	9.3~25.2	4.4~22.9	1.6~4	青砖、瓦片	辽金	探至砖无法下探，部分位于ⅣS01E01-3-3和ⅣS01E01-2-4内
	354	建筑遗迹	EJZ516	ⅣS01E01-3-4	西南部	南北向	不规则	0.7~6.8	0.6~5.3	1.8~2.6	青砖、瓦片	辽金	探至砖无法下探，部分位于ⅣS01E01-2-4内
	355	建筑遗迹	EJZ517	ⅣS01E01-3-4	西南部	东西向	不规则	0.7~6.9	0.2~3	2~3.2	青砖、瓦片	辽金	探至砖无法下探
	356	建筑遗迹	EJZ518	ⅣS01E01-3-4	西南部	南北向	不规则	0.7~3.3	0.6~2.5	2	青砖、瓦片	辽金	探至砖无法下探
	357	建筑遗迹	EJZ521	ⅣS01E01-3-4	西南部	南北向	"凸"字形	0.7~2	0.6~1.4	1.6	青砖、瓦片	辽金	探至砖无法下探，部分位于ⅣS01E01-3-3内
	358	建筑遗迹	EJZ524	ⅣS01E01-3-4	西南部	东西向	不规则	1.1~6.2	0.4~4.2	2~4	青砖、瓦片	辽金	探至砖无法下探
	359	建筑遗迹	EJZ526	ⅣS01E01-3-4	西南部	南北向	不规则	1~4.4	1.2~4	1.8	青砖、瓦片	辽金	探至砖无法下探
	360	建筑遗迹	EJZ527	ⅣS01E01-3-3	东南部	东西向	长方形	1.6~1.7	0.8~1.1	1.8	青砖、瓦片	辽金	探至砖无法下探，部分位于ⅣS01E01-3-4内
	361	建筑遗迹	EJZ530	ⅣS01E01-3-3	东南部	东西向	不规则	0.8~6.4	0.5~3.5	1.8~3.6	青砖、瓦片	辽金	探至砖无法下探

续表

总序号	分序号	遗迹类型	勘探编号	所在勘探单元	所在位置	遗迹走向	平面形状	长（米）	宽（米）	距现地表深（米）	包含物	年代蠡测	备注
67		建筑遗址区	EJQ67	ⅣS01E01-3-4	西南部	南北向	曲尺形	9.7~35.8	9.6~18.6	3~5.2	青砖、瓦片	西汉中晚期—东汉早期	探至砖无法下探，部分位于ⅣS01E01-2-4内
	362	建筑遗迹	EJZ519	ⅣS01E01-3-4	西南部	南北向	不规则	0.6~6	0.5~5	3~4	青砖、瓦片	西汉中晚期—东汉早期	探至砖无法下探
	363	建筑遗迹	EJZ520	ⅣS01E01-3-4	西南部	东西向	曲尺形	0.6~1.2	0.8~1.5	3.8	青砖、瓦片	西汉中晚期—东汉早期	探至砖无法下探
	364	建筑遗迹	EJZ522	ⅣS01E01-3-4	西南部	东西向	"凸"字形	2.3~5.1	0.6~1.9	3.1	青砖、瓦片	西汉中晚期—东汉早期	探至砖无法下探
	365	建筑遗迹	EJZ523	ⅣS01E01-3-4	西南部	东西向	长方形	1.9	0.8	4	青砖、瓦片	西汉中晚期—东汉早期	探至砖无法下探
	366	建筑遗迹	EJZ525	ⅣS01E01-3-4	西部	南北向	不规则	0.3~4.3	0.8~3.7	5.2	青砖、瓦片	西汉中晚期—东汉早期	探至砖无法下探
	367	建筑遗迹	EJZ586	ⅣS01E01-2-4	西北部	东西向	不规则	14.5	8.6	3.2~4.7	青砖、瓦片	西汉中晚期—东汉早期	探至砖无法下探，该遗迹东北部被EJ53打破
68		建筑遗址区	EJQ68	ⅣS01E02-3-1	西南部	南北向	曲尺形	6.3~16.5	5.9~16.3	3~3.9	青砖、瓦片	西汉中晚期—东汉早期	探至砖无法下探，部分位于ⅣS01E01-3-4内
	368	建筑遗迹	EJZ490	ⅣS01E02-3-1	西南部	东西向	不规则	0.7~3	0.4~1.9	3.5	青砖、瓦片	西汉中晚期—东汉早期	探至砖无法下探
	369	建筑遗迹	EJZ492	ⅣS01E02-3-1	西南部	东西向	不规则	5.8	4.4	3.5~3.8	青砖、瓦片	西汉中晚期—东汉早期	探至砖无法下探
	370	建筑遗迹	EJZ493	ⅣS01E01-3-4	东南部	东西向	不规则	1.1~6.2	0.4~5.9	3~3.9	青砖、瓦片	西汉中晚期—东汉早期	探至砖无法下探，部分位于ⅣS01E02-3-1内

续表

总序号	分序号	遗迹类型	勘探编号	所在勘探单元	所在位置	遗迹走向	平面形状	长（米）	宽（米）	距现地表深（米）	包含物	年代鉴测	备注
69		建筑遗址区	EJQ69	IVS01E01-3-4	中部	东西向	不规则	3.9~21.3	5~10.5	3.5~4.8	青砖、瓦片	西汉中晚期—东汉早期	探至砖无法下探
	371	建筑遗迹	EJZ494	IVS01E01-3-4	东南部	南北向	长方形	2.9	0.9	4	青砖、瓦片	西汉中晚期—东汉早期	探至砖无法下探
	372	建筑遗迹	EJZ495	IVS01E01-3-4	东南部	南北向	长方形	1.7	1.1	4	青砖、瓦片	西汉中晚期—东汉早期	探至砖无法下探
	373	建筑遗迹	EJZ496	IVS01E01-3-4	东部	东西向	不规则	0.9~5.4	0.5~3.7	3.9	青砖、瓦片	西汉中晚期—东汉早期	探至砖无法下探，该遗迹南部被EJ48打破
	374	建筑遗迹	EJZ505	IVS01E01-3-4	北部	东西向	"凸"字形	1.3~3.6	0.4~2.6	3.5	青砖、瓦片	西汉中晚期—东汉早期	探至砖无法下探
	375	建筑遗迹	EJZ506	IVS01E01-3-4	中部	南北向	不规则	0.5~6.3	0.7~5.9	3.5~3.8	青砖、瓦片	西汉中晚期—东汉早期	探至砖无法下探，该遗迹中部被EJ50打破
	376	建筑遗迹	EJZ507	IVS01E01-3-4	中部	东西向	长方形	1.7	0.7	4.8	青砖、瓦片	西汉中晚期—东汉早期	探至砖无法下探
70		建筑遗址区	EJQ70	IVS01E01-3-4	东部	东西向	不规则	13.6~27.4	3.4~8	3.5~5.5	青砖、瓦片	西汉中晚期—东汉早期	探至砖无法下探，部分位于IVS01E02-3-1内
	377	建筑遗迹	EJZ488	IVS01E02-3-1	西北部	东西向	不规则	0.6~2.5	0.7~2.5	5.5	青砖、瓦片	西汉中晚期—东汉早期	探至砖无法下探
	378	建筑遗迹	EJZ498	IVS01E01-3-4	东北部	南北向	梯形	1.5~1.6	0.7	4	青砖、瓦片	西汉中晚期—东汉早期	探至砖无法下探
	379	建筑遗迹	EJZ499	IVS01E01-3-4	东北部	南北向	不规则	1~7.6	0.6~4.1	3.5	青砖、瓦片	西汉中晚期—东汉早期	探至砖无法下探，部分位于IVS01E02-3-1内
	380	建筑遗迹	EJZ500	IVS01E01-3-4	东北部	东西向	不规则	0.6~10.9	0.1~5	4.1	青砖、瓦片	西汉中晚期—东汉早期	探至砖无法下探

续表

总序号	分序号	遗迹类型	勘探编号	所在勘探单元	所在位置	遗迹走向	平面形状	长（米）	宽（米）	距现地表深（米）	包含物	年代蠡测	备注
71		建筑遗址区	EJQ71	ⅣS01E01-3-4	西北部	东西向	曲尺形	6~12	3.1~9	3.3~3.8	青砖、瓦片	西汉中晚期—东汉早期	探至砖无法下探
	381	建筑遗迹	EJZ502	ⅣS01E01-3-4	西北部	东西向	不规则	0.8~6.1	0.7~3	3.7	青砖、瓦片	西汉中晚期—东汉早期	探至砖无法下探
	382	建筑遗迹	EJZ504	ⅣS01E01-3-4	西北部	南北向	不规则	0.4~5.2	0.9~4.3	3.3~3.8	青砖、瓦片	西汉中晚期—东汉早期	探至砖无法下探
72		建筑遗址区	EJQ72	ⅣS01E01-3-2	东南部	东西向	曲尺形	2.6~16.9	2.5~12.1	3.5~4	青砖、瓦片	西汉中晚期—东汉早期	探至砖无法下探，部分位于ⅣS01E01-3-3内
	383	建筑遗迹	EJZ548	ⅣS01E01-3-3	西南部	东西向	长方形	2.1	0.7	3.7	青砖、瓦片	西汉中晚期—东汉早期	探至砖无法下探
	384	建筑遗迹	EJZ557	ⅣS01E01-3-2	东部	东西向	不规则	0.6~2.2	0.2~1.5	4	青砖、瓦片	西汉中晚期—东汉早期	探至砖无法下探
	385	建筑遗迹	EJZ558	ⅣS01E01-3-2	东南部	南北向	不规则	3.4	2.6	3.5	青砖、瓦片	西汉中晚期—东汉早期	探至砖无法下探
73		建筑遗址区	EJQ73	ⅣS01E01-3-3	南部	东西向	不规则	12.2~36.4	7~15	2.8~4	青砖、瓦片	东汉中晚期	探至砖无法下探
	386	建筑遗迹	EJZ531	ⅣS01E01-3-3	东南部	东西向	不规则	0.6~5.3	0.7~4.9	2.8	青砖、瓦片	东汉中晚期	探至砖无法下探
	387	建筑遗迹	EJZ535	ⅣS01E01-3-3	东部	南北向	曲尺形	1.8~4.4	0.9~2.5	3~4	青砖、瓦片	东汉中晚期	探至砖无法下探
	388	建筑遗迹	EJZ539	ⅣS01E01-3-3	西部	东西向	“Z”形	0.7~2	0.8~2	3.5	青砖、瓦片	东汉中晚期	探至砖无法下探
	389	建筑遗迹	EJZ541	ⅣS01E01-3-3	西部	东西向	不规则	0.6~6.4	0.5~5.8	3~3.5	青砖、瓦片	东汉中晚期	探至砖无法下探
	390	建筑遗迹	EJZ542	ⅣS01E01-3-3	西北部	南北向	不规则	0.4~7.2	0.5~4.9	2.8~3.8	青砖、瓦片	东汉中晚期	探至砖无法下探

续表

总序号	分序号	遗迹类型	勘探编号	所在勘探单元	所在位置	遗迹走向	平面形状	长（米）	宽（米）	距现地表深（米）	包含物	年代蠡测	备注
74		**建筑遗址区**	**EJQ74**	**ⅣS01E01-4-3**	西南部	南北向	不规则	**3.5~36.6**	**3.1~19.2**	**3.2~4.8**	青砖、瓦片	西汉中晚期—东汉早期	**探至砖无法下探，部分位于ⅣS01E01-4-2、ⅣS01E01-3-2和ⅣS01E01-3-3内**
	391	建筑遗迹	EJZ419	ⅣS01E01-4-2	东南部	东西向	长方形	1.7	0.7	3.5	青砖、瓦片	西汉中晚期—东汉早期	探至砖无法下探，部分位于ⅣS01E01-4-3内
	392	建筑遗迹	EJZ420	ⅣS01E01-4-3	西南部	南北向	不规则	0.5~11	0.7~6	3.8~4.8	青砖、瓦片	西汉中晚期—东汉早期	探至砖无法下探，部分位于ⅣS01E01-3-3内，该遗迹中部偏东区域被EJ407打破
	393	建筑遗迹	EJZ423	ⅣS01E01-4-3	西南部	南北向	长方形	2.8	1	3.8	青砖、瓦片	西汉中晚期—东汉早期	探至砖无法下探
	394	建筑遗迹	EJZ424	ⅣS01E01-4-3	西南部	南北向	长方形	2.6	1	3.6	青砖、瓦片	西汉中晚期—东汉早期	探至砖无法下探
	395	建筑遗迹	EJZ425	ⅣS01E01-4-3	西南部	南北向	不规则	1~3.6	1.3~3.5	3.5	青砖、瓦片	西汉中晚期—东汉早期	探至砖无法下探
	396	建筑遗迹	EJZ549	ⅣS01E01-3-3	西北部	南北向	不规则	0.8~4.7	0.5~2.3	3.2	青砖、瓦片	西汉中晚期—东汉早期	探至砖无法下探
	397	建筑遗迹	EJZ550	ⅣS01E01-3-3	西北部	南北向	长方形	2.5	1.3	3.2	青砖、瓦片	西汉中晚期—东汉早期	探至砖无法下探
	398	建筑遗迹	EJZ551	ⅣS01E01-3-3	西北部	东西向	不规则	0.4~6.4	0.4~5.2	3.2~3.8	青砖、瓦片	西汉中晚期—东汉早期	探至砖无法下探，部分位于ⅣS01E01-3-2内
	399	建筑遗迹	EJZ552	ⅣS01E01-3-3	西北部	东西向	曲尺形	0.6~1.6	0.6~1.2	3.5	青砖、瓦片	西汉中晚期—东汉早期	探至砖无法下探
	400	建筑遗迹	EJZ554	ⅣS01E01-3-2	东北部	东西向	梯形	3.1~3.3	0.8	3.7	青砖、瓦片	西汉中晚期—东汉早期	探至砖无法下探

续表

总序号	分序号	遗迹类型	勘探编号	所在勘探单元	所在位置	遗迹走向	平面形状	长（米）	宽（米）	距现地表深（米）	包含物	年代蠡测	备注
75		**建筑遗址区**	**EJQ75**	**IV S01E01-4-3**	**南部**	**南北向**	**不规则**	**6.4~26.6**	**3.3~19.8**	**2~3.5**	**青砖、瓦片**	**东汉中晚期**	**探至砖无法下探，部分位于IV S01E01-3-3内**
	401	建筑遗迹	EJZ438	IV S01E01-4-3	中部	东西向	不规则	0.6~5	1~3.7	3~3.2	青砖、瓦片	东汉中晚期	探至砖无法下探
	402	建筑遗迹	EJZ439	IV S01E01-4-3	南部	东西向	曲尺形	1.3~3.7	0.9~1.4	3.5	青砖、瓦片	东汉中晚期	探至砖无法下探
	403	建筑遗迹	EJZ440	IV S01E01-4-3	南部	东西向	近似长方形	1.4~1.6	0.7~1	3.5	青砖、瓦片	东汉中晚期	探至砖无法下探
	404	建筑遗迹	EJZ441	IV S01E01-3-3	北部	南北向	不规则	0.8~8.2	0.9~7.8	2.5~3	青砖、瓦片	东汉中晚期	探至砖无法下探，部分位于IV S01E01-4-3内
	405	建筑遗迹	EJZ442	IV S01E01-3-3	东北部	南北向	不规则	0.5~5.4	0.5~2.6	3.2~3.5	青砖、瓦片	东汉中晚期	探至砖无法下探
	406	建筑遗迹	EJZ443	IV S01E01-3-3	东北部	南北向	"凸"字形	0.2~2	0.7~1.8	3	青砖、瓦片	东汉中晚期	探至砖无法下探，部分位于IV S01E01-4-3内
	407	建筑遗迹	EJZ444	IV S01E01-4-3	东南部	东西向	近似长方形	1.7	1.5	2.9	青砖、瓦片	东汉中晚期	探至砖无法下探
	408	建筑遗迹	EJZ445	IV S01E01-4-3	东南部	南北向	不规则	0.7~4.3	0.5~2	3.5	青砖、瓦片	东汉中晚期	探至砖无法下探
	409	建筑遗迹	EJZ537	IV S01E01-3-3	东北部	南北向	不规则	0.4~8.3	0.6~5.2	2~2.4	青砖、瓦片	东汉中晚期	探至砖无法下探
76		**建筑遗址区**	**EJQ76**	**IV S01E01-4-3**	**西部**	**东西向**	**"凹"字形**	**1.9~22**	**2.2~12.5**	**3.2~4.5**	**青砖、瓦片**	**西汉中晚期—东汉早期**	**探至砖无法下探，部分位于IV S01E01-4-2内**
	410	建筑遗迹	EJZ414	IV S01E01-4-2	东部	东西向	曲尺形	0.7~2.1	0.5~1.6	4.5	青砖、瓦片	西汉中晚期—东汉早期	探至砖无法下探
	411	建筑遗迹	EJZ426	IV S01E01-4-3	西部	东西向	长方形	2.8	0.8	3.6	青砖、瓦片	西汉中晚期—东汉早期	探至砖无法下探
	412	建筑遗迹	EJZ427	IV S01E01-4-3	西部	南北向	"凸"字形	0.5~2.8	0.7~1.7	3.5	青砖、瓦片	西汉中晚期—东汉早期	探至砖无法下探
	413	建筑遗迹	EJZ428	IV S01E01-4-3	西部	南北向	长方形	2.7	1.1	3.9	青砖、瓦片	西汉中晚期—东汉早期	探至砖无法下探

续表

总序号	分序号	遗迹类型	勘探编号	所在勘探单元	所在位置	遗迹走向	平面形状	长（米）	宽（米）	距现地表深（米）	包含物	年代蠡测	备注
76	414	建筑遗迹	EJZ429	ⅣS01E01-4-3	西部	南北向	长方形	1.8	1.7	3.7	青砖、瓦片	西汉中晚期—东汉早期	探至砖无法下探
	415	建筑遗迹	EJZ430	ⅣS01E01-4-3	西部	东西向	不规则	1.6~3.3	0.8~2.2	3.2~3.5	青砖、瓦片	西汉中晚期—东汉早期	探至砖无法下探
77	**EJQ77**	**建筑遗址区**	**EJQ77**	**ⅣS01E01-4-3**	**北部**	**东西向**	**"Z"形**	**8.6~17.6**	**2~4.3**	**4~4.5**	**青砖、瓦片**	**西汉中晚期—东汉早期**	**探至砖无法下探**
	416	建筑遗迹	EJZ433	ⅣS01E01-4-3	西北部	南北向	长方形	1.3	0.6	4.5	青砖、瓦片	西汉中晚期—东汉早期	探至砖无法下探
	417	建筑遗迹	EJZ434	ⅣS01E01-4-3	北部	南北向	不规则	0.3~3.4	0.2~2	4	青砖、瓦片	西汉中晚期—东汉早期	探至砖无法下探
	418	建筑遗迹	EJZ436	ⅣS01E01-4-3	北部	南北向	长方形	2.3	1	4	青砖、瓦片	西汉中晚期—东汉早期	探至砖无法下探
78	**EJQ78**	**建筑遗址区**	**EJQ78**	**ⅠN01E01-1-3**	**南部**	**东西向**	**"凸"字形**	**2.2~22.8**	**3.7~10.7**	**3.2~3.8**	**青砖、瓦片**	**西汉中晚期—东汉早期**	**探至砖无法下探，部分位于ⅣS01E01-4-3内**
	419	建筑遗迹	EJZ395	ⅠN01E01-1-3	南部	南北向	近似长方形	4.2	2.2	3.5	青砖、瓦片	西汉中晚期—东汉早期	探至砖无法下探
	420	建筑遗迹	EJZ398	ⅠN01E01-1-3	西南部	南北向	曲尺形	0.8~4.3	1.3~3.5	3.2~3.8	青砖、瓦片	西汉中晚期—东汉早期	探至砖无法下探
	421	建筑遗迹	EJZ399	ⅠN01E01-1-3	西南部	南北向	曲尺形	1.8~2.6	0.4~1	3.7	青砖、瓦片	西汉中晚期—东汉早期	探至砖无法下探，部分位于ⅣS01E01-4-3内
	422	建筑遗迹	EJZ400	ⅠN01E01-1-3	西南部	南北向	曲尺形	0.8~1.7	0.8~1.4	3.2	青砖、瓦片	西汉中晚期—东汉早期	探至砖无法下探
	423	建筑遗迹	EJZ401	ⅠN01E01-1-3	西南部	东西向	近似梯形	1.5	0.5~0.6	3.7	青砖、瓦片	西汉中晚期—东汉早期	探至砖无法下探

续表

总序号	分序号	遗迹类型	勘探编号	所在勘探单元	所在位置	遗迹走向	平面形状	长（米）	宽（米）	距现地表深（米）	包含物	年代推测	备注
79		建筑遗址区	EJQ79	I N01E01-1-2	西北部	东西向	曲尺形	3.9~20.7	4~7.3	3~3.5	青砖、瓦片	东汉中晚期	探至砖无法下探
	424	建筑遗迹	EJZ601	I N01E01-1-2	中部	东西向	"凸"字形	1.2~1.9	0.9~1.8	3	青砖、瓦片	东汉中晚期	探至砖无法下探
	425	建筑遗迹	EJZ603	I N01E01-1-2	西北部	南北向	不规则	0.5~5.5	0.9~3.4	3.5	青砖、瓦片	东汉中晚期	探至砖无法下探
	426	建筑遗迹	EJZ604	I N01E01-1-2	西北部	南北向	曲尺形	0.5~1.5	0.5~1.3	3.2	青砖、瓦片	东汉中晚期	探至砖无法下探
80		建筑遗址区	EJQ80	IV S01E01-4-3	东北部	南北向	长方形	10.3	9	3~3.5	青砖、瓦片	魏晋北朝	探至砖无法下探，部分位于IV S01E01-4-4内
	427	建筑遗迹	EJZ449	IV S01E01-4-3	东北部	南北向	长方形	3.2	1.1~1.2	3~3.5	青砖、瓦片	魏晋北朝	探至砖无法下探
	428	建筑遗迹	EJZ450	IV S01E01-4-3	东北部	南北向	长方形	1.6	0.8	3	青砖、瓦片	魏晋北朝	探至砖无法下探
	429	建筑遗迹	EJZ451	IV S01E01-4-3	东北部	南北向	不规则	0.7~8.7	0.5~2.6	3	青砖、瓦片	魏晋北朝	探至砖无法下探，部分位于IV S01E01-4-4内
	430	建筑遗迹	EJZ452	IV S01E01-4-3	东北部	东西向	长方形	1.4	1	3	青砖、瓦片	魏晋北朝	探至砖无法下探
	431	建筑遗迹	EJZ453	IV S01E01-4-4	西北部	南北向	长方形	2	1.4	3	青砖、瓦片	魏晋北朝	探至砖无法下探
81		建筑遗址区	EJQ81	IV S01E01-4-4	西南部	东西向	长方形	15.6	12.1	2~2.6	青砖、瓦片	辽金	探至砖无法下探
	432	建筑遗迹	EJZ457	IV S01E01-4-4	西南部	南北向	不规则	0.8~6.2	0.6~5.5	2	青砖、瓦片	辽金	探至砖无法下探
	433	建筑遗迹	EJZ458	IV S01E01-4-4	西南部	南北向	不规则	0.38~5	1~4.7	2	青砖、瓦片	辽金	探至砖无法下探
	434	建筑遗迹	EJZ459	IV S01E01-4-4	西南部	南北向	不规则	0.8~5.5	0.9~4.1	2~2.6	青砖、瓦片	辽金	探至砖无法下探
	435	建筑遗迹	EJZ460	IV S01E01-4-4	西南部	南北向	长方形	2.1	0.74	2	青砖、瓦片	辽金	探至砖无法下探
82		建筑遗址区	EJQ82	IV S01E01-4-4	南部	南北向	"Z"形	13.1~23.3	5.8~15.4	3~4.2	青砖、瓦片	西汉中晚期—东汉早期	探至砖无法下探
	436	建筑遗迹	EJZ462	IV S01E01-4-4	西南部	南北向	不规则	0.5~5.1	0.3~3.9	3~3.8	青砖、瓦片	西汉中晚期—东汉早期	探至砖无法下探
	437	建筑遗迹	EJZ463	IV S01E01-4-4	西南部	东西向	不规则	0.4~3.3	0.6~2.7	3.5	青砖、瓦片	西汉中晚期—东汉早期	探至砖无法下探

续表

总序号	分序号	遗迹类型	勘探编号	所在勘探单元	所在位置	遗迹走向	平面形状	长（米）	宽（米）	距现地表深（米）	包含物	年代蠡测	备注
82	438	建筑遗迹	EJZ465	ⅣS01E01-4-4	南部	东西向	不规则	7.6	6.1	4~4.2	青砖、瓦片	西汉中晚期—东汉早期	探至砖无法下探
	439	建筑遗迹	EJZ466	ⅣS01E01-4-4	南部	南北向	不规则	0.7~12	0.5~6.4	3.2~3.5	青砖、瓦片	西汉中晚期—东汉早期	探至砖无法下探
83		**建筑遗址区**	**EJQ83**	**ⅣS01E02-4-1**	**西南部**	**东西向**	**曲尺形**	**3.4~12.1**	**3~7.1**	**3.8~5.2**	**青砖、瓦片**	**西汉中晚期—东汉早期**	**探至砖无法下探**
	440	建筑遗迹	EJZ482	ⅣS01E02-4-1	西南部	南北向	长方形	2.6	1.1	3.8	青砖、瓦片	西汉中晚期—东汉早期	探至砖无法下探
	441	建筑遗迹	EJZ484	ⅣS01E02-4-1	西南部	东西向	不规则	0.6~2.7	0.5~2.3	3.8	青砖、瓦片	西汉中晚期—东汉早期	探至砖无法下探
	442	建筑遗迹	EJZ486	ⅣS01E02-4-1	西南部	南北向	长方形	1.6	0.9	5.2	青砖、瓦片	西汉中晚期—东汉早期	探至砖无法下探
84		**建筑遗址区**	**EJQ84**	**ⅣS01E02-4-1**	**西北部**	**东西向**	**"Z"形**	**3.7~22.1**	**3.8~13.6**	**3.8~4.5**	**青砖、瓦片**	**西汉中晚期—东汉早期**	**探至砖无法下探，部分位于ⅣS01E01-4-4内**
	443	建筑遗迹	EJZ475	ⅣS01E01-4-4	东北部	南北向	不规则	7.9	4.3	4.5	青砖、瓦片	西汉中晚期—东汉早期	探至砖无法下探，部分位于ⅣS01E02-4-1内
	444	建筑遗迹	EJZ479	ⅣS01E02-4-1	西北部	南北向	不规则	0.2~4	0.5~3.8	3.9~4	青砖、瓦片	西汉中晚期—东汉早期	探至砖无法下探
	445	建筑遗迹	EJZ481	ⅣS01E02-4-1	西部	东西向	不规则	1.2~4	0.6~2.1	3.8~3.9	青砖、瓦片	西汉中晚期—东汉早期	探至砖无法下探

续表

总序号	分序号	遗迹类型	勘探编号	所在勘探单元	所在位置	遗迹走向	平面形状	长（米）	宽（米）	距现地表深（米）	包含物	年代鉴测	备注
85		建筑遗址区	EJQ85	ⅣS01E01-4-4	北部	东西向	曲尺形	10.4~17.8	2.6~12.2	3.4~4.4	青砖、瓦片	西汉中晚期—东汉早期	探至砖无法下探
	446	建筑遗迹	EJZ456	ⅣS01E01-4-4	西北部	东西向	梯形	2.5~2.9	1~1.2	4.4	青砖、瓦片	西汉中晚期—东汉早期	探至砖无法下探
	447	建筑遗迹	EJZ468	ⅣS01E01-4-4	北部	东西向	不规则	7.8	6.5	4~4.1	青砖、瓦片	西汉中晚期—东汉早期	探至砖无法下探
	448	建筑遗迹	EJZ470	ⅣS01E01-4-4	北部	东西向	不规则	7.5	4.2	3.4~4	青砖、瓦片	西汉中晚期—东汉早期	探至砖无法下探
86		建筑遗址区	EJQ86	ⅣS01E01-4-4	西北部	南北向	不规则	4.2~20.1	4.9~18.6	2.6~4	青砖、瓦片	东汉中晚期	探至砖无法下探，部分位于ⅠN01E01-1-4内
	449	建筑遗迹	EJZ382	ⅠN01E01-1-4	西南部	南北向	近似长方形	4.9	1.3	2.6~4	青砖、瓦片	东汉中晚期	探至砖无法下探，部分位于ⅣS01E01-4-4内
	450	建筑遗迹	EJZ455	ⅣS01E01-4-4	西北部	东西向	不规则	0.8~7.7	0.8~5.7	2.9~3.5	青砖、瓦片	东汉中晚期	探至砖无法下探
	451	建筑遗迹	EJZ469	ⅣS01E01-4-4	西北部	东西向	近似长方形	1.6	1	2.8	青砖、瓦片	东汉中晚期	探至砖无法下探
	452	建筑遗迹	EJZ472	ⅣS01E01-4-4	西北部	东西向	不规则	11.4	6.4	2.6~3.9	青砖、瓦片	东汉中晚期	探至砖无法下探
87		建筑遗址区	EJQ87	ⅠN01E01-1-4	南部	东西向	长方形	20	8.5	1.8~5.6	青砖、瓦片、陶片	魏晋北朝	探至砖无法下探，部分位于ⅣS01E01-4-4内
	453	建筑遗迹	EJZ376	ⅠN01E01-1-4	南部	东西向	不规则	19.9	7.8	1.8~5.6	青砖、瓦片、陶片	魏晋北朝	探至砖无法下探，部分位于ⅣS01E01-4-4内，在该遗迹中部偏西区域(该区域存在一无砖区域，东西向，距现地表5.2米见黄沙土，南北宽0.8米、4米，南北宽4米)。该区域和东南角偏南区域均被现代建筑垃圾及坑破坏

续表

总序号	分序号	遗迹类型	勘探编号	所在勘探单元	所在位置	遗迹走向	平面形状	长（米）	宽（米）	距现地表深（米）	包含物	年代鉴测	备注
87	454	建筑遗迹	EJZ378	I N01E01-1-4	南部	南北向	长方形	2.8	1.3	2.2~2.7	青砖	魏晋北朝	探至砖无法下探
88		**建筑遗址区**	**EJQ88**	**I N01E01-1-4**	**西南部**	**东西向**	**曲尺形**	**2.1~26.3**	**8.2~15.9**	**3~5**	**青砖、瓦片**	**西汉中晚期—东汉早期**	**探至砖无法下探，部分位于 I N01E01-1-3内**
	455	建筑遗迹	EJZ379	I N01E01-1-4	西南部	南北向	"回"字形	0.6~3.5	0.8~2.4	3~5	青砖、瓦片	西汉中晚期—东汉早期	探至砖无法下探
	456	建筑遗迹	EJZ380	I N01E01-1-4	西南部	东西向	不规则	0.6~7.2	0.5~4	3~3.8	青砖、瓦片	西汉中晚期—东汉早期	探至砖无法下探
	457	建筑遗迹	EJZ385	I N01E01-1-4	南部	南北向	近似长方形	1.3	0.8	4.2~4.5	青砖、瓦片	西汉中晚期—东汉早期	探至砖无法下探
	458	建筑遗迹	EJZ386	I N01E01-1-4	西南部	东西向	不规则	0.7~4.2	0.9~2.9	3~3.5	青砖、瓦片	西汉中晚期—东汉早期	探至砖无法下探
	459	建筑遗迹	EJZ393	I N01E01-1-3	东南部	东西向	近似长方形	2.4	0.8	3.8	青砖、瓦片	西汉中晚期—东汉早期	探至砖无法下探
	460	建筑遗迹	EJZ394	I N01E01-1-3	东南部	南北向	曲尺形	3.8	1.3	3.2	青砖、瓦片	西汉中晚期—东汉早期	探至砖无法下探
89		**建筑遗址区**	**EJQ89**	**IV S01E01-2-1**	**东南部**	**东西向**	**曲尺形**	**6.1~22.9**	**7~12.4**	**2.6~4**	**青砖、瓦片**	**东汉中晚期**	**探至砖无法下探**
	461	建筑遗迹	EJZ653	IV S01E01-2-1	东南部	南北向	不规则	0.5~5.6	0.3~3.8	3.3~4	青砖、瓦片	东汉中晚期	探至砖无法下探
	462	建筑遗迹	EJZ654	IV S01E01-2-1	东南部	南北向	长方形	2.2	0.9	3~4.8	青砖、瓦片	东汉中晚期	探至砖无法下探
	463	建筑遗迹	EJZ656	IV S01E01-2-1	南部	南北向	近似长方形	1.4	0.7~0.8	2.8	青砖、瓦片	东汉中晚期	探至砖无法下探
	464	建筑遗迹	EJZ657	IV S01E01-2-1	南部	南北向	不规则	0.5~11.9	0.4~5.6	2.6~2.8	青砖、瓦片	东汉中晚期	探至砖无法下探

续表

总序号	分序号	遗迹类型	勘探编号	所在勘探单元	所在位置	遗迹走向	平面形状	长（米）	宽（米）	距现地表深（米）	包含物	年代鉴测	备注
90		**建筑遗址区**	**EJQ90**	**I N01E02-1-1**	**西南部**	**南北向**	**曲尺形**	**13.7~24.2**	**12.8~20.1**	**3~5.1**	**青砖、瓦片、石头、木头**	**西汉中晚期—东汉早期**	**探至砖无法下探，部分位于 I N01E01-1-4内**
	465	建筑遗迹	EJZ354	I N01E02-1-1	西部	东西向	不规则	0.8~7.2	0.7~2.6	4~4.4	青砖、瓦片	西汉中晚期—东汉早期	探至砖无法下探
	466	建筑遗迹	EJZ356	I N01E02-1-1	西南部	南北向	不规则	0.5~4.4	0.4~4.3	3.2~3.7	青砖	西汉中晚期—东汉早期	探至砖无法下探
	467	建筑遗迹	EJZ357	I N01E02-1-1	西南部	东西向	不规则	0.6~3.5	0.5~1.4	3.2~4	青砖、瓦片、石头	西汉中晚期—东汉早期	探至砖或者石头无法下探，该遗迹范围内西部区域的石头有一直径约0.5米的石头遗迹、石头遗迹距现地表约3.9米
	468	建筑遗迹	EJZ358	I N01E02-1-1	西南部	东西向	近似长方形	2.3	1.5	3.2~3.6	青砖	西汉中晚期—东汉早期	探至砖无法下探，该遗迹南部被一现代建筑垃圾坑破坏，无法下探
	469	建筑遗迹	EJZ359	I N01E02-1-1	西南部	东西向	曲尺形	1~2.3	0.3~1	3~4	青砖	西汉中晚期—东汉早期	探至砖无法下探
	470	建筑遗迹	EJZ360	I N01E02-1-1	西南部	南北向	近似长方形	2.3	1	3.2~3.8	青砖	西汉中晚期—东汉早期	探至砖无法下探

总序号	分序号	遗迹类型	勘探编号	所在勘探单元	所在位置	遗迹走向	平面形状	长（米）	宽（米）	距现地表深（米）	包含物	年代鉴测	备注
90	471	建筑遗迹	EJZ361	I N01E01-1-4	东南部	南北向	不规则	0.5~4.7	0.4~1.8	3.1~5.1	青砖、瓦片、木头	西汉中晚期—东汉早期	探至砖无法下探，部分位于 I N01E02-1-1内，该遗迹勘探单元内部偏北区域有一直径约0.7米的圆形青膏泥范围（距现地表5.4—5.7米发现，包含有杂草），偏南区域有一个探孔于5.8米处勘探到木头
	472	建筑遗迹	EJZ364	I N01E01-1-4	东南部	东西向	"凸"字形	0.3~1.6	0.4~1.4	3~4	青砖	西汉中晚期—东汉早期	探至砖无法下探
	473	建筑遗迹	EJZ365	I N01E01-1-4	东南部	东西向	不规则	0.7~4.7	0.7~3.8	3.8	青砖、瓦片	西汉中晚期—东汉早期	探至砖无法下探，部分位于 I N01E02-1-1内，该遗迹将E125的上半部分破坏
		建筑遗址区	**EJQ91**	**I N01E01-1-4**	**东北部**	**东西向**	**不规则**	**13.2~42.8**	**6.5~21.1**	**2.5~4**	**青砖、瓦片、陶片**	**东汉中晚期**	**探至砖无法下探，部分位于 I N01E02-1-1内**
91	474	建筑遗迹	EJZ349	I N01E02-1-1	西北部	东西向	不规则	0.3~4.8	0.4~3.3	3~4	青砖、瓦片	东汉中晚期	探至砖无法下探
	475	建筑遗迹	EJZ350	I N01E02-1-1	西北部	东西向	"凸"字形	0.5~2.6	0.4~1.5	3~4	青砖	东汉中晚期	探至砖无法下探
	476	建筑遗迹	EJZ351	I N01E01-1-4	西北部	南北向		0.5~4.3	0.2~4.1	3~4	青砖、瓦片	东汉中晚期	探至砖无法下探，部分位于 I N01E01-1-4内，该遗迹西部被一南北走向的现代水泥管道遮挡，无法下探
	477	建筑遗迹	EJZ352	I N01E02-1-1	西北部	南北向	近似长方形	2	1.6	3~4	青砖	东汉中晚期	探至砖无法下探
	478	建筑遗迹	EJZ353	I N01E02-1-1	西北部	东西向	不规则	0.3~2.2	0.3~2	3~4	青砖、瓦片	东汉中晚期	探至砖无法下探

续表

总序号	分序号	遗迹类型	勘探编号	所在勘探单元	所在位置	遗迹走向	平面形状	长（米）	宽（米）	距现地表深（米）	包含物	年代蠡测	备注
91	479	建筑遗迹	EJZ369	I N01E01-1-4	东北部	东西向	不规则	0.7~2.9	0.7~2.5	3~4	青砖、瓦片	东汉中晚期	探至砖无法下探，该遗迹西南部被EK12破坏
	480	建筑遗迹	EJZ370	I N01E01-1-4	东北部	东西向	不规则	7.1	3.4	2.5~4	青砖、瓦片、陶片	东汉中晚期	探至砖无法下探
	481	建筑遗迹	EJZ371	I N01E01-1-4	东部	南北向	不规则	0.3~2.7	0.5~2.5	3~4	青砖、瓦片	东汉中晚期	探至砖无法下探，该遗迹北部被一现代水泥管道遮挡，无法下探
	482	建筑遗迹	EJZ387	I N01E01-1-4	北部	南北向	不规则	0.6~2.4	0.7~2.7	3~4	青砖	东汉中晚期	探至砖无法下探，该遗迹东北角将EJ28上部破坏
	483	建筑遗迹	EJZ389	I N01E01-1-4	北部	东西向	近似长方形	4.4	1.4	2.5~3	青砖、瓦片	东汉中晚期	探至砖无法下探
	484	建筑遗迹	EJZ409	I N01E01-1-4	北部	南北向	近似长方形	2.3	1.2	3	青砖	东汉中晚期	探至砖无法下探
92		**建筑遗址区**	**EJQ92**	**I N01E02-1-1**	**北部**	**南北向**	**曲尺形**	**22.6**	**8.3**	**2~4**	**青砖、瓦片**	**魏晋北朝**	**探至砖无法下探，部分位于 I N01E02-2-1内**
	485	建筑遗迹	EJZ259	I N01E02-1-1	北部	南北向	不规则	1.9~6.2	1.5~4.8	2~4	青砖	魏晋北朝	探至砖无法下探，部分位于 I N01E02-2-1内
	486	建筑遗迹	EJZ345	I N01E02-1-1	北部	南北向	近似长方形	2.3	1.7	2~3.5	青砖	魏晋北朝	探至砖无法下探，该遗迹南部被EH20打破
	487	建筑遗迹	EJZ347	I N01E02-1-1	北部	东西向	不规则	0.5~4.4	0.5~4.3	2~3.6	青砖、瓦片	魏晋北朝	探至砖无法下探，该遗迹西北角将EH20打破
	488	建筑遗迹	EJZ348	I N01E02-1-1	北部	南北向	不规则	0.4~5.4	0.8~3.4	2~3.6	青砖、瓦片	魏晋北朝	探至砖无法下探

续表

总序号	分序号	遗迹类型	勘探编号	所在勘探单元	所在位置	遗迹走向	平面形状	长（米）	宽（米）	距现地表深（米）	包含物	年代鉴测	备注
93		建筑遗址区	**EJQ93**	ⅠN01E02-2-1	**东南部**	**东西向**	**曲尺形**	**7.5～37.2**	**9.1～22**	**2.2～5.3**	**青砖、瓦片**	**东汉中晚期**	**探至砖无法下探，部分位于ⅠN01E02-1-1、ⅠN01E02-1-2和ⅠN01E02-2-2内**
	489	建筑遗迹	EJZ241	ⅠN01E02-2-2	西南部	东西向	"十"字形	1.2～11.5	0.6～7.2	2.5～4.8	青砖	东汉中晚期	探至砖无法下探，部分位于ⅠN01E02-1-2和ⅠN01E02-2-1内
	490	建筑遗迹	EJZ256	ⅠN01E02-2-1	东南部	东西向	不规则	0.5～7.1	0.4～3.4	2.6～3.6	青砖、瓦片	东汉中晚期	探至砖无法下探
	491	建筑遗迹	EJZ257	ⅠN01E02-2-1	东南部	南北向	不规则	0.7～4.5	0.6～3	2.3～3	青砖	东汉中晚期	探至砖无法下探
	492	建筑遗迹	EJZ260	ⅠN01E02-2-1	南部	东西向	"凸"字形	1～3	1～2.5	2.5～2.8	青砖	东汉中晚期	探至砖无法下探
	493	建筑遗迹	EJZ261	ⅠN01E02-2-1	南部	南北向	不规则	1.2～6.4	0.4～2.9	2.2～3.3	青砖	东汉中晚期	探至砖无法下探
	494	建筑遗迹	EJZ338	ⅠN01E02-1-1	北部	南北向	近似长方形	1.8	0.7	2.7	青砖	东汉中晚期	探至砖无法下探
	495	建筑遗迹	EJZ339	ⅠN01E02-1-1	北部	南北向	曲尺形	1～2.7	0.3～1.2	2.7	青砖	东汉中晚期	探至砖无法下探
	496	建筑遗迹	EJZ340	ⅠN01E02-1-1	北部	南北向	"十"字形	1～2.3	0.7～1.6	2.5～5.3	青砖	东汉中晚期	探至砖无法下探
	497	建筑遗迹	EJZ343	ⅠN01E02-1-1	北部	南北向	近似长方形	2.3	0.8	2.6～3.8	青砖	东汉中晚期	探至砖无法下探
	498	建筑遗迹	EJZ344	ⅠN01E02-1-1	北部	东西向	"凸"字形	1.2～2.6	0.2～1.5	2.6～3.2	青砖	东汉中晚期	探至砖无法下探
94		建筑遗址区	**EJQ94**	ⅠN01E02-2-1	**西南部**	**东西向**	**曲尺形**	**12.5～24.5**	**8.5～17.9**	**3～4.5**	**青砖**	**西汉中晚期—东汉早期**	**探至砖无法下探，部分位于ⅠN01E02-1-1内**
	499	建筑遗迹	EJZ258	ⅠN01E02-2-1	南部	东西向	不规则	1.8～7.1	0.8～3	3.3～4	青砖	西汉中晚期—东汉早期	探至砖无法下探，部分位于ⅠN01E02-1-1内，该遗迹北部将EJ20上部破坏
	500	建筑遗迹	EJZ262	ⅠN01E02-2-1	西南部	南北向	不规则	2.8～6.4	1.9～4.3	3～4.5	青砖	西汉中晚期—东汉早期	探至砖无法下探

续表

总序号	分序号	遗迹类型	勘探编号	所在勘探单元	所在位置	遗迹走向	平面形状	长（米）	宽（米）	距现地表深（米）	包含物	年代蠡测	备注
94	501	建筑遗迹	EJZ266	I N01E02-2-1	西南部	南北向	不规则	0.4~6.7	0.6~5.1	3.8	青砖	西汉中晚期—东汉早期	探至砖无法下探
	502	建筑遗迹	EJZ336	I N01E02-2-1	西南部	东西向	曲尺形	1.1~3.7	0.5~1.6	3~3.2	青砖	西汉中晚期—东汉早期	探至砖无法下探
	503	建筑遗迹	EJZ342	I N01E02-1-1	北部	东西向	不规则	0.4~2.6	0.5~2.3	3.1~3.4	青砖	西汉中晚期—东汉早期	探至砖无法下探，部分位于 I N01E02-2-1内
95		**建筑遗址区**	**EJQ95**	**I N01E02-2-1**	**西部**	**南北向**	**"凸"字形**	**12.7~31.3**	**8.1~30.8**	**2~4.5**	**青砖、灰点、瓦片**	**东汉中晚期**	**探至砖无法下探，部分位于 I N01E01-2-4内**
	504	建筑遗迹	EJZ263	I N01E02-2-1	西南部	南北向	不规则	0.7~10.7	0.6~4.6	2.2~3.3	青砖	东汉中晚期	探至砖无法下探，该遗迹西部被一南北走向的现代水泥管道挡住无法下探
	505	建筑遗迹	EJZ265	I N01E02-2-1	西部	南北向	曲尺形	0.6~3.4	0.7~3	2.8~3.7	青砖	东汉中晚期	探至砖无法下探，该遗迹东部被一条现代水泥管道覆盖，因此该遗迹东部区域情况不详
	506	建筑遗迹	EJZ267	I N01E02-2-1	西南部	南北向	曲尺形	1.2~4.5	0.4~1	2.2~4	青砖	东汉中晚期	探至砖无法下探，该遗迹西部被一条现代水泥管道覆盖，因此该遗迹西部区域情况不详
	507	建筑遗迹	EJZ268	I N01E02-2-1	西部	南北向	"凸"字形	0.8~3.8	1~3.5	2.6~3.5	青砖、瓦片	东汉中晚期	探至砖无法下探，部分位于 I N01E01-2-4内
	508	建筑遗迹	EJZ269	I N01E02-2-1	西部	南北向	不规则	2.1~9.4	1~4.9	2.6~3	青砖	东汉中晚期	探至砖无法下探
	509	建筑遗迹	EJZ270	I N01E02-2-1	中部	南北向	近似长方形	4.1	1.7	3~4.5	青砖	东汉中晚期	探至砖无法下探

总序号	分序号	遗迹类型	勘探编号	所在勘探单元	所在位置	遗迹走向	平面形状	长（米）	宽（米）	距现地表深（米）	包含物	年代蠡测	备注
95	510	建筑遗迹	EJZ271	ⅠN01E02-2-1	中部	东西向	"凸"字形	2.2~3.1	1~2.3	2.5~4	青砖	东汉中晚期	探至砖无法下探
	511	建筑遗迹	EJZ273	ⅠN01E02-2-1	西北部	南北向	曲尺形	1~3	0.9~1.9	2.9~3.5	青砖	东汉中晚期	探至砖无法下探
	512	建筑遗迹	EJZ274	ⅠN01E02-2-1	西北部	南北向	曲尺形	1.1~2.2	0.7~2	2~3.5	青砖	东汉中晚期	探至砖无法下探
	513	建筑遗迹	EJZ279	ⅠN01E01-2-4	东北部	东西向	曲尺形	1.3~3	1~2.3	2.8~3.4	青砖	东汉中晚期	探至砖无法下探
	514	建筑遗迹	EJZ337	ⅠN01E02-2-1	中部	南北向	不规则	0.7~8.1	2~5.7	2.8~3.8	青砖、灰点	东汉中晚期	探至砖无法下探
96		建筑遗址区	EJQ96	ⅠN01E02-2-1	东部	东西向	"凸"字形	6.4~20.2	5.6~15.2	1.6~2.8	青砖、少量红砖块、瓦片	辽金	探至砖无法下探，部分位于ⅠN01E02-2-2内
	515	建筑遗迹	EJZ245	ⅠN01E02-2-2	西部	南北向	不规则	0.5~3.8	0.9~1.9	2~2.4	青砖、瓦片	辽金	探至砖无法下探，部分位于ⅠN01E02-2-1内
	516	建筑遗迹	EJZ246	ⅠN01E02-2-1	东部	南北向	不规则	0.7~2.2	0.7~1.5	1.6~2.2	青砖、少量红砖块、瓦片	辽金	探至砖无法下探
	517	建筑遗迹	EJZ247	ⅠN01E02-2-1	东北部	东西向	不规则	0.9~2.7	0.9~3.2	1.6~2.8	青砖、瓦片	辽金	探至砖无法下探
	518	建筑遗迹	EJZ248	ⅠN01E02-2-1	东北部	东西向	"乙"形	0.5~2.3	1.1~2.3	1.7~2.1	青砖	辽金	探至砖无法下探
	519	建筑遗迹	EJZ251	ⅠN01E02-2-1	东部	南北向	曲尺形	0.8~2.2	0.9~1.9	1.8~2.2	青砖	辽金	探至砖无法下探
	520	建筑遗迹	EJZ252	ⅠN01E02-2-1	东部	南北向	不规则	0.8~5.3	0.5~2.4	2~2.4	青砖	辽金	探至砖无法下探
97		建筑遗址区	EJQ97	ⅠN01E02-2-1	东南部	东西向	曲尺形	4.1~26.6	9.6~19.9	2.1~3.1	青砖、瓦片	魏晋北朝	探至砖无法下探，部分位于ⅠN01E02-2-2内
	521	建筑遗迹	EJZ242	ⅠN01E02-2-2	西南部	南北向	不规则	0.8~3.8	0.4~2.8	2.5~3	青砖、瓦片	魏晋北朝	探至砖无法下探，部分位于ⅠN01E02-2-1内
	522	建筑遗迹	EJZ249	ⅠN01E02-2-1	东部	南北向	曲尺形	0.7~4.5	0.9~2.4	2.1~3	青砖	魏晋北朝	探至砖无法下探
	523	建筑遗迹	EJZ250	ⅠN01E02-2-1	东部	南北向	曲尺形	1.7~3.4	0.7~1.7	2.2~2.6	青砖、瓦片	魏晋北朝	探至砖无法下探
	524	建筑遗迹	EJZ253	ⅠN01E02-2-1	东南部	南北向	不规则	0.6~4.1	1~3.1	2.2~2.8	青砖、瓦片	魏晋北朝	探至砖无法下探
	525	建筑遗迹	EJZ254	ⅠN01E02-2-1	东南部	南北向	"凸"字形	0.7~3	1.2~2.7	2.1~3.1	青砖	魏晋北朝	探至砖无法下探

续表

总序号	分序号	遗迹类型	勘探编号	所在勘探单元	所在位置	遗迹走向	平面形状	长（米）	宽（米）	距现地表深（米）	包含物	年代蠡测	备注
98		建筑遗址区	EJQ98	I N01E01-2-4	东南部	南北向	曲尺形	7.8~13.3	6.7~8.6	1.6~4	青砖、瓦片	辽金	探至砖无法下探
	526	建筑遗迹	EIJZ283	I N01E01-2-4	东南部	东西向	不规则	1~8.8	0.7~5.9	2~3	青砖、瓦片	辽金	探至砖无法下探
	527	建筑遗迹	EIJZ286	I N01E01-2-4	东南部	南北向	不规则	0.5~2.5	0.8~1.9	1.6~4	青砖	辽金	探至砖无法下探
	528	建筑遗迹	EIJZ287	I N01E01-2-4	东南部	南北向	"十"字形	0.9~3.9	0.9~3	2~3	青砖	辽金	探至砖无法下探
99		建筑遗址区	EJQ99	I N01E01-2-4	北部	东西向	不规则	5.7~30.3	6.9~20.7	1.8~4	青砖、瓦片	魏晋北朝	探至砖无法下探
	529	建筑遗迹	EIJZ276	I N01E01-2-4	东北部	南北向	曲尺形	1.4~4.7	1.4~3.7	2.2~4	青砖	魏晋北朝	探至砖无法下探
	530	建筑遗迹	EIJZ277	I N01E01-2-4	东北部	南北向	曲尺形	2.3~5	0.7~4	2.1~3.3	青砖	魏晋北朝	探至砖无法下探
	531	建筑遗迹	EIJZ278	I N01E01-2-4	东部	南北向	不规则	1.1~5.1	0.7~3.3	2.1~3.3	青砖	魏晋北朝	探至砖无法下探
	532	建筑遗迹	EIJZ281	I N01E01-2-4	东部	南北向	长方形	3.8	1.1	2~2.7	青砖	魏晋北朝	探至砖无法下探
	533	建筑遗迹	EIJZ293	I N01E01-2-4	西北部	南北向	"凸"字形	1.6~3.1	0.5~2	2~3	青砖	魏晋北朝	探至砖无法下探
	534	建筑遗迹	EIJZ294	I N01E01-2-4	西北部	南北向	曲尺形	1.2~2.7	1.1~2.2	2.2~2.5	青砖	魏晋北朝	探至砖无法下探
	535	建筑遗迹	EIJZ295	I N01E01-2-4	中部	东西向	不规则	1~5.8	0.9~3.6	2~3.4	青砖、瓦片	魏晋北朝	探至砖无法下探
	536	建筑遗迹	EIJZ296	I N01E01-2-4	中部	南北向	长方形	2.7	1.5	1.8~2.5	青砖	魏晋北朝	探至砖无法下探
100		建筑遗址区	EJQ100	I N01E01-2-4	中西部	东西向	"凹"字形	10.9~42.2	9.4~34.1	2.7~4.5	青砖、瓦片	东汉中晚期	探至砖无法下探，部分位于 I N01E01-2-3内
	537	建筑遗迹	EIJZ282	I N01E01-2-4	中部	南北向	不规则	0.8~8	0.6~4.7	3~3.6	青砖、瓦片	东汉中晚期	探至砖无法下探
	538	建筑遗迹	EIJZ288	I N01E01-2-4	南部	南北向	不规则	0.9~3.8	0.9~3.3	3~4	青砖	东汉中晚期	探至砖无法下探
	539	建筑遗迹	EIJZ289	I N01E01-2-4	南部	南北向	不规则	0.8~10.4	0.5~2.9	2.7~3.5	青砖	东汉中晚期	探至砖无法下探
	540	建筑遗迹	EIJZ290	I N01E01-2-4	西南部	东西向	不规则	0.8~6.1	0.8~5	2.7~4	青砖	东汉中晚期	探至砖无法下探，该遗迹西南角将EIJZ22上部破坏
	541	建筑遗迹	EIJZ291	I N01E01-2-4	西南部	东西向	不规则	0.6~3.4	0.8~3.4	3~3.3	青砖	东汉中晚期	探至砖无法下探
	542	建筑遗迹	EIJZ292	I N01E01-2-4	西南部	东西向	不规则	0.6~2.7	0.8~2.7	3~3.2	青砖	东汉中晚期	探至砖无法下探
	543	建筑遗迹	EIJZ298	I N01E01-2-4	西北部	南北向	不规则	0.5~4.2	0.6~3.1	2.9~3.5	青砖、瓦片	东汉中晚期	探至砖无法下探

续表

总序号	分序号	遗迹类型	勘探编号	所在勘探单元	所在位置	遗迹走向	平面形状	长（米）	宽（米）	距现地表深（米）	包含物	年代蠡测	备注
100	544	建筑遗迹	EJZ300	I N01E01-2-3	东北部	东西向	不规则	0.8~4	0.6~2.9	2.8~3.2	青砖、瓦片	东汉中晚期	探至砖无法下探
	545	建筑遗迹	EJZ301	I N01E01-2-3	东北部	东西向	梯形	2.7~2.9	2.6	2.7~3.2	青砖、瓦片	东汉中晚期	探至砖无法下探
	546	建筑遗迹	EJZ302	I N01E01-2-3	东部	东西向	不规则	0.9~7.2	1.8~5.3	2.7~4.5	青砖、瓦片	东汉中晚期	探至砖无法下探，部分位于 I N01E01-2-4内
	547	建筑遗迹	EJZ381	I N01E01-2-4	西南部	东西向	曲尺形	1.4~4.8	0.9~4.8	3~3.2	青砖	东汉中晚期	探至砖无法下探，该遗迹北部被一近现代垃圾坑打破（该垃圾坑近似椭圆形，东西向，径约4米，南北短径约3米，包含物有现代红砖块、塑料等）
101	548	建筑遗址区	EJQ101	I N01E01-2-3	南部	东西向	"凹"字形	4.2~32	8.6~15.6	2.5~4.8	青砖、瓦片、灰点、石头	东汉中晚期	探至砖无法下探，部分位于 I N01E01-1-3内
		建筑遗迹	EJZ306	I N01E01-2-3	东南部	南北向	不规则	10.4	6.2	2.5~5.5	青砖、瓦片、灰	东汉中晚期	探至砖无法下探，部分位于 I N01E01-1-3内，该遗迹勘探单元内部青砖上有一层灰土层，灰土范围椭圆形，约4米，南北宽约3米，部分区域灰土厚约0.5—0.7米
	549	建筑遗迹	EJZ307	I N01E01-2-3	南部	东西向	近似长方形	2.8	1.4	3~3.3	青砖	东汉中晚期	探至砖无法下探
	550	建筑遗迹	EJZ308	I N01E01-2-3	南部	南北向	曲尺形	1.4~3.4	0.9~2.9	2.7~3.2	青砖	东汉中晚期	探至砖无法下探，该遗迹东北部区域被EJ23打破
	551	建筑遗迹	EJZ309	I N01E01-2-3	西南部	东西向	曲尺形	1~4.4	1.5~3.6	2.9~4.5	青砖	东汉中晚期	探至砖无法下探

续表

总序号	分序号	遗迹类型	勘探编号	所在勘探单元	所在位置	遗迹走向	平面形状	长（米）	宽（米）	距现地表深（米）	包含物	年代蠡测	备注
101	552	建筑遗迹	EJZ310	ⅠN01E01-2-3	西南部	南北向	曲尺形	1.3~4.1	0.9~2.2	3~4.8	青砖、瓦片	东汉中晚期	探至砖无法下探，部分位于ⅠN01E01-1-3内
	553	建筑遗迹	EJZ330	ⅠN01E01-1-3	东南部	南北向	近似椭圆形	长径约1.4	短径约1	3~4.4	石头、青砖、灰点	东汉中晚期	探至石头无法下探
	554	建筑遗迹	EJZ331	ⅠN01E01-1-3	东北部	东西向	近似长方形	1.7	1.5	3~3.5	青砖、瓦片	东汉中晚期	探至砖无法下探
102		建筑遗址区	EJQ102	ⅠN01E01-2-3	北部	东西向	曲尺形	4.5~10.9	2.8~8.5	3.8~4.9	青砖、瓦片	西汉中晚期—东汉早期	探至砖无法下探
	555	建筑遗迹	EJZ303	ⅠN01E01-2-3	北部	南北向	不规则	0.9~2.5	1.1~2.4	4.6~4.9	青砖、瓦片	西汉中晚期—东汉早期	探至砖无法下探
	556	建筑遗迹	EJZ304	ⅠN01E01-2-3	北部	东西向	近似长方形	2.3	0.5	4.1~4.5	青砖	西汉中晚期—东汉早期	探至砖无法下探
	557	建筑遗迹	EJZ305	ⅠN01E01-2-3	北部	东西向	曲尺形	0.9~4.4	0.8~1.5	3.8~4.2	青砖、瓦片	西汉中晚期—东汉早期	探至砖无法下探
103		建筑遗址区	EJQ103	ⅠN01E01-2-2	北部	东西向	曲尺形	4.8~33.4	2.5~13.9	3~4	青砖	东汉中晚期	探至砖无法下探，部分位于ⅠN01E01-3-2内
	558	建筑遗迹	EJZ313	ⅠN01E01-2-2	东北部	东西向	不规则	0.5~3.7	0.6~2.3	3~4	青砖	东汉中晚期	探至砖无法下探
	559	建筑遗迹	EJZ317	ⅠN01E01-2-2	西北部	南北向	近似长方形	2	1.1	3~3.8	青砖	东汉中晚期	探至砖无法下探，该遗迹西北部有现代建筑垃圾坑存在，无法下探
	560	建筑遗迹	EJZ318	ⅠN01E01-2-2	西北部	南北向	近似长方形	1.7	0.7	3~3.5	青砖	东汉中晚期	探至砖无法下探
	561	建筑遗迹	EJZ319	ⅠN01E01-2-2	西北部	东西向	近似长方形	3.4	1.9	3~4	青砖	东汉中晚期	探至砖无法下探

续表

总序号	分序号	遗迹类型	勘探编号	所在勘探单元	所在位置	遗迹走向	平面形状	长（米）	宽（米）	距现地表深（米）	包含物	年代蠡测	备注
104		**建筑遗址区**	**EJQ104**	**I N01E01-3-2**	**南部**	**东西向**	**曲尺形**	**3.2~27.8**	**4.1~18**	**3.8~5**	**青砖**	**西汉中晚期—东汉早期**	**探至砖无法下探，部分位于 I N01E01-2-2内**
	562	建筑遗迹	EJZ316	I N01E01-2-2	西北部	南北向	不规则	0.4~1.9	0.3~1.5	4~5	青砖	西汉中晚期—东汉早期	探至砖无法下探
	563	建筑遗迹	EJZ328	I N01E01-3-2	东南部	东西向	曲尺形	2.7~6.3	1.5~3.4	4.2~4.5	青砖	西汉中晚期—东汉早期	探至砖无法下探
	564	建筑遗迹	EJZ329	I N01E01-3-2	南部	南北向	近似长方形	1.6	1.1	3.8~4	青砖	西汉中晚期—东汉早期	探至砖无法下探

注：表中"距现地表深"一栏为数值范围时，前一个数据为开口距现地表深度，后一个数据为底距现地表深度或探至砖等无法下探的深度，由于建筑遗址区内包含多个单独建筑，故取值范围为前一个数据的最小值和后一个数据的最大值；当该栏为单个数值时，则是开口直接探到砖等无法下探的情况。

附表八　路县故城单独建筑统计表

序号	勘探编号	所在勘探单元	所在位置	遗迹走向	平面形状	长（米）	宽（米）	距现地表深（米）	包含物	年代蠡测	备注
1	EJZ1	II N02W01-2-1	东南部	南北向	"凸"字形	8.7	2.2	1~3.5	青砖、灰点	明清	探至砖无法下探
2	EJZ12	II N02W01-3-2	东南部	南北向	长方形	5.5	3.7	4~5	青砖、灰点、瓦片	西汉中晚期—东汉早期	探至砖无法下探
3	EJZ14	II N02W01-2-3	南部	南北向	长方形	4.2	1.3	3~3.5	青砖、灰点、瓦片	东汉中晚期	探至砖无法下探
4	EJZ15	II N02W01-4-2	东北部	南北向	曲尺形	1.3~5.1	2~4.2	2~3.5	青砖、灰点	辽金	探至砖无法下探，北部区域因渣土未清未勘探
5	EJZ24	II N02W01-4-4	中部	南北向	"凹"字形	1~7.9	1.6~3.9	1.7~2.7	青砖	明清	探至砖无法下探
6	EJZ39	II N02W01-4-1	东南部	南北向	曲尺形	1.3~6	1.3~2.6	2~3	青砖	辽金	探至砖无法下探
7	EJZ41	II N02W01-1-4	东北部	东西向	长方形	3.5	3.2	4	青砖	西汉中晚期—东汉早期	探至砖无法下探
8	EJZ42	I N02E01-3-2	西部	南北向	不规则	1.1~6	1~2.5	4	青砖	西汉中晚期—东汉早期	探至砖无法下探，部分位于 I N02E01-3-1内
9	EJZ47	I N02E01-4-2	东南部	南北向	长方形	3.2	1.4	3.2	青砖	西汉中晚期—东汉早期	探至砖无法下探
10	EJZ48	I N02E01-3-3	西北部	东西向	长方形	1.7	1	3	青砖、红陶渣	东汉中晚期	探至砖无法下探
11	EJZ54	I N02E01-3-3	东北部	东西向	长方形	2.8	1.4	2.7	青砖	东汉中晚期	探至砖无法下探
12	EJZ64	I N02E01-3-4	西南部	南北向	长方形	4.8	1.2	3	青砖	东汉中晚期	探至砖无法下探
13	EJZ65	I N02E01-2-3	西北部	东西向	长方形	2.7~2.8	2.3	2.2~3.5	青砖、瓦片	魏晋北朝	探至砖无法下探，西部区域因建筑垃圾未清未勘探
14	EJZ66	I N02E01-2-3	西北部	南北向	近似长方形	2.8	1.4	2.7	青砖、瓦片	东汉中晚期	探至砖无法下探
15	EJZ67	I N02E01-2-3	西北部	南北向	长方形	2.2	1.5	2~3	青砖、瓦片	魏晋北朝	探至砖无法下探
16	EJZ68	I N02E01-2-3	东北部	东西向	长方形	2.8	1.1	3~4	青砖	东汉中晚期	探至砖无法下探
17	EJZ70	I N02E01-2-3	中部	南北向	长方形	4.1	2.5	2.8~3.4	青砖、灰、瓦片	东汉中晚期	探至砖无法下探
18	EJZ74	I N02E01-2-3	南部	南北向	长方形	3	1.2	3	青砖、灰、瓦片	东汉中晚期	探至砖无法下探
19	EJZ82	I N02E01-2-4	东部	东西向	长方形	1.2	0.6	3.3	青砖	西汉中晚期—东汉早期	探至砖无法下探

序号	勘探编号	所在勘探单元	所在位置	遗迹走向	平面形状	长（米）	宽（米）	距现地表深（米）	包含物	年代蠡测	备注
20	EJZ85	ⅠN02E01-1-4	西部	东西向	长方形	3.7	3.3	1.7~3.8	青砖、灰、瓦片	明清	探至砖无法下探
21	EJZ95	ⅠN01E02-4-1	北部	南北向	长方形	2.1	1.9	3.5	青砖、灰	西汉中晚期—东汉早期	探至砖无法下探
22	EJZ96	ⅠN01E02-4-1	中部	南北向	长方形	3	2.1	2.5~3	青砖、灰、瓦片	东汉中晚期	探至砖无法下探
23	EJZ110	ⅠN02E02-2-1	西南部	东西向	不规则	1.3~3.4	0.9~3.5	1.8~3	青砖、瓦片、灰	辽金	探至砖无法下探，部分位于ⅠN02E01-2-4内
24	EJZ129	ⅠN02E02-2-1	东北部	南北向	曲尺形	1.1~2.2	0.9~2	4	青砖、瓦片	西汉中晚期—东汉早期	探至砖无法下探
25	EJZ154	ⅠN01E02-4-1	东北部	东西向	"凸"字形	0.7~2.4	0.9~1	2.2~3	青砖、瓦片、灰	魏晋北朝	探至砖无法下探
26	EJZ155	ⅠN01E02-4-1	东部	东西向	曲尺形	0.8~1.7	0.8~1.7	3.5	青砖、瓦片	西汉中晚期—东汉早期	探至砖无法下探
27	EJZ156	ⅠN01E02-4-1	南部	东西向	长方形	2	0.8	2.5	青砖、瓦片	东汉中晚期	探至砖无法下探
28	EJZ157	ⅠN01E02-4-1	东南部	南北向	曲尺形	0.9~2.3	2.1	2.5~3.2	青砖、瓦片	东汉中晚期	探至砖无法下探，该遗迹北部区域由于被一近现代垃圾坑破坏，所以未继续勘探
29	EJZ158	ⅠN01E02-4-1	东南部	东西向	不规则	0.7~3.5	1.1	2~3	青砖、瓦片	辽金	探至砖无法下探
30	EJZ186	ⅠN02E02-1-2	东南部	南北向	不规则	2.3~6.6	1.1~5.4	1.6~4.2	青砖、红陶片、瓦片、灰	明清	探至砖无法下探
31	EJZ196	ⅠN02E02-1-2	西北部	南北向	长方形	2.8	1.1	4.5~5	青砖、瓦片	西汉中晚期—东汉早期	探至砖无法下探
32	EJZ197	ⅠN02E02-1-2	北部	东西向	长方形	2	1.2	3~3.5	青砖、瓦片、灰	东汉中晚期	探至砖无法下探
33	EJZ240	ⅠN01E02-2-2	西南部	东西向	曲尺形	1.7~3.4	1~2	1~3.8	青砖、灰点	明清	探至砖无法下探，部分位于ⅠN01E02-1-2内
34	EJZ243	ⅠN01E02-2-2	西南部	东西向	梯形	2.6	0.2~0.6	1.7~2	青砖	辽金	探至砖无法下探
35	EJZ244	ⅠN01E02-2-2	西北部	东西向	长方形	2.6	1.2	2~3	青砖	辽金	探至砖无法下探
36	EJZ255	ⅣS01E02-3-1	南部	东西向	不规则	0.4~7	0.4~2	1.6~2.1	青砖、瓦片	明清	探至砖无法下探
37	EJZ264	ⅠN01E02-2-1	西南部	东西向	不规则	0.8~4.9	1.2~4	2~3.5	青砖	魏晋北朝	探至砖无法下探，部分位于ⅠN01E01-2-4内

续表

序号	勘探编号	所在勘探单元	所在位置	遗迹走向	平面形状	长（米）	宽（米）	距现地表深（米）	包含物	年代蠡测	备注
38	EJZ272	Ⅰ N01E02-2-1	西部	南北向	近似长方形	4	1.9	4.3~5.7	青砖、瓦片	西汉中晚期—东汉早期	探至砖无法下探
39	EJZ275	Ⅰ N01E01-2-4	东北部	东西向	曲尺形	1.1~2.2	1~2.1	2.8~3	青砖	东汉中晚期	探至砖无法下探
40	EJZ280	Ⅰ N01E01-2-4	东部	东西向	曲尺形	1~2.6	1~2.2	3	青砖	东汉中晚期	探至砖无法下探
41	EJZ284	Ⅰ N01E01-2-4	东南部	南北向	曲尺形	1.3~2.8	0.4~1.4	2.4~2.8	青砖	魏晋北朝	探至砖无法下探
42	EJZ285	Ⅰ N01E01-2-4	东南部	南北向	不规则	1.6~5.8	1.3~3.2	3.2~4	青砖	西汉中晚期—东汉早期	探至砖无法下探
43	EJZ297	Ⅰ N01E01-2-4	北部	东西向	不规则	0.8~8.2	0.9~5.8	3.6~4.3	青砖、瓦片	西汉中晚期—东汉早期	探至砖无法下探
44	EJZ299	Ⅰ N01E01-2-4	西南部	南北向	不规则	0.8~8.2	0.9~5.8	3.6~4.3	青砖、瓦片	西汉中晚期—东汉早期	探至砖无法下探
45	EJZ311	Ⅰ N01E01-2-3	西南部	南北向	曲尺形	0.8~5	0.3~3.8	3.9~4.5	青砖、瓦片	西汉中晚期—东汉早期	探至砖无法下探，部分位于Ⅰ N01E01-2-2内
46	EJZ312	Ⅰ N01E01-2-3	西部	南北向	近似长方形	2.1	0.7	4.8	青砖	西汉中晚期—东汉早期	探至砖无法下探，部分位于Ⅰ N01E01-2-2内
47	EJZ315	ⅠN01E01-2-2	东北部	南北向	曲尺形	0.7~3.6	0.5~2.4	2~4	青砖	辽金	探至砖无法下探，部分位于ⅠN01E01-3-2内
48	EJZ322	ⅠN01E01-2-1	东南部	东西向	不规则	0.7~2.8	0.4~1.5	2~4	青砖	辽金	探至砖无法下探
49	EJZ323	Ⅰ N01E01-2-1	东北部	东西向	近似长方形	0.5~0.9	0.5	3.3	石头、青砖	西汉中晚期—东汉早期	探至石头无法下探，部分位于Ⅰ N01E01-3-1内，该遗迹被EY10的窖至东壁打破
50	EJZ327	ⅠN01E01-3-1	东南部	东西向	不规则	1.5~6.6	2.5~7.3	2~4	青砖、瓦片	辽金	探至砖无法下探，该遗迹南部部分区域被EY10叠压
51	EJZ333	Ⅰ N01E01-1-3	东北部	东西向	近似长方形	1.5	1	3.8	青砖、灰点	西汉中晚期—东汉早期	探至砖无法下探，该遗迹被313打破
52	EJZ341	Ⅰ N01E02-1-1	北部	南北向	近似长方形	2.4	0.8	2.5~4	青砖	东汉中晚期	探至砖无法下探，部分位于Ⅰ N01E02-1内

续表

序号	勘探编号	所在勘探单元	所在位置	遗迹走向	平面形状	长（米）	宽（米）	距现地表深（米）	包含物	年代鉴测	备注
53	EJZ362	IN01E01-1-4	东南部	南北向	长方形	2.5	1.5	2~2.8	青砖	辽金	探至砖无法下探
54	EJZ366	I N01E01-1-4	东部	南北向	曲尺形	0.7~1.7	0.4~1.3	2.8~3.5	青砖、瓦片	东汉中晚期	探至砖无法下探，该遗迹中部有一探孔在距现地表3.5米左右的位置勘探到石头
55	EJZ367	I N01E01-1-4	东部	南北向	近似长方形	2.4	0.8	3.5~4	青砖、瓦片	西汉中晚期—东汉早期	探至砖无法下探
56	EJZ368	I N01E01-1-4	东南部	南北向	曲尺形	0.4~2.4	0.5~1.2	3.5~4	青砖、瓦片	东汉中晚期	探至砖无法下探
57	EJZ372	IN01E01-1-4	东部	东西向	不规则	5.2	3.9	1.8~5.5	青砖、瓦片	辽金	探至砖无法下探
58	EJZ373	I N01E01-1-4	中部	东西向	不规则	0.5~3.4	0.5~3.2	3~4	青砖、瓦片	东汉中晚期	探至砖无法下探
59	EJZ374	I N01E01-1-4	南部	东西向	"凸"字形	0.5~1.7	0.7~1.2	3.7	青砖	西汉中晚期—东汉早期	探至砖无法下探
60	EJZ375	I N01E01-1-4	南部	南北向	近似长方形	1.7	0.7	2.9	青砖	东汉中晚期	探至砖无法下探
61	EJZ383	I N01E01-1-4	西南部	东西向	长方形	2.6	1	2~3	青砖、瓦片	辽金	探至砖无法下探
62	EJZ384	I N01E01-1-4	西南部	东西向	不规则	0.3~3.1	0.6~2.9	2.6~3.3	青砖、瓦片、陶片	东汉中晚期	探至砖无法下探
63	EJZ396	I N01E01-1-3	南部	东西向	近似梯形	1.5	0.8~1	2.8	青砖、瓦片	东汉中晚期	探至砖无法下探，部分位于IV S01E01-4-3内
64	EJZ397	IN01E01-1-3	南部	东西向	曲尺形	3	0.8~1.5	1.8	青砖、瓦片	辽金	探至砖无法下探
65	EJZ411	IV S01E01-4-2	西部	南北向	不规则	0.8~4.2	0.5~3.1	2	青砖、瓦片	辽金	探至砖无法下探
66	EJZ413	IV S01E01-4-2	南部	南北向	曲尺形	0.9~2.6	0.9~1.1	3.1	青砖、瓦片	东汉中晚期	探至砖无法下探
67	EJZ418	IV S01E01-4-2	东北部	南北向	"凸"字形	1.2~4.5	0.7~2.2	3.2	青砖、瓦片	西汉中晚期—东汉早期	探至砖无法下探
68	EJZ422	IV S01E01-4-3	西南部	南北向	长方形	1.4~1.5	0.8	3	青砖、瓦片	东汉中晚期	探至砖无法下探
69	EJZ432	IV S01E01-4-3	西北部	东西向	长方形	2.5	0.9	2.4	青砖、瓦片	魏晋北朝	探至砖无法下探
70	EJZ435	IV S01E01-4-3	北部	南北向	"凸"字形	0.8~2.1	1~2	3	青砖、瓦片	东汉中晚期	探至砖无法下探
71	EJZ437	IV S01E01-4-3	中部	东西向	近似长方形	1.1	0.6~0.8	3.2	青砖、瓦片	西汉中晚期—东汉早期	探至砖无法下探
72	EJZ446	IV S01E01-4-3	东部	东西向	曲尺形	1.3~3.8	0.5~1.7	3.1	青砖、瓦片	西汉中晚期—东汉早期	探至砖无法下探

续表

序号	勘探编号	所在勘探单元	遗迹走向	平面形状	长（米）	宽（米）	距现地表深（米）	包含物	年代蠡测	备注
73	EJZ447	IVS01E01-4-3	东北部	南北向	梯形	2.1~2.1	0.6~0.7	2.9	青砖、瓦片	东汉中晚期	探至砖无法下探
74	EJZ448	IVS01E01-4-3	东北部	东西向	梯形	1.2~1.5	0.8	3	青砖、瓦片	魏晋北朝	探至砖无法下探
75	EJZ454	IVS01E01-4-4	西北部	东西向	不规则	0.7~3.7	0.7~3.3	3	青砖、瓦片	魏晋北朝	探至砖无法下探
76	EJZ464	IVS01E01-4-4	南部	南北向	不规则	0.9~3.9	0.5~3	3~3.2	青砖、瓦片	东汉中晚期	探至砖无法下探，部分位于IVS01E01-3-4内
77	EJZ467	IVS01E01-4-4	中部	南北向	不规则	12.1	7.7	2.6~3	青砖、瓦片	东汉中晚期	探至砖无法下探
78	EJZ471	IVS01E01-4-4	东北部	东西向	长方形	1.7	0.9	2.4	青砖、瓦片	魏晋北朝	探至砖无法下探
79	EJZ474	IVS01E01-4-4	东北部	南北向	长方形	1.5	0.7	2.8	青砖、瓦片	东汉中晚期	探至砖无法下探
80	EJZ476	IVS01E02-4-1	西北部	南北向	"十"字形	0.9~2.4	0.9~2.1	2.2	青砖、瓦片	魏晋北朝	探至砖无法下探
81	EJZ477	IVS01E02-4-1	北部	东西向	曲尺形	0.8~2.4	0.6~1.5	1.8	青砖、瓦片	辽金	探至砖无法下探
82	EJZ480	IVS01E02-4-1	西部	东西向	不规则	1.4~5.3	0.7~2.5	2.5~3.1	青砖、瓦片	东汉中晚期	探至砖无法下探
83	EJZ485	IVS01E02-4-1	西南部	南北向	不规则	6.9	4.9	2.9	青砖、瓦片	东汉中晚期	探至砖无法下探
84	EJZ487	IVS01E02-3-1	西北部	东西向	"凸"字形	0.7~3.7	0.7~1.7	2.6	青砖、瓦片	东汉中晚期	探至砖无法下探
85	EJZ489	IVS01E02-3-1	西部	东西向	不规则	8.2	4.1	5.3	青砖、瓦片	西汉中晚期—东汉早期	探至砖无法下探
86	EJZ491	IVS01E02-3-1	西南部	南北向	"凹"字形	1.6~2.1	0.5~2.1	2.7	青砖、瓦片	东汉中晚期	探至砖无法下探
87	EJZ497	IVS01E01-3-4	东北部	南北向	不规则	5.4	3.9	2.8	青砖、瓦片	东汉中晚期—东汉早期	探至砖无法下探，部分位于IVS01E02-3-1内
88	EJZ512	IVS01E01-3-4	南部	东西向	长方形	2.5	0.7	3.5	青砖、瓦片	西汉中晚期—东汉早期	探至砖无法下探
89	EJZ529	IVS01E01-3-3	东南部	南北向	"凸"字形	0.9~2.7	0.9~2.6	2.3	青砖、瓦片	魏晋北朝	探至砖无法下探
90	EJZ532	IVS01E01-3-3	东部	南北向	长方形	2.6	1.1	1.5	青砖、瓦片	明清	探至砖无法下探
91	EJZ534	IVS01E01-3-3	东南部	南北向	长方形	1.9~2	0.75	1.8	青砖、瓦片	辽金	探至砖无法下探
92	EJZ536	IVS01E01-3-3	东北部	南北向	曲尺形	0.5~1.6	0.5~1.4	2.5	青砖、瓦片	魏晋北朝	探至砖无法下探
93	EJZ538	IVS01E01-3-3	北部	南北向	长方形	1.8	1.2	4	青砖、瓦片	西汉中晚期—东汉早期	探至砖无法下探
94	EJZ540	IVS01E01-3-3	中部	南北向	不规则	0.2~4.2	0.4~2.5	4	青砖、瓦片	西汉中晚期—东汉早期	探至砖无法下探

续表

序号	勘探编号	所在勘探单元	所在位置	遗迹走向	平面形状	长（米）	宽（米）	距现地表深（米）	包含物	年代蠡测	备注
95	EJZ545	ⅣS01E01-3-3	西南部	南北向	长方形	1.7	0.8	4.3	青砖、瓦片	西汉中晚期—东汉早期	探至砖无法下探
96	EJZ546	ⅣS01E01-3-3	西南部	南北向	不规则	1~4.1	0.4~3.5	1.8	青砖、瓦片	辽金	探至砖无法下探
97	EJZ553	ⅣS01E01-3-2	东北部	南北向	长方形	2.6	0.9	3	青砖、瓦片	东汉中晚期	探至砖无法下探
98	EJZ555	ⅣS01E01-3-2	北部	南北向	不规则	4.4	4.4	4.5~5.2	青砖、瓦片	西汉中晚期—东汉早期	探至砖无法下探
99	EJZ569	ⅣS01E01-2-2	东部	东西向	长方形	2.2	0.9	2.4	青砖、瓦片	魏晋北朝	探至砖无法下探
100	EJZ571	ⅣS01E01-2-3	西北部	东西向	"凸"字形	0.8~2.2	0.7~1.3	2	青砖、瓦片	辽金	探至砖无法下探
101	EJZ580	ⅣS01E01-2-3	北部	东西向	"凸"字形	0.4~1.9	0.6~1.4	3.8	青砖、瓦片	东汉中晚期	探至砖无法下探
102	EJZ584	ⅣS01E01-2-4	西北部	南北向	长方形	2.8	0.8	2.8	青砖、瓦片	东汉中晚期	探至砖无法下探
103	EJZ590	ⅣS01E01-2-4	西南部	东西向	不规则	7.9	4.6	3	青砖、瓦片	东汉中晚期	探至砖无法下探
104	EJZ600	ⅣS01E01-2-4	东南部	南北向	不规则	0.7~2.8	0.7~2.3	3.5	青砖、瓦片	西汉中晚期—东汉早期	探至砖无法下探
105	EJZ609	ⅡN01W01-3-4	西南部	东西向	曲尺形	1.4~3.2	0.8~1.6	5.1	青砖、瓦片	西汉中晚期—东汉早期	探至砖无法下探
106	EJZ612	ⅡN01W01-3-3	东南部	东西向	不规则	0.4~2.3	0.3~2	3.4	青砖、瓦片	东汉中晚期	探至砖无法下探，部分位于ⅡN01W01-2-3内
107	EJZ613	ⅡN01W01-3-3	南部	东西向	长方形	1.9	0.8	1.8	青砖、瓦片	辽金	探至砖无法下探
108	EJZ618	ⅡN01W01-3-3	西南部	东西向	不规则	0.5~4.2	0.4~2.7	1	青砖、瓦片	明清	探至砖无法下探
109	EJZ619	ⅡN01W01-2-4	西南部	东西向	不规则	0.5~2.1	0.3~1.6	4.1	青砖、瓦片	西汉中晚期—东汉早期	探至砖无法下探
110	EJZ636	ⅢS01W01-4-2	东北部	东西向	梯形	4.3	1.4~1.7	3.9	青砖、瓦片	西汉中晚期—东汉早期	探至砖无法下探
111	EJZ643	ⅣS01E01-2-1	东北部	东西向	不规则	1.1~3	1~1.9	3.5~4	青砖、瓦片	西汉中晚期—东汉早期	探至砖无法下探
112	EJZ652	ⅣS01E01-3-1	东南部	东西向	长方形	1.3~1.4	0.9	2~3.5	青砖、瓦片	辽金	探至砖无法下探，部分位于ⅣS01E01-2-1内
113	EJZ659	ⅣS01E01-2-1	西部	东西向	"凸"字形	1.4~3.2	0.9~1.5	2.3~4	青砖、瓦片	魏晋北朝	探至砖无法下探
114	EJZ661	ⅡN01W01-2-3	北部	东西向	正方形	1.3	1.3	3.1	青砖、瓦片	东汉中晚期	探至砖无法下探
115	EJZ663	ⅡN01W01-3-2	东南部	南北向	长方形	1.5	1.4	6	青砖、瓦片	西汉中晚期—东汉早期	探至砖无法下探
116	EJZ670	ⅡN01W02-3-4	西北部	东西向	长方形	1.4	1.2	3~4	青砖、瓦片	东汉中晚期	探至砖无法下探

序号	勘探编号	所在勘探单元	所在位置	遗迹走向	平面形状	长（米）	宽（米）	距现地表深（米）	包含物	年代蠡测	备注
117	EJZ671	Ⅱ N01W02-3-4	北部	南北向	长方形	1.4	1.3	3	青砖、瓦片	东汉中晚期	探至砖无法下探
118	EJZ679	Ⅳ S01E01-3-1	东南部	东西向	不规则	1.3～5.2	0.9～3.1	2～4	青砖、灰点	辽金	探至砖无法下探
119	EJZ681	Ⅳ S01E01-3-2	西南部	东西向	不规则	0.5～2.9	0.4～2.6	3～3.8	青砖、灰点	东汉中晚期	探至砖无法下探
120	EJZ682	Ⅳ S01E01-3-1	东南部	南北向	长方形	1.5	0.8	3.5～4	青砖、灰点	西汉中晚期—东汉早期	探至砖无法下探
121	EJZ692	Ⅲ S01W01-3-4	南部	南北向	曲尺形	0.5～2.5	0.5～1.4	3.4～5.4	青砖、灰点	西汉中晚期—东汉早期	探至砖无法下探
122	EJZ699	Ⅳ S01E01-3-1	西部	南北向	不规则	0.4～4.3	0.6～3	2.5～4	青砖、灰点	魏晋北朝	探至砖无法下探
123	EJZ707	Ⅲ S01W01-4-4	南部	南北向	长方形	1.8	1	3.7～4	青砖、灰点	西汉中晚期—东汉早期	探至砖无法下探
124	EJZ711	Ⅲ S01W01-4-4	西南部	东西向	不规则	0.6～2.3	0.7～1.6	3.2～3.5	青砖、灰点	东汉中晚期	探至砖无法下探
125	EJZ724	Ⅲ S01W01-4-4	东部	南北向	"凸"字形	1～2.9	1.1～2	3.8～4	青砖、灰点	西汉中晚期—东汉早期	探至砖无法下探
126	EJZ727	Ⅱ N01W01-1-4	东南部	南北向	曲尺形	0.3～2.5	0.7～1.3	3.5～4.2	青砖、灰点	西汉中晚期—东汉早期	探至砖无法下探
127	EJZ728	Ⅳ S01E01-4-1	西北部	东西向	长方形	2.3	1.1	3.2～4.5	青砖、灰点	东汉中晚期	探至砖无法下探
128	EJZ729	Ⅳ S01E01-4-1	西北部	南北向	不规则	1～2.4	0.6～2	3～4.5	青砖、灰点	东汉中晚期	探至砖无法下探
129	EJZ739	Ⅳ S01E01-3-1	西北部	南北向	曲尺形	1～2.6	1～1.8	3～4.8	青砖、灰点	东汉中晚期	探至砖无法下探
130	EJZ740	Ⅳ S01E01-4-1	南部	南北向	曲尺形	1.2～2.7	0.7～1.7	3.3～4.3	灰点	东汉中晚期	探至石无法下探
131	EJZ742	Ⅲ S01W01-4-4	东南部	南北向	长方形	1.6	1.1	3.5	青砖、灰点	西汉中晚期—东汉早期	探至砖无法下探
132	EJZ772	Ⅲ S01W02-4-3	东南部	南北向	长方形	3.2	1.8	3.8	青砖、灰点	西汉中晚期—东汉早期	探至砖无法下探
133	EJZ778	Ⅱ N01W02-1-3	东南部	南北向	长方形	2.8	1.5	4	青砖、灰点	西汉中晚期—东汉早期	探至砖无法下探
134	EJZ807	Ⅱ N01W02-1-4	东部	南北向	长方形	6.1	2.7	2～3.7	青砖、灰点	辽金	探至砖无法下探
135	EJZ818	Ⅱ N01W01-1-1	东北部	南北向	长方形	3.1	1.6	4	青砖、灰点	西汉中晚期—东汉早期	探至砖无法下探
136	EJZ821	Ⅱ N01W01-1-3	西北部	南北向	长方形	4.3	2	4.5～5	青砖、灰点	西汉中晚期—东汉早期	探至砖无法下探
137	EJZ822	Ⅱ N01W01-2-3	东南部	南北向	梯形	1.4～1.6	0.8	2.7～3	青砖、灰点	魏晋北朝	探至砖无法下探
138	EJZ833	Ⅲ S01W01-4-2	东北部	东西向	长方形	4.6	1.2	5～5.6	青砖、灰点	西汉中晚期—东汉早期	探至砖无法下探，中部位于建筑垃圾下方，具体形制不详

续表

序号	勘探编号	所在勘探单元	所在位置	遗迹走向	平面形状	长（米）	宽（米）	距现地表深（米）	包含物	年代蠡测	备注
139	EJZ855	ⅢS01W01-4-1	西北部	南北向	长方形	2.9	1.9	3.6	青砖、灰点	西汉中晚期—东汉早期	探至砖无法下探
140	EJZ864	ⅠN02E01-1-2	北部	南北向	曲尺形	1~5	1~2.2	1.2~1.7	青砖、灰点	明清	探至砖无法下探
141	EJZ877	ⅠN02E01-2-1	中部	东西向	长方形	2.4	1.2	2.8	青砖、灰点	东汉中晚期	探至砖无法下探
142	EJZ883	ⅠN02E01-4-3	东南部	东西向	长方形	3.5	2.7	3~3.5	青砖、灰点	东汉中晚期	探至砖无法下探
143	EJZ885	ⅠN02E01-4-4	西南部	南北向	长方形	4	1.8	3~3.7	青砖、灰点	东汉中晚期	探至砖无法下探

注：表中"距现地表深"一栏为数值范围时，前一个数据为开口距现地表深度，后一个数据为底距现地表深度或探至砖深度无法下探的深度；当该描述为单个数值时，则是开口直接探到砖等无法下探的情况。

附表九 路县故城砖瓦堆积统计表

序号	勘探编号	所在勘探单元	所在位置	遗迹走向	平面形状	长（米）	宽（米）	距现地表深（米）	包含物	年代蠡测	备注
1	EZW1	ⅡN02W02-3-3	东北部	南北向	不规则	7.8	1~1.9	0.8~1	大量的砖块、瓦片	明清	
2	EZW2	ⅡN02W01-1-1	东北部	南北向	椭圆形	6.5	4	2.8~3.8	大量的砖块	东汉中晚—魏晋北朝	
3	EZW3	ⅡN02W01-1-2	西南部	南北向	不规则	7.6	3~3.5	4~6	大量的砖块、瓦片	西汉中晚—东汉早期	
4	EZW4	ⅡN02W01-2-2	东北部	南北向	近似椭圆形	3.9	2.1	2.5~3	青砖、灰点、陶片	东汉中晚—魏晋北朝	
5	EZW5	ⅡN02W01-4-2	西北部	南北向	不规则	6.5	2~3	3.5~4.5	大量的砖块、瓦片	西汉中晚—东汉早期	部分位于N02W01-4-4内
6	EZW6	ⅡN03W01-1-4	南部	东西向	不规则	3	2.6	4	青砖、瓦片	西汉中晚—东汉早期	东部因渣土未清未进行勘探
7	EZW7	ⅡN02W01-3-4	东北部	南北向	不规则	6	3	5	青砖、大量灰点、少量红陶片	西汉中晚—东汉早期	
8	EZW8	ⅡN02W01-4-1	东南部	东西向	近似圆形	直径约1.6~1.9		3	大量的砖块、瓦片	东汉中晚—魏晋北朝	
9	EZW9	ⅡN02W01-4-1	东北部	东西向	不规则	8.8	2.5~3.3	5~6	大量的砖块、瓦、少量灰点、陶片	西汉中晚—东汉早期	
10	EZW10	ⅠN02E02-2-1	西南部	南北向	不规则	4.9	3.1~3.8	4~5.8	大量的砖块、瓦片、碎陶片	西汉中晚—东汉早期	
11	EZW11	ⅠN01E02-2-2	东南部	东西向	近似长方形	1.6	0.6	3	砖块	东汉中晚—魏晋北朝	
12	EZW12	ⅠN01E02-2-2	东南部	南北向	近似长方形	1.1	0.9	4.2	大量的砖块	西汉中晚—东汉早期	
13	EZW13	ⅠN01E02-2-2	东南部	东西向	近似长方形	0.9	0.5	2.2	大量的砖块	辽金	
14	EZW14	ⅠN01E02-2-2	西南部	南北向	近似长方形	1.3	0.7	2.8	大量的砖块	东汉中晚—魏晋北朝	
15	EZW15	ⅠN01E02-2-2	西南部	东西向	近似长方形	1.7	0.6	2.5	砖块、瓦片	辽金	
16	EZW16	ⅠN01E02-2-2	西北部	南北向	近似长方形	1.3	0.7	2	大量的砖块	辽金	
17	EZW17	ⅠN01E02-2-1	东南部	南北向	近似长方形	1	0.5	2.6	大量的砖块	东汉中晚—魏晋北朝	
18	EZW18	ⅠN01E02-2-1	东南部	南北向	近似长方形	1.5	0.6	2.5~3.6	大量的砖块	东汉中晚—魏晋北朝	
19	EZW19	ⅠN01E02-2-1	东南部	南北向	近似长方形	1.9	1.1	2~3.8	大量的砖块、瓦片	东汉中晚—魏晋北朝	
20	EZW20	ⅠN01E02-2-1	东南部	南北向	近似长方形	2.1	0.6	2.9	大量的砖块	东汉中晚—魏晋北朝	
21	EZW21	ⅠN01E02-2-1	南部	东西向	近似长方形	1	0.6	3	大量的砖块	东汉中晚—魏晋北朝	

续表

序号	勘探编号	所在勘探单元	所在位置	遗迹走向	平面形状	长（米）	宽（米）	距现地表深（米）	包含物	年代蠡测	备注
22	EZW22	I N01E02-2-1	南部	东西向	近似长方形	1.7	1.1	2.4~3	大量的砖块	东汉中晚—魏晋北朝	该遗迹东部将EJ20的上部破坏
23	EZW23	I N01E02-2-1	南部	东西向	近似长方形	2.1	1.1	3.1~3.5	大量的砖块	西汉中晚—东汉早期	
24	EZW24	I N01E02-2-1	西南部	东西向	近似长方形	1.9	1.5~1.6	3~4.1	大量的砖块	西汉中晚—东汉早期	
25	EZW25	I N01E02-2-1	西部	东西向	近似长方形	2	1.1~1.2	2.2~3.1	大量的砖块	东汉中晚—魏晋北朝	
26	EZW26	I N01E01-2-4	东南部	东西向	近似长方形	1.8	1	1.9~3.2	青砖、瓦片	辽金	
27	EZW27	I N01E01-2-4	东南部	南北向	近似长方形	1.6	0.9	3.4	大量的砖块	东汉中晚—魏晋北朝	
28	EZW28	I N01E01-2-4	东南部	东西向	近似正方形	1~1.1	1.1	3.1~3.4	大量的砖块	西汉中晚—东汉早期	该遗迹将EJ20上部破坏
29	EZW29	I N01E01-2-4	东北部	南北向	近似长方形	1.3	1	2.9	砖块、瓦片	东汉中晚—魏晋北朝	
30	EZW30	I N01E01-2-4	西北部	东西向	近似长方形	0.8	0.4	2.5	大量的砖块	东汉中晚—魏晋北朝	
31	EZW31	I N01E01-2-3	东北部	南北向	近似长方形	1.1	0.9	2.8	大量的砖块	东汉中晚—魏晋北朝	
32	EZW32	I N01E01-2-2	西北部	东西向	近似长方形	1	0.5	3~4	大量的砖块	西汉中晚—东汉早期	
33	EZW33	I N01E01-2-2	西部	东西向	近似长方形	1.9	0.6	3~4	大量的砖块、碎陶片	西汉中晚—东汉早期	
34	EZW34	I N01E01-2-1	东部	南北向	近似长方形	1.2	1	4~5	大量的砖块	西汉中晚—东汉早期	
35	EZW35	I N01E01-3-2	西南部	南北向	近似长方形	1.2~1.3	0.8	3.5~4	大量的砖块	西汉中晚—东汉早期	
36	EZW36	I N01E02-1-1	西北部	南北向	近似长方形	0.8	0.7	3	大量的砖块	东汉中晚—魏晋北朝	部分位于 I N01E01-1-4内
37	EZW37	I N01E01-1-4	西南部	东西向	近似梯形	0.7	0.5~0.6	3.7	大量的砖块	西汉中晚—东汉早期	
38	EZW38	I N01E01-1-4	西南部	南北向	近似正方形	0.5	0.5~0.6	3.3	大量的砖块	东汉中晚—魏晋北朝	
39	EZW39	I N01E01-1-3	东北部	东西向	不规则	0.9	0.7	3.5	大量的砖块	西汉中晚—东汉早期	
40	EZW40	I N01E01-1-3	东北部	东西向	不规则	0.9	0.9	3.2	大量的砖块	东汉中晚—魏晋北朝	
41	EZW41	I N01E01-1-3	东部	南北向	不规则	1.1	1	4.5	大量的砖块	西汉中晚—东汉早期	
42	EZW42	I N01E01-1-3	西南部	东西向	不规则	0.8	0.8	3	大量的砖块、瓦片	东汉中晚—魏晋北朝	
43	EZW43	I N01E01-1-3	北部	东西向	不规则	1.2	1.1	2.7	大量的砖块	东汉中晚—魏晋北朝	
44	EZW44	I N01E01-1-3	西北部	南北向	不规则	1	0.8	4.6	大量的砖块	西汉中晚—东汉早期	

续表

序号	勘探编号	所在勘探单元	所在位置	遗迹走向	平面形状	长（米）	宽（米）	距现地表深（米）	包含物	年代蠡测	备注
45	EZW45	Ⅰ N01E01-1-3	西北部	东西向	不规则	0.9	0.7	4.6	大量的砖块	西汉中晚—东汉早期	
46	EZW46	Ⅰ N01E01-1-2	东南部	东西向	不规则	1.1	1.1	3.5	大量的砖块	东汉中晚—魏晋北朝	
47	EZW47	Ⅳ S01E01-4-2	北部	东西向	不规则	0.8	0.7	4	大量的砖块	西汉中晚—东汉早期	
48	EZW48	Ⅳ S01E01-4-2	东北部	东西向	不规则	0.7	0.7	3.5	大量的砖块	东汉中晚—魏晋北朝	
49	EZW49	Ⅳ S01E01-4-2	北部	东西向	不规则	0.5	0.4	3.4	大量的砖块	东汉中晚—魏晋北朝	
50	EZW50	Ⅳ S01E01-4-2	北部	东西向	不规则	0.8	0.6	4	大量的砖块	西汉中晚—东汉早期	
51	EZW51	Ⅳ S01E01-4-2	西北部	东西向	不规则	0.9	0.8	3	大量的砖块	东汉中晚—魏晋北朝	
52	EZW52	Ⅳ S01E01-4-2	西南部	东西向	不规则	0.5	0.4	3.1	大量的砖块	东汉中晚—魏晋北朝	
53	EZW53	Ⅳ S01E01-4-2	东南部	东西向	不规则	0.6	0.6	2.9	大量的砖块	东汉中晚—魏晋北朝	
54	EZW54	Ⅳ S01E01-4-2	东北部	南北向	不规则	0.9	0.8	3	大量的砖块	东汉中晚—魏晋北朝	
55	EZW55	Ⅳ S01E01-4-2	东北部	南北向	长方形	1.1	0.7	3.8	大量的砖块	西汉中晚—东汉早期	
56	EZW56	Ⅳ S01E01-4-2	东北部	南北向	不规则	0.9	0.7	3.5	瓦片、碎陶片、砖块	东汉中晚—魏晋北朝	
57	EZW57	Ⅳ S01E01-4-3	西部	南北向	不规则	6.7	4.4	3.1	大量的砖块	东汉中晚—魏晋北朝	该遗迹西南部打破EJ39
58	EZW58	Ⅳ S01E01-4-3	西部	东西向	不规则	0.6	0.5	3.1	大量的砖块	东汉中晚—魏晋北朝	
59	EZW59	Ⅳ S01E01-4-3	北部	东西向	近似圆形	直径约1.1		4	大量的砖块	西汉中晚—东汉早期	
60	EZW60	Ⅳ S01E01-4-3	西北部	东西向	不规则	0.8	0.7	3	大量的砖块	东汉中晚—魏晋北朝	
61	EZW61	Ⅳ S01E01-4-3	南部	东西向	不规则	1.4	1.1	3.3	大量的砖块	东汉中晚—魏晋北朝	
62	EZW62	Ⅳ S01E01-4-3	东南部	东西向	不规则	1	0.9	3.2	大量的砖块	东汉中晚—魏晋北朝	
63	EZW63	Ⅳ S01E01-4-3	东南部	南北向	不规则	0.9	0.7	4	大量的砖块	西汉中晚—东汉早期	
64	EZW64	Ⅳ S01E01-4-3	东部	东西向	不规则	1	0.9	4.3	大量的砖块、陶片	西汉中晚—东汉早期	
65	EZW65	Ⅳ S01E01-4-3	东北部	南北向	不规则	0.9	0.8	3.5	大量的砖块	东汉中晚—魏晋北朝	
66	EZW66	Ⅳ S01E01-4-3	东北部	南北向	不规则	0.9	0.8	3.7	青砖、瓦片	西汉中晚—东汉早期	
67	EZW67	Ⅳ S01E01-4-4	西北部	南北向	不规则	1	0.9	2.8	大量的砖块	东汉中晚—魏晋北朝	
68	EZW68	Ⅳ S01E01-4-4	西南部	南北向	梯形	0.8	0.4~0.5	3	大量的砖块	东汉中晚—魏晋北朝	

续表

序号	勘探编号	所在勘探单元	所在位置	遗迹走向	平面形状	长（米）	宽（米）	距现地表深（米）	包含物	年代蠡测	备注
69	EZW69	ⅣS01E02-3-1	西部	南北向	不规则	0.7	0.6	3.7	大量的砖块	西汉中晚—东汉早期	
70	EZW70	ⅣS01E02-3-1	西南部	东西向	不规则	0.7	0.7	3.7	大量的砖块	西汉中晚—东汉早期	
71	EZW71	ⅣS01E01-3-4	东北部	南北向	不规则	1.1	0.9	3.6	大量的砖块	西汉中晚—东汉早期	
72	EZW72	ⅣS01E01-3-4	东部	东西向	不规则	1	1	4	大量的砖块	西汉中晚—东汉早期	
73	EZW73	ⅣS01E01-3-4	西北部	东西向	不规则	0.9	0.9	3.3	砖块、瓦片	东汉中晚—魏晋北朝	
74	EZW74	ⅣS01E01-3-4	中部	东西向	不规则	0.7	0.5	3	青砖、瓦片	东汉中晚—魏晋北朝	
75	EZW75	ⅣS01E01-3-4	西南部	南北向	不规则	1	0.9	2.8	大量的砖块	东汉中晚—魏晋北朝	部分位于ⅣS01E01-2-4内
76	EZW76	ⅣS01E01-3-3	东南部	东西向	不规则	0.9	0.9	2	大量的砖块	辽金	
77	EZW77	ⅣS01E01-3-3	西南部	东西向	不规则	0.7	0.6	3.2	大量的砖块	东汉中晚—魏晋北朝	
78	EZW78	ⅣS01E01-3-3	西南部	南北向	不规则	0.8	0.6	3.1	大量的砖块	东汉中晚—魏晋北朝	
79	EZW79	ⅣS01E01-3-3	西南部	东西向	不规则	0.7	0.6	3.8	大量的砖块	西汉中晚—东汉早期	
80	EZW80	ⅣS01E01-3-3	西南部	南北向	不规则	0.7	0.6	3.3	青砖、瓦片、碎陶片	东汉中晚—魏晋北朝	
81	EZW81	ⅣS01E01-3-3	西部	东西向	不规则	0.7	0.4	2.6	大量的砖块	东汉中晚—魏晋北朝	
82	EZW82	ⅣS01E01-3-3	西北部	东西向	不规则	0.7	0.5	3.1	大量的砖块	东汉中晚—魏晋北朝	
83	EZW83	ⅣS01E01-3-3	西南部	南北向	不规则	1	1	3.7	大量的砖块	西汉中晚—东汉早期	
84	EZW84	ⅣS01E01-3-3	西南部	南北向	不规则	0.9	0.8	3.5	大量的砖块	西汉中晚—东汉早期	
85	EZW85	ⅣS01E01-3-2	东北部	南北向	不规则	0.8	0.7	2.6	大量的砖块	东汉中晚—魏晋北朝	
86	EZW86	ⅣS01E01-3-2	东北部	南北向	不规则	0.8	0.7	4	青砖、瓦片、少量红陶片	西汉中晚—东汉早期	
87	EZW87	ⅣS01E01-2-2	东北部	南北向	不规则	1	0.8	3.5	大量的砖块	东汉中晚—魏晋北朝	
88	EZW88	ⅣS01E01-2-2	东北部	东西向	不规则	0.7	0.6	3.8	砖块、瓦片	西汉中晚—东汉早期	
89	EZW89	ⅣS01E01-2-2	东北部	南北向	不规则	0.7	0.7	3.5	大量的砖块	东汉中晚—魏晋北朝	
90	EZW90	ⅣS01E01-2-3	西北部	南北向	不规则	0.9	0.7	3.9	大量的砖块、瓦片	西汉中晚—东汉早期	
91	EZW91	ⅣS01E01-2-3	西北部	东西向	不规则	1	0.9	2.8	大量的砖块	东汉中晚—魏晋北朝	

续表

序号	勘探编号	所在勘探单元	所在位置	遗迹走向	平面形状	长（米）	宽（米）	距现地表深（米）	包含物	年代鉴测	备注
92	EZW92	ⅣS01E01-2-3	西北部	南北向	不规则	1.1	0.9	4.4	大量的砖块	西汉中晚—东汉早期	
93	EZW93	ⅣS01E01-2-3	东部	东西向	不规则	1.2	1.1	3.8	砖块、瓦片	西汉中晚—东汉早期	
94	EZW94	ⅣS01E01-2-4	西北部	东西向	不规则	0.7	0.6	3.8	大量的砖块	西汉中晚—东汉早期	
95	EZW95	ⅣS01E01-2-4	西北部	南北向	不规则	0.9	0.8	4	大量的砖块	西汉中晚—东汉早期	
96	EZW96	ⅣS01E01-2-4	西南部	东西向	不规则	0.9	0.9	3.4	青砖、瓦片	东汉中晚—魏晋北朝	
97	EZW97	ⅣS01E01-2-4	南部	南北向	不规则	1.1	0.9	3.5	大量的砖块	东汉中晚—魏晋北朝	
98	EZW98	ⅣS01E01-2-4	北部	南北向	不规则	1.1	0.8	3	大量的砖块	东汉中晚—魏晋北朝	
99	EZW99	ⅣS01E01-2-4	东南部	东西向	不规则	1	0.9	2	大量的砖块	辽金	
100	EZW100	ⅠN01E01-1-2	东北部	东西向	不规则	0.8	0.8	3.3	砖块、红陶片、瓦片	东汉中晚—魏晋北朝	
101	EZW101	ⅠN01E01-1-2	北部	东西向	近似圆形	直径约0.8		3.5	大量的砖块	东汉中晚—魏晋北朝	
102	EZW102	ⅠN01E01-1-2	西北部	东西向	不规则	0.9	0.8	4.1	大量的砖块	西汉中晚—东汉早期	
103	EZW103	ⅡN01W01-3-3	东南部	东西向	不规则	0.8	0.7	3.8	砖块、瓦片	西汉中晚—东汉早期	部分位于ⅡN01W01-2-3内
104	EZW104	ⅡN01W01-3-3	南部	东西向	不规则	0.8	0.8	4.1	大量的砖块、碎陶片	西汉中晚—东汉早期	
105	EZW105	ⅡN01W01-3-3	西南部	南北向	不规则	0.9	0.8	4.2	大量的砖块	西汉中晚—东汉早期	
106	EZW106	ⅡN01W01-2-4	西南部	南北向	不规则	0.7	0.7	4.7	大量的砖块	西汉中晚—东汉早期	
107	EZW107	ⅡN01W01-2-4	西南部	东西向	不规则	0.6	0.6	2	大量的砖块	辽金	
108	EZW108	ⅡN01W01-2-3	东南部	东西向	不规则	0.8	0.7	3.5	大量的砖块	东汉中晚—魏晋北朝	
109	EZW109	ⅢS01W01-4-3	西南部	南北向	不规则	0.8	0.7	4.2	砖块、瓦片	西汉中晚—东汉早期	
110	EZW110	ⅢS01W01-4-2	东南部	东西向	不规则	0.6	0.4	3.5	大量的砖块	东汉中晚—魏晋北朝	
111	EZW111	ⅡN01W01-2-1	东北部	东西向	不规则	18	1.8~6	2~5	大量的砖块、瓦片及陶片	西汉中晚—东汉早期	部分位于ⅡN01W01-2-1、ⅡN01W01-2-2、ⅡN01W01-3-1、ⅡN01W01-3-2内

注：表中"距现地表深"一栏为数值范围时，前一个数据为开口距现地表深度，后一个数据为底距现地表深度或探至砖瓦无法下探的深度；当该描述为单个数值时，则是开口直接探到砖瓦而无法下探的情况。

附表一〇　路县故城水井统计表

序号	勘探编号	所在勘探单元	所在位置	平面形状	直径（米）	开口距现地表深（米）	底距现地表深（米）	包含物	年代蠡测	备注
1	EJ1	II N02W01-2-1	东南部	近似圆形	4	3.6	7	碎砖块、黑灰点	西汉中晚—东汉早期	
2	EJ2	II N02W01-2-1	东南部	近似圆形	3.5	3.8	7	碎砖块、碎陶片、黑灰点	西汉中晚—东汉早期	
3	EJ3	II N02W02-1-4	西部	近似圆形	3.6	3.8	7.5	碎砖块、黑灰点	西汉中晚—东汉早期	
4	EJ4	II N02W01-1-1	南部	近似圆形	4	3.7	6	碎砖块、黑灰点	西汉中晚—东汉早期	
5	EJ5	II N02W01-1-1	东北部	近似圆形	4.4	4	7	碎砖块、黑灰点	西汉中晚—东汉早期	
6	EJ6	II N02W01-4-3	西南部	近似圆形	3.7	3.8	7.5	碎砖块、黑灰点、白灰	西汉中晚—东汉早期	部分位于II N02W01-3-3内
7	EJ7	II N02W01-4-3	西南部	近似圆形	2.5	3.5	6.2	碎砖块、黑灰点、青泥	西汉中晚—东汉早期	部分位于II N02W01-3-3内
8	EJ8	II N02W01-4-3	东部	近似圆形	4.2	3.8	8	碎砖块、黑灰点、青泥	西汉中晚—东汉早期	
9	EJ9	II N02W01-4-3	东南部	近似圆形	4.4	3.6	6.7	碎砖块、黑灰点、青泥	西汉中晚—东汉早期	
10	EJ10	II N02W01-4-3	东北部	近似圆形	3	3.7	7	碎砖块、青泥	西汉中晚—东汉早期	
11	EJ11	II N02W01-4-4	西南部	近似圆形	3	3.6	7	碎砖块、黑青泥	西汉中晚—东汉早期	
12	EJ12	II N02W01-4-4	东南部	近似圆形	5	3.8	7.5	碎砖块、青泥	西汉中晚—东汉早期	
13	EJ13	II N02W01-1-4	中部	近似圆形	4.2	3.8	8.3	碎砖块、木头、青泥	西汉中晚—东汉早期	
14	EJ14	II N02W01-1-4	北部	近似圆形	4	3.6	7.5	碎砖块、青泥	西汉中晚—东汉早期	部分位于II N02W01-2-4内
15	EJ15	I N02E01-1-4	东北部	近似圆形	3	1.5	6.5	青砖、红陶片、灰点、瓦片	明清	
16	EJ16	I N01E01-4-4	东部	近似椭圆形	2.2~2.7	1.7~5	5.4	青砖、红陶片、灰点、瓦片、树枝朽渣	辽金	地表下3.2~5米处深灰色胶泥土
17	EJ17	I N02E02-1-1	东北部	近似圆形	2.6	3.5	6.7	青砖、红陶片、瓦片	西汉中晚—东汉早期	
18	EJ18	I N02E02-2-1	西部	近似圆形	1.8	1.8~3	6	青砖、灰点、瓦片	辽金	部分位于I N02E01-2-4内
19	EJ19	I N02E02-2-1	南部	近似圆形	1.7	3~3.5	7	青砖、灰点、红陶片、瓦片	东汉中晚—魏晋北朝	
20	EJ20	I N01E02-2-1	南部	近似圆形	2.3	3	7.3	碎砖块、瓦片、朽木块	东汉中晚—魏晋北朝	该遗迹西部和南部分别被EZW23和EJZ258破坏
21	EJ21	I N01E02-2-1	西北部	近似圆形	1.9	3.6	7.5	碎砖块、瓦片、灰点	西汉中晚—东汉早期	

续表

序号	勘探编号	所在勘探单元	所在位置	平面形状	直径（米）	开口距现地表深（米）	底距现地表深（米）	包含物	年代蠡测	备注
22	EJ22	I N01E01-2-4	西南部	近似圆形	4.8	3.4	—	碎砖块	东汉中晚—魏晋北朝	探至地表下8.2米见水，无法提取土样；该遗迹北部被EJZ290破坏
23	EJ23	I N01E01-2-3	南部	近似圆形	2.2	3.5	8	碎砖块、瓦片、灰点	西汉中晚—东汉早期	探至地表下9.5米见水，无法提取土样；该遗迹西南部被EJZ308破坏
24	EJ24	I N01E01-1-4	东北部	近似圆形	2.3	3	—	碎砖块等建筑垃圾	东汉中晚—魏晋北朝	该遗迹完全位于EK12内部
25	EJ25	I N01E01-1-4	东南部	近似圆形	3	4.2	8	碎砖块、瓦片	东汉中晚—魏晋北朝	在地表下7~8米处有1米左右的青泥；该遗迹被EJZ365破坏，部分位于I N01E02-1-1内
26	EJ26	I N01E01-1-4	南部	近似圆形	3.8	5	9.2	碎砖块、瓦片、灰点、陶片	西汉中晚—东汉早期	在地表下8.5~9米处有0.5米左右的黑色青青泥
27	EJ27	I N01E01-1-4	西南部	近似圆形	4	5	8	碎砖块、瓦片、灰点、木屑	西汉中晚—东汉早期	在地表下6.5~7米处有木屑碎片
28	EJ28	I N01E01-1-4	北部	近似圆形	4.4	4.8	9	碎砖块、瓦片、灰点	西汉中晚—东汉早期	在地表下8~9米处有1米左右的黑色青青泥；该遗迹南部被EJZ387破坏，EJZ409完全位于其内部
29	EJ29	I N01E01-1-4	西部	近似圆形	3	5	8.7	碎砖块、瓦片、陶片	西汉中晚—东汉早期	井内填土以渣土为主，在地表下8~8.5米处有0.5米左右的黑色青青泥
30	EJ30	I N01E01-1-3	东南部	近似圆形	2.9	3.5	8.5	碎砖块、瓦片、灰点	西汉中晚—东汉早期	
31	EJ31	I N01E01-1-3	西部	近似圆形	2.5	3.3	9.1	碎砖块、瓦片、灰点	东汉中晚—魏晋北朝	
32	EJ32	I N01E01-1-2	东南部	近似圆形	2.5	2.5	8.1	碎砖块、瓦片、灰点	辽金	部分位于I N01E01-1-3内
33	EJ33	IV S01E01-4-2	西南部	近似椭圆形	2.1~2.5	1.9	6.2	碎砖块、瓦片、灰点	明清	
34	EJ34	I N01E01-1-4	东北部	近似椭圆形	2.7	2.5	7.6	碎砖块、瓦片、灰点	辽金	
35	EJ35	IV S01E01-4-2	东部	近似椭圆形	3.1~3.4	3.6	8.5	碎砖块、瓦片、灰点	西汉中晚—东汉早期	
36	EJ36	IV S01E01-4-2	东北部	近似圆形	2	4.4	8.2	碎砖块、瓦片、灰点	西汉中晚—东汉早期	

续表

序号	勘探编号	所在勘探单元	所在位置	平面形状	直径（米）	开口距现地表深（米）	底距现地表深（米）	包含物	年代蠡测	备注
37	EJ37	IVS01E01-4-3	西北部	近似椭圆形	4.1~4.7	4.5	7.9	碎砖块、瓦片、灰点	西汉中晚—东汉早期	该遗迹南部被EJ38打破，部分位于IVS01E01-4-2内
38	EJ38	IVS01E01-4-3	西北部	近似椭圆形	3.8~4.3	2.2	8.1	碎砖块、瓦片、灰点	辽金	该遗迹北部打破EJ37，部分位于IVS01E01-4-2内
39	EJ39	IVS01E01-4-3	西部	近似椭圆形	3.4~3.6	3.3	8.5	碎砖块、瓦片、灰点	东汉中晚—魏晋北朝	该遗迹东北部被EZW57打破，部分位于IVS01E01-4-2内
40	EJ40	IVS01E01-4-3	西南部	近似椭圆形	3~3.3	3	7.2	碎砖块、瓦片、灰点	东汉中晚—魏晋北朝	
41	EJ41	IVS01E01-3-3	西北部	近似椭圆形	3.7~3.9	1.9	6.2	碎砖块、瓦片、灰点	辽金	
42	EJ42	IVS01E01-4-3	东北部	近似圆形	1.2	2.1	5.6	碎砖块、瓦片、灰点	辽金	
43	EJ43	IVS01E01-4-4	西南部	近似椭圆形	3.9~4.1	2.3	6.9	碎砖块、瓦片、灰点	辽金	
44	EJ44	IVS01E01-4-4	南部	近似椭圆形	2.6~2.8	3.3	7.5	碎砖块、瓦片、灰点	东汉中晚—魏晋北朝	
45	EJ45	IVS01E02-4-1	西南部	近似椭圆形	2~2.3	2.4	6.9	碎砖块、瓦片、灰点	辽金	
46	EJ46	IVS01E02-4-1	西南部	近似椭圆形	4.1~4.3	3.1	8.5	碎砖块、瓦片、灰点	东汉中晚—魏晋北朝	
47	EJ47	IVS01E02-3-1	西北部	近似椭圆形	2.2~2.4	2.5	7.1	碎砖块、瓦片、灰点	辽金	
48	EJ48	IVS01E01-3-4	东部	近似椭圆形	2~2.2	3	7.7	碎砖块、瓦片、灰点	东汉中晚—魏晋北朝	
49	EJ49	IVS01E01-3-4	东部	近似椭圆形	3.6~3.9	2.8	6.9	碎砖块、瓦片、灰点	东汉中晚—魏晋北朝	
50	EJ50	IVS01E01-3-4	北部	近似圆形	2.4	3.3	7.8	碎砖块、瓦片、灰点	东汉中晚—魏晋北朝	
51	EJ51	IVS01E01-3-4	西南部	近似圆形	2.9~3.1	3.6	7.6	碎砖块、瓦片、灰点	西汉中晚—东汉早期	
52	EJ52	IVS01E01-2-3	东北部	近似圆形	3~3.2	2.6	8.1	碎砖块、瓦片、灰点	东汉中晚—魏晋北朝	
53	EJ53	IVS01E01-2-4	西北部	近似圆形	4	3.3	6.5	碎砖块、瓦片、灰点	东汉中晚—魏晋北朝	
54	EJ54	I N01E01-1-2	西北部	近似椭圆形	2.8~3.4	2.5	7.8	碎砖块、瓦片、灰点	辽金	部分位于 I N01E01-1-1内
55	EJ55	II N01W01-3-3	南部	近似圆形	2	3.3	6.5	碎砖块、瓦片、灰点	东汉中晚—魏晋北朝	
56	EJ56	III S01W01-4-2	东北部	近似圆形	2.4	2.8	7.8	碎砖块、瓦片、灰点	东汉中晚—魏晋北朝	
57	EJ57	I N01E01-1-1	东南部	近似椭圆形	3.1~3.7	2.6	7	碎砖块、瓦片、灰点	东汉中晚—魏晋北朝	

序号	勘探编号	所在勘探单元	所在位置	平面形状	直径（米）	开口距现地表深（米）	底距现地表深（米）	包含物	年代蠡测	备注
58	EJ58	I N01E01-1-1	东南部	近似椭圆形	4.2~4.8	2.5	8.5	碎砖块、瓦片、灰点	辽金	
59	EJ59	III S01W01-3-4	东南部	近似椭圆形	4.1~5.1	3.1	8	碎砖块、瓦片、灰点	东汉中晚—魏晋北朝	
60	EJ60	III S01W01-3-4	西南部	近似椭圆形	4.6~5.5	2.4	7.5	碎砖块、瓦片、灰点	辽金	
61	EJ61	III S01W01-4-4	西南部	近似圆形	2.6	4.5	7.5	碎砖块、瓦片、陶片、灰点	西汉中晚—东汉早期	
62	EJ62	III S01W01-3-4	北部	近似圆形	2.4	3.5~4	8	碎砖块、瓦片、陶片、灰点	西汉中晚—东汉早期	
63	EJ63	II N01W01-2-3	东北部	近似圆形	3.1	4.2	8.5	碎砖块、瓦片、灰点	西汉中晚—东汉早期	在地表下4.5米处见砖，7.6米处见木头
64	EJ64	III S01W01-4-2	西北部	近似圆形	1.7	4.8	7	碎砖块、瓦片、灰点	西汉中晚—东汉早期	在地表下6米处发现陶井圈；该遗迹东南部被EJZ837打破
65	EJ65	II N01W01-1-2	西南部	近似圆形	3.5	5	8	碎砖块、瓦片、灰点	西汉中晚—东汉早期	部分位于III S01W01-4-2内
66	EJ66	I N02E01-2-2	南部	近似圆形	3.4~4	6.2	6.4	碎砖块、瓦片、灰点	西汉中晚—东汉早期	在地表下6.2米处见青泥；该遗迹东南部被EJZ872打破
67	EJ67	II N02W01-2-3	东北部	近似圆形	1.5	6.3	6.7	碎砖块、瓦片、灰点	西汉中晚—东汉早期	在地表下6.3米处见木头，6.5米处见青泥
68	EJ68	III S01W02-4-3	东北部	近似椭圆形	2.2~2.6	1.5	7	碎砖块、瓦片、灰点	明清	在地表下6.8米处见青泥
69	EJ69	IV S01E01-3-1	西南部	近似圆形	2.7	3.5	8	碎砖块、瓦片、灰点	西汉中晚—东汉早期	在地表下7.5米处见青泥

附表一一　路县故城窑址统计表

序号	勘探编号	所在勘探单元	所在位置	遗迹走向	平面形状	开口距现地表深（米）	窑室 尺寸（米）			操作间 尺寸（米）			包含物	年代蠡测	备注
							长	宽	底距现地表深	长	宽	底距现地表深			
1	EY1	II N02W02-3-4	西南部	东西向	近"葫芦"形	2	3.2	3.4	3	5.6	2.8	3	红烧土、灰	明清	
2	EY2	II N02W02-1-4	南部	东西向	近"葫芦"形	4.5	3	3.8	5.2	4.5	3.5	4	红烧土、灰	西汉中晚一东汉早期	
3	EY3	I N01E02-4-2	西北部	东西向	近"葫芦"形	3.5	4	3.6	4.5	0.7	1~1.2	5	红烧土、砖块、瓦片	西汉中晚一东汉早期	
4	EY4	I N01E02-4-2	东北部	东西向	近"葫芦"形	3.5	3.6	3.5	4.2	3.3	1.7~2.5	4.8	红烧土、砖块、灰	西汉中晚一东汉早期	
5	EY5	I N01E02-4-2	东南部	东西向	近"葫芦"形	1.5	3.7	3.3	2.1	3.5	2.2~2.5	2.5	红烧土、瓦片、砖块、灰	明清	
6	EY6	I N02E02-2-2	东南部	南北向	近"葫芦"形	2.6	5.2	3	4.2	2.1	1.5	—	灰、砖块、红烧土	东汉中晚一魏晋北朝	操作间探至地表下2.6米处见砖，无法下探至底
7	EY7	I N01E02-2-2	东南部	东西向	近"葫芦"形	1.3	5.5	5.3	—	2.5	1.8~2.5	4.3	红烧土、砖块、灰	明清	窑室探至地表下2米处见砖，无法下探至底；操作间部分被EK10打破
8	EY8	IV S01E02-4-2	西北部	南北向	不规则	1.8	7.7	1.9~2.8	1.9	3	1.7~1.9	1.9	红烧土、砖块	明清	窑室部分破坏严重形状不存

续表

序号	勘探编号	所在勘探单元	所在位置	遗迹走向	平面形状	开口距现地表深（米）	窑室尺寸（米）			操作间尺寸（米）			包含物	年代蠡测	备注
							长	宽	底距现地表深	长	宽	底距现地表深			
9	EY9	ⅣS01E02-2-1	东北部	东西向	近"葫芦"形	1.1	3.8	4.2	—	2.7	1.4～2	2.4	红烧土、灰、砖块	明清	窑室探至地表下1.2米处见砖，无法下探至底，遗迹下探部分位于ⅣS01E02-2-2、ⅣS01E02-3-1内
10	EY10	ⅠN01E01-3-1	东南部	东西向	近"葫芦"形	2.5	5.7	6.2	—	4	1.6～4.4	4	红烧土、灰土、砖	东汉中晚—魏晋北朝	窑室探至地表下2.5米处见砖，无法下探至底，操作间西北部被现代建筑垃圾坑遗迹挡，无法下探，窑室北部将EJZ327叠压在任下
11	EY11	ⅢS01W01-4-2	西北部	东西向	近似椭圆形	2	2.7	2.4	—	—	—	—	红烧土、砖	辽金	窑室探至地表下2.7米处见砖，无法下探至底；该遗迹大部分被EJZ641破坏，具体形制不详
12	EY12	ⅢS01W01-4-1	东北部	东西向	近似椭圆形	2.8	4	3	—	—	—	—	红烧土、砖	东汉中晚—魏晋北朝	窑室探至地表下3.1米处见砖，无法下探至底，遗迹下探部分位于ⅢS01W01-4-2内，西南部被EJZ640破坏，具体形制不详

附表一二　路县故城灰坑统计表

序号	勘探编号	所在勘探单元	所在位置	遗迹走向	平面形状	长（米）直径	宽（米）	距现地表 深（米）	包含物	备注
1	EH1	II N02W02-2-3	东南部	南北向	不规则	3.6	2.5	1~1.5	砖块、灰点、陶片	
2	EH2	II N02W01-2-2	西部	东西向	不规则	19	5.5~8	5~5.5	砖块、灰点、陶片	部分位于II N02W01-2-1内
3	EH3	II N02W01-3-2	西南部	南北向	不规则	16.5	3.5~6	2.5~4	砖块、灰点、陶片	
4	EH4	II N02W01-2-3	南部	南北向	不规则	9	2~5	5~5.5	砖块、灰点、陶片	
5	EH5	II N02W01-1-3	东北部	东西向	不规则	11	9.5	3.3~4.8	砖块、灰点、陶片	
6	EH6	II N02W01-1-3	东南部	南北向	近似椭圆形	15.5	6~7	3~4.8	砖块、灰点、陶片	部分位于II N02W01-4-4内
7	EH7	I N02E01-4-1	西部	东西向	不规则	11.2	5.6~6	4.5	砖块、大量灰点、陶片	探至砖无法下探
8	EH8	II N02W01-4-1	东部	南北向	近似椭圆形	4.6	3.7	7	砖块、大量灰点、陶片	
9	EH9	II N02W01-1-4	西南部	东西向	不规则	6	4.5	3~4	砖块、少量灰点、陶片	
10	EH10	I N02E01-3-3	东南部	南北向	近似椭圆形	4	3.7	3~4	砖块、少量灰点、瓦片	
11	EH11	I N02E01-3-4	西南部	南北向	近似椭圆形	10	8.1	4~7	砖块、少量灰点、瓦片	
12	EH12	I N02E01-3-4	西南部	东西向	近似长方形	3.9	2.2	3~6	砖块、少量灰点、瓦片	
13	EH13	I N02E01-3-4	南部	东西向	不规则	12.7	2.6~7.6	3~6	砖块、少量灰点、瓦片	
14	EH14	I N02E01-1-3	南部	东西向	不规则	10	3~6.8	2~4	砖块、少量灰点、瓦片、夹砂红陶片	
15	EH15	I N02E02-1-1	东部	南北向	近似椭圆形	3	2.8	1.5~2	砖块、瓦片	
16	EH16	I N02E02-2-1	东北部	南北向	近似长方形	3	1.6	3.4~4.8	砖块、瓦片、黑灰	
17	EH17	I N02E02-3-1	西北部	南北向	近似圆形	约2.6		4~5.5	砖块、瓦片、红陶片	底部有厚约0.8米的灰土层
18	EH18	I N02E02-3-1	西北部	东西向	不规则	7.2	4.4	3~6	砖块、瓦片、黑灰	由于该遗迹北部为树林，所以北部区域未勘探完全
19	EH19	I N01E02-4-3	西南部	东西向	椭圆形	4.5	3.6	0.5~1	砖块、树枝、瓦片、红烧土	底部有厚约0.2米的红烧土层
20	EH20	I N01E02-1-1	北部	东西向	椭圆形	1.9	1.5	3~3.8	砖块、灰点	距现地表3~3.8米有厚0.8米左右的灰土
21	EH21	I N02E01-3-1	北部	南北向	椭圆形	2.6	2.3	2~2.7	砖块、少量灰点、陶片	
22	EH22	II N02W01-4-4	中部	东西向	近似长方形	1.6	1	1.7~2.2	砖块	
23	EH23	II N02W01-4-1	东南部	东西向	近似长方形	2.8	1.9	3	砖块	探至砖无法下探

续表

序号	勘探编号	所在勘探单元	所在位置	遗迹走向	平面形状	长（米）	宽（米）	直径（米）	距现地表深（米）	包含物	备注
24	EH24	ⅠN02E01-3-2	东部	东西向	近似圆形			约0.7	2	砖块、瓦片	探至砖无法下探
25	EH25	ⅠN01E01-4-3	西北部	东西向	近似长方形	4.7	2.4		1.8~3.8	砖块、灰点、瓦片	
26	EH26	ⅠN01E01-4-3	北部	南北向	近似方形	5.6	5.3		2.8~3.8	砖块、陶片、瓦片	
27	EH27	ⅠN01E01-4-3	东北部	东西向	近似长方形	3.1	1.7		2.7~3.5	砖块、灰点、瓦片	
28	EH28	ⅠN02E02-1-1	西南部	南北向	近似圆形			约1	2.8	石头、瓦片	探至石无法下探
29	EH29	ⅠN02E02-1-1	南部	南北向	近似圆形			约0.7	2.7	砖块	探至砖无法下探
30	EH30	ⅠN02E02-1-1	东部	东西向	近似圆形			约0.8	4	砖块、红陶片、黑灰	探至砖无法下探
31	EH31	ⅠN02E02-1-1	东部	南北向	近似椭圆形	1.1	0.7		3.5	砖块、红陶片、黑片	探至砖无法下探
32	EH32	ⅠN02E02-1-1	东部	南北向	近似椭圆形	1.1	0.7		3	砖块、瓦片	探至砖无法下探
33	EH33	ⅠN02E02-2-1	中部	南北向	近似圆形			约0.9	4	砖块、瓦片、红陶片、黑灰	探至砖无法下探
34	EH34	ⅠN02E02-2-1	中部	南北向	近似圆形			约1	3.8	砖块、瓦片、红陶片、黑灰	探至砖无法下探
35	EH35	ⅠN02E02-2-1	东南部	南北向	近似圆形			约0.7~0.9	3	砖块、灰点	探至砖无法下探
36	EH36	ⅠN02E02-2-1	东南部	东西向	近似圆形			约0.7	3	砖块、瓦片	探至砖无法下探
37	EH37	ⅠN02E02-2-1	东南部	东西向	近似椭圆形	2.1	1.7		3.2~3.8	砖块、红陶片、瓦片	探至砖无法下探，部分位于ⅠN02E02-2-2内
38	EH38	ⅠN02E02-2-1	东部	东西向	近似椭圆形	1.5	1		3	砖块、灰点	探至砖无法下探
39	EH39	ⅠN02E02-2-1	东部	南北向	近似椭圆形	1.3	0.8		3	砖块、瓦片	探至砖无法下探
40	EH40	ⅠN02E02-2-1	东部	南北向	近似圆形			约0.7	3.2	砖块、灰点	探至砖无法下探
41	EH41	ⅠN02E02-2-1	东北部	东西向	近似椭圆形	1.5	0.9		3	砖块、瓦片	探至砖无法下探
42	EH42	ⅠN02E02-2-1	东北部	南北向	近似圆形			约0.9	3.5	砖块	探至砖无法下探
43	EH43	ⅠN02E01-3-4	东南部	东西向	近似圆形			约0.7	3	砖块、瓦片	探至砖无法下探
44	EH44	ⅠN02E02-3-1	西南部	南北向	近似椭圆形	1.5	0.8		3	砖块、瓦片	探至砖无法下探
45	EH45	ⅠN02E02-3-1	西南部	东西向	近似圆形			约0.7	2.8	砖块、红陶片、瓦片	探至砖无法下探
46	EH46	ⅠN02E02-3-1	西南部	南北向	近似椭圆形	1.5	1		2.6	砖块、红陶片、瓦片	探至砖无法下探

续表

序号	勘探编号	所在勘探单元	所在位置	遗迹走向	平面形状	长（米）直径（米）	宽（米）	距现地表深（米）	包含物	备注
47	EH47	ⅠN02E02-3-1	西部	东西向	近似圆形	约1.1		2.6	砖块、黑灰、瓦片	探至砖无法下探
48	EH48	ⅠN02E02-3-1	西南部	东西向	近似圆形	约0.6		2.5	砖块、瓦片	探至砖无法下探
49	EH49	ⅠN02E02-3-1	东南部	东西向	近似椭圆形	1	0.7	3.5	砖块、瓦片、灰点	探至砖无法下探
50	EH50	ⅠN02E02-3-1	西部	南北向	近似长方形	3.5	1.4	3	砖块、瓦片	探至砖无法下探
51	EH51	ⅠN02E02-3-1	西北部	南北向	近似椭圆形	1.1	0.5	2.6	砖块、黑灰、瓦片	探至砖无法下探
52	EH52	ⅠN02E02-3-1	西北部	东西向	近似圆形	约0.7		2.5	砖块、黑灰、瓦片	探至砖无法下探
53	EH53	ⅠN01E02-4-1	东北部	东西向	近似椭圆形	1.3	0.8	3	砖块	
54	EH54	ⅠN01E02-4-2	西南部	南北向	近似椭圆形	1.3	0.8	1.5~2	砖块、瓦片	探至砖无法下探
55	EH55	ⅠN01E02-4-2	西部	南北向	近似圆形	约0.8		3	砖块、灰点	
56	EH56	ⅠN01E02-4-2	南部	南北向	近似圆形	约0.9		1.5~2.6	砖块、瓦片、灰点	
57	EH57	ⅠN01E02-4-2	东南部	东西向	近似椭圆形	1.7	0.8	2~2.7	砖块、陶片、瓦片	
58	EH58	ⅠN01E02-4-2	东部	东西向	近似长方形	1.6	0.7	1.8~2.2	砖块、瓦片	
59	EH59	ⅠN01E02-4-2	东部	南北向	近似圆形	约0.7		2	砖块、瓦片	探至砖无法下探
60	EH60	ⅠN01E02-4-2	东部	南北向	近似长方形	1.8	0.9	2~2.5	砖块、瓦片、灰点	
61	EH61	ⅠN01E02-4-2	北部	南北向	近似椭圆形	1.1	0.9	3	砖块、瓦片、黑灰	探至砖无法下探
62	EH62	ⅠN01E02-4-2	北部	南北向	近似圆形	约0.8		3	砖块、瓦片、黑灰	探至砖无法下探，部分位于ⅠN02E02-1-2内
63	EH63	ⅠN01E02-4-2	东北部	南北向	近似圆形	约0.6		2.8	砖块、黑灰	探至砖无法下探
64	EH64	ⅠN01E02-4-2	东北部	南北向	近似长方形	1.6	0.5	2	砖块、瓦片	探至砖无法下探
65	EH65	ⅠN02E02-1-1	东南部	东西向	近似椭圆形	1.2	0.8	3.3	砖块、灰点	探至砖无法下探
66	EH66	ⅠN02E02-1-1	西南部	南北向	近似圆形	0.7	0.5	2	砖块、瓦片、黑灰	探至砖无法下探
67	EH67	ⅠN02E02-1-2	西北部	东西向	近似圆形	约0.7		2.5	砖块	探至砖无法下探
68	EH68	ⅠN02E02-1-2	南部	东西向	近似方形	1.9	1.5	3	砖块、瓦片	探至砖无法下探
69	EH69	ⅠN02E02-1-2	东南部	东西向	近似椭圆形	1	0.7	4.2	砖块、黑灰	探至砖无法下探

续表

序号	勘探编号	所在勘探单元	所在位置	遗迹走向	平面形状	长（米）	直径（米）	宽（米）	距现地表深（米）	包含物	备注
70	EH70	ⅠN02E02-1-2	东南部	南北向	近似圆形		约0.6		2	砖块、瓦片	探至砖无法下探
71	EH71	ⅠN02E02-1-2	东部	东西向	近似长方形	1.7		1	2.7~2.9	砖块、瓦片、黑灰	
72	EH72	ⅠN02E02-1-2	西部	东西向	近似圆形		约0.7		4	砖块	探至砖无法下探
73	EH73	ⅠN02E02-1-2	中部	东西向	近似圆形		为1.5		2.7~3.5	砖块、红陶片、瓦片	
74	EH74	ⅠN02E02-1-2	中部	南北向	近似圆形	1.2		0.8	2.6	砖块、黑灰	探至砖无法下探
75	EH75	ⅠN02E02-2-2	西南部	南北向	近似圆形		约0.7		3.5	砖块	探至砖无法下探
76	EH76	ⅠN02E02-2-2	南部	东西向	近似椭圆形	1.1		0.7	3	砖块、灰点	探至砖无法下探
77	EH77	ⅠN02E02-2-2	西南部	东西向	近似长方形	1.6		1.3	3.5	砖块、瓦片、黑灰	探至砖无法下探
78	EH78	ⅠN02E02-2-2	东南部	东西向	近似圆形		约1		2.7	砖块、灰点	探至砖无法下探
79	EH79	ⅠN02E02-2-2	东南部	东西向	近似圆形		约0.7		2.2	砖块、灰点	探至砖无法下探
80	EH80	ⅠN02E02-2-2	中部	南北向	近似椭圆形	0.5		0.4	3	砖块	探至砖无法下探
81	EH81	ⅠN02E02-2-2	中部	南北向	近似圆形		约0.8		2.6	砖块、黑灰	探至砖无法下探
82	EH82	ⅠN02E02-2-2	东部	南北向	近似圆形		约0.7		3	砖块、瓦片	探至砖无法下探
83	EH83	ⅠN02E02-2-2	东部	南北向	近似圆形		约0.8		2.5	砖块	探至砖无法下探
84	EH84	ⅠN02E02-2-2	东部	南北向	近似圆形		约0.7		3.2	砖块、瓦片	探至砖无法下探
85	EH85	ⅠN02E02-2-2	西北部	南北向	近似长方形	1.3		0.7	3	砖块、瓦片、灰点	探至砖无法下探
86	EH86	ⅠN02E02-2-3	西北部	东西向	近似椭圆形		约0.5		2.6	砖块	探至砖无法下探
87	EH87	ⅠN02E01-3-1	东部	南北向	近似椭圆形	0.9		0.7	3	砖块、瓦片	探至砖无法下探
88	EH88	ⅠN02E01-3-1	东部	东西向	近似圆形		约0.5		3	砖块	
89	EH89	ⅠN02E01-3-1	东部	南北向	近似长方形	2.2		1.4	3.5~3.7	砖块、瓦片、灰点	
90	EH90	ⅠN02E01-3-1	东部	东西向	近似椭圆形	1		0.7	4	砖块、灰点	探至砖无法下探
91	EH91	ⅠN01E01-2-2	东北部	南北向	近似长方形	2.1		1.6	2.7~4	砖块、瓦片、黑灰	
92	EH92	ⅠN01E01-2-2	西部	东西向	近似长方形	1.9		1.2	4	砖块、黑灰	探至砖无法下探
93	EH93	ⅠN01E01-2-1	东北部	东西向	近似圆形		约0.5		3.6	石头、砖块、灰点	探至石无法下探

续表

序号	勘探编号	所在勘探单元	所在位置	遗迹走向	平面形状	长（米）直径（米）	宽（米）	距现地表深（米）	包含物	备注
94	EH94	ⅠN01E01-3-1	东南部	东西向	近似圆形	0.5	0.4	3.6	石头、砖块	探至石无法下探
95	EH95	ⅠN01E01-3-1	东南部	南北向	近似长方形	0.9	0.6	3～3.3	砖块	
96	EH96	ⅠN01E01-3-1	东南部	南北向	近似长方形	1	0.4	3～4	砖块	
97	EH97	ⅠN01E01-1-3	东北部	南北向	近似椭圆形	0.8	0.6	3	石头、砖块、灰点	探至石无法下探
98	EH98	ⅠN01E01-1-3	东北部	南北向	近似圆形	约0.7		3	石头、砖块、灰点	探至石无法下探
99	EH99	ⅠN01E01-2-4	东部	东西向	近似圆形	约0.8		2.2	石头、砖块、瓦片	探至石无法下探
100	EH100	ⅠN01E02-1-1	北部	南北向	近似长方形	1	0.7	2.2	砖块	探至石无法下探
101	EH101	ⅠN01E02-1-1	中部	东西向	近似圆形	约0.7		3.3	石头、砖块	探至石无法下探
102	EH102	ⅠN01E01-1-4	东南部	南北向	近似长方形	1.6	1	3.4～4	砖块、灰点	
103	EH103	ⅠN01E01-1-4	西南部	南北向	近似方形	2	1.8	2.9～3.6	砖块	
104	EH104	ⅠN01E01-1-4	西北部	南北向	不规则	4.5	1.4～3.4	3～4	砖块、瓦片	该遗迹北部被现代建筑垃圾遮挡，无法下探
105	EH105	ⅠN01E01-1-4	西北部	东西向	近似椭圆形	1.6	0.9	3	砖块、瓦片	探至砖无法下探
106	EH106	ⅠN01E01-1-4	西北部	南北向	近似椭圆形	1.7	0.9	3.7	砖块、瓦片、灰点	该遗迹北部被现代建筑垃圾遮挡，无法下探
107	EH107	ⅠN01E01-1-3	西北部	东西向	近似长方形	2.4	2	2.2	砖块、瓦片	探至砖无法下探
108	EH108	ⅣS01E01-4-2	西北部	南北向	近似长方形	1.7	1.1	3.6	砖块、瓦片、灰点	探至砖无法下探，部分位于ⅠN01E01-2内
109	EH109	ⅣS01E01-4-2	西北部	南北向	近似长方形	1.3	1.1	3.9	砖块、瓦片、灰点	探至砖无法下探
110	EH110	ⅣS01E01-4-2	东部	东西向	近似长方形	1.2	0.8	4	砖块、瓦片、灰点	探至砖无法下探
111	EH111	ⅣS01E01-4-3	西南部	东西向	近似长方形	1.5	1.2～1.3	3	砖块、瓦片	探至砖无法下探
112	EH112	ⅣS01E01-4-3	西部	东西向	近似长方形	1.5	0.8	3.4	砖块、瓦片	探至砖无法下探
113	EH113	ⅣS01E01-4-4	西南部	东西向	近似长方形	1.8	1.4	3.5	砖块、瓦片	探至砖无法下探
114	EH114	ⅣS01E01-4-4	东北部	南北向	近似长方形	1.4	0.8	2	砖块、瓦片	探至砖无法下探
115	EH115	ⅣS01E02-4-1	北部	南北向	近似长方形	1	0.6	3.1	砖块、瓦片、灰点	探至砖无法下探

续表

序号	勘探编号	所在勘探单元	所在位置	遗迹走向	平面形状	长（米）直径（米）	宽（米）	距现地表深（米）	包含物	备注
116	EH116	ⅣS01E02-4-1	西南部	东西向	近似长方形	1.6	0.9	4.6	砖块、瓦片、黑灰	探至砖无法下探
117	EH117	ⅣS01E01-3-4	北部	南北向	近似长方形	1.6	0.9	3.3	砖块、瓦片	探至砖无法下探
118	EH118	ⅣS01E01-3-4	北部	南北向	近似长方形	1.1	0.6	3.6	砖块、瓦片	探至砖无法下探
119	EH119	ⅣS01E01-3-3	东南部	东西向	近似长方形	1.5	0.9	4	砖块、瓦片、黑灰	探至砖无法下探
120	EH120	ⅣS01E01-3-3	东部	东西向	近似长方形	1.6	1	3.8	砖块、瓦片	探至砖无法下探
121	EH121	ⅣS01E01-3-3	西部	东西向	近似长方形	1.3	0.6	3.9	砖块、瓦片	探至砖无法下探
122	EH122	ⅣS01E01-3-3	西部	南北向	近似长方形	1.1	0.7	3	砖块、瓦片	探至砖无法下探
123	EH123	ⅣS01E01-3-3	西南部	南北向	近似长方形	1.4	0.7	3.9	砖块、瓦片、灰点	探至砖无法下探
124	EH124	ⅣS01E01-3-2	东部	东西向	近似方形	1.2	1.2	3.5	砖块、瓦片、灰点	探至砖无法下探
125	EH125	ⅣS01E01-3-2	东南部	东西向	近似长方形	1.6	1.2	4.2	砖块、瓦片、灰点	探至砖无法下探
126	EH126	ⅣS01E01-3-2	东南部	东西向	近似长方形	1.8	1	2.8	砖块、瓦片	探至砖无法下探
127	EH127	ⅣS01E01-3-2	东南部	东西向	近似长方形	1.7	0.7	3.2	砖块、瓦片	探至砖无法下探
128	EH128	ⅣS01E01-2-2	东部	东西向	近似长方形	1.4	0.7	3.5	砖块、瓦片	探至砖无法下探，部分位于ⅣS01E01-2-3内
129	EH129	ⅣS01E01-2-3	东部	南北向	近似长方形	1.3	1	3.2	砖块、瓦片	探至砖无法下探
130	EH130	ⅣS01E01-2-3	东北部	东西向	近似长方形	1.1	0.8	4	砖块、瓦片、灰点	探至砖无法下探，部分位于ⅣS01E01-3-3内
131	EH131	ⅣS01E01-2-4	西北部	东西向	近似长方形	1.5	0.9	3	砖块、瓦片、灰点	探至砖无法下探
132	EH132	ⅣS01E01-2-4	西部	南北向	近似长方形	1.2	0.8	3.4	砖块、瓦片	探至砖无法下探
133	EH133	ⅣS01E01-2-4	东部	东西向	近似长方形	1.2	0.8	4.8	砖块、瓦片	探至砖无法下探
134	EH134	ⅣS01E01-2-4	东北部	东西向	近似长方形	1.3	0.9	4.5	砖块、瓦片	探至砖无法下探
135	EH135	ⅣS01E01-2-4	东南部	南北向	近似长方形	2.1	1.3	2	砖块、瓦片、灰点	探至砖无法下探
136	EH136	ⅠN01E01-1-2	北部	东西向	近似长方形	3	1.8	3	砖块、瓦片、灰点	探至砖无法下探
137	EH137	ⅡN01W01-2-4	西南部	东西向	近似梯形	1.4	0.2~0.7	1.6	砖块、瓦片	探至砖无法下探

续表

序号	勘探编号	所在勘探单元	所在位置	遗迹走向	平面形状	长（米）直径（米）	宽（米）	距现地表深（米）	包含物	备注
138	EH138	ⅡN01W01-2-4	西南部	南北向	不规则	0.5~1.1	0.8~1	1.9	砖块、瓦片、灰点	探至砖无法下探
139	EH139	ⅣS01E01-2-1	北部	东西向	近似圆形	约0.8		3~4.4	砖块、瓦片、灰点	
140	EH140	ⅣS01E01-2-1	北部	东西向	近似圆形	约0.7		4.3	砖块、瓦片	探至砖无法下探
141	EH141	ⅣS01E01-3-1	南部	南北向	近似长方形	1.4	0.9	4	砖块、瓦片	探至砖无法下探
142	EH142	ⅣS01E01-2-2	西北部	南北向	近似圆形	约0.7		2.6~4.3	砖块、瓦片、灰点	
143	EH143	ⅣS01E01-2-2	西北部	南北向	近似长方形	2.8	0.8	2.3~4.7	砖块、瓦片	
144	EH144	ⅣS01E01-2-1	南部	东西向	近似长方形	1.1	0.7	3~4	砖块、瓦片、灰点	
145	EH145	ⅣS01E01-2-1	西部	南北向	近似长方形	1.6	1	2.2~5.5	砖块、瓦片	
146	EH146	ⅣS01E01-3-2	南部	东西向	近似椭圆形	1	0.8	3.7	砖块、灰点	探至砖无法下探，底部有厚0.15~0.2米的灰土
147	EH147	ⅣS01E01-3-1	东南部	东西向	近似椭圆形	0.8	0.7	3.5	砖块、灰点、瓦片	探至砖无法下探
148	EH148	ⅣS01E01-3-1	东部	东西向	近似长方形	0.9	0.8	4	砖块、灰点、瓦片	探至砖无法下探
149	EH149	ⅢS01W01-3-4	东南部	东西向	近似方形	1	1	3.8	砖块、灰点	探至砖无法下探，部分位于ⅢS01W01-2-4内
150	EH150	ⅢS01W01-3-4	东南部	南北向	近似方形	1.1	0.9	4	砖块、灰点	探至砖无法下探
151	EH151	ⅣS01E01-3-1	西南部	南北向	近似方形	0.8	0.7	3.7	砖块、灰点	探至砖无法下探
152	EH152	ⅢS01W01-3-4	东部	东西向	近似长方形	1.8	1.3	3.6~4	砖块、灰点、瓦片	探至砖无法下探
153	EH153	ⅢS01W01-3-4	东部	南北向	近似长方形	1.7	1	3.8	砖块、灰点	探至砖无法下探
154	EH154	ⅢS01W01-3-4	东北部	东西向	近似长方形	1.8	1	3.8	砖块、灰点	探至砖无法下探
155	EH155	ⅢS01W01-4-4	南部	东西向	近似方形	1.1	1.1	4	砖块、灰点、瓦片	探至砖无法下探
156	EH156	ⅢS01W01-4-4	东南部	东西向	近似方形	1.2	1.1	5	砖块、灰点	探至砖无法下探
157	EH157	ⅢS01W01-4-4	东南部	东西向	近似圆形	约1.1		3.5	砖块、灰点、瓦片	探至砖无法下探
158	EH158	ⅢS01W01-4-4	东南部	南北向	近似圆形	约0.9		4.3	砖块、灰点、瓦片	探至砖无法下探
159	EH159	ⅢS01W01-4-4	东部	东西向	近似圆形	约0.9		3.7	砖块、灰点	探至砖无法下探

续表

序号	勘探编号	所在勘探单元	所在位置	遗迹走向	平面形状	长（米）直径	宽（米）	距现地表深（米）	包含物	备注
160	EH160	ⅢS01W01-4-4	东部	东西向	近似方形	1	1	4	砖块、灰点	探至砖无法下探
161	EH161	ⅢS01W01-4-4	东南部	东西向	近似方形	1	1	4.3	砖块、灰点、瓦片	探至砖无法下探
162	EH162	ⅢS01W01-4-4	西北部	东西向	近似长方形	1.7	1	3.6～4	砖块、灰点	
163	EH163	ⅢS01W01-4-4	东北部	东西向	近似圆形	约1		4	砖块、灰点、瓦片	探至砖无法下探
164	EH164	ⅢS01W01-4-4	东北部	南北向	近似长方形	1.7	1	3.8～4	砖块、灰点	
165	EH165	ⅡN01W01-1-4	东南部	东西向	近似椭圆形	1	0.9	4	砖块、灰点、瓦片	探至砖无法下探
166	EH166	ⅣS01E01-4-1	东北部	南北向	近似方形	1	1	4	砖块、灰点、瓦片	探至砖无法下探
167	EH167	ⅣS01E01-4-1	东北部	东西向	近似方形	1	1	4.2	砖块、灰点、瓦片	探至砖无法下探
168	EH168	ⅣS01E01-4-1	西南部	南北向	近似长方形	1.1	0.9	4	砖块、灰点、瓦片	探至砖无法下探
169	EH169	ⅣS01E01-4-1	西南部	东西向	近似长方形	0.9	0.9	3.8	砖块、灰点	探至砖无法下探
170	EH170	ⅣS01E01-4-1	东北部	南北向	近似长方形	1.4	1	3～3.5	砖块、灰点	
171	EH171	ⅣS01E01-4-1	东南部	南北向	近似方形	1	0.9	4	砖块、灰点	探至石无法下探
172	EH172	ⅣS01E01-4-1	东北部	东西向	近似长方形	0.9	1.5	3.4～4.5	灰点	探至砖无法下探
173	EH173	ⅣS01E01-3-1	西北部	南北向	近似长方形	1.1	1.1	3.5	砖块、灰点	探至砖无法下探
174	EH174	ⅣS01E01-3-1	北部	南北向	近似方形	1	0.9	4	砖块、灰点	探至砖无法下探
175	EH175	ⅢS01W01-4-4	西部	南北向	近似长方形	1.7	1	3.5～4.5	砖块、灰点	
176	EH176	ⅢS01W01-3-3	东部	东西向	近似椭圆形	1.8	1	4	砖块、灰点	探至砖无法下探
177	EH177	ⅢS01W01-3-3	西北部	南北向	近似长方形	1.7	1.1	5.7	砖块、灰点、瓦片	探至砖无法下探
178	EH178	ⅢS01W01-3-3	西北部	南北向	近似长方形	1.9	0.8	5	砖块、灰点	探至砖无法下探
179	EH179	ⅢS01W02-4-3	东南部	东西向	近似长方形	2.4	1.8	3.8～4	砖块、灰点	
180	EH180	ⅢS01W01-4-3	西北部	南北向	近似方形	1.3	1.3	4	砖块、灰点	探至砖无法下探
181	EH181	ⅡN01W01-1-3	西南部	东西向	近似方形	1.1	1.1	4.3	砖块、灰点、瓦片	探至砖无法下探
182	EH182	ⅡN01W01-1-2	东南部	南北向	近似方形	1.1	1	4	砖块、灰点	探至砖无法下探
183	EH183	ⅡN01W01-1-1	西北部	南北向	近似方形	1.5	1.3	3.8	砖块、灰点、瓦片	探至砖无法下探

续表

序号	勘探编号	所在勘探单元	所在位置	遗迹走向	平面形状	长（米）/直径（米）	宽（米）	距现地表深（米）	包含物	备注
184	EH184	ⅡN01W02-1-4	西部	南北向	近似方形	1.4	1.3	3.1	砖块、灰点、瓦片	探至砖无法下探
185	EH185	ⅡN01W02-1-3	东北部	南北向	近似圆形	约1.5		3.1	砖块、灰点	探至砖无法下探
186	EH186	ⅡN01W01-3-3	中部	南北向	近似椭圆形	2.6	1.7	3.5~4	砖块、灰点	
187	EH187	ⅡN01W01-3-4	西南部	东西向	近似圆形	约1.6		3.1	砖块、灰点、瓦片	探至砖无法下探
188	EH188	ⅢS01W01-4-3	东部	东西向	近似方形	1.5	1.5	4.3	砖块、灰点、瓦片	探至砖无法下探
189	EH189	ⅢS01W01-4-3	东部	东西向	近似圆形	约1.4		4	砖块、灰点、瓦片	探至砖无法下探
190	EH190	ⅢS01W01-4-4	西部	东西向	近似方形	1.5	1.5	5	砖块、灰点	探至砖无法下探
191	EH191	ⅢS01W01-4-2	西北部	东西向	近似方形	1.5	1.3	3.6	砖块、灰点	探至砖无法下探
192	EH192	ⅢS01W01-3-3	西北部	东西向	近似长方形	3.2	1.6	4.2~5	砖块、灰点	东部被建筑垃圾覆盖，具体形制不详
193	EH193	ⅢS01W01-3-3	西北部	东西向	近似长方形	3	1.5	4~4.5	砖块、灰点、瓦片	部分位于ⅢS01W01-3-2、ⅢS01W01-4-2、ⅢS01W01-4-3内
194	EH194	ⅢS01W01-4-2	东南部	东西向	近似方形	1.3	1.3	5	砖块、灰点	探至砖无法下探
195	EH195	ⅢS01W01-3-1	西北部	东西向	近似圆形	约1.5		4.2	砖块、灰点	探至砖无法下探
196	EH196	ⅠN01E01-4-2	西北部	南北向	近似圆形	约2		1.9~2.1	砖块、灰点、瓦片	
197	EH197	ⅠN01E01-4-2	北部	南北向	近似圆形	约1.6		2.2	砖块、灰点	探至砖无法下探，部分位于ⅠN02E01-1-2内
198	EH198	ⅠN02E01-1-2	南部	东西向	近似圆形	约1.5		2	砖块、灰点	探至砖无法下探
199	EH199	ⅠN02E01-1-2	北部	东西向	近似圆形	约1.5		4	砖块、灰点、瓦片	探至砖无法下探
200	EH200	ⅠN02E01-2-2	南部	南北向	近似圆形	约1.5		1.8	砖块、灰点、瓦片	探至砖无法下探
201	EH201	ⅠN02E01-1-2	南部	东西向	近似长方形	2.3	1.8	3~3.2	砖块、灰点	探至砖无法下探，东部位于大土堆下方，具体形制不详
202	EH202	ⅠN02E01-1-2	东南部	东西向	近似椭圆形	2.1	1.9	3	砖块、灰点	

续表

序号	勘探编号	所在勘探单元	所在位置	遗迹走向	平面形状	长（米） 直径（米）	宽（米）	距现地表深（米）	包含物	备注
203	EH203	I N02E01-2-1	东部	东西向	近似圆形	约1		3.4	砖块、灰点、瓦片	探至砖无法下探
204	EH204	I N02E01-2-1	东南部	东西向	近似椭圆形	1.9	1.4	4.3~4.5	砖块、灰点	
205	EH205	II N02W01-2-4	东北部	东西向	近似圆形	约1.5		3.2	砖块、灰点	探至砖无法下探
206	EH206	III S01W02-4-3	西北部	南北向	近似椭圆形	4.3	3.1	1.9~3	砖块、灰点	
207	EH207	III S01W02-4-4	西北部	南北向	近似椭圆形	3.7	1.8	3~4	砖块、灰点	
208	EH208	III S01W01-4-1	西南部	南北向	近似长方形	3.2	2.2	2~3	砖块、灰点、瓦片	

注：表中"距现地表深"一栏为数值范围时，前一个数据为开口距现地表深度，后一个数据为底距现地表深度或探至砖瓦法下探的深度；当该描述为单个数值时，则是开口直接探到砖瓦等而无法下探的情况。

附表一三　路县故城烧灶统计表

序号	勘探编号	所在勘探单元	所在位置	遗迹走向	平面形状	长（米）	宽（米）	开口距现地表深（米）	底距现地表深（米）	包含物	年代蠡测	备注
1	EZ1	II N02W01-2-3	南部	南北向	不规则	1.6	0.6~1.1	3	3.5	少量烧土、碎砖块、灰点，少量碎红陶片	西汉中晚—东汉早期	
2	EZ2	I N02E02-2-1	西南部	东西向	不规则	1.2	0.5~0.8	4.3	4.5	少量烧土、灰点	西汉中晚—东汉早期	
3	EZ3	I N02E02-2-1	西北部	南北向	不规则	1.4	0.5~0.7	3.5	3.6	少量烧土、灰点	西汉中晚—东汉早期	
4	EZ4	I N02E02-1-2	西部	东西向	不规则	1.2	0.3~0.8	2	2.2	少量烧土、灰点	辽金	部分位于 I N02E02-1-1内
5	EZ5	I N01E02-2-1	西南部	南北向	不规则	0.8	0.4~0.6	4	4.2	少量烧土、碎砖块、灰点，少量碎红陶片	西汉中晚—东汉早期	

附表一四　路县故城沟渠统计表

序号	勘探编号	所在勘探单元	所在位置	遗迹走向	长（米）	宽（米）	开口距现地表深（米）	底距现地表深（米）	包含物	年代鉴测	备注
1	EG1	ⅡN02W01-2-1	中部	东西向	18	0.4	0.8	3.3	青灰色淤泥、植物根茎	明清	沟西侧，北侧为现代渣土未勘探，且延伸至现代渣土内的长度未知
2	EG2	ⅣS01E01-2-2	南部	南北向	60.5	1.6～2.3	4.5	8	青灰色淤泥、植物根茎	西汉中晚—东汉早期	在该遗迹南部出现拐角情况，东西走向遗迹东西长10.1米，南北宽1.7～2.1米。部分位于ⅣS01E01-1-2内

附表一五　路县故城水池统计表

序号	勘探编号	所在勘探单元	所在位置	遗迹走向	长（米）	宽（米）	开口距现地表深（米）	底距现地表深（米）	包含物	年代蠡测	备注
1	ESC1	ⅠN01E01-2-3	北部	南北向	23.4~39.3	27.2~31.4	4.6	8	青膏泥、砖渣、陶片	西汉中晚—东汉早期	南部为现代渣土堆未勘探，水池延伸至现代渣土内的范围未知。部分位于ⅠN01E01-3-3内
2	ESC2	ⅣS01E01-2-2	中部	东西向	9.3~27.3	8.5~18.7	6.1	8.2	青膏泥、碎砖块、陶片	西汉中晚—东汉早期	

附表一六　路县故城晚期坑统计表

序号	勘探编号	所在勘探单元	所在位置	遗迹走向	平面形状	长（米）	宽（米）	开口距现地表深（米）	底距现地表深（米）	包含物	年代蠡测	备注
1	EK1	II N02W01-2-1	东北部	南北向	椭圆形	11.8	7.1	1.7	6	青砖块、碎瓦片	近现代	
2	EK2	I N01E01-4-3	西部	东西向	近似长方形	23.3	16.5	1.7	4.4	青砖块、碎瓦片、白灰渣、瓷片和水泥块	近现代	探至砖无法下探
3	EK3	I N02E02-2-1	东南部	东西向	不规则	4.5	1.6	0.5	2	树枝、砖块	近现代	探至砖无法下探
4	EK4	I N01E02-4-1	东南部	南北向	不规则	7	2.9~5.8	1.5	4	树枝、砖块	近现代	探至砖无法下探
5	EK5	I N02E02-1-1	东南部	东西向	不规则	5	4.3	0.8	4	树枝、砖块	近现代	探至砖无法下探
6	EK6	I N02E02-1-2	西南部	东西向	不规则	6	3.6	3	4	树枝、砖块、瓦片	近现代	探至砖无法下探
7	EK7	I N02E02-1-2	西南部	南北向	不规则	4.7	3.3	1	2	树枝、砖块	近现代	探至砖无法下探
8	EK8	I N02E02-2-2	东南部	东西向	近似椭圆形	4.2	2	0.3	0.5	树枝、砖块	近现代	探至砖无法下探
9	EK9	I N02E02-2-2	西北部	南北向	不规则	4	3.2	0.5	1	树枝、砖块	近现代	探至砖无法下探
10	EK10	I N01E02-2-2	东南部	南北向	椭圆形	3.3	2.1	3	4.4	青砖块、灰点	近现代	打破EY7操作间
11	EK11	I N01E02-2-1	西南部	南北向	椭圆形	2	1.7	3.3	5.2	红砖块、青砖块、灰点	近现代	部分位于 I N01E01-1-4内、EJ24完全位于该遗迹内部
12	EK12	I N01E01-2-4	东南部	南北向	不规则	10.3	8.1	2.6	5	青砖块、灰点、瓦片、建筑垃圾	近现代	部分位于 I N01E01-1-4内
13	EK13	I N01E01-2-4	西南部	南北向	不规则	11	7.9	3	4.5	青砖块、灰点、瓦片、建筑垃圾	近现代	
14	EK14	II N01W02-2-4	中部	东西向	不规则	11~20	9.9~16.8	5.5	8	青砖块、灰点、瓦片、建筑垃圾	近现代	该遗迹南北两端均位于大土堆下方，无法勘探具体形制不详
15	EK15	II N01W01-3-2	南部	南北向	不规则	4.6	3.6	4.8	6	青砖块、灰点、瓦片、建筑垃圾	近现代	探至砖无法下探
16	EK16	III S01W01-4-1	东北部	东西向	不规则	15.6	6~6.9	6	8	青砖块、灰点、瓦片、建筑垃圾	近现代	该遗迹北部打破EJZ841，部分位于 II N01W01-1-1内

附录　路县故城遗址考古工作大事记

1959年6月~9月，第一次全国文物普查期间，北京市文化局文物普查队派专家刘之光等3人到通州区进行文物普查，共建立燃灯塔、通州清真寺、路县土城遗址等118处古城址、古墓葬、古建筑等文物档案。同年7月24日，北京市通州区第一批文物保护单位名单公布，路县土城遗址位列其中。

1983年6月，北京市通州区文物管理所自北京土桥砖瓦厂内收集唐贞元间孙如玉墓志一合，志盖覆斗形，线刻十二生肖像，志底记载北齐土长城经潞县和潞县县城迁建今址事宜，填补历史记载之空白。

1987年夏，北京市运潮减河复堤工程，将残存土城遗址掩于堤内。此前，取城垣夯土一块，长0.35、宽0.28、厚0.1米，质地坚硬，夯窝清楚可见。此土城遗址即是路县故城遗址，为通州区创设行政区划建置的重要历史见证。

2007年4月6日，大葆台西汉墓博物馆北京地区汉代城址调研课题组，在北京市通州区文物管理所同志的带领下，对路县故城遗址进行了调查，并进行了初步研究。

2008年夏，北京市文物研究所首开路县故城遗址的考古勘查工作，并将其列入文物普查登记单位。

2015年9月30日，北京市文物局、北京市文物研究所召开专题会，研究北京城市副中心地块范围内考古调查、勘探事宜，其中重点涉及路县故城遗址区域。同年10月2日，北京市文物研究所组织考古勘探队伍进场，开展考古调查、初步勘探工作。

2016年，为配合北京城市副中心后北营（A06、A07地块）棚户区改造项目建设，北京市文物研究所在其用地范围内进行了考古发掘。发掘古代墓葬523座。

2016年5月至12月，为配合北京城市副中心信息中心基础建设，北京市文物研究所对该区域内古墓葬进行了抢救性发掘，共清理汉代墓葬288座。发掘区位于通州区潞城镇西北，东邻宋梁路，南邻通胡南路，北邻堡辛新村，西北约1.5千米处即为路县故城。

2016年7月，北京市文物研究所对路县故城遗址进行了考古调查、初步勘探和重点试掘，初步发现并确认了路县故城城址的位置、范围、形制、结构等基本情况，发现其整体埋藏于地下。城垣基址保存状况较好，城址的平面为近似方形，总面积约35万平方米，城垣外环绕着一周壕沟。对路县故城城内遗址区北部道路、东城垣北段进行了考古试掘。

2016年11月至2017年4月，对路县故城南城壕东段进行考古发掘，面积1500平米。

2016年11月至2017年10月，为配合通州区潞城镇棚户区改造项目A-05地块的建设，北京市文物研究所在其用地范围内进行了考古发掘。发掘区位于路县故城城郊遗址区的东部，原属于胡各庄村，现东为含英园小区，南邻兆善大街，西为景行路，北为潞源北街。清理墓葬83座、瓮棺16座、窑址49座、水井6口、灰坑6座、道路1条等。

2017年2月28日，《中国文物报》第3版整版刊登北京市文物研究所、北京市通州区文化委员会《北京城市副中心的"金名片"——通州汉代路县故城遗址考古发掘取得重大收获》一文，全面介绍了路县故城遗址的考古发现及研究进展。中国社会科学院学部委员刘庆柱研究员、中国国家博物馆信立祥研究员、北京大学考古文博学院高崇文教授、中国社会科学院考古研究所徐光冀研究员和白云翔研究员对其价值分别进行了点评。

2017年3月15日，徐光冀、李伯谦、高崇文、赵化成、赵福生五位专家到路县故城遗址进行考察指导，考古勘探遴选会召开。

2017年4月12日，北京通州汉代路县故城遗址入选2016年度"全国十大考古新发现"。

2017年7月～12月，为配合京唐铁路和城际铁路的建设，北京市文物研究所在路县故城遗址西南部的城郊遗址区进行了考古发掘，面积16286平方米。东端距离西城垣70米，西端距离西城垣200米。发现汉代房址30座、道路13条、陶窑2座、灰坑886座、沟56条、瓮棺36座、水井111口、北朝墓葬4座、辽金墓葬12座等。

2017年10月至11月，为配合高压线塔的迁移，北京市文物研究所在路县故城城址外的南部进行了考古发掘，面积550平方米，清理灰坑25座、水井7座、道路1条、窑址1座、墓葬1座等。

2017～2019年，北京市文物研究所于北京市通州区潞城镇棚户区改造土地开发项目D区D-03、D-04地块内进行第一阶段的考古发掘工作。共发掘墓葬659座、窑址51座、水井24眼、灰坑22座等。

2018年11月，北京市文物局、北京城市副中心行政办公区工程建设办公室与北京市文物研究所联合编著的《北京城市副中心考古》（第一辑），由科学出版社出版，对2016年至2017年路县故城遗址的考古工作进行了较为系统的介绍。此外，专业杂志期刊、相关媒体等亦有不少关于路县故城遗址考古工作的报道。

2018年11月～2021年5月，北京市文物研究所组织人员对路县故城遗址城内遗址区全域实施考古调查、勘探。

2019年10月～12月，北京市文物研究所对路县故城遗址南部的城郊遗址区进行了考古发掘，面积2550平方米。该区域属路县故城城外生活区、手工业生产区，发现较多房址、水井、道路、灰坑等遗迹，出土大量陶器、铁器、铜器、石器、陶范、炼渣等。

2020年3月～2021年12月，为配合镜河水务工程项目，北京市文物研究所在路县故城遗址东南部的城郊遗址区进行了考古发掘，发掘面积近15100平方米。该区域主要作为路县故城城外生活及手工业生产区域，发现大量房址、水井、道路、陶窑、瓮棺、灰坑等遗迹，出土了丰富的陶器、铜器、铁器、木器、骨器、石器等各类器物。

2020年9月～12月，为配合博物馆展示工程一期项目，北京市文物研究所对路县故城遗址南部的城郊遗址区进行了考古发掘，发掘面积3500平方米。经发掘，遗址区内的地层堆积可划分为6层，清理灰坑351座 、房址9座 、沟5条、灶2个、墙址3个、道路1条、水井16口、墓葬9座、瓮棺1座、柱洞9个、窑址2座、水槽1处等。

后　记

　　路县故城遗址的考古工作是在北京城市副中心如火如荼、紧张繁忙的建设中开始的。路县故城遗址的原址保护也是在此期间确定的。因此，必须要感谢北京市政府、国家文物局、北京市文物局、通州区文化和旅游局等对考古工作的重视和支持。对于考古工作者而言，如何深入认识路县故城，如何让社会全面了解路县故城，是责任，是义务，实话实说更是一个难题，很可能还是一个要持续多年的难题。无论如何，开展考古勘探，初步掌握路县故城遗址的地下文物埋藏情况，为今后的考古发掘、系统研究、文物保护、展示利用等提供可资参考的基础数据，都是必要的。因此，必须要感谢西安弘道文化遗产保护工程有限公司以及北京城市副中心投资建设集团有限公司对此次考古勘探在人员、经费、设备等多方面的支持和投入。任何一项考古工作都是集体合作的成果，路县故城遗址勘探的难度大、持续时间长，能够最终完成，必须要感谢予以前期论证、实地指导的业内专家、学者们，主要有徐光冀、李伯谦、高崇文、赵化成、赵福生、靳枫毅、王晓琨等，以及所有实际参与钻探、记录、整理的工作人员。路县故城的勘探成果能够出版，必须要感谢科学出版社的周娟编辑。她对本报告逐字逐句地进行核对、审阅，不厌其烦地提出修改意见，投入了大量的时间和精力。

　　最后，必须要感谢路县故城遗址以及曾经在此生活、生产的"路县人"，留下了如此丰富、宝贵的遗产。希望今天的我们和未来的他们能够把路县故城发掘好、保护好、研究好，不负事业、不负国家、不负人民。

孙勐　魏然　李湉洋

2023年11月2日

彩版一

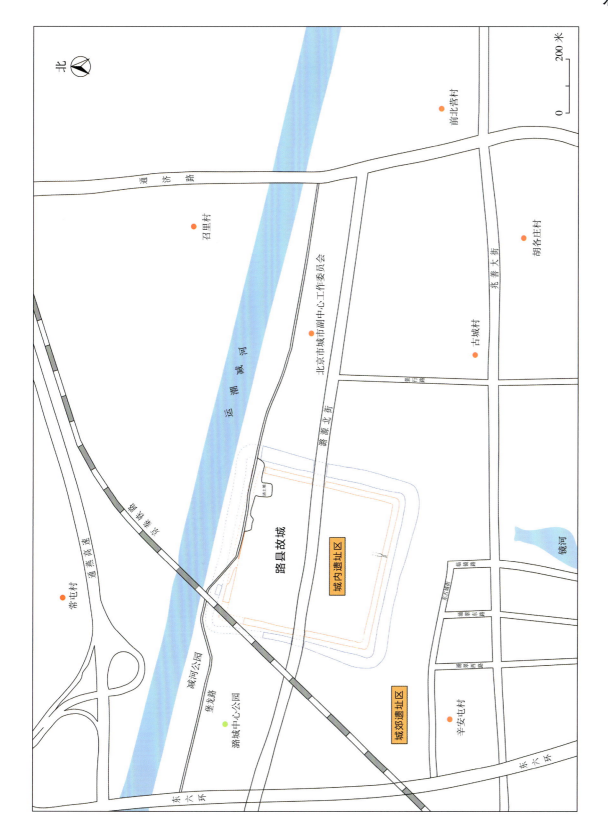

路县故城城内遗址区位置图

彩版二

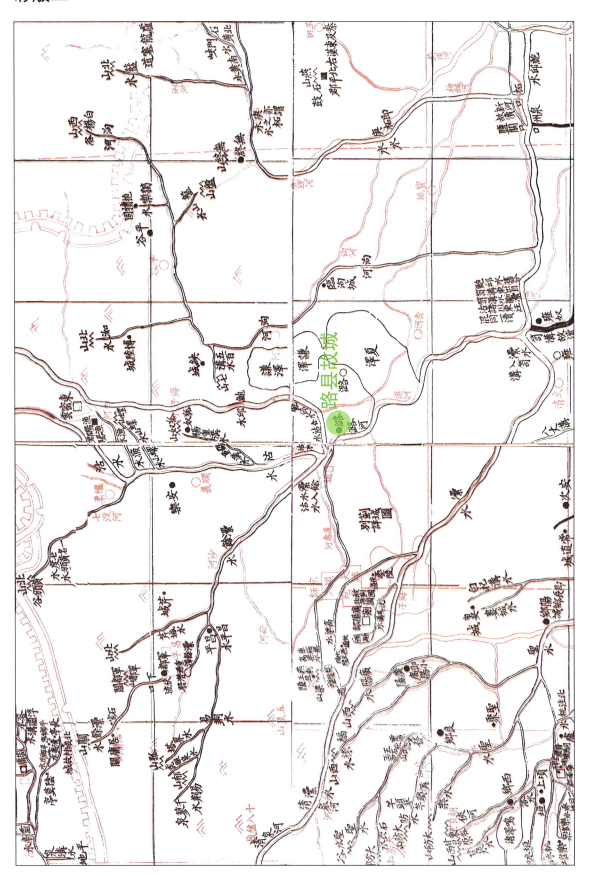

《水经注》中的路县故城

采自（清）杨守敬等编绘《水经注图（外二种）》，中华书局，2009年，第9页

彩版三

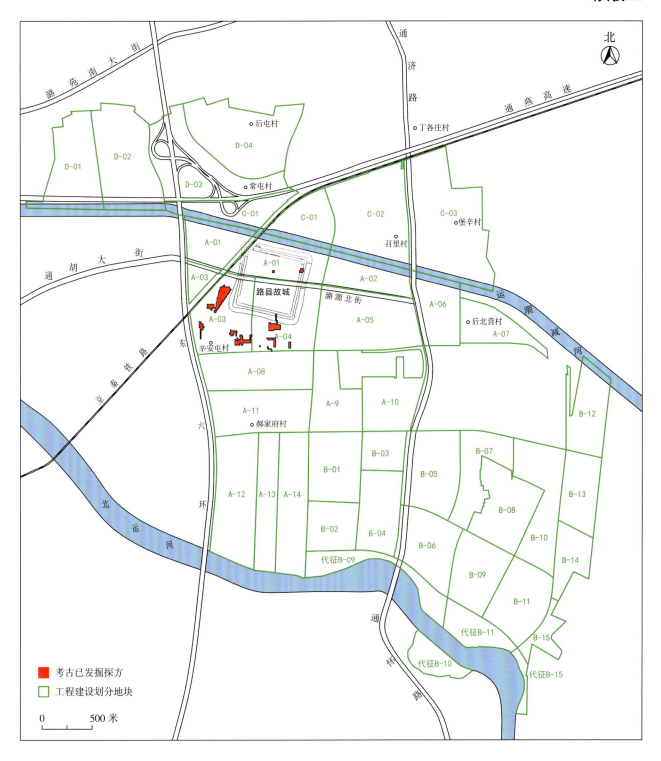

路县故城遗址考古勘探与发掘地点分布图

彩版四

1.核定测绘控制点

2.布设勘探单元

3.钻探标准孔

4.普探与记录

5.勘探现场（一）

6.勘探现场（二）

考古勘探现场

1.研判遗迹（一）

2.研判遗迹（二）

3.研判遗迹（三）

4.研判遗迹（四）

5.卡探遗迹

6.室内整理工作照

考古勘探现场及室内整理

彩版六

1.西南标准孔土样

2.西北标准孔土样

城内标准孔土样（一）

1. 东北标准孔土样

2. 东南标准孔土样

城内标准孔土样（二）

1. 中部标准孔土样

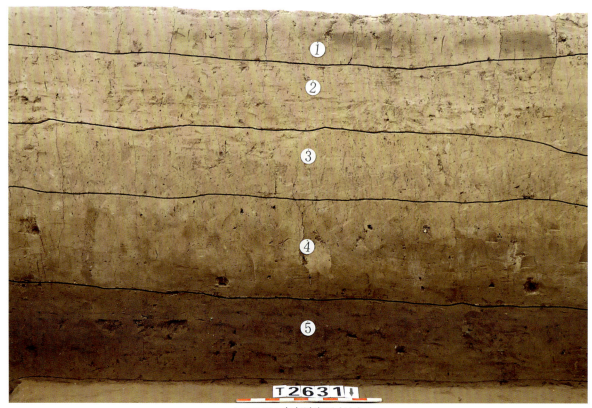

2. T2631南侧剖面夯层

城内标准孔土样及T2631南侧剖面夯层

1. 东城垣标准孔土样

2. 南城垣标准孔土样

城垣标准孔土样（一）

1.西城垣标准孔土样

2.北城垣标准孔土样

城垣标准孔土样（二）

T5东壁地层剖面

1.T3南壁上南城垣外壕沟淤土层

2.T3内南城垣外壕沟淤土层

南城垣外壕沟东段发掘现场

T3、T4、T5内壕沟现状（上北）

1.东城垣外壕沟标准孔土样

2.西城垣外壕沟标准孔土样

城垣外壕沟标准孔土样

1.北城垣外壕沟标准孔土样

2.东城垣北段表面夯窝

北城垣外壕沟标准孔土样及东城垣表面夯窝

1.东城垣北段表面夯窝细部

2.东城垣北段部分夯窝内夹杂植物杆茎

东城垣北段表面夯窝

1. 东城垣北段发掘现场局部

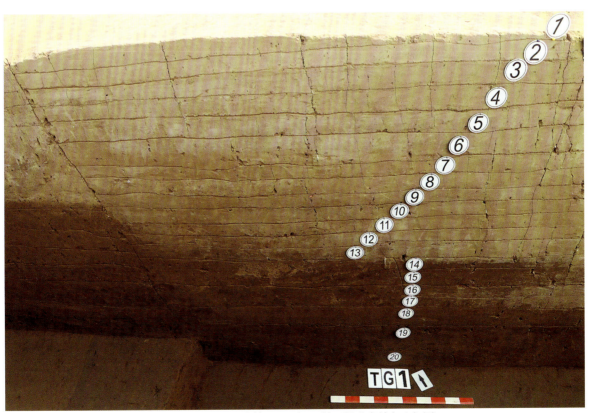

2. 东城垣北段墙体基址夯土第1段北侧剖面夯层

东城垣北段局部发掘（一）

1. 东城垣北段墙体基址夯土第2段北侧剖面夯层

2. 东城垣北段墙体基址夯土第3段北侧剖面夯层

东城垣北段局部发掘（二）

1.南城垣夯土样

2.西城垣夯土样

3.北城垣夯土样

南、西、北城垣夯土

1.南城门通道内路土样

2.EG2勘探土样

南城门通道内路及EG2勘探土样

1. 采16

2. 采27

3. 采37

4. 采39

5. 采40

6. 采42

采集陶器口沿残片

1. 采6

2. 采10

3. 采11

4. 采12

5. 采13

6. 采15

采集陶器残片

1.采17 陶器残片

2.采19 陶器残片

3.采32 陶器残片

4.采1 板瓦残片

5.采4 板瓦残片

6.采5 板瓦残片

采集陶器及板瓦残片

1.采7 板瓦残片

2.采8 板瓦残片

3.采9 板瓦残片

4.采21 板瓦残片

5.采18 筒瓦残片

6.采20 筒瓦残片

采集板瓦及筒瓦残片

1. 采25 筒瓦残片

2. 采26 筒瓦残片

3. 采30 筒瓦残片

4. 采31 筒瓦残片

5. 采24 瓷器口沿残片

6. 采38 瓷器口沿残片

采集筒瓦及瓷器口沿残片

1. 采41 瓷器口沿残片

2. 采14 瓷器器身残片

3. 采22 瓷器器身残片

4. 采23 瓷器器身残片

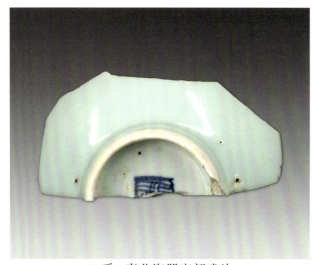

5. 采2 青花瓷器底部残片

6. 采3 白底黑花瓷器底部残片

采集瓷器残片

1.采29 青花瓷器底部残片

2.采36 青花瓷器底部残片

3.采28 石砚残片

采集瓷器底部及石器残片

彩版二八

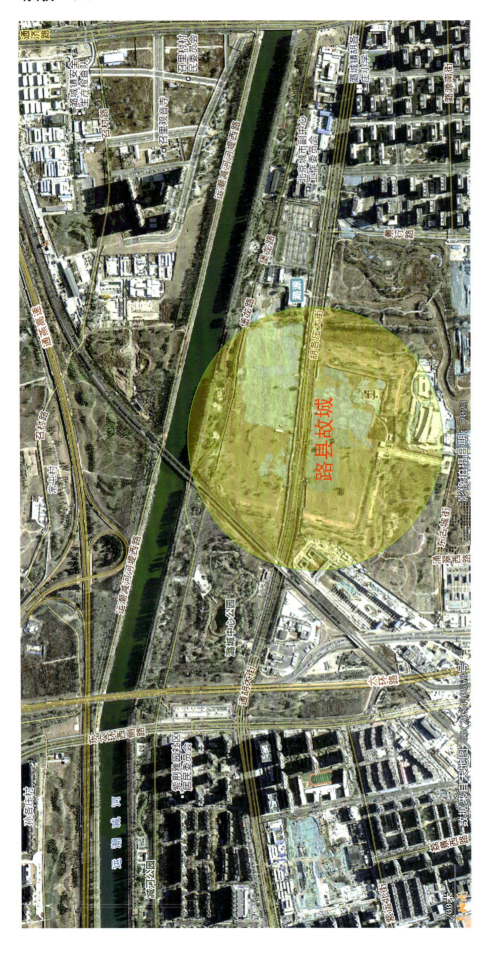

路县故城遗址卫星影像（2023年5月）